RAÍZES

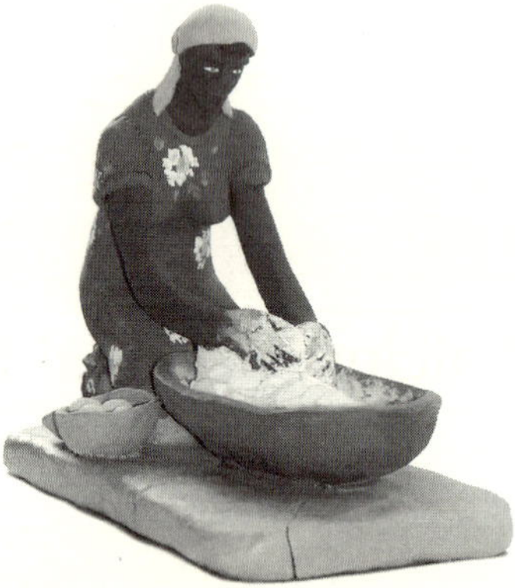

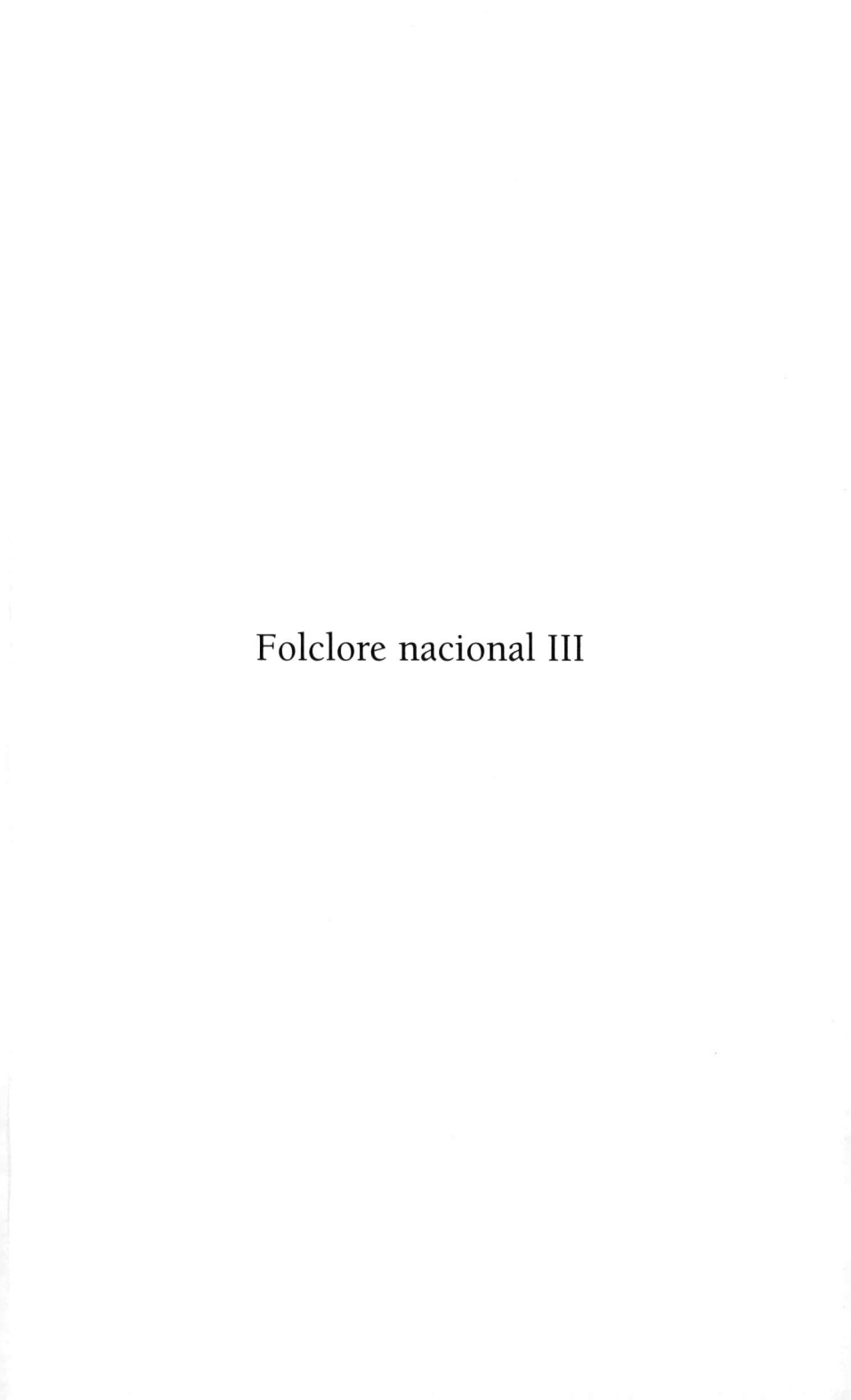

Folclore nacional III

Folclore nacional III
Ritos, sabença, linguagem, artes populares e técnicas tradicionais

Alceu Maynard Araújo

Fotografias do autor
Desenhos de Oswaldo Storni, Osny Azevedo,
do autor e de outras fontes

Martins Fontes
São Paulo 2004

Copyright © 2004, Livraria Martins Fontes Editora Ltda.,
São Paulo, para a presente edição.

1ª edição
1964 (Ed. Melhoramentos)
3ª edição
outubro de 2004

Transcrição da partitura
Vitor Steiner Ferreira
Acompanhamento editorial
Helena Guimarães Bittencourt
Preparação do original
Solange Martins
Revisões gráficas
*Letícia Braun
Maria Regina Ribeiro Machado
Dinarte Zorzanelli da Silva*
Produção gráfica
Geraldo Alves
Paginação
Moacir Katsumi Matsusaki

Dados Internacionais de Catalogação na Publicação (CIP)
(Câmara Brasileira do Livro, SP, Brasil)

Araújo, Alceu Maynard, 1913-1974.

Folclore nacional III : ritos, sabença, linguagem, artes populares e técnicas tradicionais / Alceu Maynard Araújo ; fotografias do autor ; desenhos de Oswaldo Storni, Osny Azevedo, do autor e de outras fontes. – 3ª ed. – São Paulo : Martins Fontes, 2004. – (Coleção raízes)

ISBN 85-336-2056-X

1. Cultura popular – Brasil 2. Folclore – Brasil 3. Linguagem – Folclore 4. Ritos e cerimônias – Folclore 5. Sabença – Folclore 6. Usos e costumes I. Storni, Oswaldo. II. Azevedo, Osny. III. Título. IV. Série.

04-6309   CDD-398.0981

Índices para catálogo sistemático:
1. Brasil : Folclore   398.0981

Todos os direitos desta edição para a língua portuguesa reservados à
Livraria Martins Fontes Editora Ltda.
*Rua Conselheiro Ramalho, 330 01325-000 São Paulo SP Brasil
Tel. (11) 3241.3677 Fax (11) 3105.6867
e-mail: info@martinsfontes.com.br http://www.martinsfontes.com.br*

ÍNDICE

APRESENTAÇÃO XI

FOLCLORE NACIONAL III
RITOS, SABENÇA, LINGUAGEM, ARTES POPULARES E TÉCNICAS TRADICIONAIS

CAPÍTULO I | Ritos

Introdução 7
Cruz | Santa-cruz | Capela | Uma reza de santa-cruz
Ex-votos ou "premessas" 21
O "curioso" | Oferecimento ímpar
Milagres 33
Alimentação das almas 38
Carpição 42
A "carpição" | A festa
Candomblé 49
Toré 61
O trabalho | A defumação medicinal
Ritos de morte 72
Cemitério dos pagãos | Recado ao morto

"Recomenda" das almas 80
Caretas 88
Malhação do judas 90
Testamento do Judas 94
Dia da judiaria ou da malvadeza 97
Quatro "mecas" dos caipiras paulistas 99
  Histórico | Localização geográfica | Cronologia
Novos santuários 113
Rito ablucional 115
A circum-ambulação 117
Mutirão 119
  Calango | Traição
Barganha de relógios 135

CAPÍTULO II | Sabença

Introdução 139
Meteorologia popular 141
  Orações para chamar chuva | Outras práticas para chamar chuva | Oração para fazer parar a chuva | Magias para afastar as chuvas e trovoadas | Algumas crendices relacionadas com a chuva | Observações acerca da melhora do tempo | Rifoneiro da chuva
Fenômenos naturais 149
  Noção de tempo
Medicina rústica 153
  Definição | "Consultórios"
Agronomia popular 161
  Simpatias para proteger as plantas
Zootecnia popular 166
  Marcas para gado

CAPÍTULO III | Linguagem

A literatura oral em duas comunidades brasileiras 173
  As adivinhas em Piaçabuçu | Adivinhas de religião | Adivinhas de "goga" |

Adivinhas das outras | As adivinhas em Cunha | As estórias em Piaçabuçu | As estórias em Cunha | As parlendas em Piaçabuçu | As parlendas em Cunha | Os trava-línguas | ABC | Os provérbios em Piaçabuçu | Os provérbios em Cunha | Paremiologias | As quadrinhas em Piaçabuçu | As quadrinhas em Cunha | Gestas e romances | Os acalantos em Piaçabuçu | O "dorme-nenê" em Cunha | As anedotas | Literatura de cordel em Piaçabuçu | A segunda fonte em Cunha | Conclusão

Conversa vai, conversa vem................................ 236
Frases feitas | Ditos | Disparates | Pragas | Apelidos | Fórmulas de escolha | "Verba volant, scripta manent" | Fraseado de botequim | Pé-quebrado | Loas

Vozes dos animais, vozes para os animais 252

Gestos 254

Literatura escrita 258
Pasquim | Pão-por-Deus | Correio sentimental | Acróstico | Poetas da literatura de cordel | Xilogravura | Alguns bichos e personagens da literatura popular

CAPÍTULO IV | Artes populares e técnicas tradicionais

Introdução 275

Comidas típicas e doçaria caipira 284
Comidas típicas paulistas | Doces caipiras | Alguns pratos típicos mineiros | Comidas da região do boiadeiro | O que se come em Alagoas | Sobremesa cearense: queijo, doce e vinho | "Ao paladar gaúcho"

Tramas e tecidos 316
Rendas e rendeiras do Ceará | Labirinto | Fiandeira | Rede de dormir | Cestaria | Urupembaria | Caçuá | Jacá e balaio | A carnaúba

Cerâmica e modelagem 351
Louça de barro | Cachimbo | Cerâmica popular paulista | Imaginários

Xilologia e artesanato 378
Um torno primitivo | Jangadinhas | Jabutis | Chifre | Tartaruga | Ourivesaria | Bonecas de pano | Seleiro | Indumentária | Fogos de artifício | Uma casa de farinha em Alagoas | Engenho de rapadura | Açudes e artesanatos | Jangada cearense | Jangada alagoana | Carro de bois | Maquinaria de antanho

Alguns implementos do folclore paulista 443
Apito | Bambu | Bandeira do Divino | Bandeirola | Bastão do capitão do mastro | Boi | Canoa | Cetro | Coroa do imperador do Divino | Cruz | Espada | Esporas | Estandarte de São Benedito | Fita | Garrocha | Garrucha | Guarda-

chuva | Imagens de São Gonçalo | João Paulino e Maria Angu | Judas | Lança | Lenço | Luminária | Máscara (folia de reis) | Mastro | Miota | Pau-de-sebo | Remo | Rojão | Ronqueira | Rosário | Sorfete | Tamanco | Trabuco e polvarinho | Vara dos juízes da vara e ramalhete | Vela de mordomo

Pau-para-toda-obra 467

POSFÁCIO 517
ÍNDICE DE FOTOS 519
ÍNDICE ONOMÁSTICO E DE ASSUNTOS 521
ÍNDICE DAS ILUSTRAÇÕES POR AUTORES 529
OBRAS DO AUTOR 531

APRESENTAÇÃO

O encontro de Alceu Maynard Araújo – meu tio, pelo lado paterno – com o folclore brasileiro se deu por intermédio das narrativas maravilhosas, lendas e cantigas ouvidas na infância, nas cidades paulistas de Piracicaba e Botucatu, de seus avós maternos, o tropeiro Virgílio Maynard (depois aportuguesado para Maynardes), natural de Castro, no Paraná, e a professora botucatuense Olympia de Souza Nogueira.

Tropeiro que percorria os caminhos entre o Rio Grande do Sul – onde comprava os animais – e a cidade do Rio de Janeiro – onde os vendia –, com passagem obrigatória pela feira de Sorocaba (SP), o mais importante ponto de compra, venda e troca de cavalos e burros na época, Virgílio Maynard também trazia na bagagem as histórias e músicas dos folclores gaúcho, catarinense, paranaense e carioca.

Alceu costumava reproduzir para os sobrinhos, nos anos 1940, muitas das histórias contadas pelos avós Olympia e Virgílio, como as sinistras aventuras do *Mão de Cabelo*, cuja presença impalpável enchia de pavor e estremecimento a escuridão inquieta das noites das crianças no Brasil rural da época. O *Mão de Cabelo* constituía uma "assombração" que, à noite, passava as mãos sedosamente macabras sobre o rosto de garotos e garotas que não conseguiam pegar no sono... Graças à vividez suculenta da descrição do tio Alceu, o expediente funcionava com rara eficiência para garantir o sono da garotada e o sossego dos adultos.

Alceu, no entanto, não foi o primeiro na família a ter o interesse despertado pelas manifestações do folclore brasileiro. Diva, irmã mais velha de Alceu, quando jovem estudante da Escola Normal de Botucatu (que formava os professores do então ensino primário), em meados da década de 1920, mantinha um preciso e extenso registro de lendas e cantigas em circulação em seu meio familiar e social. Mais tarde professora e diretora do Colégio Piracicabano, excepcional pianista e organista, ativa participante da Igreja Presbiteriana local, Diva cantava ao piano as cantigas e canções recolhidas em sua juventude para as novas gerações da família. Não por outra razão, os filhos de Diva e Lázaro de Lemos – Virgílio, radicado no Rio de Janeiro, e Alceu, piracicabano que não abandona a terra natal –, ambos médicos psiquiatras, são também notáveis pianistas clássicos – e também jazzístico, no caso de Alceu – e continuam a cultivar a música folclórica, parte da herança cultural que receberam. Alceu é autor de uma bela peça musical clássica para piano inspirada no folclore piracicabano, *Variações em torno das lendas do rio Piracicaba*. Virgílio é autor da monografia *Édipo nos pampas: o folclore gaúcho e o divã do doutor Freud*.

O pai de Alceu Maynard Araújo, o itapetiningano transformado em tatuiano convicto Mário Washington Álvares Lobo de Araújo (mais tarde reduzido para Mário Araújo), dentista de profissão, ao lado de seus deveres profissionais exercia um ofício e possuía uma diversão típicos do folclore paulista, hoje considerados politicamente incorretos (ofício e diversão abordados neste *Folclore nacional*): "gaioleiro" e apreciador de brigas de galos. Como "gaioleiro", Mário Araújo construía as mais afamadas gaiolas para pássaros da região de Tatuí; como freqüentador das rinhas da cidade, era capaz de reconhecer, logo nos "treinos", as virtudes e as potencialidades de um galo lutador, bom de briga, ou seu inapelável fracasso na arena quando "galo corredor", com vocação mais para "franga" do que para gladiador de penas... Hoje, em Tatuí e cidades vizinhas, ainda existem gaiolas feitas pelo velho Mário Araújo, naturalmente abrigando periquitos e outros pássaros exóticos, de faunas estrangeiras, e não mais canários-da-terra, coleirinhas (papa-capim), sanhaços (azulões), cardeais, sabiás, pintassilgos, pintarroxos, curiós (avinhados), caboclinhos, bicudos, entre outros pássaros canoros ou de grande beleza, muitos atualmente em processo de extinção. E parte da culpa pelo desaparecimento de várias espécies de pássaros cabe aos ingênuos "gaioleiros" de antigamente, inconscientes do mal que estavam inflingindo à fauna nativa.

Com esse histórico familiar, Alceu Maynard Araújo desenvolveu intensa, consistente e inovadora carreira de pesquisa e interpretação do folclore brasileiro, que culminou com a publicação, no ano aziago de 1964, dos três volumes do *Folclore nacional*. Há muito fora do alcance do público leigo e de estudantes e especialistas, *Folclore nacional* é relançado graças ao descortino intelectual dos dirigentes da Editora Martins Fontes, que decidiram investir em um título fundamental para a compreensão da nossa cultura popular.

Folclore nacional representa, em sua essência, uma absoluta e arrebatada atenção ao que era concreto – o que funcionava, no espírito do povo mais simples de um país ainda rural e dominantemente preso a estruturas agrárias oligárquicas, como um verdadeiro desdobramento do sensível. Isto faz da obra menos um compêndio admiravelmente organizado e catalogado e mais um depoimento apaixonado, que flutua entre uma declaração de amor e uma espécie quase micheletiana de narrativa sobre a formação, os hábitos, a imaginação e – por que não? – as próprias perversões de certos estratos sociais no Brasil, no que podiam possuir, ainda, de mais puro e intocado. Ou, pelo menos, de mais impermeável a tudo que podia soar exógeno ou excêntrico (no sentido etimológico mais original e glorioso do termo, de tudo que se encontra fora de seu eixo e de suas virtualidades).

A releitura de *Folclore nacional* revela, nos três volumes desta trilogia ou tríptico, uma forte atmosfera cuja temperatura, textura e sabor soam sintomaticamente próximos do mesmo ar que se respira em clássicos, certamente de outro registro, mas nem por isso menos arrebatados, como *Casa-grande e senzala* e *Visão do paraíso*. Em sua modulação, Alceu Maynard Araújo parece descobrir como a mesma civilização brasileira de que falava Gilberto Freyre ou Sérgio Buarque de Holanda continua vicejando, humilde e cheia de lendas, casos e modinhas, em receitas populares, letras de música, simpatias domésticas – o mesmo vento que batia no Piauí acabava se refletindo na região Central até perder-se em ecos distantes mas aparentados, que se filtravam pelos traços de uma mesma arquitetura, as fantasias de sonhos idênticos e obsessões de um mesmo caráter.

Ler, hoje, os três volumes de *Folclore nacional* e *Medicina rústica* (também relançada pela Editora Martins Fontes) significa, por isso, redescobrir, em sua riqueza ao mesmo tempo desconcertante e perturbadora, um Brasil não mais formado de padrões de sociologia ou das grandiosas descrições da antropologia – um Brasil infenso ao marxismo, ao estruturalismo e a virtualmente toda moda que só conseguiria vislumbrar no folclore ou uma coleção aritmética de combinações ou um catálogo de argumentos para justificar mais uma vez a luta de classes.

O Brasil de Alceu Maynard Araújo, indiferente a qualquer estratégia ideológica ou acadêmica, era um Brasil que visava, antes de tudo, ao sabor, à história, e às histórias cuja moral não se esquece com facilidade pelo sólido motivo de que parecem impregnar nossa vida cotidiana. O retrato em branco-e-preto desse Brasil ainda um enigma em busca de decifradores foi o inestimável legado de Alceu Maynard Araújo para as futuras gerações.

LUTHERO MAYNARD

Folclore nacional III
*Ritos, sabença, linguagem,
artes populares e técnicas tradicionais*

À memória
DE MINHA SAUDOSA MÃE

CAPÍTULO I
Ritos

INTRODUÇÃO

Mestre Herbert Baldus, no *Dicionário de etnologia e sociologia*, assim define *rito*: "Segundo Sumner, o rito ou a cerimônia é um processo suscetível de estabelecer e desenvolver costumes. O rito é constituído por ações estandardizadas baseadas sobre uma disciplina estrita e ligadas a fórmulas, gestos, símbolos e sinais de um determinado significado para a sociedade que o engendrou. O rito pode adquirir uma certa estabilidade quando executado ritmicamente e acompanhado de músicas, versos, danças ou cantos. Na religião o rito representa um processo específico de comunicar-se com forças sobrenaturais. Mas o rito pode desprender-se da religião e levar uma vida própria, como atesta o exemplo das castas na Índia. Há ritos específicos de ordenação, consagração, sacrifício, penitência etc."

Marcel Mauss, em *Theorie de la magie,* afirma: "Os ritos mágicos e toda a magia são, em primeiro lugar, fatos de tradição. Atos que não se repetem não são mágicos. Atos em cuja eficácia todo um grupo não crê, não são mágicos. A forma dos ritos é eminentemente transmissível e é sancionada pela opinião."

Neste capítulo, além dos ritos religiosos, inseriremos a forma de organização social – o mutirão e alguns usos e costumes, destacando-se os ritos de morte. Fatos folclóricos, fatos da tradição, alguns em vias de ocaso. E é bem verdade que o fato folclórico é menos coercitivo do que outros fatos sociais. Isso porque são fatos que morrem e, portanto, perdem a força de coerção.

Entendemos que os fatos folclóricos são de três espécies: *a*) sobrevivências das sociedades pré-históricas; *b*) fatos folclóricos que vêm do desnivelamento dos costumes etc. (Imitação das classes inferiores do que fazem as classes superiores. As classes superiores perdem seus costumes e a classe inferior

Cruz, Santa Cruz e Capela

os conserva modificados.); e *c)* criações folclóricas populares sem imitação. Estes são mais raros.

Aqui temos alguns ritos, fatos da tradição, transmitidos de geração a geração, sancionados pela opinião da maioria do povo brasileiro.

Desde o dia em que fizemos a viagem no lombo de burro, percorrendo 34 léguas, saindo de Cunha, passando pelas águas virtuosas de Santa Rosa, Campos Novos de Cunha, Povoadinho de Bocaina, subindo a serra, vadiando pela imensidade de seus campos, de onde se avista o mar – os famosos Campos da Bocaina –, bebendo a água do rio Paraitinga na lagoa Preta onde ele nasce, descendo a serra da Bocaina e chegando a Areias, começamos a observar com mais vagar as cruzes e capelas encontradas pelas estradas.

Já na viagem anterior, quando de Cunha beiramos São Luís do Paraitinga, por Lagoinha, nosso guia, o tropeiro "compadre" Quito Veloso, vaqueano daquela região, nas longas horas troteadas nos muares, chamou-nos a atenção para a cruz da estrada. Na sua narrativa simples, fez um pouco da história dessa cruz.

Cruz

Por que há cruz? Por que tantas cruzes chantadas à beira da estrada, nestas ínvias trilhas do vale do Paraíba do Sul?

"A cruz", disse Quito Veloso, "é para marcar o lugar onde houve um desastre ou assassinato, assinalando o ponto onde morreu alguém. É colocada uma cruz porque o Capeta não chega onde ela está; ele foge dela. Até há um ditado nesse sentido... *quem me deve, foge de mim, como o dianho foge da cruz.*"

"Quando uma pessoa, por causa de uma briga, morre, a alma dela fica ali ao redor do lugar onde foi assassinada, e para que ele (o diabo) não a carregue pros infernos, põe-se a cruz. Algumas pessoas, por bondade, acendem velas ao pé da cruz, outras ali põem santos quebrados. Não se deve jogar o santo, e sim colocá-lo ao pé de um santo cruzeiro ou cruzinha de estrada."

Cruz de beira de estrada de todos os caminhos do Brasil.

Santa-cruz de beira de estrada.

Capela de beira de estrada. Vale do Paraíba do Sul (SP).

Capela de roça.

Capela de roça típica do vale do Paraíba do Sul.

Gruta artificial erigida no local onde foi lavada a imagem do Bom Jesus de Iguape; à direita: Cruzeiro. Chantado, geralmente, por padres missionários, no local mais alto das cercanias das cidades.

Igreja dos jangadeiros do Mucuripe, Meireles e arredores. Fortaleza (CE).

Cemitério dos pagãos. Nordeste brasileiro.

"Com o passar do tempo a cruz se estraga. Então levantam outra no lugar. Não se deve dizer fincar, pois fincar é para estaca ou moirão de cerca, plantar é para árvore e levantar é para mastro, cruz e cruzeiro."
"Não demorará muito, algumas pessoas afirmam ter visto alguma coisa por lá. Às vezes é alguém que voltou tarde da vila para onde foi, por causa de uma necessidade premente (porque o caipira não sai à noite), outras vezes, voltando tarde, porque bebeu um pouco e ficou 'meio chumbeado', o que é certo é que, passando pela cruz, ouviu um gemido. O gemido quer dizer que aquela alma está pedindo uma reza ou vela. No dia imediato ele vai acender uma vela. E depois nas segundas-feiras, dia das almas, começam a acender velas. Uma vela atrai outra, e os moradores, os que forçosamente tem que passar por ali, também começam a acendê-las. Ao pé da cruz são colocadas algumas pedras que, trazidas por penitências, vão-se amontoando. Algumas fitas vão sendo amarradas nos braços da cruz. As fitas às vezes trazem o nome da pessoa que as ofertou, escrito a lápis. Corre já na vizinhança histórias de milagres, algumas bênçãos especiais recebidas, pela promessa feita àquela cruz."

Há interessados em propagar essa história. Influências de ordem mística, e, as mais das vezes, de ordem econômica emprestam-lhe fama. Na expressão pitoresca do folclorista botucatuense Sebastião de Almeida Pinto, referindo-se à Cruz de Ana Rosa (uma prostituta assassinada há mais de 50 anos, e de cuja santa-cruz o vendeiro Ângelo Longo tomou conta e transformou-a em capela), diz: "o vendeiro agora vive da santa; ele se encarrega de fazer propaganda de seus milagres." Tal fato não acontece só com este vendeiro, mas há muitos outros que assim procedem...

A cruz sempre tem um nome. A ela ligam o da pessoa que ali morreu. Cruz do Lopes, do Chico Fulgêncio, do Dioguinho etc.

Uma bênção advinda da promessa de fazer um tapume é recebida; e então, cumprindo-a, fica construído um pequeno abrigo. Quatro estacas são fincadas e o sapé de cobertura protege a cruz do sol e da chuva.

A simples cruz de estrada é reverenciada por todos que ali passam. Primeiramente, apenas o descobrir-se; depois alguns apeiam de suas cavalgaduras e ajoelham-se. O caminheiro, a pé, com seu picuá no ombro, tira o chapéu e diz, persignando-se:

> Deus ti sarvi cruis sagrada,
> qui guarda a arma di um crenti,
> levai-mi im paz e sarvamenti.

Quando as procissões de capela a capela passam pela cruz, param, e os fiéis rezam uma oração. O capelão acende uma vela.

Santa-cruz

Os moradores mais próximos desse local, um dia escolhem uma pessoa para cuidar da cruz. Logo se levanta naquele lugar um abrigo mais confortável, cercado para evitar a criação pisar no terreno. Tem início ali o "lugar sagrado", que o caipira tanto respeita. (Nas divisas de Cunha e São Luís do Paraitinga, um protestante comprou uma fazenda, e a capela que estava em ruínas foi derrubada. Ali só existe a continuação de cerca de arame, mas os caipiras que por ali transitam se descobrem, reverenciando o "lugar sagrado".) É feito um abrigo de pau-a-pique. Nessa fase começam a chamá-la de santa-cruz. A cruz do Lopes, isto é, a cruz que assinalava o lugar onde foi assassinado o valentão e bêbedo Francisco Lopes, começa, então, a ser chamada de "Santa-cruz do Lopes".

Mais tarde fazem uma pequena reunião e barreiam o abrigo de pau-a-pique. Ao findar esse quase mutirão, a cruz não só fica abrigada da chuva e do sol, mas também do vento e das criações.

Quase sempre o vendeiro da proximidade começa a zelar pela santa-cruz. Ele sempre tem velas para vender. Começa, também, a promover rezas nos domingos à tarde. Primeiramente um domingo por mês, depois duas vezes, e rarissimamente vão além disso. Após a reza é distribuída pinga, um gole aos presentes. Mulheres e homens tomam o seu traguinho, fora das portas da santa-cruz.

Capela

As cotizações dos fiéis, ou o interesse econômico imediato do vendeiro, levam os fiéis a melhorar aquela santa-cruz. Ela é então promovida a capela. É melhorada e ampliada. Colocam um sino pequeno pendurado numa trave que está amarrada com cipó entre dois palanques de pau roliço, madeira sem ser falquejada. Numa área de 10 braças em quadra, fazem uma cerca ao redor da capela. Geralmente de arame farpado, dois fios apenas, para o gado não molestar.

Mas para ser capela precisa que o padre venha benzê-la. É um dia de festa o escolhido para a consagração da nova capela. Há danças, leilão, algo enfim que possa fazer dinheiro para pagar as despesas que terão com o padre. Data daí a perda de nome de Santa-Cruz do Fulano, pois começam a chamá-la de... o nome do santo que foi invocado para padroeiro dessa capela. Atualmente, as novas capelas do vale do Paraíba têm por padroeira Nossa Senhora da Aparecida, mas ainda há muitas capelas cujos padroeiros são os velhos santos hoje quase aposentados na memória dos fiéis: São Gregório, Santa Rita, Santo Onofre, São Roque etc.

Uma vez por ano, por ocasião do aniversário da instalação da capela, o padre vem dizer missa. E esse domingo é um dia de grandes festas. Há, na semana antecedente, um septenário ou novena, e as rezas são dirigidas ao anoitecer pelo capelão do bairro, cuja influência social é marcante. A capela passa a ser o ponto de reunião. O ensaio das danças de moçambique é feito aos domingos pela manhã, no terreno que ladeia a capela. Aos domingos à tarde há reza, dirigida pelo capelão do bairro. Quando há promessas, dançam dentro da capela a dança de São Gonçalo, e fazem às escondidas, porque existem ordens do Monsenhor proibindo tais "profanações". Mesmo assim ainda "dançam o São Gonçalo, porque é uma dança de religião, dança de respeito". Tais ordens proibitivas às vezes quebram os rituais tradicionais e populares, mas, outras vezes, a desobediência consciente deles, como costumam ser a dos sangonçalistas, reforça o ritual.

Para esperar e mesmo para guardar os arreios dos animais, ou acomodar algumas vasilhas, constroem ao lado da capela um abrigo. Dentro dele o fogão de tacuruva. O fogão de tacuruva consta de uma pequena escavação no terreno e, da terra retirada, levantam duas pequenas paredes de 10 centímetros de altura. É um fogão raso, mas muito comprido. Outras vezes o fogão de tacuruva consta apenas de três pedras ou torrões de terra que sirvam para sustentar a panela e para que o fogo a atinja. Fazem, às vezes, ao lado da capela, na parte da frente, um coreto para a banda de música (5 ou 6 figuras, e não há mais por falta de instrumentos, porque São Luís é a terra dos músicos) tocar os seus dobradinhos festivos quando, no dia em que há leilão, alguém arremata uma prenda... E o mestre, os bonacheirões mestres de bandas de música, gozam sempre de um prestígio ímpar nas festividades de capela...

A capela é um centro de coesão. É na época da vacante que se reúnem mais amiudadamente. Há nesta ocasião maior número de festas e danças, chegando mesmo a dançar-se um jongo no terreiro ao lado da capela. À noite, podem-se ver as lamparinas de querosene, espetadas nas pontas das varas para iluminar o terreiro, reforçando a luz avermelhada da fogueira. As lamparinas são feitas de bambu. Num gomo grosso com dois furos, introduzem querosene e um pequeno bico de latão, por onde sai, espremida, uma pequena mecha de trapo; nela chega o fogo – é a luminária.

Às vezes a capela, que nasceu de uma simples cruz de beira de estrada, passa a ser igreja. Por exemplo a Igreja de São Benedito, nas faldas da Serra da Bocaina, a 1.200 metros de altitude, cercada de lindo pinheiral nativo, num lugar belíssimo, à margem esquerda do rio Paraitinga, onde ele é atravessado a vau, pois aí ainda é um pequeno riacho.

A capela de fazenda em geral tem origem diferente. Já nasce grande. É construída na fazenda, bem próximo da casa de morada do fazendeiro. É ampla, de tijolos, assoalhada ou com piso de tijolos, forrada e coberta de telhas portuguesas. Há lindos beirais de algeroz. Ao lado da capela, existe sempre um santo cruzeiro de cinco a seis metros de altura, cruzeiros tão comuns no vale do Paraíba, geralmente pintados de preto, nos quais se podem ver os elementos do martírio do Mestre Divino: a cana, o cálice, hissope, corda, escada etc.

"As capelas de fazenda", informa-nos Quito Veloso, "quando aumenta muito o número dos moradores, passam a ser igrejas."

O altar ocupa toda a frente interna da capela da fazenda. Ele tem, mais ou menos, um metro de altura. É coberto por uma toalha branca rendada. Bem no centro do altar colocam um oratório, com os santos de barro ou madeira, da devoção dos familiares. Deixam, também, sobre o altar a lapinha que é usada por ocasião do Natal. Nas paredes há quadros de santos e alguns ex-votos. No chão, ou num caixão coberto por uma toalha, ainda vários ex-votos.

Os fazendeiros procuram enfeitar as suas capelas com pinturas nas paredes que ficam atrás do altar e nos forros. Os pintores da vila ou do bairro, e sempre os há, são chamados para o "sagrado mister". Pedrinho do Mestre Pedro (Pedro Rio Branco Filho), santeiro, tem pintado muitas capelas do município de São Luís do Paraitinga.

Na pintura de Pedrinho do Mestre, nas capelas que visitamos, observamos o largo emprego do azul, em diversas tonalidades; o vermelho vem em segundo lugar; há pouco preto, pouquíssimo rosa, marrom, dourado e quase ausência do amarelo. Sempre o fundo é branco. Na pintura de Pedrinho do Mestre percebe-se a influência que sobre ele exerceram as pinturas da Matriz, as gravuras coloridas de santinhos que recebera no catecismo, quando menino, e sem dúvida a força pictórica dos trabalhos de seu pai, Mestre Pedro (Pedro Pereira Rio Branco). Pedrinho do Mestre afirma que, quando tem tempo, fica horas e horas olhando para as pinturas da Matriz. Pedrinho é mulato; cursou o grupo escolar e é de condição econômica precária. Há pouco tentou morar em Pindamonhangaba, mas teve de voltar. Em Taubaté, Aparecida do Norte, Guaratinguetá, Pindamonhangaba, namorou desmesuradamente as pinturas religiosas, povoou sua mente de anjinhos gordos e rechonchudos, iguaizinhos aos meninos bem nutridos dos senhores de escravos, época em que foram feitas quase todas as grandes igrejas do vale do Paraíba, de taipa socada pelos cativos.

Nas paredes e forros das capelas, os santos são pintados a óleo. Não constatamos têmpera. No forro infalivelmente pintam a Imaculada Conceição. Nas paredes encontramos: São Pedro, São João Batista, São João Evangelista, Santo Antônio, São Miguel, São Jorge, São Sebastião, São Paulo e São Benedito.

As capelas são interiormente enfeitadas de bandeirolas retangulares e despontadas, grudadas num barbante estendido e preso a quatro esteios, em diagonal, cruzando-se no centro, quase sempre onde está pintada a Nossa Senhora da Conceição. Nas paredes, às vezes, há pequenas flores artificiais, feitas de papel crepom.

As capelas geralmente são caiadas interna e externamente de branco, mas com uma barra azul de um metro de altura. A porta é infalivelmente de cor azul, um azul caipira macio. Nela garatujam algumas letras com tinta preta, onde o S e o N vêm pelo avesso. Por exemplo: V. N. S. A. ou V. S. J., que quer dizer "Viva Nossa Senhora Aparecida" ou "Viva São José". Há, também, uma pequena cruz, de uns 15 centímetros de altura, pregada na porta. É feita de madeira especial. Há alguns anos, logo que teve início a Segunda Guerra Mundial, espalhou-se o boato de que o mundo ia se acabar e que todas as pessoas que quisessem salvar a alma deviam pregar na porta de suas casas aquela cruz de madeira, específica e em tamanho estipulado. Crédulos foram ainda além, pregando-a não só nas portas de suas residências, mas nas das capelas e até nas portas dos oratórios. Não há casa de católico romano do vale do Paraíba que não tenha um oratório. Desde os mais toscos, os que são bordados a canivete, até os riquíssimos oratórios folheados a ouro, com fechaduras de prata. Raríssima é a capela onde haja bancos para os fiéis.

Na capela, nos domingos em que não há reza, alguns dos fiéis se reúnem para tratar de assunto de suas confrarias. Na Capela da Água Santa, pouco além do bairro dos Alvarengas, nas divisas de Cunha e São Luís do Paraitinga, na segunda-feira após a festa do Divino Espírito Santo (14 de junho de 1948), tivemos oportunidade de ver a reunião dos membros da confraria de São Vicente de Paula, cujo mentor é o ceramista Brígido Cipião.

As capelas sempre têm sua história. São lendas que ganham cunho de realidade na mente crédula do caipira. A lenda da Capela da Água Santa é a seguinte: no local onde se ergue hoje a capela colocaram uma cruz porque uma criança morrera afogada num pequeno olho d'água ali existente. Criou-se a lenda que aquela água era santa, curava qualquer doença. Cipião nos afirmou que "a água é santa e milagrosa, qualquer pessoa que estiver doente, tomando uma caneca, ficará sã; se uma pessoa incrédula for tirar água ela desaparece; se a pessoa for com zombaria ela também desaparece; a água nunca transborda, verte ali e não escorre; se a pessoa tirar uma caneca d'água e jogá-la fora, não a bebendo, e for tentar outra caneca, não consegue fazê-lo, pois a água desaparece como que por encanto". Fomos à capela verificar os fatos. No lado esquerdo do altar há, no chão, entre tijolos do piso, encravada uma talha sem fundo, de fabricação da indústria caseira de Brígido Cipião. Por meio de uma lanterna verificamos que a água é de brejo. Tentamos prová-la, mas era característico o sabor de lodo. A água de fato não transborda, porque atinge o mesmo nível dos demais brejos circunvizinhos. Longe da vista de qualquer presente, tiramos duas canecas d'água para verificação e jogamos fora. O nosso ceticismo pesquisador não fez secar a "água santa", nem tampouco as duas canecas jogadas fora contribuíram para que secasse a "miraculosa água do brejo"; apenas abaixou de nível e sobrenadou o lodo existente, assentado no fundo. Como martiriza a consciência do folclorista não poder, para não estragar a pesquisa, contar aos caipiras que a água é de brejo e por isso não transborda...

UMA REZA DE SANTA-CRUZ

As rezas de domingo à tarde, na santa-cruz e na capela, são dirigidas pelo capelão do bairro.
Capelão é o dirigente de uma reza de roça. Há muitos capelães. São homens que se especializaram em dirigir rezas, quer as de ofícios fúnebres, quer as de dias festivos. Velam também por todos os ritos protetivos praticados pelos caipiras. É o capelão conhecedor de um grande número de orações e, geralmente, é o curandeiro, o benzedor. Suas rezas curam certas doenças, quebrantos, mau-olhado, dor de dentes, picada de cobra etc. Quando uma senhora se especializa em dirigir rezas e curar, chama-se "benzedeira". A benzedeira, além das curas que pratica com suas rezas, é a "prática", isto é, a parteira. Assiste a todas as parturientes da região e faz a família observar todas as proibições e tabus conhecidos e relacionados com o parto. Tanto o capelão como a benzedeira são os que maior número de compadres têm no bairro onde residem.
O capelão sempre tem um acólito, conhecido por "ajudante". Se o capelão reza com voz atenorada, o seu ajudante, quando "reparte" a reza, o faz em voz abaritonada, e vice-versa. Na última reza a que assistimos, no dia 15 de novembro de 1947, o capelão, preto de 60 anos de idade, tinha voz grave, e seu ajudante, uma linda voz de tenor.

Ali pelas 16:30 horas, antes do início da reza, soltaram alguns rojões. O rojão não tem mais a função antiga e medieval, aceita pela Igreja, de afugentar o demônio com os estrondos: serve, apenas, para avisar.

Sobre o chão batido, defronte da cruz, colocam um saco de estopa, com capim-membeca, como se fosse uma almofada, e nele capelão e ajudante ajoelham, o capelão dando a direita ao ajudante. Na frente da cruz maior (pois esta é ladeada por duas menores) há uma tábua, à guisa de altar. Altar tosco, com apenas 20 centímetros de altura. Nas duas extremidades do altar, fincados no solo, dois gomos de bambu, servindo de castiçal. O capelão acende duas velas, antes de começar a reza. Há silêncio absoluto. Pelos desvãos e esteios, chapéus dos rezadores enfiados, para que penetrem descobertos na exígua santa cruz que mede 2,50 m por 3,50 m. O capelão pigarreia, limpando a garganta, o que significa SILÊNCIO! Tem início a reza, com terços. O capelão, desfiando as contas pretas do seu rosário, dirige a reza. Paira um ar de profundo misticismo, espelhado no rosto do capelão, que é também o mais afamado curador do bairro onde mora, benzedor e curador de bicheiras, com rezas e simpatias. Os homens, genuflexos no chão duro. (Será que os homens são mais religiosos e místicos do que as mulheres?) As mulheres permanecem de pé, e só no final se ajoelham. Todas cantam. E homens e mulheres, cantando, "repartida a reza" a quatro vozes, isto é, duas vozes masculinas e duas femininas, cantadas em terças, infundem beleza a esse ritual brasílico-católico-romano. Há 12 homens e 11 mulheres e muitas crianças. Dos homens, apenas um é branco, e os demais, mulatos e pretos. As mulheres são pretas ou caboclas. Poucas mulatas. Há uma caboclinha bem clara, casada de pouco com um pretinho retinto. Como casaram há pouco, o pretinho foi o "festeiro" dessa reza.

A "Salve-Rainha" é uma melodia linda, misto de música sacra e moda de viola. É do gosto do caipira parecer "esticar as melodias". Da reza para São Sebastião com apenas três quadras, a duas vozes, cantadas em terças, conseguimos recolhê-las, enquanto rezavam:

São Sebastião poderosu,
sinhô du céu i da Terra,
livrai-nus sinhô,
da pesti, da fomi i da guerra.

São Sebastião poderosu,
das manera qui li são consagrada,
todas as pesti qui são vigorosa,
lá nu céu serão revogada.

Grória seje o Padri,
grória seje o Fiio,
grória seje o Sprito Santu,
seje para sempri. Amém.

A reza durou 45 minutos e foi encerrada com uma oração, recitada por todos a uma só voz, dedicada aos mortos. O capelão escala as pessoas para "festeiros". Festeiro de uma reza de santa-cruz é o que traz uma garrafa com pinga para ser distribuída aos fiéis, após a reza. Os festeiros são escalados com antecedência.

O capelão, logo que termina a reza, pondo-se de pé, fala bem alto: "para primeiro domingo de dezembro, é o 'Inlustríssimo Sinhô Fulano', e para o terceiro domingo, a 'Excelentríssima Sinhora Dona Fulana'." Os festeiros trazem a garrafa de pinga, sua única incumbência. Ela é bebida fora da capela.

Terminada a reza, os fiéis regressam a seus lares conversando estrepitosamente. Há risos e alegria.

EX-VOTOS OU "PREMESSAS"

Pelas estradas do vale do Paraíba do Sul, onde abundam cruz, santa-cruz e capelas, são encontrados nestas muitos ex-votos.

É comum no meio rural os moradores, quando não conseguem algo racionalmente, buscarem no sobrenatural o reforço para a realização de seus intentos. Tal crença no poder da intervenção do sobrenatural os leva a aceitar milagres de determinadas entidades extraterrenas, os santos, por exemplo. Como forma retributiva a essa intervenção miraculosa ofertam elementos materiais – os ex-votos –, concretizando, dessa forma, o agradecimento da graça recebida.

Não seria justo dizermos que apenas o homem do meio rural age dessa maneira; é preciso referirmo-nos também àqueles que avolumam as classes incultas das cidades, aos citadinos menos esclarecidos que levam seus ex-votos às salas de milagres dos grandes templos urbanos.

Ex-voto é portanto um quadro, imagem, desenho, escultura, fotografia, peça de roupa, jóia, fita, mecha de cabelo etc. que se oferece e se expõe nas capelas, igrejas e salas de milagres em regozijo de uma graça alcançada. O nosso caipira paulista chama o ex-voto de promessa ou, como diz no seu linguajar peculiar, "premessa".

Entre os males que afligem o homem, a doença é o mais comum. A doença é ainda para muitos ocasionada pela introdução de um corpo estranho e, para sua expulsão, também há necessidade de uma fórmula mágica. A promessa é uma fórmula mágica. O restabelecimento da saúde é sempre procurado por todos os meios, e quando as dificuldades econômicas impedem que a ciência intervenha, e a falta de esclarecimentos dificulta a ação médica, o "remédio" é apelar para o sobrenatural. E é na doença que o santo vale mais.

Uns mais do que os outros. Há santos que estão na moda; então, esses socorrem mais rapidamente do que os outros, já merecedores de uma aposentadoria pelos muitos milagres realizados. Assim é que não se pode hoje em dia comparar o volume de fiéis que buscam o santuário de Nossa Senhora da Aparecida com o dos que procuram o de Bom Jesus de Tremembé, outrora muito visitado. Nada melhor para aferirmos o grau de intervenção miraculosa desses celículas do que visitarmos as salas de milagres. Ali, pelo número incontável de ex-votos, poderemos avaliar a posição hierárquica dos santos milagrosos.

Há mesmo santos especializados na cura de determinadas moléstias: São Sebastião – feridas; São Roque – peste; São Bento – venenos de bichos peçonhentos; São Lourenço – dores de dentes e queimaduras; São Brás – engasgos (São Brás, São Brás, acuda este rapaz); Santa Luzia – doenças dos olhos (Santa Luzia passou por aqui, com seu cavalinho comendo capim). São concepções que vêm ainda da Idade Média, pois lá encontramos santos padroeiros das profissões, e tais especializações na cura de determinadas doenças nos fazem acreditar que sejam sobrevivências das corporações de ofícios.

O fiel promete, no caso de se curar, de proteger a roça e plantações, ofertar algo ao santo de sua devoção. Uma vez realizada a cura, o fiel se vê na obrigação de pagar o voto feito. Dessa transação com o sobrenatural, às vezes, resulta a confecção de peças artísticas como os ex-votos. Quase sempre impossibilitado de comprar uma peça industrializada, como sejam as de cera, o agraciado procura executar uma peça esculturando-a geralmente na madeira. Acontece que nem todos poderão trabalhá-la na madeira, daí resultando outros tipos e formas de ex-votos. Apresentam outros substitutivos para essa forma de pagamento da dívida ao poder superior. Não o fazem porém de barro, porque, além de material pouco duradouro, é mais utilizado para a confecção de figuras de presepe, que são de duração pequena, pois o barro não é cozido.

Não existem tão-somente ex-votos ofertados em regozijo da cura. Vários são os tipos encontrados. E é claro que o próprio meio geográfico condicione o maior número de um determinado tipo. Poderíamos, *grosso modo*, classificar os ex-votos em elementos materiais do ritual mágico protetivo e produtivo. Seriam *protetivos* todos aqueles que, segundo a própria denominação nos diz, visam uma proteção. A cura é uma proteção da saúde ameaçada. A escultura de um pé, em madeira, é um ex-voto do ritual protetivo. A oferta de uma mecha de cabelo, que é de grande valor porque as forças que atuam sobre o seu crescimento são desconhecidas, é um ritual protetivo também, pois visa obter a proteção para o ofertante. Já as promessas feitas por ocasião da passagem da bandeira do Divino Espírito Santo pelos sítios, bairros rurais angarian-

Ex-votos de madeira, colhidos na Capela dos Ciganos. Piaçabuçu (AL).

Ex-votos "milagres" de cerâmica.
Piaçabuçu (AL).

Com a enxada "carpindo" o seu torrão. À direita: Depois de carregar os torrões, deposita-os. Embaixo, à esquerda: Os fiéis fazem crescer o monte de torrões no dia da "carpição". À direita: A terra envolta no lenço é remédio. Cura dor de dentes. São José dos Campos (SP).

do óbolos para a grande festa – *pottlatch* religioso –, quando pagas, os ex-votos são do ritual *produtivo*. É óbvio que não pode haver uma linha rigorosamente marcante a dividi-los em quais são os produtivos, quais os protetivos. As promessas não visam apenas a proteção do homem, mas também dos animais e até das plantas.

Quanto à forma, teríamos ex-votos: *simples, antropomorfos, zoomorfos* e *especiais* ou *representativos de valor*. Os antropomorfos são aqueles que procuram representar o corpo humano, todo ou parte, quer na escultura, desenho, pintura ou fotografia. Zoomorfos, representações de animais. Há um tipo de ex-voto que não poderíamos encaixar nestas nem tampouco na especial – é o que chamaremos de simples. Por exemplo, uma fita com a medida da circunferência do pescoço ou de outra parte do corpo humano não seria voto antropomórfico, e sim ex-voto simples, colocado no tope da Bandeira do Divino ou amarrado ao pé da imagem de um santo.

Há também promessas pagas em espécie: milho, feijão, ovos, que seriam convertidos em moeda e esta seria para beneficiar a manutenção do culto ou da casa de culto religioso católico romano; outros tipos, por exemplo, jóias, seriam os ex-votos especiais ou representativos de valor. Esse "valor" tem caráter exclusivo e alusivo tão-somente ao que pode ser imediatamente trocado por dinheiro, porque, para nós, uma peça esculturada em madeira, um ex-voto antropomorfo, tem um valor artístico etc., que jamais poderá ser comparado ao de uma jóia, uma arrecada ou um alqueire de feijão ou uma quarta de fubá.

Podemos afirmar que os fiéis do meio rural não ofertam jóias. Esse tipo de ex-voto é feito pelos moradores das cidades. Acontece também que a jóia é sempre ofertada visando à felicidade futura, no caso dos casamentos, como fazem algumas esposas logo que acabam de se casar no santuário de Aparecida do Norte. É um ritual protetivo e ao mesmo tempo produtivo.

Os ex-votos antropomorfos, zoomorfos e alguns simples são em geral provenientes do livramento miraculoso de um desastre, da cura de uma enfermidade; por isso mesmo, mais de cunho protetivo. Os ex-votos especiais ou representativos de valor são provenientes de outras negociações com as divindades, com o sobrenatural, por isso mesmo produtivos: alqueires de cereais, gado, aves, ovos, ofertados ao Divino.

Uma forma imaterial de ex-voto, se tal fosse possível, seria a dança de São Gonçalo, feita em cumprimento de promessa para arranjar casamento (São Gonçalo é santo casamenteiro) ou curar reumatismo. E que sacrifícios faz um encarangado ao dançar, cumprindo promessa para sarar! Não nos devemos esquecer de que o conceito sacrificial tem íntimas ligações com a medicina popular. Feitas estas distinções, vejamos alguns ex-votos mais comuns no meio rural paulista.

As mulheres fazem ex-votos dando rendas por elas manipuladas. As fitas ou rendas são da sua altura. Raríssimo é o ex-voto feminino feito em madeira. Outra forma de ex-voto de que as mulheres comumente lançam mão é o desenho, a lápis preto, que às vezes fazem no verso da cartolina de folhinhas. Aparecem muitos ex-votos desenhados com lápis de cor, havendo sempre a predominância da cor vermelha, que é utilizada de preferência para indicar o local afetado. Um desenho comum de mulher é representá-la no leito, com o crucifixo ou um santo de sua devoção ao lado e, na parte inferior do desenho, os dizeres acerca do milagre alcançado. É pena que são poucos os ex-votos que trazem datas. Em regra é o agraciado que deve fazer o seu ex-voto; como, porém, nem sempre tem habilidade, solicita a outras pessoas para fazê-lo. No bairro rural sempre há um "curioso" que sabe fazer: desenhar, pintar, esculpir...

As mulheres adultas deixam mechas de cabelos, amarranda-as com fitas brancas, quando virgens, e vermelhas, quando casadas ou viúvas. Já os homens não deixam mais os fios de barbas como faziam depois de uma longa permanência no leito. Em casos de febres costumam representar o corpo todo ou apenas a cabeça. Pelo fato de localizarem na cabeça a "vontade de trabalhar", vontade esta que fica abolida devido à doença, há uma quantidade enorme de ex-votos representando uma cabeça.

Os ex-votos feitos pelos homens são mais ricos em detalhes e mais variados. Deles são as muletas, as tipóias em miniatura, os barcos, as esculturas em madeira, os desenhos e as pinturas em papel ou madeira.

No desenho, geralmente, representam a cena tal qual teria ocorrido o acontecimento ou desastre e mesmo morte, se não houvesse a interferência miraculosa do santo invocado. Na zona litorânea, há uma profusão enorme de ex-votos entre os quais se vê a representação do afundamento de barcos e naufrágios; nas zonas pastoris e agrícolas, encontramos representação de quedas de animais, picadas de cobra, chifradas de boi. Modernamente, já estão aparecendo nos ex-votos desenhos de automóveis, trens e até aviões. É indescritível o número de ex-votos representando pernas e pés; temos a impressão que as doenças e os acidentes atingem com maior freqüência os membros inferiores.

Nos ex-votos desenhados ou pintados temos encontrado a assinatura dos devotos. Quando foi mulher que o fez, até o nome dela o coloca no feminino. Por exemplo: "Milagre que feis nossa Senhora a esta sua devota estando com Rematismo muito Ruim e feis um voto para nossa Senhora ecom o voto que feis foi valida a Benedita Monteira." Outro: "Milagre que feis nossa Senhora aesta sua devota estando sua filha com o zolho muito Ruim e feis um voto para nossa Senhora e com o voto que feis foi valido a Etelvina Lôba." Certamente, dessa mesma família dos Lôbo do bairro distante que é a Cachoeirinha, mais este ex-voto: "Milagre que feis nossa senhora aparecida a esta grande queimadura no pé e feis um voto para nossa senhora e com o voto que feis foi valido a Dorvalina Lôba. Bairro da Cachoeirinha 21 de junho de 1933."

Quando o beneficiado é uma criança, sua mãe ou madrinha faz uma camisola branca, da sua altura. Não seria bem uma camisola e sim uma mortalha. A mortalha é feita porque, estando a criança às portas da morte, a promessa ao santo de sua devoção livrou-a de usá-la. Quando se dá a cura, a pessoa que esteve na contingência de vesti-la, na primeira oportunidade que se lhe oferece, procura a capela ou igreja onde está o santo que a curou. Chegando nas proximidades veste a mortalha, tira os sapatos, acende uma vela e entra. Genuflexa, recita suas orações, persigna-se e ao levantar-se tira a mortalha e a deixa dependurada num canto da capela.

Na Capela de Nossa Senhora do Alto (assim é mais conhecida a Capela de Nossa Senhora da Conceição Aparecida do Bairro da Cachoeirinha, situada num morro de mais de 1.200 metros de altitude, na metade do caminho entre São Luís do Paraitinga e Ubatuba), quando algumas pessoas mais abastadas deixam roupas, camisolas ou mortalhas confeccionadas em pano bom, o zelador, sr. Luís Emboava, passado algum tempo, num gesto caritativo faz distribuição dessas peças entre as crianças mais necessitadas do bairro da Cachoeirinha. Os agraciados com as dádivas não aparentam escrúpulo em receber e não parecem cogitar da existência de alguma sanção sobrenatural, pois o que esteve numa capela é sagrado, não há perigo de que seja surrupiado. Em capelas de beira de estrada, temos encontrado dinheiro aos pés dos santos, e muitas imagens são obras de valor, esculpidas em madeira e, se porventura não erramos, têm mais de século. Certamente foram tirados dos oratórios das casas dos abastados fazendeiros de antanho pelos seus descendentes, que hoje possuem santos modernos de massa ou argila, bem trabalhados e pintadinhos, documentando o gosto contemporâneo pelas suas linhas aerodinâmicas. O outro motivo de alguns santos dos ricos oratórios dos velhos latifundiários irem parar nas capelas foi a degringolada econômica que muitos fazendeiros sofreram. Ao deixarem a casa-grande, preferiram levar os santos para as capelas a deixá-los nos oratórios embutidos para os novos proprietários, os "forasteiros", como são chamados. Com isso, sentiam-se aliviados, porque seus santos estariam num lugar sagrado comum, onde poderiam adorar suas imagens quando quisessem. Ali ninguém ousará tocá-los.

Talvez temendo um castigo, vindo do Alto, talvez pelo respeito acendrado que o caipira tem pelo "sagrado", os objetos existentes numa capela são intocáveis, e é por isso que temos encontrado certa dificuldade para enriquecer a nossa coleção de ex-votos; esbarramos sempre com esse obstáculo e, como pesquisadores, devemos respeitar a crença do pesquisado.

Como ex-votos são também ofertadas mechas de cabelo amarradas com fitas. Sendo criança do sexo masculino, fita rosa; do feminino, fita azul. Ofertam ainda sapatinhos, touquinhas e, mais modestamente, uma fita da altura da criança. Quando dão fotografias, garatujam, no verso, a descrição do milagre. Os adultos também adotam esta última forma de pagamento de promessa. Isto, porém, parece-nos que o fazem mais por narcisismo do que por devoção. Gostam que sua fotografia figure na sala de milagres, onde outras pessoas de sua vila ou bairro distante, quando em romaria, possam vê-los ou quando eles mesmos, por ali voltarem, possam ter o prazer de namorar a fotografia tirada por ocasião de uma das suas peregrinações. Vimos romeiros procurar com interesse a sua fotografia, "deixada noutra visita". É por isso que pulula nas imediações das salas de milagres que há nas igrejas das quatro Mecas do catolicismo romano em nosso estado (Bom Jesus de Iguape, Bom Jesus de Perdões, Bom Jesus de Pirapora e Nossa Senhora da Aparecida, que substituiu Bom Jesus de Tremembé) muitos fotógrafos profissionais, os "lambe-lambe", que aprontam, em poucos minutos, uma foto que servirá de ex-voto.

Na fotografia, o devoto procura reproduzir a posição em que estava quando se operou o milagre. Alguns homens, por exemplo, deixam-se fotografar deitados num banco de pedra de um jardim, sem a menor cerimônia, pois isso é comum; tiram o paletó, dependuram-no numa árvore próxima, deitam-se em decúbito dorsal e depois amarram um pano que o próprio fotógrafo lhes empresta no lugar que foi curado (no rosto, pescoço, cabeça etc.); desse modo são fotografados.

As mulheres arranjam uma cama, que colocam na calçada, deitam-se vestidas, cobrem-se e são fotografadas. Às vezes, a família toda tira fotografia e os beneficiados com o milagre tomam a posição devida: se estiveram de cama, deitam-se; vendam as vistas com as mãos, se a doença foi nos olhos; colocam as duas mãos na cabeça quando tiveram febre, e assim por diante. É muito comum os cônjuges fazerem-se fotografar juntos, um deles ao lado do leito no qual aparece deitado o que esteve doente. Encontram-se também fotografias só da parte afetada e, neste particular, pudemos verificar uma boa centena de fotos de pés e pernas, onde se vêem claramente as cicatrizes, pois, quando estas não aparecem bem nítidas, o devoto reforça-a com risco de tinta ou lápis. Certamente a facilidade de se obter um ex-voto tão vivo e representativo como a fotografia é que fez esta substituir as peças de madeira, cuja execução é geralmente mais demorada. Daí concluir-se que, nos lugares mais afastados e desprovidos do recurso fotográfico, apareçam mais comumente os ex-votos em madeira, os desenhos em papel, as pinturas em tábua etc.

Antes do aparecimento da fotografia, um ex-voto de 1696 e outro de 1768 que conhecemos são pintados em madeira, tendo ao redor molduras. Nota-se nestes a preferência pelo emprego da cor vermelha, que, na interpretação do caipira, representa a doença, a dor etc. Como herança medieval, o Satanás é sempre representado em trajes vermelhos e, para o homem simples da roça, a doença é, em geral, causada por arte do Diabo, mormente quando se trata de um desastre. As doencinhas mais comuns são "as doenças que Deus lhe deu". Ex-votos como os deste tipo são uma fonte documentária de valor, para verificarmos trajes, móveis etc. Bem merecem um estudo minucioso; é pena que muitos deles, ou por serem pintados a têmpera, ou devido ao abandono em que são geralmente encontrados, estão em péssimo estado de conservação.

Embora tenhamos observado que as capelas do vale do Paraíba são freqüentadas por um número apreciável de pretos, fotografias deles são raríssimas. Eles dão de preferência fitas e trabalhos em madeira.

O devoto oferta também o seu próprio peso em cera. Antigamente compravam nas casas (que se especializam na venda de artigos religiosos e que exploram esse comércio intenso realizado ao redor dos santuários) a cera e a levavam para a sala de milagres. Hoje simplificaram as coisas: pesam-se, multiplicam o número de quilos pelo preço de um e a importância total é ofertada à igreja. É uma pena que o convalescente seja sempre mais leve, daí alguns ofertarem o peso que tinham antes da doença, em pleno vigor e saúde.

Forma curiosa de ex-voto é a de dar capa nova à Nossa Senhora da Aparecida. Depositam dez mil cruzeiros nas mãos do padre zelador do santuário, o qual dá consentimento para que se troque a capa antiga da santa por uma nova. É claro que o cumprimento de tal promessa está reservado apenas para uma elite de fiéis economicamente bem situados.

Nas salas de milagres observamos uma profusão de ex-votos zoomorfos. A representação dos animais curados de bicheira (como sejam boi, vaca, carneiro, porco etc.), ou de bouba ou pigarra (quando é uma galinha) é feita em madeira. Abrimos aqui um parêntese para dizer que, nestes casos de curas, as doenças dos animais, bem como do próprio homem, nem sempre são tratadas cientificamente; predomina, ainda, a cura pela simpatia, pelas rezas e benzimentos, recitativos de breves etc., providências que auxiliam a promessa feita visando a cura. Chamou-nos a atenção um papel com o desenho de 10 porcos e 5 leitões. O fazedor de ex-voto Amaro de Oliveira Monteiro narrou-nos o seguinte: "Os porcos do compadre fugiram todos; ele fez promessa para que aparecessem e quando obteve a graça pediu-me que desenhasse os que apareceram e levou a promessa para a capela, onde a pregou na parede."

Um outro ex-voto zoomorfo interessante era o de uma vaca que comeu erva e ia morrer. Estava desenhada a lápis preto e o corpo colorido com largas listas vermelhas para significar certamente o estado deplorável em que ela se encontrava. Na frente dela desenharam o seu terneirinho. Os dizeres abaixo do desenho são os seguintes: "Esta vaca comeu erva de Rato e estava Quazi morta E a D. Maria Marciana Gustodio feis um voto a bondoza Nossa Snra. do Alto E a vaca sarou imediatamente." Outro, onde há desenhada uma pata de animal, com os seguintes dizeres: "Milagre que feis nossa senhora da aparecida estando uma égua machucado no braço e fizero um vocto para nosa senhora e com o vocto que feis foi valido. Bairro de São Luiz – 27 de Junho de 1931 – Algirda Frade."

Quando se trata de cura de animais, os devotos mandam fotografá-los para ex-votos, se bem que só tenhamos visto fotos de muares e eqüinos. Em geral, nessas fotografias, o cavaleiro é fotografado ao lado do animal curado. Como não há fotógrafos ambulantes nas proximidades dos sítios, dificilmente encontramos fotos de galináceos, suínos e bovinos. Destes tivemos oportunidade de ver tão-somente desenhos ou esculturas em madeira.

Em 1854 foi proibida pelo clero, através da ordem de um bispo, a representação por meio de figuras e pinturas em papel dos milagres obtidos, sendo só permitida as de *madeira* e *cera*. E quase um século depois, a despeito da proibição que não foi apenas para o santuário de Aparecida, mas para todos, é sem dúvida inenarrável o número de ex-votos pintados e desenhados em papel. Se, por um lado, tal ordem eclesiástica incrementou e aprovou a confecção de ex-votos em madeira e cera, parece-nos que nem por isso lançaram mão desses meios, mormente no que se refere aos feitos de madeira, pois já assinalamos que no vale do Paraíba são raramente encontrados. Os feitos de cera, pelo fato de serem peças industrializadas, deixamos de estudá-los, porém constatamos que seus preços são bem elevados; dificilmente um "romeiro" roceiro poderá adquiri-los.

O ex-voto *in vivo*, ou seja, a oferta de animais, é a oferta em espécie, parece-nos que só é utilizado nas transações do devoto com o Divino. No vale do Paraíba do Sul, pudemos recolher muito material a este respeito. Quando vão plantar, quando querem que o gado prospere, ou a criação de galinha vá adiante, fazem promessa por ocasião da passagem, pela roça, da folia do Divino. Certa vaca, todas as vezes que dava cria, perdia o bezerro, então o seu dono fez uma promessa: "si vingar a sua próxima cria, darei pro Divino". "Si a seca ou a chuva não prejudicar a roça, darei uma ou duas quartas do produto pro Divino." "Si os pintinhos não morrerem, darei um frango pro Divino." No dia da festa, marcada pelo pároco, vão chegando de todos os recantos por onde passou a Folia do Divino as pagas das promessas dos devotos. Na "Casa da Festa" são improvisados galinheiros, chiqueiros etc., para depositar as prendas. Nos caixões são colocadas as quartas de farinhas; nos jacás, o milho, o feijão; nos cantos, as abóboras. Muita coisa será consumida pelos fiéis nos dias de Festa do Divino Espírito Santo. Muitos ex-votos entrarão em leilão e serão, em última análise, transformados em dinheiro, para pagar as despesas tidas com as festas, ficando o que restar para a Igreja. Há o máximo respeito em observar a guarda dos "bens ofertados ao Divino". Corre mesmo a crendice de que festeiro que se apropria de coisas ofertadas ao Divino mais cedo ou mais tarde ficará na mais negra miséria. Em São Luís do Paraitinga, apontaram-nos um cidadão que hoje está em dificuldades financeiras por ter se apropriado das oferendas feitas ao Divino. Aliás, em Cunha, também constatamos esse fato, e diziam que o festeiro morreu dois meses depois da festa. Por outro lado, fomos informados que algumas pessoas melhoraram o *status* econômico após a realização de uma festa do Divino em que foram festeiros e por se terem apropriado de boa parte do muito das pagas de promessas que vêm para o Divino. Em alguns lugares, o padre é o festeiro para evitar o desvio das importâncias apuradas, evitando essa "sociedade indébita com os bens do Divino".

Promessa feita ao Divino é rigorosamente paga! O caipira não deixa de fazê-lo, pois atribui ao não pagamento as desgraças advindas da mínima quebra desse solene compromisso.

O "CURIOSO"

Às vezes aparece um "curioso" que se especializa em fazer ex-votos. Certamente ele faz um ex-voto que passa de mão em mão, antes de sua peregrinação. Isso será o bastante para que receba constantemente encomendas de ex-votos; daí o fato de encontrarmos nas salas de milagres trabalhos altamente representativos da arte popular. O "curioso", isto é, o indivíduo que tem espírito inventivo e excepcionais habilidades, encarrega-se de fazer os ex-votos para os fiéis, contribuindo, desse modo, para que eles fujam da regra de que o agraciado é que deve fazer o seu próprio ex-voto.

Oferecimento ímpar

A forma comum de ofertar o ex-voto é levá-lo até a cruz, santa-cruz, capela ou sala de milagres do santuário. Ao pé da cruz o fiel se ajoelha para fazer seus pedidos, para combinar a promessa, magoando seus joelhos nas pedras trazidas pelos penitentes, pedras lacrimejadas pelo espermacete das velas brancas que foram acesas em intenção das almas sofredoras. Reza e depois vai depositar o ex-voto na sala de milagres, no caso de ter feito romaria ao santuário. Encontramos na zona litorânea de Iguape a seguinte forma de ofertar o ex-voto: consiste numa canoa de dois palmos de comprimento, feita de madeira levíssima, chamada caixeta, que é lançada ao mar pelos pescadores. Quando um pescador fica doente, faz uma promessa; sarando, oferece um ex-voto dessa natureza. No primeiro dia em que volta à faina marítima, lança ao mar o ex-voto, no ponto mais distante que puder atingir. Devido aos movimentos das ondas, às correntes marítimas, às marés etc., essas canoas vão dar às praias. As que batem nas praias do Mar de Dentro, nas proximidades da cidade de Iguape, são recolhidas e levadas até a sala de milagres. Se um pescador ou membro de sua família que, residindo muito distante de Iguape, lá pela ilha do Cardoso, Cananéia ou Ararapira e mesmo nos confins da praia de Juréia ou Deserta, encontra na praia do seu "porto" uma canoa, trata de recolhê-la e, no mesmo dia ou no imediato, o ex-voto é levado e atirado novamente ao mar, pois acreditam que chegará até ao santuário, e as forças da natureza colaborarão. Os ex-votos achados na praia da Juréia, quase na barra do Ribeira, defronte a Icapara, no "Registro de Nosso Pai", local onde foi encontrado o Bom Jesus, são guardados até o dia em que possam levá-los à sala dos milagres, em Iguape.

MILAGRES

Em "Promessas" estudamos a presença do ritual de agradecimentos das graças recebidas de uma divindade, de um santo, pelos fiéis que residem no estado de São Paulo. Para demonstrar a unidade espiritual que presidiu à formação do povo brasileiro, daremos alguns aspectos desse mesmo ritual em terras do Nordeste, na região do baixo São Francisco.

Milagre é o ex-voto. Aqui predomina o ex-voto de madeira. Há quem se especialize, em algumas comunidades, em esculpi-los; então é chamado *imaginário*. E imaginário que faz ex-voto também se inicia e acaba sendo escultor de imagens de santos. Imaginário faz imagens e milagres (ex-voto). Milagre é o nome mais comum dado à peça material que corresponde à promessa feita: cabeça de madeira, perna, braço. Em Juazeiro do Norte, em São Francisco do Canindé, ambos santuários situados no Ceará, os *milagres* de madeira entulham as salas de milagres, tanto é assim que em Canindé, em agosto, são queimadas toneladas e toneladas de milagres de madeira.

Pelas estradas ensolaradas do Nordeste, onde há uma cruz, uma capelinha, fácil é encontrar dezenas e dezenas de milagres de madeira.

Em Piaçabuçu, última cidade brasileira à margem esquerda do rio São Francisco, antes de este lançar suas águas no Atlântico, é comum na zona urbana e muito mais na zona rural o apelo ao sobrenatural como meio e reforço para a realização de intentos. Tal crença no poder da intervenção do sobrenatural manifesta-se sobretudo na confiança nos milagres de determinadas entidades, os santos. Como forma retributiva a essa intervenção miraculosa ofertam elementos materiais – os ex-votos –, concretizando, dessa maneira, o agradecimento da graça recebida. Ex-voto, promessa ou milagre, nome este comum na região, é um quadro, imagem, desenho, escultura, fotografia, peça de roupa, jóia, fita, mecha de cabelo e principalmente *escultura em madeira*, que se oferece e se expõe nos lugares dos acontecidos – cruz[1], santa-cruz, capela, igreja, salas de milagres, em regozijo de uma graça alcançada. Se a oferta é posterior à bênção recebida, é pagamento. Dizem mesmo "pagamento de promessa".

Entre os males que afligem o homem, a doença é o mais comum. A doença é ainda para muitos causada pela introdução de um ser estranho e, para sua expulsão, também há necessidade de uma fórmula mágica. O restabelecimento da saúde é sempre procurado por todos os meios e, quando as dificuldades econômicas impedem que a ciência intervenha, as crenças mágicas dificultam a ação médica, o "remédio" é apelar para o sobrenatural. E é, repetimos, na doença que o santo vale mais. Uns mais do que os outros. Há santos[2] especializados na cura de determinadas moléstias.

O fiel promete, no caso de se curar, de ter a roça e plantações protegidas, de obter boas pescarias, ofertar algo ao santo de sua devoção. Uma vez realizada a cura, o devoto se vê na obrigação de pagar a promessa feita. Dessa transação com o sobrenatural, às vezes, resulta a confecção de peças artísticas, como sejam: os ex-votos. Quase sempre impossibilitado de comprar uma peça industrializada, tais como as de cera, vendidas nas casas especializadas de artigos de religião e que funcionam ao redor dos templos católicos, o agraciado procura executar uma peça esculpindo-a geralmente em madeira. Nesta região, onde há abundância de madeira mole como o mulungu, cajazeira e outras, há, portanto, uma grande quantidade de ex-votos esculpidos em madeira. Acontece que nem todos podem trabalhá-lo em madeira, daí resultando outros tipos e formas de ex-votos. Apresentam, assim, substitutivos para essa forma popular de pagamento da dívida ao poder superior. E é claro que o próprio meio geográfico condiciona o maior número de um determinado tipo e não que o equipamento hereditário racial influa, pois negros, caboclos e brancos esculpem ex-votos de madeira, nessa região.

---

1 Gabriel le Bras, *Études de sociologie religieuse*, t. I, Bibliothèque de Sociologie Contemporaine, Presses Universitaires de France, cap. VII, Sur l'histoire des croix rurales, 1955, p. 97: "O fato de a cruz ser o símbolo capital da ortodoxia não impede que em torno dela floresçam as superstições."

2 Roger Bastide, *Imagens do nordeste místico em preto e branco*. Rio de Janeiro, O Cruzeiro, 1945, p. 31: "O barroco, em oposição à abstração protestante, multiplica o culto dos santos. Sobre todos os altares laterais, há nichos enquadrando esses semideuses, esse séquito santo do Senhor, de modo que nenhuma ação possa ficar no terreno do profano. Todas as funções da vida ficam, por essa forma, santificadas, pois os santos são os funcionários, os ministros de Estado do Senhor. A espinhela caída, as doenças da vista, as moléstias da pele, a procura de um marido, encontrar um objeto perdido, salvar-se de um naufrágio, impedir o raio de cair sobre a casa, tudo tem seu santo, seu protetor e seu chefe."

Chamaríamos de ex-votos do ritual produtivo todos aqueles ofertados como retribuição aos pedidos feitos para produção de melhores roças, melhores pescarias.

Na estrada que leva a Feliz Deserto, na santa-cruz do Cigano, recolhemos ex-votos de cerâmica, de madeira, de pano, de cera, flores de papel, fitas, desenhos, pinturas e mechas de cabelo. Há uma abundância de cabeças de madeira. Em casos de febres costumam representar o corpo todo ou apenas a cabeça. Ultimamente, em Piaçabuçu, um artista popular está se especializando em fazer cabeças de barro cozido, sob encomenda para que os fiéis possam pagar suas promessas. Cada cabeça pintada custava, em 1953, três cruzeiros. É uma nova indústria doméstica, complementar.

Na matriz de Piaçabuçu não encontramos ex-votos, porém em Feliz Deserto sim.

Em páginas anteriores, procuramos classificar as "promessas", quanto à forma, em: *simples, antropomorfas, zoomorfas* e *especiais* (adornos ou jóias); segundo o propósito, em *protetivos* e *produtivos*; e, de acordo com a execução, em *materiais* e *imateriais*. A nossa experiência em Piaçabuçu leva-nos não apenas a modificar a nossa classificação, bem como a apontar um tipo de ex-voto que não é em pagamento de bênção recebida; portanto, não é posterior, mas antecede-a; seria o ex-voto *preventivo*. A finalidade é aplacar a ira de uma divindade ofendida ou para que não venha a ser injuriada, não tendo recebido a devida consideração manifesta através de um mimo. O ex-voto preventivo antecede ao que possa acontecer e, no caso de doenças, ele as evita: a oferta a Xapanã, o presente de flores, sabonetes, perfumes a Janaína, o deixar como "agrado" um naco de fumo na proa da canoa para o Negro d'água, as flagelações que os "penitentes" fazem para "alimentação das almas", lanhando o dorso com a "disciplina".

Ao tipo de ex-voto que nós denominamos preventivo, premonitório, Castilho de Lucas[3] chama de ex-voto *pagão*, em oposição aos ex-votos *cristãos*.

Ao ex-voto preventivo não o chamaríamos de pagão porque para nós envolveria juízo de valor. A pesquisa antropológica nos tem mostrado que todas as formas de ex-votos não são encontradas na primitiva religião cristã. Na verdade, são práticas dos povos os quais costumamos, graças ao nosso

---

3 Antônio Castilho de Lucas, "Ex-votos médicos", Separata de *Literatura Médica*, Madri, 1958, pp. 45-50. O autor classifica os "ex-votos em *cristãos* e *pagãos*. Os cristãos em agradecimento, e se classificam em: vestes, luminárias, orgânicos, ortopédicos, alfaias, figuras antropomórficas, lápides e quadros ou pinturas votivas. O ex-voto pagão é para aplacar a ira e não castigue mais a pessoa com a enfermidade".

"bias", aos nossos preconceitos, chamá-los de pagãos. Os ex-votos, em qualquer grupo humano que sejam encontrados, em qualquer tipo de cultura ocidental, revelam resquícios de cultos primitivos[4]: são formas anímicas de magia e simpatia que expressam o desejo do ser humano (tal qual ele fazia na civilização tradicional) de agradecer a cura recebida ou de afastar a ira, agradando à divindade para que ela não tenha um mau intento e proporcione a cura. Tal qual na arqueocivilização, em Piaçabuçu ainda fazem: para Xapanã não alastrar a peste das bexigas; para o Negro d'água não chupar o sangue do canoeiro enquanto dorme na canoa; para Janaína não levar o pescador para o fundo do mar e lhe dar o abraço sedutor, porém fatal, acender uma vela para Nossa Senhora Mãe dos Homens; para que a esposa tenha parto normal, ofertar uma cabeça de madeira à capela do santo de sua devoção.

Deve-se entretanto observar que há uma diferença entre o tipo de ex-voto *preventivo* e aquele outro *sacrificial*, isto é, onde há a morte de um animal, como se faz no candomblé, imolação de cabrito e galinhas para os despachos. No toré matam um frango para misturar seu sangue na beberagem especial, bebida pelos "encantados".

No candomblé e no toré o sacrifício é de um animal, ao passo que há o tipo pessoal de sacrifício que os crentes chamam de "sacrifício ou penitência". Embora não seja conforme o que Cristo preceituou, pois afirma "misericórdia quero e não sacrifício"[5], tais devotos continuam a praticar o ex-voto *imaterial sacrificial*, caminhar descalços nas procissões, usar cilício, fazer jejuns, isolar-se, formas pessoais de ex-voto praticadas na comunidade alagoana, que revelam a persistência no catolicismo de *folk* das práticas curativas e preventivas primitivas.

Graças ao cumprimento de promessas têm surgido algumas capelas na comunidade; é o caso da atual Igreja de Nossa Senhora Mãe dos Homens, em Feliz Deserto. Após o naufrágio, um embarcadiço que se salvou prometeu erigir uma capela à padroeira da cidade onde nasceu em Portugal, Feliz Deserto, a Nossa Senhora Mãe dos Homens, santa que até então não pertencia ao rol dos protetores domésticos da região alagoana. Outras capelas surgiram

---

4 Na antiga dispensação hebraica, o *Antigo Testamento* registra em I Samuel, 6: 4-5 e 18, quando os filisteus devolvem a arca aos hebreus, para *expiação de culpa* e para *curar o mal de hemorróidas* e do *ataque de ratos às plantações* e *celeiros*, juntam ex-votos sendo: cinco ânus representados com hemorróida, feitos de ouro, um para cada príncipe, Asded, Gaza, Askelon, Gath e Ekron, e também ratos de ouro, segundo o número de todas as cidades dos filisteus, pertencentes aos cinco príncipes. Em a nova dispensação tal não é mais encontrado, há condenação de tais providências curativas por não se coadunarem com o cristianismo. É providência econômica e não cristã.
5 "Misericórdia quero e não sacrifício." Evangelho segundo São Mateus, 9: 13.

motivadas pela cura. Aliás, este motivo votivo é comum na região são-franciscana; F. Altenfelder Silva o assinala em Xique-Xique[6]. Ao redor da capela surge um povoado. Fenômeno idêntico estudamos no estado de São Paulo, em "Cruz", "Santa-cruz" e "Capela".

---

6 Fernando Altenfelder Silva, *Análise comparativa de alguns aspectos da estrutura social de duas comunidades do vale do São Francisco*, Curitiba, I. P., 1955, p. 20.

ALIMENTAÇÃO DAS ALMAS

A prática ritualística da "alimentação das almas" encontrada no vale do rio São Francisco, principalmente na região média, pode ser perfeitamente classificada como uma forma de ex-voto preventivo. O desejo de conquistar o bem-estar futuro, a compra de um lugar no céu, tem impressionado aos homens desde a Antiguidade. Nas eras medievais, desde o século XI cujas sombras e misérias se projetaram até ao século XVII, aqueles que, embora se rotulassem de cristãos, olvidando entretanto os ensinamentos de Cristo "misericórdia quero e não sacrifício", praticaram largamente na Europa sacrifícios e mortificações do corpo com o interesse de alcançar depois da morte um lugar na glória, no céu, como fazem os atuais "penitentes". Estes vão além, mostram um verdadeiro altruísmo porque, ao bater com a "disciplina", visam também melhorar a situação das "almas santas benditas" que ainda não se acomodaram em definitivo na mansão celestial... segundo acreditam.

As ilhas culturais em que tais comunidades se tornaram são ambiente propício que permite a vivência dessas práticas atuais dos penitentes. Sabe-se que ainda hoje algumas ordens monásticas católicas romanas continuam a ciliciar seus corpos. Talvez a permanência desse traço e o próprio revigoramento do ritual entre os penitentes sejam causados pelo fato do atendimento que estes crentes dão às missões pregadas pelos sacerdotes, que descrevem o fim do mundo e sua proximidade, as aflições que os pecadores terão no inferno, a necessidade do arrependimento e da penitência.

Em 1961, em Tarrachil, margem baiana do São Francisco, presenciamos uma dessas missões. Não há dúvida de que as palavras candentes do orador sacro, os seus apelos patéticos e mesmo a figura desse missionário, ao lado da enorme cruz que chantara na praçola da cidade, eram de impressionar. Um sermão como o que fora por nós ouvido (e gravado em fita magnética) tem mesmo o condão de reforçar a prática da flagelação, autoflagelação por aqueles beiradeiros patrícios desassistidos espiritual e economicamente e assombrados com a ameaça de perder a vida futura.

A prática da flagelação em nada diminuiu nessa região e a impressão que se tem é que ela está cada vez mais intensa, embora reprimida. Ultimamente seus praticantes procuram ocultar-se cada vez mais nas caatingas para que olhares profanos não a disvirtuem. (Nossa palavra foi cumprida: não levamos máquina fotográfica nem gravador de som. O que menos esperavam aconteceu: cantamos com eles os "benditos", fazendo a segunda voz, aumentando assim o nosso prestígio de observador participante.)

O observador arguto poderá ver à saciedade penitentes em toda a região são-franciscana. Pelo fato do hábito de os homens da classe mais desvalida andarem sem camisa, põem à mostra o dorso lanhado pela "disciplina", as costas "cortadas", as "cicatrizes sagradas".

Xique-Xique, na Bahia, parece ser o centro maior dessa prática, conforme assinalou Fernando Altenfelder Silva, nosso ilustre colega de equipe de pesquisas sociológicas supervisionadas por Donald Pierson, em 1952, ao longo do rio São Francisco.

Graças às sucessivas ondas de "pau-de-arara", de migrantes nordestinos que se dirigem para o Sul, para São Paulo, aqui, quando podem, continuam a prática da flagelação. Em Itanhaém, nas plantações de bananas, onde o número de nordestinos é enorme, em 1960, na Semana Santa, alguns flagelantes, nas proximidades do rio Curitiba, puderam prosseguir na prática porque o "penitente" tem que fazê-lo sete anos seguidos. Caso não o faça não recebe as bênçãos. Outros, que disseram sentir coceiras nas costas, são impelidos a fazer, portanto continuar, em terras distantes das suas de origem, as práticas doutrora, iniciadas nesses lugares onde a miséria econômica é um móvel. Miséria que continua para aqueles que vêm para os bananais da região caiçara paulista, ambiente propício onde se ceva a ritualística da flagelação, praticada só pelos homens.

No rio Curitiba, na sua margem direita, estavam oito penitentes (cinco baianos e três alagoanos): o corpo nu da cintura para cima, um saiote de pano de saco de farinha de trigo, lenço branco na cabeça. Passaram a noite rezando e surrando as costas com uma espécie de azorrague, não com bolotas de metal, porém nós no couro ou amarrando pequenas lâminas de faca velha. Rezando e autoflagelando-se, uma vez terminada a prática, lavaram as costas com cachaça ou pinga alcanforada. Beberam também fortes doses de cachaça pura. As tangas foram lavadas para que "quem não compreendesse fosse assoprar no ouvido do Delegado de Polícia e seriam todos presos". Banharam-se depois num pequeno riacho e, a seguir, vestiram as roupas comuns. Findou-se também o período de abstenção sexual.

Voltemos às margens do São Francisco, por ocasião da Quaresma de 1961, para ouvir os benditos cantados na cerimônia noturna da "alimentação das almas", para acompanhar uma "lamentação".

O toque seco da matraca, quando a noite já vai larga, é ouvido a longa distância. De uma casa do povoado sai um caboclo de meia-idade carregando enorme cruz de dois metros, mais ou menos, de altura, em cujos braços está pendurada uma toalha branca. Dirigiu-se para a porta do cemitério. Segue-lhe os passos o tocador de matraca. Os devotos alertados pelo sinal convencional desta voz de madeira (quando os sinos se emudecem!) vão se aglomerando no local tradicional de encontro. Já na porta do "sagrado", onde tem início a reza, há um número considerável deles. O "dono" da cruz dá começo à reza. Vários benditos são cantados porque desse local eles saem para percorrer "sete estações", guardarem a cruz na casa do "mestre". Finda-se assim a "lamentação" na qual homens e mulheres tomam parte. Assemelha-se muito à "recomenda das almas" praticada no sul do país.

Realizam com tais "lamentações" um trabalho sagrado – alimentam as almas que ainda estão penando nos ares ou no purgatório, expiando com essa prática os seus penares. Alimentação das almas dos outros e ao mesmo tempo protegem-se, "fechando o corpo" contra perigos e males, e adquirem a salvação futura, caso não interrompam as sete vezes que devem assim proceder.

A prática de sete anos seguidos é o mínimo exigido, porque não há proibição para que se reencete novo período; o que não devem fazer é iniciar e depois não continuar. Neste caso, há sanções que o sobrenatural aplicará: doenças, desditas etc.

Os praticantes desse ritual estão firmemente imbuídos da presença das almas dos que morreram enquanto fazem aquele percurso dos "sete passos". Mais uma vez se confirma o que assinalamos atrás, que, enquanto na Europa o encontro dos mortos com os vivos se dá no Carnaval, no Brasil é na Quaresma.

Alta madrugada, antes de ser guardada a cruz, há a cerimônia do "beijamento", com a qual encerram naquela noite a "alimentação das santas almas benditas".

As rezas entoadas têm muito do canto sacro – a suavidade. As vozes atenoradas dos meninotes, as graves, dos homens e as mulheres, formam um conjunto mavioso. Aquelas melodias repassadas de fervor religioso ficam cantando nos ouvidos de quem presencia as "lamentações", os muitos benditos:

Ó bendita cruz,
cruz bendita
ali Jesus Cristo
foi croncificado,
ali vosso sangue
foi derramado...

CARPIÇÃO

No município de São José dos Campos, além do rio Putim, no bairro do Pernambucano, há uma capela dedicada a Nossa Senhora do Bom Sucesso, mas que os fiéis chamam de Capela de Nossa Senhora da Carpição[7], cuja cerimônia religiosa se realiza aos 15 dias de agosto de todos os anos. Sua história é igual à de algumas capelas vale-paraibanas: primeiramente uma pequena cruz para assinalar o local onde morreu de desastre um pernambucano, cujo nome é completamente desconhecido. Nem seu nome sabiam, era apenas o Pernambucano. Por causa da cruz, o local ficou conhecido e até hoje chamado de *bairro do Pernambucano*. Um dia a pequena "Cruz do Pernambucano" foi promovida a santa-cruz. Muitas rezas ali foram dirigidas pelos capelães-caipiras, pelas "tiradeiras de reza". A força de coesão proporcionada pela religião vinha de algum tempo aproximando os moradores vicinais. Um dia pensaram em promover a Cruz do Pernambucano a Santa-cruz do Pernambucano.

Vários anos são decorridos e, na última década do século passado, os fiéis resolveram transformar aquela santa-cruz em Capela. Era preciso construí-la, barrear suas paredes, cobri-la com telhas, enfim, fazer um pátio ao redor da futura capela e lá, numa extremidade, levantar o necessário coreto para os leilões e banda de música. Mas, qual seria o orago daquela capela? O padre viria para seu benzimento e dedicação, como escolher o santo que iria completar o esquecimento do nome do olvidado Pernambucano que tivera dois marcos religiosos católico-romanos: cruz e depois santa-cruz? Sim, ficaria irremedia-

---

[7] Não é a primeira vez no Brasil que o povo muda o nome dos santos. Nossa Senhora do Ó é o nome popular de Nossa Senhora da Expectação do Parto. Sua festa antecede de poucos dias o Natal. Acontece que os fiéis, para louvá-la, ao entoar suas antífonas, repetem sete vezes a interjeição "oh!", daí (lei do mínimo esforço) Nossa Senhora do Ó.

velmente esquecido porque, a partir do dia da consagração daquela capela, jamais mencionariam o nome da pessoa que ali morreu de desastre, e, como sói acontecer, seria para sempre a capela de um determinado santo.

Conta-se que um festeiro organizou um mutirão para capinar cerca de um alqueire de terras ao redor da futura capela. Logo ao dealbar do dia, tem início o alegre e festivo mutirão "puxado a sustância", com muita comezaina, cantos de *calango* para incentivar os trabalhadores dessa ajuda vicinal. Em pouco tempo o terreno fronteiro à capela estava todo capinado. Como essa parte do terreno já estava limpa, veio o intervalo para o almoço. Os cabos de guatambu das enxadas serviram de assentos, outros trabalhadores sentaram-se nos barrancos, alguns se acocoraram defronte de seus conhecidos, e as moças e mulheres azafamadas distribuíram a comida para todos os mutireiros. Logo após a refeição foi reiniciada a limpeza do terreno – a *carpição*, como diz o piraquara[8]. Novamente as enxadas entraram em serviço.

Mal os homens se haviam distribuído nos eitos demarcados pelo promotor do *mutirão de* capina, quando se iniciava a disputa para ver quem seria o "salmoreiro", ouviu-se um grito desusado de um mutireiro. Ao capinar, sua enxada se encravara entre um torrão de terra e uma pedra. Não era pedra, era algo diferente, era a imagem de Nossa Senhora do Bom Sucesso. O homem ajoelhou-se, mal contendo um grito de espanto e de alegria. Recolheu a santa e todos os presentes ao mutirão rodearam-no surpresos. Tão precioso achado não poderia permanecer ali exposto às intempéries. Levaram a imagem sobre um andor improvisado de cabos de enxada para a casa do festeiro, guardando-a ali até sua breve entronização na capela. Esta já adquirira miraculosamente padroeira e nome, seria a Capela de Nossa Senhora do Bom Sucesso.

Após o mutirão, em casa do festeiro, entremeando o xiba, a canoa, a marrafa, a andorinha e outras danças afandangadas que entreteriam os homens, mantendo-os acordados a noite toda, os comentários eram acerca do achado precioso. Findas as danças, dispersos os participantes da festança, o promotor do mutirão de "carpição" em cuja casa estava guardada a santa deu por falta do "precioso achado da carpição". Seria alguma brincadeira de mau gosto? Seria que algum abusão ou embriagado havia feito tal zombaria escondendo a santa? Onde estaria ela? A tristeza dos seus familiares foi geral. A alegria se demudara em apreensão – "embora ela ainda não estivesse benzida (estaria ou não, comentavam outros), não deviam fazer essa brincadeira de escondê-la". Os dias se passaram, a expectativa aumentou.

---

[8] Morador da beira do rio e vale do Paraíba do Sul.

O festeiro, ao narrar os fatos acontecidos na "carpição" a uma pessoa que soube lá em Caraguatatuba e outra ali em Paraibuna do encontro da imagem, convidou-as para mostrar-lhes o local onde fora achada. E eis o milagre, assim diz um informante, lá no "mesminho lugar onde fora achada, estava a santa em pé, olhando para o lado de onde o Sol nasce". Novamente retiraram a santa e a levaram para a casa do festeiro. Eis que o mesmo miraculoso fato se repete, a imagem voltara para o lugar primitivo. É a terceira vez e, como o número três tem um verdadeiro acervo de significados cabalísticos na religião, não levaram mais a santa do seu lugar e ali seria construída sua edícula, e a capela passou a chamar-se, de acordo com a determinação do padre, Nossa Senhora do Bom Sucesso do Bairro do Pernambucano.

Aproximou-se rapidamente o dia 15 de agosto escolhido para a dedicação da Capela de Nossa Senhora do Bom Sucesso. Veio o padre, houve muito foguetório, a praça ficou apinhada de gente, pois o fato correu célere; vieram também moradores dos bairros rurais de Taubaté, Caçapava, Jambeiro, Buquira, Redenção da Serra, Natividade, Paraibuna, Santa Branca, Jacareí e Caraguatatuba. Naqueles dias o café precisava de muitos braços para sua lavoura, daí ser grande a população rurícola do vale do Paraíba do Sul, porque os cafezais subiam e desciam a morraria de lado a lado do rio Putim, no município de São José dos Campos. Data dessa época o aparecimento de estranho ritual: os devotos retiram de detrás da capela, de um barranco, torrões de terra e os levam rezando até à praça fronteira, onde vão depositando em um montículo. Assim começou o culto a Nossa Senhora da Carpição. Os piraquaras deixaram de chamá-la de Nossa Senhora do Bom Sucesso, passando a chamá-la de Nossa Senhora da Carpição.

As festas, segundo vários informantes, tiveram início a partir dos fins do século XIX e, desde essa época até hoje, no dia 15 de agosto de todos os anos dá-se a *Carpição*. Vindos dos recantos mais distantes, mal os devotos apeiam de seus animais, ou descem dos transportes, dirigem-se para trás da capela; ali, com uma enxada retiram torrões de terra e fazem no mínimo três vezes o percurso do barranco de onde cavoucaram até ao montículo que se vai formando. No dia 15 de agosto de 1956, à tardinha, quando poucos fiéis ainda restavam no local, o volume de terra transportada aos torrões nessa singular cerimônia religiosa era de mais ou menos cinco metros cúbicos.

Gonçalo Gentil de Almeida, branco, 80 anos de idade, barbas brancas e longas, uma figura patriarcal inconfundível no meio de tanta gente, antigo tropeiro que palmilhou a região, disse, com muita facilidade de expressão, interpelado a respeito da data do aparecimento daquela cerimônia religiosa:

"Des que eu era mocinho existia essa festa. Me alembro que naquele tempo sim que era festa, uma festa e tanto. O padre vinha, dizia a missa e tudo era beleza e harmonia, não havia descontentamento dos devoto. Esses padres d'agora são uns enjoado, não querim mais que a dgenti carregui terra e eles já num quere mais dizê santa missa no dia da Carpição e é só no domingo de diente qu'eles qué vim, e percisa pagá bem pra mode vim. Esses padre recoluta estão estragano co'a nossa festa, com a nossa devoção. Si a dgenti num aquerditá nus santo, im quem vai aquerditá? Eu num faio (falho) ano. Quano vai me dano os reumatismo no tempo da friage (inverno) eu faço premessa pra ela é já se sabe, no dia 15 tô aqui mais firme do que morão de portêra. Já cumpri minha obrigação e o ano qui vem espero vortá. Louvado seja Nosso Sinhô. Enquanto eu fô vivo vê lá si vô dá ovido pra essas mania desses padreco de meia tijela. Eu gostava é do Padre Jusé, esse sim, dexava a dgenti carregá e ele mesmo fazia a sua obrigação levano torrão de terra e mandava a dgenti dizê uma reza ansim: "um momento home, aqui nunca vortará quem ansim num fizere" (*memento homo, quia pulvis es et in pulverem reverteris*). Esse sim era padre, o resto é prosa, vê lá si ele tinha essas bobage de não dexá nois cumpri nossa obrigação ou a nossa premessa de devoção cum a Nossa Sinhora da Carpição, qui lovado seje."

A "CARPIÇÃO"

A terra é retirada com a enxada; muitos romeiros fazem promessa de cavoucar o terreno. Ao cumprir a obrigação, o devoto carrega naturalmente na mão a terra, porém, quando é para cumprir promessa por causa da cura de uma doença, então podem-se ver crentes carregando a terra encostada ora na face, por causa de dor de dentes, na cabeça, costas etc. Tal cerimônia não se restringe apenas ao ser humano; cães, cavalos, bois dela participam. É o cão arrastado pelo dono, fazendo três percursos com a terra nas ancas para que não tenha nambiuvu; é o cavalo a carregar um picuá no lombo ou na cernelha para não ter ou curar-se de pisaduras; é o terneiro, como representante do rebanho, puxado por uma peia à guisa de cabresto, indo e vindo com um saquinho de terra para que o resto do gado não apanhe bicheiras.

Os fiéis, depois de cumpridas a obrigação e a promessa de carregar a terra, entram na capela para acender velas, amarrar fitas nos santos de sua devoção e deixar suas esmolas ao pé dos celícolas. Há os que entram de joelhos, quase sempre mulheres, homens raramente o fazem. Estes apenas depositam suas esmolas, beijam a santa, logo se retiram.

A "carpição" cumpre também a sua finalidade congregadora, de reaproximação dos seres humanos afastados geograficamente, unidos porém pela mesma fé católica romana, pela mesma crença no poder sobrenatural de que o cumprimento daquela obrigação ou promessa pode proporcionar aos devotos de Nossa Senhora da Carpição cura, bem-estar, proteção, felicidade ou saúde. Daí, muitos, além do cerimonial já descrito, levarem para suas casas aquela terra para fins medicinais, para curar as pessoas e também para dar às galinhas quando doentes. Disse a informante Leopoldina Conceição de Jesus, moradora num bairro rural de Paraibuna, que para certos incômodos do coração não há nada melhor do que misturar um pouco dessa terra no chá; a devota Ernestina da Purificação afirmou que todos os anos leva terra para dar às galinhas pois "não há peste que não cure, basta misturar no fubá ou farelinho".

Além das crenças relativas à cura que a terra proporciona àqueles que a carregarem encostada na parte doente, há também a de que ela cresce no local de onde é retirada, bem como acerca da que é colocada na parte fronteira, por mais alto que seja o monte: voltará, pois no ano vindouro estará novamente no local de onde foi retirada. Acreditam que a terra também não suja a mão de quem a conduz cumprindo obrigação ou promessa.

A FESTA

Atualmente ela se realiza em dois dias distintos: no dia 15 de agosto, a popular e muito concorrida, e no domingo imediato, apenas com pouca gente para a missa. Antigamente o programa se desenrolava apenas no dia 15. Acontece porém que de há poucos anos para cá os padres começaram a se recusar a participar das festas por causa do cerimonial de carregar terra, daí aparecerem apenas no domingo imediato, retirando-se logo após a missa. Nesse dia não há afluência de fiéis, bem como não carregam terra, nem antes nem depois da solenidade religiosa.

Movimentada é a festa do dia 15. Ao cair da tarde do dia anterior, levam a santa até à casa do festeiro para enfeitar o andor da padroeira, bem como dos demais santos: Benedito, Sebastião e Teresinha. Há, na residência do festeiro, uma "reza puxada" pelo capelão-caipira, finda a qual os participantes, empunhando tocheiros, levam os santos em cortejo até à capela a Nossa Senhora da Carpição, onde terá lugar a reza do terço e a seguir o leilão. Já não fazem mais vigília como anteriormente, soltam porém muitos foguetes ao fechar a capela pelo festeiro, depositário temporário da chave, bem como guardador da renda do leilão, que reverterá para as despesas com o padre e melhoramentos da capela.

Quando o dia vem nascendo e com os primeiros albores da manhã, os raios de Sol vem rasgando as brumas que envolvem os muitos morros, de todos os caminhos chegam devotos e a primeira coisa a ser feita é *cumprir a obrigação*: levar três torrões de terra. Outros, além da obrigação, têm a *promessa* a cumprir, então maior é o número de viagens a ser empreendidas do barranco até ao monte. Há também devotos que trazem terra de suas residências, três torrões ou três pacotinhos para lançar ali. É o lenço desatado ponta por ponta e a terra derramada, enquanto o devoto profere uma reza. Em geral são os antigos moradores das adjacências, hoje vivendo em cidades distantes mas que não se esqueceram da velha devoção. É a preta velha Elvira Rodrigues Alves, trazendo de Bragança, num lenço, para cumprir promessa, três punhadinhos de terra. E ali está feliz porque veio também cumprir sua obrigação.

Antigamente o transporte era feito nos carros de bois e cavalos e muitos destes ficavam, após cumprir a promessa, amarrados na cerca. Hoje caminhões, ônibus e automóveis transportam centenas e centenas de devotos.

Chegam os moçambiqueiros de Caraguatatuba, entram dançando na capela para o beijamento da santa. Rufando sua caixa de guerra, seus pandeiros, adufes e chocalhando o ganzá, deixaram na porta da capela os bastões e paiás, por serem profanos estes, e armas, aqueles. Entraram para dançar defronte o altar e para o reverente beijamento. "Moçambique é dança de religião por isso mesmo não é pecado dançar dentro da capela." Depois dessa cerimônia religiosa de dançar e do beijamento da santa, podem bailar à vontade no cercado adrede construído. Aqui existe apenas o "cercado" e ainda não foi construído o coreto, então (o cercado) serve para exibições dos moçambiqueiros e para o leilão.

A festa oferece também uma oportunidade econômica, pois as atividades comerciais se desenvolvem intensamente ao lado da capela. Cerca de meia centena de barracas, como que por encanto, aparecem logo ao amanhecer e desaparecem antes de o Sol se pôr. Barracas de quinquilharias, de comes e bebes, de jogatina, de venda de bugigangas, de louças e até de roupa feita. Um engenho portátil de moer cana prepara a deliciosa garapa. O proprietário, muito mal-humorado, e sua esposa, num abrir e fechar de olhos, instalaram a pequena máquina. O marido, resmungando sempre, proferindo impropérios para sua mulher: "Ô, égua, toque a mula". Bastava a pobre alimária parar um pouco de puxar a almanjarra, já se ouvia xingamento. O que valeu foi o zum-zum do povo, abafando seus palavrões. É o camelô analfabeto, porém muito falante e que, estropiando o linguajar de Camões, anuncia a brilhantina cheirosa. É o convite insistente da negra do quentão, a repetir o pregão que ficou cantando em nossos ouvidos: "Tá quentinho patrão, tá quentinho, é o quentão, tá quentinho patrão. Quinhentão o gole, só quinhentão."

Às três horas da tarde o festeiro convida a todos para a procissão. Da capela, além do andor mais importante e mais bem enfeitado, que é o de Nossa Senhora da Carpição, saem o de São Benedito, que está sempre à frente da procissão (para que não chova antes de findar a festa, é a crença popular), e o de Santa Teresinha, São Sebastião e, por último, a padroeira.

A procissão dá uma volta pelo bairro levando cerca de hora e meia para o fazer. À frente, os ternos de moçambique bailando, cantando loas a São Benedito e a Nossa Senhora da Carpição. O cortejo aproxima-se da capela sob ensurdecedor pipocar de fogos; guardam os andores que voltarão a sair somente quando o novo festeiro, ora escolhido (ou que se ofereceu), promover a festa do ano vindouro. Somente podem ser festeiros os casais, jamais uma pessoa solteira, adianta a informante Adelina Fonseca.

Finda a procissão, guardados os andores, reavivada a fé no poder miraculoso da terra carregada naquela cerimônia, confraternizados, revistos os amigos de longe, após terem matado a saudade, voltam para suas casas. Não há devoto que não leve três pequenos torrões ou "uma mancheia de terra" no lenço com as quatro pontas amarradas: é um pouco daquela "terra milagrosa da capela de Nossa Senhora da Carpição". É cultuada a terra que dá forças, que transmite poder magnético, curativo, preventivo e estimulante. Eis os resquícios da arqueocivilização, dessa força da terra, cultuada pelos egípcios, respeitada pelos hebreus (*"solve calceamentum de pedibus tuis locus enim, in quo stas, terra sancta est"*), adorada como a mãe dos deuses na Grécia, reverenciada nos cultos pagãos da Roma, até hoje ela transmite poderes, pois é o que se depreende do ritual revivido às Sextas-Feiras da Paixão, quando os sacerdotes católicos romanos, após o canto da Paixão, põem os pés nus no solo para adorar a cruz, conforme preceitua o Missal Romano. Esse culto, que vem desde os egípcios, ainda está presente em nossos dias nessa cerimônia católico-romano-brasílica da Carpição.

Os morros mais altos projetam sombras nos menores e os raios oblíquos do Sol denunciam o crepúsculo. Quando chegar a hora do Angelus, ninguém mais estará ali, apenas as trevas da noite e a litania do vento envolverão a Capela de Nossa Senhora da Carpição do Bairro do Pernambucano no município paulista de São José dos Campos.

CANDOMBLÉ

As práticas religiosas e o culto às divindades africanas praticados pelos escravos negros no Brasil tiveram que ser realizados nas catacumbas umbrosas das noites. Graças a tais precauções, puderam chegar até nossos dias. Permaneceram, embora fossem perseguidos pelo furor nerino de seus senhores escravagistas que, por adotarem outra religião, misoneísta, não suportavam a prática de tal culto pelos seus escravos. Esta liturgia africana tomou vários nomes, que a própria dispersão que os escravos foram obrigados a ter na imensidão das terras brasílicas, ajudou a dar-lhe: candomblé, xangô, macumba, maripá, batuque, tambor de mina.

Embora de denominações diferentes, todas elas são como o candomblé[9] em que há o culto dos grandes deuses que vivem num mundo misterioso. O culto a esses deuses tornou-se uma religião de iniciação, em que há reclusão para admissão. É a religião africana trazida para o Brasil pelos nagôs, bantos, gegês etc. Atualmente muito modificada devido ao sincretismo religioso motivado pelos contatos culturais: influências advindas de nossos índios e dos brancos. É claro que no candomblé a religião domine a magia, não é a cura das moléstias o seu principal elemento. Isso o distingue do toré. A finalidade primordial do candomblé é o êxtase pelo qual os homens possam penetrar no mundo dos deuses, num mundo cheio de mistérios. Por meio da dança selvática e do canto monótono, ao som de atabaques, membranofônios

---

[9] Duas definições de candomblé: de Nina Rodrigues: "Chamam-se candomblés as grandes festas públicas do culto yorubano, qualquer que seja a sua causa"; de Roger Bastide: "O candomblé é uma família mística que se superpõe às famílias carnais." R. Nina Rodrigues, *O animismo fetichista dos negros bahianos*, Biblioteca de Divulgação Científica, Rio de Janeiro, Civilização Brasileira, 1935, v. II, p. 141. Roger Bastide, *Imagens do nordeste místico em preto e branco*, Rio de Janeiro, O Cruzeiro, 1944, p. 50.

batidos vigorosamente, retinir de campas, dança[10] e cantos encontram o caminho pelo qual atingem o êxtase místico. Os orixás, vindos ao encontro dos mortais, proporcionam alegria, e sua chegada é saudada com cantos. Ao baixarem, cumprimentam os presentes, transmitem conselhos, abraçam seus conhecidos. Depois que o orixá recebe a sua "linha" para deixar a filha-de-santo na qual esteve manifestado, é preciso um "despacho". Os conselhos podem ter o caráter de indicação para curar doenças, prevenir contra perigos que ameaçam a saúde ou o êxito nos negócios. Demoram para transmitir a mensagem, mas geralmente todos a trazem.

A pessoa, quando em êxtase, e pelo fato de ter baixado nela um santo, fica às vezes com a fisionomia acentuadamente deformada, olhos cerrados ou semicerrados, respiração ofegante, movimentos exóticos. As alterações fisionômicas assumem às vezes características cadavéricas. Há pessoas que ficam em convulsões no chão; quase sempre dançam de maneira selvática. Aqueles filhos-de-santo, quando bailam, se tornam todos membros de uma confraria mística. Quando estão tomados pelos orixás, não são mais os mortais com os quais convivemos em Piaçabuçu que estão dançando, mas sim os próprios deuses da África que ali se acham[11]. Os movimentos são rítmicos, os corpos revoluteiam, a música enreda a todos, os cantos são envolventes. "O candomblé não é um método de excitação de fenômenos patológicos, porém uma técnica de controle social de vida mística." O poder fisiológico do ritmo musical provoca estados cinestésicos e dá aos participantes aquele estado de sonolência, outras vezes de exaltação.

Pequeno é o papel que a medicina tem no candomblé, pois os deuses não são utilizados em benefício dos vivos; Roger Bastide afirma que tal se dá "porque o candomblé não é religião de consumo"[12].

---

10 Michel Lamartinière Honorat, *Les danses folkloriques, haitiennes*, Imprimerie de L'Etat, Port-au-Prince, 1955. Neste excelente estudo pudemos constatar os pontos de semelhança entre as danças rituais do candomblé e as danças sacras: radas, congos ou petros haitianas. "Os adeptos do vudu ou os vuduizantes dançam-nas em homenagem às divindades do Olimpo vuduístico no decorrer das cerimônias ou de festas religiosas. E, no momento da crise de possessão, os *loas* ou deuses também dançam. Por serem mais explícitas, as danças sagradas acompanham a divisão ritual do vudu."
11 Roger Bastide, "Cavalos de santo, estudos afro-brasileiros", 3ª série, Faculdade de Filosofia, Ciências e Letras, USP, Boletim n.º 154, *Sociologia (I)*, n.º 3, São Paulo, 1953, p. 37: "Agora não são mais os negros, os mulatos, e muitas vezes também os brancos são os deuses da África que dançam. Os movimentos adquirem uma beleza rítmica que até então não tinham, os corpos esposam a música dos três tambores, dobram-se, viravolteiam harmoniosamente, os músculos são oferendas líricas, os braços sinuosidades sensuais."
12 Roger Bastide, "Medicina e magia nos candomblés", *Boletim Bibliográfico*, n.º XVI, Departamento de Cultura, São Paulo, 1950, p. 12: "O candomblé, ao contrário, utiliza de preferência as técnicas africanas – a religião domina a magia –, o sincretismo é menor e não aparece verdadeiramente senão fora do cerimonial africano, na consulta particular – a cura das moléstias não é essencial e por conseguinte não faz tanta concorrência à medicina científica quanto o catimbó."

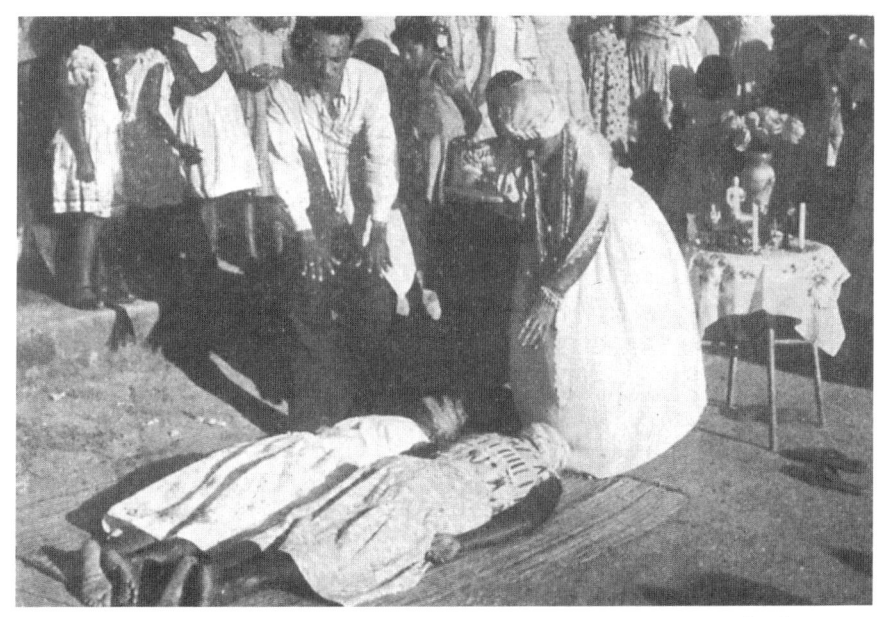

Despachando o santo.

As filhas-de-santo.

A chegada de Xapanã. Óleo de Miguel Arcanjo Silva – pintor primitivo. Piaçabuçu (AL).

Capela de beira de estrada. Laranjeiras (SE).

quando os caboclinho desce qué sê como era vivo, cum os pé descalço, e nóis arregaça as calça para ela não sujá porque os caboclinho tambémn não quere roupa, tano livre, fica enramado".

O dirigente do toré é o presidente. Há sempre um ajudante, um acólito. Ao presidente "compete assistir a reunião; enquanto os outros ficam manifestados, ele fica de lado para evitar atrapalhações, é para evitar os cantadores de linha", isto é, os que cantam e não sabem dar definição do que cantaram. A direção está realmente em suas mãos. Ele é o dirigente.

O presidente, o acólito e demais membros do toré, do sexo masculino, afirmam *não ter contato sexual com mulher* nos dias anteriores às reuniões e trabalhos no terreiro. Isso deve ser observado, afirma Artur Francisco da Cruz, para "poder pegar o encanto". "Também nesse dia *não se pode bebê bebida alcoólica*, e *é preciso tomá banho*." É a ablução, portanto influência moura. Índio também gosta de banho. Facilitou o sincretismo.

No toré não há indumentária especial. Há apenas o "capacete de índio" que é um cocar que o presidente usa durante os "trabalhos"; além disso, coloca a tiracolo um enfeite de penas, tira os sapatos ou "bostocos" (tamancos), dobra as barras da calça até à altura dos joelhos. Os demais colocam um rosário – são os cintos dos meninos; usam dar uma volta só, "apoiado", isto é, a tiracolo. O rosário de duas voltas é nagô de candomblé, por isso cuidam dar "uma volta só para os caboclinho"[27]. Os que recebem o encantado colocam antes o rosário *apoiado* (a tiracolo), defesa para não receber espírito branco que às vezes pode querer se manifestar, zombando mesmo das flechas que estão sobre a piana. Estes podem entrar pelas "esquerdas", daí não permitir sua entrada.

Antes das perseguições dos "perna preta" (soldados da polícia) o toré era realizado no terreiro, ao ar livre, num espaço entre a porta da casa e um cruzeiro. Atualmente, a reunião se faz no interior da casa. Num canto da sala há uma mesa coberta por um dossel, onde predomina a cor vermelha e há enfeites de papel de seda. Esse conjunto, mesa e sobréu, é chamado "piana". Sobre a mesa há uma tábua onde estão riscados o signo de Salomão (aqui é uma estrela de sete pontas) e uma cruz; uma "campa de campos verdes", isto é, uma sineta, um cachimbo – "gaita" – para defumação, um maracá, três velas, cada qual pertencendo a um guia – Cruz Roxa, Serra Grande e Zé de Lacerda –, uma vela de juremado que queima e não deixa cair pingo; há um

---

27 "A piana (pianha) não pode ficar no escuro, por isso fica uma luz permanentemente acesa. Apagam-na somente quando há luz do Sol; em outras casas, porém, passa dia e noite acesa."

no, onde, com o auxílio e trabalho dos demais membros do toré, poderão tornar-se um espírito benéfico, isto é, um "caboclo". Seria uma mistura de crença católica romana – existência de purgatório e kardecista, isto é, o desenvolvimento do espírito através das reencarnações aqui seria da "juremação".

O "caboclo" é chamado no toré através de seu "linho", de seu canto, porém, quando desce um juremado, embora não seja chamado, não é repelido, porque para ele será feito um trabalho que o aperfeiçoará. O aperfeiçoamento do juremado começa pelo fato de ele ir compondo um "linho". O momento que seu "linho" fique conhecido, basta um dos presentes lembrar um pedaço da melodia para que ele se manifeste no terreiro. O juremado tem que ter sangue índio. Branco ou negro que tenha tomado jurema não ficará juremado. "Os mestiços deles com indígenas sim, porque terão um pouco de sangue de índio." Negro e branco quando morrem são espíritos brancos aos quais recusam receber no toré. Para que estes não se aproximem, nas "pianas" colocam flechas, assim o "espírito branco não pode chegar". A jurema, árvore sagrada, só será benéfica aos que possuem sangue de índio. Anualmente, um dos membros do toré, de sangue índio, poderá participar da reunião – matecai – na aldeia de Ouricuri, lá pelas bandas de Porto Real do Colégio[26], como não há mais aldeias de índios nos arredores do Piaçabuçu, para lá se dirigia antigo membro do toré, hoje falecido.

Outro traço indígena que o *caboclo* ou *encantado* tem que apresentar ao manifestar-se é a sua coroa, isto é, um feixe de cabelo no alto da cabeça, cabelo duro, estirado, de índio. "A pessoa canta quando o encantado baixa nele." "Todos encantado têm que mostrá sua coroa." Adianta o informante Durval Farias: "não se pode trabalhá cum nada nos bolso e nem nada nos pé, porque

---

(*Caesalpinea ferrea*, Mart.) em infusão na cachaça dá a 'couína'. Durante algum tempo essas plantas ficam em infusão. Para se preparar a jurubari, mistura-se num frasco um pouco de mel de abelha e pode-se colocar também sangue real para os índios, isto é, mata-se um frango, tira-se o sangue e mistura-se naquela beberagem." "É para dar força ao trabalho, os caboclos, quando se manifestam, tomam e ficam contentes."

A jurema quando é preparada com a casca é de cor avermelhada, cor de vinho, e quando feita com as folhas é esverdeada.

O tronco da jurema é o lugar de segurança, uma espécie de céu, de paraíso, para onde vão os bons, os caboclos que só praticaram o bem, os que sabem dar bons remédios.

26 Em Porto Real do Colégio há um grupo de índios cariri, aldeados sob os auspícios do Serviço de Proteção dos Índios. Com referência a essa reunião, o informante José dos Santos Bravo, branco, morador em Colégio, disse: "Os caboclos (índios) de Colégio passam o Sábado de Aleluia e só voltam na segunda-feira no Ouricuri. Eles têm uma aldeia nesse tabuleiro onde dançam o toré. Ali ninguém penetra, só os que têm o sangue deles. É preceito eles ficarem nesses dias separados das suas mulheres em pequenas cabanas. Não recebem brancos nem pretos para o seu toré. Só aceitam os índios. Os próprios vaqueiros evitam passar pelo tabuleiro da aldeia deles no Ouricuri, pois, passando, perdem o sentido, ficam variados da cabeça." A festa do Ouricuri ou "matecai" é um ritual sagrado que está desaparecendo. Atualmente, de Piaçabuçu nenhum descendente de cariri está participando.

mágicos os sertanejos acreditam piamente. É, portanto, medicina mágica cujo oficial e executor é o presidente do toré, também chamado "mestre" do toré.

No toré de Piaçabuçu, os "caboclos", para "baixarem na terrera", precisam ser chamados na "piana" por meio de um canto – "linho" ou linha e batidas do maracá. O mestre, dirigente do toré, não usa indumentária especial, a não ser um cocar de penas, chamado por ele de "capacete de índio". Os membros do toré se reúnem às quartas-feiras e sábados, logo após o Sol se pôr. É a reunião – a "chamada". Após a reunião em que várias pessoas tomam parte (15 ou 19), há uma outra, que é o "trabalho da ciência", assistido apenas por cinco ou seis membros mais importantes, ou melhor, mais adiantados no "trabalho". A este "serviço de mesa" aos não iniciados não é permitido participar, a não ser os que "têm sangue de índio, sangue reá". Há outra reunião, às vezes anual, que é a do "banquete dos maracás", "onde só os antigo pode cumê", reservada exclusivamente para os provados freqüentadores, "filho dos filhos de aldeias". Essas práticas e outros traços culturais deixados pelos índios, como a fitoterapia, podem ser constatados na região do baixo São Francisco.

Uma das características do atual toré que se relaciona bem de perto com as crenças indígenas é o processo da manifestação dos "caboclos" no terreiro; são espíritos de vivos que estão em aldeias distantes. "Quando são chamados, lá na aldeia onde eles moram (os vivos), caem em sonolência para poder comparecer onde foram chamados." No toré não invocam "espírito branco", isto é, espírito de pessoas que morreram. Nisto diferem do espiritismo, em que invocam o espírito de pessoas que desencarnaram. No toré descem só "caboclos" e também alguns "juremados". Juremado é o que está nos ares, quando ainda vivo bebeu jurema ou, ao morrer, estava sob uma juremeira. O juremado é um espírito em processo de "caboclização" (santificação), não é perigoso como o espírito branco. O juremado pode freqüentar aldeias e descer nos torés. Nos torés somente trabalham aqueles que têm sangue de índio. Branco ou negro nele não entram. Os juremados são os que possuem sangue índio e tomaram jurema[25], estarão ao pé da juremeira, uma espécie de purgatório católico roma-

---

25 A jurema (*Pithecolobium tortum*, Mart.) é uma árvore da família das leguminosas, mimosácea, considerada pelos caboclos (matutos nordestinos) uma planta sagrada. Suas folhas secas são usadas para defumação. Casca e folhas em infusão na cachaça é a bebida dos "encantados". "O pé de jurema é amarração dos espíritos brancos; a casa que o tem plantado no quintal não pode ser atacada por espírito branco. Um estranho ou pessoa inimiga não deve se aproximar de um pé de jurema no quintal. Ai daquele que tocar num pé de jurema sem autorização do dono da casa. Um galho de jurema é proteção. Nisso muito se assemelha ao uso da planta (palma) benta que os católicos levam à igreja nos Domingos de Ramos; ela fica com o maná capaz de afastar raios, trovões e chuvas pesadas, para o que precisam ser retiradas do oratório e queimadas.
Com a jurema se prepara o jurubari, a bebida dos 'encantados', dos 'caboclos'. Em três garrafas diferentes colocam-se (em cada uma delas) jurema, imburana de cheiro (*Torresia acreana*, Ducke), juçá

TORÉ

O toré é de origem ameríndia, e nele as pessoas buscam remédios para suas doenças, procuram conselhos com os *caboclos* que "baixam". O mestre defuma, receita, aconselha. Certamente é o mesmo catimbó dos arredores das capitais e grandes cidades nordestinas, onde os destituídos da fortuna procuram como oráculo para minorar os penares e desditas.

Quando afirmamos que toré é o mesmo que catimbó, pajelança, babaçuê ou a "encanteria" do Piauí, o fizemos porque, neste vasto Brasil, as denominações de uma dança, de uma cerimônia, variam de região para região. Em Alagoas, na foz do rio São Francisco, em Piaçabuçu, toré é o mesmo, o messíssimo catimbó, no qual, além das funções medicinais fitoterapêuticas, são encontrados os elementos fundamentais deste, herdados do índio: a jurema e a defumação curativa. Basta ler os estudos de Oneyda Alvarenga[20], Roger Bastide[21], Gonçalves Fernandes[22], Luís da Câmara Cascudo[23] ou Eduardo Galvão[24] para que se veja a semelhança entre o catimbó, pajelança, babaçuê e o toré, que nós registramos.

No toré faz-se a procura do nome da moléstia e adivinhação mágica. Além da defumação usam ervas e, entre elas, se destaca a jurema, em cujos poderes

---

20 Oneyda Alvarenga, *Catimbó*, Discoteca Pública Municipal de São Paulo, 1949, p. 35.
21 Roger Bastide, *Imagens do nordeste místico em preto e branco*, op. cit.: "O catimbó não apresenta o aspecto festivo do candomblé. Não tem sua riqueza litúrgica, nem seu clima de alegria."
"O catimbó não passa da antiga festa da Jurema, que se modificou em contato com o catolicismo, mas que, assim transformada, continuou a se manter nas populações mais ou menos caboclas, nas camadas inferiores da população do Nordeste."
22 Gonçalves Fernandes, *O folclore mágico do nordeste*, Rio de Janeiro, Civilização Brasileira, 1938, p. 85.
23 Luís da Câmara Cascudo, *Meleagro*, Rio de Janeiro, Agir, 1951.
24 Eduardo Galvão, *Santos e visagens*, Brasiliana, v. 284, cap. V, "Pajelança", p. 118.

copo d'água que é a *vitrina*, charutos, azeite de dendê, mel de abelha, duas estatuetas de barro de índios com flechas, jurema, latinhas contendo pó de jurema, fumo, incenso, benjoim e alecrim queimados no "gaita" (cachimbo) para a defumação. Pregados no dossel há santos "em registro" (gravura) de São Jerônimo, Santa Bárbara, Santo Onofre, São Cosme e Damião, Senhor do Bonfim, São Jorge, Santa Teresa, Santo Antônio de Lisboa (que é do imperador e depende da pedra), padre Cícero, um retrato de Allan Kardec e um quadro em que se vê a artista de cinema Maureen O'Hara, num filme no deserto, dizendo o informante que ela é de outra "aldeia", e um crucifixo. Sob a piana há uma vela acesa, é a "vela que dá a firmeza para os trabalhos".

O TRABALHO

Para ter início o "trabalho", nome que dão à reunião, o presidente aproxima-se da mesa e sobre a vitrina (copo d'água) coloca sete pingos de vela, "que é o traço que representa a cruz do Cristo. Outras vezes, coloca pingos na vitrina para formar a coroa de São Jorge". No toré há o pedido do auxílio de Jesus e dos Santos, ao passo que no candomblé, não. No toré ouvem-se muitas frases correntias no culto católico romano, o que não ocorre no candomblé.

Trabalhando com sete aldeias: Laje Grande, Barro de Touá (que é o massapê), Jurema, Pedra Branca, Urubá ou Urubatã, Amazona e Iemanjá, o presidente observa na vela que é para o Ogum de Ronda, e o semblante da vela é que dá o sinal do que vem para enramar, se é contra ou a favor. Isso é preciso porque, de vez em quando, aparece um espírito branco, com o qual precisam ter cuidado. Atira um pouco d'água de uma quartinha sobre a piana, reza um Padre-Nosso, uma Ave-Maria, uma Salve-Rainha em intenção dos bons trabalhos, persigna-se e começa a cantar:

> Em campos verdes   (bis)
> ó meu Jesus   (bis)
> Em campos verdes   (bis)
> ó meu Jesus   (bis)
> Madalena baixada
> aos pé da cruz,
> rezando este bendito
> implora a Jesus.

Enquanto cantam, dançam com o corpo curvado, ficando o tronco quase horizontal ao solo. Cantando, fazem o sinal da cruz, benzendo-se:

> Abre-te mesa, em campos verde,
> Cruzero, cruzero divino,
> Com as forças de Santa Barba
> e os de sino meu pai Sinhô,
> Jesuis Sinhô, Pai Criadô
> em tronco de Jurema
> sinhores mestre confessô
> abrindo os tronco da Jurema.

Balançam os maracás na altura da cabeça. No toré não há a presença de membranofônios, como acontece no candomblé. Ali está presente o idiofônio herdado dos índios – maracá (mbaracá dos guaranis) – que acompanha alguns dos cantos. Quando algum "caboclo" está relutando em baixar, o maracá é tocado com mais intensidade e mais próximo do ouvido da pessoa que irá receber o "encantado". Ele mesmo balança o maracá, tirando som e dando ritmo. A parte agógica inicia do *moderatto*, quase *alegretto*, até alcançar o *vivace*; na dinâmica começa num pianíssimo, crescendo até ao forte. E o canto continua com outra melodia:

> Santo Antônio de Lisboa
> que morô no imperadô
> que no dia vinte e nove
> mucho coró me custô,
> abre campana das campina azu
> os caboco de Jurema
> vem guiado por Jesuis.

Canta com a sineta na mão. Entre um canto e outro, o acólito faz soar a sineta, como se faz na hora da consagração da missa católica romana. O som das sinetas, sinos e campanas, desde a Idade Média, acreditam ter o poder de afastar o demônio. Por isso, permanecem nos cerimoniais religiosos.

> Malunguinho, ó Malunguinho
> caboco índio reá
> com as força de sinhá Luxa
> e o nosso Pai Celestiá,
> abre as porta qu'eu te mando
> sete pedra imperiá,
> com a força de Salomão
> nosso pai celestiá.

Malunguinho é o dono da chave, o que abre os caminhos, sua presença é necessária. Com este "caboclo" presente para abrir as portas da jurema, para abrir os caminhos e portas da direita (lado bom) e fechar os da esquerda, por onde podem penetrar os maus, se dá, no toré, o sincretismo com as forças católicas representadas em Santa Bárbara ao abrir a mesa. E Malunguinho, uma espécie de ligação entre os espíritos e os que ali estão presentes, é a ponte sobrenatural, mágica. Será Malunguinho uma espécie de acólito ou de sacristão que auxilia no cerimonial? Ele é "caboclo índio reá", isto é, índio verdadeiro.

Ao terminar esse canto, o contramestre do toré, que está com a palma da mão direita na água que foi espargida da moringa sobre a mesa, acaba caindo em transe. O presidente diz que seu auxiliar ficou "enramado" e que o caboclo que baixou é Pedra Roxa. O "encantado" diz: "meu dengo, meu coró". O presidente propicia jurema ao caboclo que baixou, bebendo-a com indizível prazer. A seguir pede o "meu gaita", isto é, o cachimbo – vai ter início a defumação.

A DEFUMAÇÃO MEDICINAL

No fornilho do cachimbo são colocados pedaços de folha de jurema, tabaco, alecrim, incenso. Aceso o cachimbo, é colocado ao contrário na boca do contramestre. Na boca coloca o fornilho, assopra, fazendo a fumaça sair pelo canudo (cânula) do "gaita". A defumação é feita primeiramente da cabeça, desta para os pés, depois braço direito, a seguir o esquerdo, parando mais tempo na esquerda, por onde podem entrar os maus. Vira depois o defumado e faz as defumações pela frente, da cabeça aos pés. Em algumas pessoas, o presidente, depois de defumada pelo auxiliar, pega nas mãos e dá três puxões para baixo. A defumação é um processo de cura e também para livrar de maus-olhados, função preventiva e curativa.

Ao defumar uma pessoa não lhe é permitido ter os pés calçados e deve, também, desmanchar os cabelos. Desceu um caboclo e, ao defumar o pesquisador, disse: "os bostocos". Imediatamente o presidente esclareceu que era para ficar descalço, pisando no chão: "O chão é sagrado, só se pisa nele com os pés descalços", disse mestre Artur. Tal ordem é idêntica à: *"solve calceamentum de pedibus tuis lucus enim, in quo stas, terra Sancta es."*

Cantou-se o "linho" de Pedra Roxa, e o "caboclo" se retirou, ficando o "aparelho" que o recebeu com os braços para cima. Assim é preciso, disse o presidente, para que ele siga o caminho dos ares para chegar na sua aldeia.

O "linho" cantado:

> Vamo apanhá
> a cinza Roxa
> intereco,
> corta pau machadim,
> tira o mé,
> esta é a abelha uçu
> esta não é.

Outros caboclos baixaram, enquanto o contramestre tocava o maracá, e o presidente dava licença para cantar o "linho". Quando desce um, a primeira coisa que se faz é cair em decúbito ventral, apoiando-se nas duas mãos, bate a testa no solo, à esquerda e depois à direita, bem próximo da luz que fica sob a piana. É o cumprimento, a saudação. Tal atitude nos faz lembrar a de muçulmanos em oração.

Alguns caboclos pedem, quando baixam: "bota meu óleo de pau (mel), bota meu casco amarelo (azeite-de-dendê) e três pingos de vela". Estende a mão e o presidente, ali, coloca um pouco de mel, azeite-de-dendê e espermacete da vela. O enramado lambe gulosamente a palma da mão.

O caboclo Serra Grande pediu licença para cantar seu "linho". Ao baixar pediu "me dá meu gaito", a seguir defumou os presentes. Molhou o "gaito" na jurema com couína para dar mais força. Baixou o "caboclo Leonardo", da Aldeia de Canindé, suas primeiras palavras foram: "Santa Barba Virxe, São Jorge, Meu padrim do Juazeiro, graças a Deus Jesuis Maria, José nos dê força."

Algumas pessoas ficam completamente tomadas, ou melhor, enramadas, ficam semiconscientes, dizem que estão *sombreada*. Outras, quando o encantado as toma completamente, é preciso ser despertadas por meio de um apito. "O sonido do apito vai chamar o espírito da que está enramada, porque ele está longe, noutra aldeia, e em seu lugar se encontra o espírito do caboclo antigo." No toré, às vezes, uma pessoa fica inconsciente por muito tempo durante a reunião. O presidente a deixa de lado, pois "o espírito dele está trabalhando noutra aldeia, onde moraram seus antigos, seus avós, por isso mesmo o dirigente não atrapalha". No final do trabalho, caso ainda não tenha voltado, com o apito vai chamando seu espírito para que volte, até que se torne consciente. É a seguir defumado pelo caboclo que baixou num dos membros, ou melhor, no acólito.

Após as defumações, o presidente cuidadosamente recolhe as cinzas que sobram no fornilho dos cachimbos (gaitos) para enterrar em lugar onde não devem ser pisadas, ou melhor, como sempre faz, lançar às águas do rio que "levarão as cinzas para as águas do mar sagrado".

O encantado, quando enrama, aquele que o recebe fica de olhos abertos e imediatamente cumprimenta, transmite sua mensagem, responde a perguntas.

Esperam a chegada de Aruanda, do menino. Para recebê-lo precisam colocar o rosário não "apoiado" (a tiracolo) e sim à guisa de cinto. É um caboclinho que vai baixar para encerrar os trabalhos. É Malunguinho quem vem fechar a cerimônia. O presidente balança o rosário, atira-o sobre a tábua onde está o signo-de-salomão e olha; depois pede o "cipó preto", isto é, o charuto. Joga água do copo em cruz, na frente da casa onde passam os bons e maus. Coloca nova água no copo. Retira os pontos, isto é, as velas, e as coloca sob a piana. Cantam:

> Em campos verdes,
> rezando este bendito,
> fechando os tronco da jurema,
> fecha-te mesa.
> Fecha-te mesa
> num campo verde,
> senhora nossa ei,
> em nosso reino,
> cruzero, cruzero divino,
> com a força de Santa Barba
> e os de sino
> meu pai sinhô,
> fechando os tronco da jurema.

Fazem uma pequena pausa, com outra melodia cantam:

> Malunguinho, Malunguinho
> fecha as porta da direita
> para os contrário num vim cá,
> fecha as porta da esquerda
> para os contrário num vim cá,
> para os contrário num festejá,
> com as força de Santa Barba
> e nosso pai celestiá etc.

Este é o último canto do toré, após o qual todos os praticantes se retiram:

> Oi vamo-nos embora
> para nossa aldeia,
> cetroá de juremera.

> Adeus princesa
> todos os encantos
> já vão embora.
> Adeus princesa
> fique com Deus
> e Nossa Senhora.
> Como vão subindo
> como vão voando, cetroá,
> como beija-fulô, cetroá.

Nesta sessão houve cura, defumação, consultas. Do toré de Piaçabuçu não presenciamos as reuniões reservadas do "banquete dos maracás", onde as comidas não levam sal e não se come aquilo que possa fermentar. É uma prática que nos faz lembrar as festas dos pães ázimos dos judeus. É uma reunião "particular de decumê (comidas) dos maracá, preceito que os velhos deixaram".

Também não presenciamos a sessão de fechar o corpo; aliás, numa das defumações que Artur nos fez, convidou-nos para o fechamento do corpo. Como havíamos combinado com o prefeito para participarmos juntos de tal cerimônia, fomos transferindo as datas até que viajamos e não "fechamos o corpo", embora já tivéssemos dado a garrafa de cachaça para o preparo da couína, com as folhas da jurema (*Acacia jurema*, Mart.) e outros "agrados".

No toré, a simplicidade está presente na ausência de traje e alimento especiais. Sem atabaques, apenas o maracá. Não é em si cerimônia religiosa, mas, graças ao sincretismo toré-candomblé, há a tendência de tomar caráter sagrado. Quanto mais se aproxima do candomblé, perde não apenas o maracá, mas o cachimbo e a fumaça curativa, sempre presentes no toré. Em compensação, ganha atabaques, sinetas, campanas e idiofônios metálicos. É que o negro, quando veio para o Brasil, já estava na era do metal; o índio não. Este tinha o maracá, o cachimbo e as plantas aromáticas que se misturam ou não ao tabaco para a fumarada terapêutica.

No toré, reafirmamos, a direção é do presidente: recebe os "encantados", ele é quem toma realmente a direção dos "trabalhos", ao passo que, no candomblé, é um filho ou filha-de-santo que "cai no santo", sem a predeterminação do pai ou mãe-de-santo. Não podemos afirmar se é o caráter, as determinantes raciais do negro ou do branco (mestiço ou descendente de índio) que influem na hospedagem dos orixás e "caboclos" quando baixam no terreiro ou na piana (mesa do toré). Aqueles se manifestam através de uma abundância de movimentos, de sons guturais; estes, os "caboclos", são mais calmos, joviais, atenciosos, são visitas bem comportadas cuja presença nos dá a impressão de que a sua finalidade única é receitar, dar conselho.

A duração de uma sessão de toré é muito menor do que a de um candomblé[28]. Enquanto o toré funciona às quartas e sábados e não vai além da meia-noite, o candomblé tem início no sábado à tarde e muitas vezes, é dia claro de domingo e ainda os orixás estão, através dos filhos e filhas-de-santo, dançando nos terreiros. O domingo é também o dia dedicado ao descanso do corpo que "pinoteou", executou todos os possíveis e inconcebíveis movimentos que a coreografia clássica desconhece.

---

28 R. Nina Rodrigues, *O animismo fetichista dos negros baianos*, op. cit., p. 82: "Até às quatro horas da madrugada, prolongaram-se as danças na sala, onde houve manifestação de diversos outros santos."

RITOS DE MORTE

Em São Luís do Paraitinga, Benedito de Sousa Pinto, oficial de justiça há 33 anos, é o "capelão"[29] mais procurado. A fim de que realizássemos a pesquisa, convidou-nos para assistir a um velório. Durante o percurso que fizemos, cerca de légua e meia em sua companhia, contou-nos que antigamente era costume no lugar vestir defuntos com o hábito de São Francisco; por isso, em qualquer loja essa vestimenta era encontrada à venda. Para os pobres, hábito de metim preto e, para os ricos, baeta preta, comprados na loja de Manuel Inocêncio Marcondes. Hoje, porém, somente os Irmãos da Ordem Terceira têm esse privilégio; os demais fazem mortalha e não hábito.

Havia morrido num bairro próximo o chefe de uma família, um sitiante de algum recurso. As janelas da casa estavam todas abertas, pois "quando uma pessoa morre, abrem-se todas as portas e janelas, só se fechando após o enterro". Íamos para fazer "quarto ao defunto". (O caipira faz a seguinte distinção: defunto é o que morre de morte natural e cadáver, o que teve morte violenta, afogamento, desastre etc.)

Quando se percebe que o doente está agonizando, colocam-lhe uma vela acesa na mão e rezam o "Ofício da Agonia" e a "Ladainha de Todos os Santos". São as rezas para "ajudar a morrer". Depois que morre, rezam o "De Profundis" e o "Senhor Amado".

O "Senhor Amado" é uma reza cantada; costumam cantá-la "repartida". Repartir uma reza significa que o capelão e o ajudante cantarão um trecho a

---

29 Capelão é o dirigente de uma reza de roça. Há muitos capelães. São homens que se especializaram em dirigir rezas, quer em ofícios fúnebres, ou em rezas de dias festivos. É conhecedor de um grande número de orações e, geralmente, é o curandeiro, o benzedor. Suas rezas curam certas doenças, quebranto, mau-olhado, dor de dente, picadas de cobras. É o *capelão-caipira*.

duas vozes e os demais presentes, mulheres e homens, cantarão outro a duas ou três vozes, alternando.

Na roça, logo que a pessoa morre vai um "próprio" até à cidade para buscar a mortalha. É o primeiro a sair. Logo a seguir, sai um segundo para cuidar do enterro, atestado de óbito etc. Sai ainda uma terceira pessoa, para avisar do falecimento até à distância que puder, convidando as pessoas para o enterro, o que também subentende-se que é para o velório. São sempre três pessoas escolhidas para esses misteres. "Precisam ser três pessoas e não mais."

Excepcionalmente, sai uma quarta pessoa. Quando o falecido não tem recursos e em sua casa não há uma rede, essa pessoa então sai para tomá-la emprestada, ficando encarregada de responsabilizar-se por ela, isto é, de a devolver à pessoa que a deu por empréstimo.

Processa-se a seguir a lavagem do cadáver. Colocam-no na água com creolina ou pinga, conforme a doença. Às vezes, para a lavagem do defunto, precisam chamar alguém, um amigo ou parente do falecido; "quando eu morrer quero que você venha me lavar", e esperam por essa pessoa até chegar, a fim de que se cumpra o pedido.

Vestem o defunto, amarram o queixo com um lenço e nos pés uma faixa. "Não presta enterrar defunto amarrado", por isso, quando vão colocá-lo na rede, retiram todas as ataduras.

São correntes as seguintes crendices: "Quando o defunto está mole durante muito tempo é porque logo outra pessoa da família vai morrer", e "quando o defunto está duro, deve-se pedir-lhe que amoleça, e assim poderão vesti-lo". Falam com o defunto: "Amoleça o braço", tal qual estivessem falando com um vivo. Quando fazem mortalha, demora um pouco para o vestir. Uma vez vestido, cobrem-no com um lençol e depois de colocá-lo na cama ou esteira com quatro velas em redor, rezam o "Ofício de São Gregório". Ao lado da cama fazem um pequeno altar. Uma toalha branca sobre um caixão, um crucifixo e uma imagem. Às vezes, colocam os santos da devoção do falecido. Neste funeral, observamos a imagem de Nossa Senhora da Aparecida e duas velas no altar.

As velas são acesas só depois que trazem a mortalha, e a reza somente tem início após terem colocado o corpo na sala, na esteira ou cama. Cantam todas as rezas conhecidas; são as "Excelências", isto é, doze vezes a mesma quadrinha.

O capelão canta:

> Vamo cantá uma incelência
> do meu São Francisco,
> que dê lhe seu passaporte,
> nossa Mãi Maria Santíssima.

E o coro responde:

> Passaporte já tenho,
> farta só abesorvição,
> pra esta arma subi pra glória,
> cum a Virge da Conceição.

De novo o capelão canta:

> Duas incelência
> do meu São Francisco etc.

Alternando coro e capelão, até cantar as doze excelências "porque são doze apóstolos".

Durante a noite cantam o tempo todo. Formam dois grupos de pessoas que se revezam; enquanto um canta, outro descansa e come. À noite, oferecem café e comida, aos presentes, uma "pinguinha" para afinar a voz.

Noutro grupo que revezou o capelão cantou:

> Uma incelência,
> da Sinhora do Rosário,
> que dê lhe seu manto,
> está lá no sacrário.

O coro respondeu:

> Sacrário tá aberto,
> saiu o Sinhô fora,
> acompanhe essa arma
> qui vai pra glória.

Cantam as doze excelências.
Outro canto:

> São Pedro nos abre a porta,
> pra este corpo entrá,
> pra fazê sua grandeza,
> pra sua Pátria saudá.

O defunto fica exposto a noite toda. Ao amanhecer, colocam-no na rede. Para tal, vão ao mato e cortam uma vara de "taquaruçu", amarram a rede com embira. "Si o defunto estiver muito pesado, deve-se surrá-lo com uma vara, para ficar mais leve."

Ao clarear do dia, cantam como despedida do morto à família, e neste canto tomam parte todos os presentes. Quando cantam, cada canto é dedicado a um dos familiares, esposa, filho e demais parentes.

O capelão canta:

> Vem a barra do dia,
> vem a Virge Maria,
> vem o anjo Atanásio (era o nome do defunto)
> para a sua compania.

Os demais presentes respondem a este canto, citando o parente que se despede. A primeira pessoa foi a esposa. Cantaram:

> Despeça de sua esposa
> até o dia do Juízo,
> para te encontrá
> na porta do Paraíso.

O falecido tinha ainda pai e o segundo verso foi respondido assim:

> Despeça de seu pai,
> até o dia de Juízo etc.

Continuam despedindo-se dos filhos, noras, genros e netos.

Foi rigorosamente observado o seguinte: as "excelências" eram cantadas ao pé do morto e os "benditos" à cabeceira.

Não se deve enterrar com ouro. Tiraram, então, a dentadura do defunto porque tinha ouro. Uma pessoa foi ao fogão, colocou o cabo de uma colher no fogo, para que a dentadura saísse logo. "Quando avermelhar o cabo, a dentadura sai na mão de quem estiver tentando tirá-la."

A distância a ser percorrida é grande, por isso, aos que deveriam levar o corpo, foi oferecido um almoço reforçado, às 6 horas da manhã.

Na hora da saída, rezam a "Bendita Eucaristia". Dizem que é a reza mais forte que existe.

Feita a despedida, entre beijos e choros, o corpo sai. Uma pessoa varre a casa e atira o cisco bem longe, resto de flores, das poucas flores que enfeitaram o morto. As mulheres ficam cantando até o féretro desaparecer de vista na curva da estrada.

A rede é carregada por duas pessoas, que andam em marcha quase acelerada, fazendo um movimento com o corpo ao qual dão o nome de "galeio"; movimento que dizem eles, ajudar a diminuir o peso.

De tempos em tempos, revezam os carregadores; estes tiram os chapéus, quando colocam o varal da rede no ombro. O que vai na frente coloca-o no ombro esquerdo, e o que vai atrás, no ombro direito, facilitando, assim, o "galeio do corpo". Os pés do defunto estão voltados para a frente. "Os que saíram da casa devem também entrar com ele no cemitério", é uma praxe esta da direção dos pés que fazem questão de observar.

No trajeto, vão rezando, às vezes, a "novena das almas". Antes de seguir para o cemitério passam pela igreja, a fim de fazer a recomendação do corpo. Ao chegar no cemitério, rezam o "Senhor Amado", tiram o corpo da rede – o encarregado fica com ela –, lançam envoltos' num lençol os restos mortais do velho Atanásio. Cada um dos presentes apanha um punhado de terra e atira dentro da cova, dizendo: "A terra lhe seja leve." Mesmo que estejam cansados, são eles que enchem a cova de terra. Bebem um pouco de cachaça, como preventivo. Saindo do cemitério, reúnem-se numa venda ou na casa de um parente do morto que more na cidade e todos bebem um "bom trago de pinga, pra rebater qualquer mal"; não fazem isso com o intuito de embriagar-se. A seguir... um bom café e voltam para a roça.

Quando morre uma pessoa, toca o sino da igreja matriz. Se é um "anjinho" que vem para a recomendação, o toque é festivo; se é um adulto, o toque é dobre a finados. Se é um homem, o toque começa com o sino grande, de som grave e, se mulher, começa pelo sino pequeno, de som agudo; porém, tanto para um como para outro, os dois sinos finalizam tocando, simultaneamente, numa só pancada.

Na casa onde faleceu a pessoa, fazem uma novena à noite, dirigida por um capelão. Aos participantes oferecem um café. Se o casal era novo e a viúva tiver que voltar para a casa dos pais, só o faz depois de terminada a novena. Para a novena faz-se um altar e reza-se um versículo por dia.

Quando é criança que morre fazem guarda, mas não é costume rezar. Às vezes cantam no "velório de anjinho":

> Uma barquinha di oro,
> um rosário di cordão
> seu fílio chora nos peito,
> sua mãi no coração.

Cantam até doze "barquinhas". Pode-se notar nisto a influência das "doze Excelências". Para criança não há guardamento, e os pais não devem chorar a perda da criança para que as lágrimas não molhem as asas do anjo que virá buscá-la, impedindo-o assim de voar.

* * *

Uma reza recolhida nessa noite de 16 de dezembro de 1947, a Oração da Virgem Santíssima: "Ó Virge Santíssima, ó não permitais qu'eu viva e nem morra im pecadu mortar. Pecadu mortar eu num hei de morrê. Virge Santíssima nos há de valê; nos há de valê na maiô afrição, chamano por ela no meu coração; no meu coração vos adoro mãi de Deus, perdoano os erro dos pecadu meu."

Num dos intervalos em que revezavam os grupos de rezadores, pudemos recolher mais algumas orações específicas, que não foram recitadas nessa noite, mas que o capelão teve a gentileza de nos dar.

A oração para a quarta-feira do Juízo Final, que deve ser rezada todas as quartas-feiras a qualquer hora, é a seguinte: "Considero como inferno uma prisão miserabilíssima cheia de fogo onde estão submergidos condenados, tendo um abismo de fogo acima deles; fogo no olho, fogo na boca, fogo por todo lado de cada um dos sentidos; sofre uma pena especiar; olho chagado pelo fumo, pela treva, enterrando com a vista de ríctus condenadu que ali jazem o gesto atromentado, pucé de ardentíssima, sem poder jamais saborear uma gota d'água e um pedaço de pão, ali onde estão os precipitado; o inferno, inferno, que triste coisa. Aves, tanta arma que vem só, saibam que existem purgatório sem ter, terão consolo do alive ou eternidade para sempre. Amém."

Por ocasião da Quaresma, rezando-se nas sete sextas-feiras, a alma de quem morreu ficará tão clara como o raio das estrelas: "Mulher cheia de testura, cheia de vertude, um home que levava no rio d'amargura, não viu passar por aqui um home por nome Jesuis, com uma grande cruis na costa, com corda passada que dava chegava o joeio no chão, chorai meus olhos dizei porque, por vê meu fio amado Jesuis, com fé e alegria, amém e aleluia, quem rezá esta oração no dia, na sete sexta-fera de coresma por grande pecadô que seje minh'arma será tão crara como o raio das estrela. Amém."

* * *

Em Mato Grosso, na zona rural, há velórios alegres, que se podem dizer festivos, tão festivos que neles alguns se excedem nas bebidas, havendo até outras mortes.

* * *

No interior da Bahia, região são-franciscana, é comum, após o sétimo dia do sepultamento do defunto, realizar a *visita da cova* pelos familiares do falecido. Quando houve o enterramento, não apareceram as mulheres. Estas não vão ao cemitério nessa ocasião. Agora elas estão presentes no cortejo que sai da casa do morto e se dirige processionalmente ao cemitério, levando a cruz destinada a marcar a sepultura. Ali chegados, todos os presentes rezam um terço, aproximam-se da sepultura, despedem-se do morto. Esta cerimônia laica do catolicismo brasileiro substitui a missa do sétimo dia.

CEMITÉRIO DOS PAGÃOS

No Nordeste brasileiro, o local onde são enterradas as crianças natimortas ou recém-nascidas que morreram sem ter recebido o batismo católico romano chama-se "cemitério dos pagãos".

Não usam, nesse caso, enterrar no cemitério, pois consideram esse um lugar sagrado; daí sepultarem nas encruzilhadas de caminhos ou na biqueira da casa, assim bem próximo de onde moram para, no caso de ouvirem a criança chorar, levarem até aí água-benta para batizá-la. Acreditam que antes de completar sete anos a criança chorará, e é preciso que um cristão ouça e batize o morto. O cemitério dos pagãos das beiras de estradas nordestinas é facilmente reconhecido por causa das três cruzes juntas que o caracterizam.

RECADO AO MORTO

Velha usança, certamente originária de Roma e aqui introduzida pelos portugueses, é o recado ao morto. Uma pessoa aproxima-se da mesa onde ele está sendo velado e num intervalo, quando os "exaltadores" não estão rezando, ou mais comumente na hora da saída, falam com o defunto como se ele estivesse vivo.

Em Cunha, estado de São Paulo, o informante Perequê disse que seu avô contava que o maior temporal que viu sobreveio porque havia morrido um homem. Um conhecido do defunto veio para o velório e, na hora de sair a rede, colocou nos pés do "que ia pro país dos pés juntos" uma pequena moeda de vintém, então corrente na época, e disse ao defunto: "Isso é para São Pedro mandar um vintém de chuva." Logo que foi enterrado, mal haviam voltado para casa, caiu um temporal como nunca. Então o homem se lembrou da encomenda e disse: "Puxa, como a chuva anda barata lá por cima. Imaginem só seu eu tivesse mandado uma pataca! Viria 16 vezes mais", concluiu.

"RECOMENDA" DAS ALMAS

"Recomenda" das almas é a forma popular da encomendação dos defuntos. A "recomenda" das almas é a apropriação que o povo do meio rural desassistido espiritualmente (por causa da distância, das dificuldades de transporte, do pequeno número de sacerdotes etc.) faz de um ritual que só poderia ser executado pelo padre – a encomendação dos defuntos – e que, na falta deste oficial sagrado, assume forma não aceita atualmente nas cidades, mas esperada e portadora de conforto para aqueles que vivem na roça. É um "trabalho" religioso indispensável, executado pelos "recomendadores", e que se realiza por ocasião das cerimônias e festas, quando uma parte dos cristãos rememora os episódios que culminaram com o drama do Calvário. A "recomenda", também chamada "recomendação", não é como a encomendação, oração fúnebre que o sacerdote recita junto ao defunto antes da saída e antes da inumação.

Na zona rural de Tatuí, por ocasião da Quaresma, todas as quartas e sextas-feiras, um bando de homens sai à noite para a "recomenda" das almas. Usam roupas comuns e alguns colocam mantos ou cobertores na cabeça. Um deles carrega um cacete para evitar cães vigias e também para bater na porta da casa onde porventura os moradores ainda estejam acordados, conversando, intimando-os a fazer silêncio.

Em alguns lugares os "recomendadores" levam o zurrador ou berra-boi ou a sacarraia. Esta é um idiofônio de raspamento que, em algumas regiões, substitui a matraca. A sacarraia geralmente é feita de guatambu. Cessam os sons metálicos. Na igreja silenciam os sinos. Só se ouve a voz da madeira, da matraca, da sacarraia, do zurrador, porque é som de madeira. O vegetal simboliza a ressurreição.

Do grupo não fazem parte tão-somente homens, como aconteceu com este que acompanhamos, mas também mulheres. Como estas, nessa noite, não saíram, houve reclamação de alguns homens: "Que será que aconteceu com as recomendadera que não saíro?"

Os recomendadores se aproximam de uma casa na roça, cantam sem acompanhamento de instrumentos musicais uma quadrinha, à qual chamam de "pé". O primeiro a ser cantado é o "pé da chegada".

> Quano nesta casa eu chego,
> toda as image se alegra,
> Deus te sarve casa santa   (bis)
> e toda gente que está nela.

Entre um "pé" e outro, rezam um Padre-Nosso e uma Ave-Maria.

Se, porventura, na casa para onde se dirigem os moradores estiverem com as luzes acesas, apagam-nas, e todos da família, dirigidos pelo chefe da casa, rezam Padre-Nosso e Ave-Maria, fazendo-o em oferecimento às almas, de acordo com o pedido dos "recomendadores". Cá fora, os componentes mantêm-se em silêncio. Durante uma noite esse bando de rezadores percorre um bom número de casas, cujos moradores não abrem as portas ou janelas quando chega o rancho de "recomendadores" das almas, porque senão "enxergarão as almas dos mortos", o que receiam muito.

Percorrem sempre um número ímpar de casas para cantar, porque há uma crença de que não presta fazer par. Certas noites, pelo fato de terem cantado em dez casas, preferem percorrer uma longa distância para finalizar o "trabalho" na undécima. Cumprindo tal, ficam com a certeza de que no ano vindouro participarão novamente da "recomenda".

Depois de o galo cantar, recolhem-se os recomendadores das almas, perpetuadores dessa tanatolatria. É muito antiga essa crença. Shakespeare assinalou-a: após o galo cantar, as almas e assombrações se recolhem, não aparecem aos vivos. O nosso caipira tem também essa crença.

O contato com o "mundo dos mortos" que caracteriza o Carnaval europeu, segundo afirma André Varagnac em sua tese da arqueocivilização, aqui se processa por ocasião da Quaresma. São os elementos da civilização tradicional catolicizados na "recomenda" das almas, antiga prática da "encomendação" da zona rural de Portugal.

Em algumas casas, é costume deixar café e bolinhos para os recomendadores no peitoril das janelas, porque estas em hipótese alguma serão abertas. É crença generalizada... que poderão enxergar a "procissão dos mortos", almas que saem das covas e, com uma vela na mão, fazem uma longa procissão: "não é vela o que eles têm nas mãos, é o próprio dedo que está aceso". "A finalidade da recomenda é justamente livrar essas almas que estão penando." Certamente as raízes desse culto se prendem ao culto dos mortos, no antigo Lácio, ou no remoto Egito.

Cantam "repartindo" a "recomenda". O "tipe" e o "ajudante" cantam a duas vozes os dois primeiros versos; o "baixão" e demais componentes do grupo, os dois versos restantes do "pé". O canto dá-nos a impressão de ser a quatro vozes. A primeira e segunda vozes são bem destacadas e firmes e, em torno delas, outras vozes, em falsete, fazem verdadeiros desenhos melódicos; daí parecer um canto a quatro vozes.

Os demais "pés" são:

> Acordai irmão das arma
> acordai e rezemo junto,
> ai... Padre-Nosso, Ave-Maria,
> ai... pelas arma dos defunto.   (bis)
>
> Rezemo otro Padre-Nosso
> rezemo todo sentado

Padre-Nosso, Ave-Maria
pras arma necessitado.   (bis)

Às vezes não bisam o último verso, mas cantam: "Rezemo por amor de Deus."

Rezemo otro Padre-Nosso,
toda numa hora,
Padre-Nosso, Ave-Maria
pelas arma do purgatório.   (bis)

Rezemo otro Padre-Nosso,
na hora certa,
Padre-Nosso, Ave-Maria
pelas arma do deserto.   (bis)

Rezemo otro Padre-Nosso,
rezemo alegre e contente,
Padre-Nosso, Ave-Maria
pras arma dos penitente.   (bis)

Rezemo otro Padre-Nosso,
em boa sorte,
Padre-Nosso, Ave-Maria
para quem tá em agonia de morte.   (bis)

Rezemo otro Padre-Nosso,
que devemo rezá,
Padre-Nosso, Ave-Maria
pras arma das onda do má.   (bis)

Senhô Deus di Misericórdi,
misericórdi ao Senhô,
por nossa Mãi Maria Santíssima,
misericórdi ao Senhô.   (bis)

Por ocasião da Semana Santa, a "recomenda" das almas é feita todos os dias até à Sexta-Feira da Paixão, último dia em que saem, quando se finaliza a "recomenda", com o "pé de oferecimento":

Vamo dá a despedida
como deu Cristo im Belém
e nos dai vida e saúde
pra cantá o ano que vem.   (bis)

Rezam na Sexta-Feira da Paixão o Rosário-das-Alvíssaras, à meia-noite. Os participantes não podem olhar para os circunstantes e sim para a maior estrela visível no céu, porque é uma "oração pesada".

Nos dias da Semana Santa, além dos versos da "recomenda" cantam mais a "Semana Santa". Finda a reza que fazem na capela do bairro, saem os recomendadores, dez ou mais, depois de terem esperado que os moradores se acomodem em suas casas, pois participaram, como é costume, da Via-Sacra, dirigida por um capelão-caipira ou "puxadera de reza".

Se na casa há luzes, ou conversas, batem violentamente com um cacete na porta. As luzes são apagadas, e mesmo o fogo cochilante de algum tição lá no borralho é também apagado. Fazem silêncio absoluto e começa o canto da "recomenda", acrescidos na fase final desta cerimônia católico-caipira com os da

SEMANA SANTA

Segunda-fera santa
Nossa Senhora está
cum seu fílio preso   (bis)
bendito sejais.   (bis)

Estribilho:

Bendito sejais,
Nossa Senhora das Dores
Rodeada dos anjo   (bis)
Coroa de frores.   (bis)

Terça-fera santa
Nossa Senhora está
cum seu fílio nos braço, (bis)
bendito sejais.   (bis)

Quarta-fera santa
Nossa Senhora está
cum seu fílio doente   (bis)
bendito sejais.   (bis)

Quinta-fera santa
Nossa Senhora está
cum seu fílio morto   (bis)
bendito sejais.   (bis)

Sala de milagres da Igreja de São Francisco das Chagas. Canindé (CE).

Ex-votos de madeira. Iconoteca do autor.

Bom Jesus dos Navegantes na sua charola.

Ex-voto, pintado, recolhido na Igreja de Nossa Senhora Mãe dos Homens, do povoado de Feliz Deserto. Refere-se ao naufrágio e salvamento. Datado de 1808. Iconoteca do autor.

Sexta-fera santa
Nossa Senhora está
seu fílio foi sepurtado,   (bis)
bendito sejais.   (bis)

Saúdo de Aleluia
Nossa Senhora está
seu fílio subiu pro céu,   (bis)
bendito sejais.   (bis)

A recolta desta "recomenda" das almas foi feita no dia 6 de abril de 1950, Quinta-Feira Santa, no Bairro dos Mirandas, município de Tatuí, na fazenda de Antônio Vieira de Miranda. Os filhos e descendentes desse amável patriarca caipira, senhores Manuel, Renato, Geraldo e Amaro, muito contribuíram para que pudéssemos escrever os versos cantados e registrar a "toada" da "recomenda" das almas, tal como é realizada no sul do estado bandeirante.

No dia 2 de abril de 1954, sexta-feira, justamente quatro anos após o nosso primeiro contato com os "recomendadores", voltamos ao Bairro dos Mirandas para gravar o canto dos participantes da "recomenda". Foi também uma oportunidade para fazermos uma revisão nos dados e orações recolhidas, verificando o mesmo respeito e devoção pela cerimônia que tradicionalmente ali realizam.

Assinalamos a participação de alguns meninos na "recomenda". A presença de meninos é um dos índices de continuidade destas tradições populares porque é o grupo das crianças e das mulheres o melhor guardador e transmissor do folclore.

CARETAS

Enquanto na região do campeiro, na cafeicultora e mesmo na da mineração e parte da do boiadeiro se processa a "recomenda" das almas, nas faldas da região amazônica, no Piauí e no Maranhão, na noite da Sexta-Feira da Paixão, sai um grupo de mascarados – os *caretas* – que mais parecem "almas do outro mundo", segundo afirma Raimundo Rocha.

Os caretas saem nas horas caladas da noite. É um grupo composto exclusivamente de homens, com disfarces tão horrendos, carantonhas tão aterradoras, que geralmente um não conhece outro, porém encontram-se, como é de costume nas proximidades do cemitério local. Uns empunham chicotes enormes para arredar os cães assustados e outros carregam cavadeiras e enxadões com os quais cavoucam o chão para plantar bananeiras e palmeiras.

E por que plantam essas duas espécies de árvores, por que esse reflorestamento que só é feito ritualisticamente nessa noite em que o Iscariotes se enforcou?

Informa Raimundo Rocha: "Plantam essas árvores porque em seus galhos é impossível alguém se enforcar."

Concluiu o informante: "Esse costume está se acabando porque algumas pessoas tomam como represália plantarem em suas propriedades (ou defronte à casa) tais árvores, afinal de contas, eles não são o Iscariotes, não estão com desejo de se enforcar."

Possivelmente os caretas, com o plantar tais árvores, realizam uma espécie do testamento do Judas, quando deixam uma corda para a pessoa mais malquista da comunidade. Vingam-se assim os caretas, na noite mais misteriosa do ano, daqueles que o ano todo os oprimiram das mais variadas maneiras.

Parece contraditório, em bananeira ninguém se enforca... Vale o simbolismo desse ritual dos caretas que vivem às margens das águas lustrais do Parnaíba. Certamente foi o ensino de algum sacerdote que teatralizou esse acontecimento que se tornou uma tradição regional.

No estado de São Paulo, há careta no singular. É uma peça feita de abóbora ou cabaça, com uma luz dentro para assombrar à noite crianças e adultos medrosos porque a luz atravessa os buracos da boca, do nariz e dos olhos da careta.

MALHAÇÃO DO JUDAS

Espetáculo conhecido e praticado em todo o Brasil é o da malhação do Judas, ao meio-dia do Sábado de Aleluia. Revive a festa pagã das "Compitales Romanas". Neste ano de 1962, pelo Brasil afora, o Judas malhado em praça pública tinha a máscara de um político de grande evidência no cenário nacional por causa de seu ato inesperado. É o bode expiatório malhado em praça pública pela criançada. No testamento do Judas extravasam também seu ódio. Função catártica da malhação se encontra também no testamento.

No Sábado de Aleluia, num dos recantos tradicionais da cidade de São Luís do Paraitinga, o beco do Largo do Rosário, ficam reunidas as crianças em torno de um Judas que amanhece "enforcado", pendente num cordel. Ali ficam ansiosas, durante algumas horas, esperando o repicar do sino anunciando a Aleluia. Algumas meninas e muitos meninos, desde as 9 horas da manhã, vêm pressurosos para o Largo da Matriz e, olhos fitos no relógio da igreja, aguardam o momento de malhar o Judas. Os grupos vão se tornando cada vez maiores e, quando soa a Aleluia, os sinos tocam, e as crianças, numa fúria incontida, arremessam-se contra o Judas, estraçalhando-o em pouco tempo. Arrastam-no pelo chão, tripudiam sobre ele, dão-lhe cacetadas, rasgam-lhe as roupas, deixando-o, por fim, em mil pedaços. Não raro, as pessoas que fazem o Judas colocam, por brincadeira, na cabeçorra do boneco, uma caixa de marimbondos para, no momento da malhação do títere, divertirem-se vendo os garotos se dispersarem espavoridos, fugindo das picadas venenosas dos insetos. Alguns colocam bombas no interior do traidor. Talvez se trate de resquícios do que se faz em Espanha em algumas vilas, pois dão tiros nos bonecos de engonço, manipanso pendurado em cordas, no centro das vielas.

Além da malhação, que constitui um espetáculo tradicional e que desperta a atenção da criançada, há o *Testamento do Judas*, que reúne os adultos para lhe ouvirem a leitura feita pelo próprio autor dos respectivos versos, o poeta popular da cidade onde nasceu Osvaldo Cruz, Benedito de Sousa Pinto, um dos elementos mais conhecidos e estimados, o maior animador das festas populares de sua terra.

O "testamenteiro" usa para sua versalhada o pseudônimo de "Nhô Juca Teles do Sertão das Cotia".

Ao lado da "forca", lê circunspecto o verrínico testamento:

> 1 – Apóstolo fui até agora,
> que serei logo enforcado
> vejam bem toda gente
> pois já estou dependurado.

> 2 – Veja aqui perto de mim
> e com todo contentamento
> os moleques até de longe
> aguardam o meu testamento.

> 3 – A todos quantos são maus
> eu deixo o arrependimento
> se fui ingrato a meu Mestre
> sabem todos a quatro ventos.

> 4 – Ao povo de minha terra,
> que bom ele eu acho,
> deixo a tabela de preço
> e tudo por preço abaixo.

> 5 – A todo cambista negro
> de fato um tubarão
> deixo em qualquer lugar
> as grades de uma prisão.

> 6 – Aos amantes de sua terra,
> que diz: bem fiz o que pude
> cada vez que espirrar
> eu lhe deixo: Deus lhe ajude.

> 7 – A todos que gostam mesmo
> que a cidade esteja suja

para um de seus banquetes
   eu deixo uma coruja.

8 – Para todos quantos deixam
   aberta todo o dia a torneira,
   deixo para ver sempre
   água na rua e sujeira.

9 – Ao nosso Prefeito atual
   bom filho, esposo e pai
   deixo a gratidão deste povo
   que do pensamento não sai.

10 – Para todos os gananciosos
   que do pobre não tem dó,
   deixo a corda e a laçada
   que puxando fará o nó.

11 – Aos amantes desta terra,
   cheios de boa vontade,
   deixo a gratidão justa
   do povo desta cidade.

12 – Aos luisenses ausentes
   que da sua terra não esquece
   deixo a pedido o que faz,
   pois dos luisenses merece.

13 – O pedido que fazem eles
   é que São Luís progrida
   que a terra de Osvaldo Cruz
   nunca seja esquecida.

14 – São Luís do Paraitinga,
   a terra de Osvaldo Cruz,
   de dia não tem água,
   de noite não tem luz.

Modinheiros, violeiros e poetas, como Nhô Juca Teles, são órgãos da opinião pública. Esse mesmo poeta que no "Testamento" satirizou a falta de água e luz na "Imperial Cidade de São Luís do Paraitinga", quando foram inauguradas as novas instalações elétricas, escreveu:

Nossa luz agora é boa
não precisa mais a proeza
de subir no poste, riscar fósforo
pra ver se a luz stá acesa.

Depois que a criançada acaba de malhar o Judas e dele nada mais resta, algumas pessoas têm por hábito trocar uns cinqüenta cruzeiros em moedas e, quando todos os garotos estão agrupados, atirá-las para o ar. Há grande disputa entre a meninada. A essa brincadeira dão o nome de "aleluia", "fazer aleluia". Fazem também "aleluia" com balas e é com entusiasmo que a criançada se atira no chão para apanhá-las.

A traição ao Mestre Divino, mesmo que tenham sido mudadas as formas de se comemorar a Semana Santa, ainda é recordada em todo o Brasil, velha tradição que herdamos dos portugueses, onde nas aldeias e ruas da vila o Iscariotes é malhado e depois queimado.

O Judas de Kerioth é em nosso folclore o *bode expiatório*. Sim, porque tal cerimônia hebraica é revivida atualmente na malhação.

A malhação do Judas é uma forma nova de cerimônia do lançamento dos pecados sobre a cabeça do bode que os levaria para o deserto. É na malhação que se extravasam os instintos danificadores dos moleques. É a catarse da infância. Os adultos têm no "Testamento" uma sátira aos costumes e principalmente à má política.

A fisionomia do Judas é sempre a máscara de uma pessoa indesejável. Por ocasião da Segunda Guerra Mundial, os Judas tinham feições de Hitler e de Mussolini. Assim, não raro aparecem Judas com as fisionomias bem conhecidas de certos políticos...

De fato, o enforcamento simboliza o desejo de extinguir um elemento prejudicial à sociedade; é a malhação uma forma de catarse coletiva.

TESTAMENTO DO JUDAS

Em 1962 recolhemos na cidade de Canindé, no Ceará, um longo testamento do Judas do qual damos apenas trechos.

Raimundo Marreiro, no opúsculo datilografado, dividiu a sua obra poética e satírica em duas partes: "Entrada do Judas Iscariote na cidade de Canindé e suas observações no ano de 1962" e "O testamento".

APRESENTAÇÃO DO JUDAS EM 1962

Sou Judas Iscariote,
O traidor de Jesus,
De meu Mestre e rei dos Mestres,
De meu Deus e sagrada luz.
Do inocente Cordeiro,
Deus e homem verdadeiro,
Que sofreu e morreu na Cruz.

Se trair foi minha sina,
Tenho que me conformar.
Só a Justiça Divina
É que bem sabe julgar,
Explico melhor assim,
Que Judas igual a mim:
Hoje em dia é o que mais há...

Cada qual neste momento
Querem dar-me uma pedrada
Humilhado eu agüento

Mas vos digo esta Charada:
Reflitam "que isto é duro",
Quem não for bom, limpo e puro?...
Bote a mão: não passa nada.

ENTRADA DE JUDAS NESTA CIDADE E SUAS OBSERVAÇÕES

Depois da grande traição
Eu fiquei desesperado
Segui por este sertão
Sem rumo e desnorteado
Sozinho a caminhar
À procura de um lugar
para morrer enforcado.

Dirigi-me a este torrão
Já vindo de Baturité
Numa peregrinação,
Com sede e andando a pé,
Na maior ansiedade
De rever esta cidade
E o povo de Canindé.

Pelo Alto Guaramiranga
Foi a entrada em que entrei;
Ali naquela outra banda,
Novidades encontrei:
Coisa boa, e coisa ruim
Não vão censurar de mim
Das muitas que não gostei.

TESTAMENTO DO JUDAS ISCARIOTE
NA CIDADE DE CANINDÉ NO ANO DE 1962

Meus amigos senhores e senhoras
Rapazes, meninos e mocinhas:
Já está contadas as minhas horas
Eis aqui meu testamento em 7 linhas.

Ao Chefe Municipal
Há quatro anos eleito

Não deixo nada de mau;
Melhoramentos tem feito.
Só sinto uma *Maguazinha*:
É ele não dá uma *Vaguinha*
Ao *Romeu, Vice-prefeito.*

Mais antes deste momento,
Eu já trazia preparado
Meu pequeno testamento
A quem fica encarregado
O seu Raimundo Marreiro;
Que conhece todo herdeiro
Não deixa nenhum *Zangado*.

Com desgosto e com mágua
Ao Jaime Sampaio vou deixar
Uma vara na beira d'água
Só a fim de *Espantar*
Se o açude está sangrando
Vai os peixinhos voltando
Para o povo não pegar.

Para o ano hei de voltar
Se Deus permitir a mim,
E na *Câmara* quero encontrar
Três *Vereadores* assim;
Conscientes e alertas,
Raimundo Marreiro, Zé da Berta
E o Tenente "Martim".

Fim

DESPEDIDA

Meu adeus de despedida
Deixo às línguas *"Faladeiras"*
Preconceitos nesta vida?
Em certo ponto? É *Besteira*.
Levo uma vontade *Danada*
De também dá uma casada
Na Igreja Brasileira.

DIA DA JUDIARIA OU DA MALVADEZA

Enquanto em algumas regiões paulistas se processava respeitosa a "recomenda" das almas, existia um costume, certamente herdado dos portugueses, conhecido por dia da judiaria ou de malvadeza. "Não era bem dia de judiaria e sim noite de judiaria." A origem desta prática é etrusca.

A noite de judiaria é a de Quinta-Feira Santa, justamente quando o Senhor do Mundo está sepulto e o Satanás está solto, mandando na Terra, se alegrando com todas as judiações que se possam fazer.

As malvadezas ou judiarias são estripulias, brincadeiras que não prejudicam muito: soltar cavalos, tirá-los de um piquete e passá-los para potreiro ou campo, soltar os bezerros para que se ajuntem com as vacas e no dia imediato não se possa ordenhá-las, tirar criação de um lugar para outro, abrir porteira, soltar monjolos etc.

Em Itapetininga, tiravam pequenas criações, escondiam e depois com elas faziam jantares, banquetes, convidando as próprias vítimas (proprietários) para saboreá-los.

Contava meu saudoso pai que, na sua juventude, em companhia de Júlio Prestes e mais alguns moços itapetininganos, numa noite de Quinta-Feira Santa, furtaram um cabrito e leitões do coronel Fernando Prestes e depois, no Sábado de Aleluia, convidaram aquele roble paulista para o banquete. Findo este, agradeceram ao coronel Prestes que, com a maior jovialidade, disse aos moços companheiros de seu filho, que foi presidente eleito do Brasil: "Num dia de judiaria eu fiz o mesmo para meu pai em Angatuba, é justo que o Júlio faça o mesmo pra mim. Sou convidado do banquete, mas já que entrei com o cabrito, leitão e quem sabe frangos, pago todas as bebidas para vocês..."

Aos excessos que começaram a acontecer foi colocado um paradeiro, porque os fazendeiros começaram a prevenir-se, armando seus empregados para evitar a judiaria nessa noite de Quinta-Feira Santa. Assim foi se extinguindo no estado de São Paulo o dia da malvadeza ou da judiaria.

Esse costume persiste ainda em Mato Grosso e Goiás, mais ligado aos que se dedicam à vida pastoril do que naqueles grupos que cuidam da agricultura. No estado de São Paulo eram comuns tais brincadeiras em Botucatu, Pratânia, Itatinga, Avaré, fato que presenciamos em nossa juventude.

QUATRO "MECAS" DOS CAIPIRAS PAULISTAS

Histórico

O mais antigo centro de peregrinação de que se tem notícia é Meca – cidade árabe que surgiu no cruzamento dos caminhos dos cameleiros e onde a lenda afirma que a grande pedra ali existente – a Caaba ou cubo – foi construída por Abraão, sob inspiração divina, como uma réplica da casa celeste, moradia do Deus Altíssimo. (Nessa região, as casas têm a forma cúbica.)

A pedra é coberta por enorme tapete, renovado anualmente pelos peregrinos que acorrem aos milhares para beijar a "pedra preta" e tocar a pedra Yamani durante o ritual da circum-ambulação, em geral sete voltas ao redor.

A peregrinação à Meca, no Islamismo, é uma aspiração de todos os fiéis, que para lá terão que se dirigir pelo menos uma vez em sua vida, para com tal cerimônia cumprir um mandamento religioso. A peregrinação é ritual dessa religião.

Por analogia chamaremos de "mecas" àqueles santuários onde os paulistas se ajoelham para suplicar as graças e bênçãos do Senhor Bom Jesus. Para quatro "mecas" paulistas afluem os romeiros, os peregrinos das zonas rurais mais próximas, no dia 6 de agosto de todos os anos, no período da vacante agrícola, na época do alqueive, para as festas, para cumprir promessas, para visitar o santuário numa circum-ambulação piedosa e rever amigos em Tremembé, Pirapora, Perdões e Iguape. Romarias tipicamente constituídas pelos caipiras, pelos rurícolas.

Localização geográfica

Um estudo mais acurado da localização desses santuários revelou-nos que não foi a presença do santo que influiu no processo do desenvolvimento (ou atual estagnação) desses locais, mas sim a posição geográfica, existência de vias de comunicação que levaram a situar-se ali um santuário dedicado a Bom Jesus, nem sempre orago desses povoados, entretanto cuja imagem foi encontrada "miraculosamente", fazendo este santo questão de ter edícula própria nas proximidades de onde foi retirado das águas.

No Sul do país os santos em geral foram encontrados na água do mar ou dos rios, graças à potamografia rica. Estradas líquidas de penetração, nos primórdios do povoamento pelo branco, que estabeleceram maior dependência e relação entre o homem e esse elemento natural. Já no Nordeste seco, os santos aparecem depois de uma queimada, jamais nas águas. No Norte, onde há abundância d'água, como em Belém do Pará, São Benedito da Praia apareceu nas águas; Nossa Senhora de Nazaré ou dos Círios também.

Cronologia

O aparecimento desses santuários, dedicados todos eles ao Senhor Bom Jesus da Cana-Verde, se deu cronologicamente: Iguape em 1647; Tremembé em 1669; Perdões em 1706; e Pirapora em 1724. Santuários congregadores de romeiros caipiras, dos rurícolas paulistas.

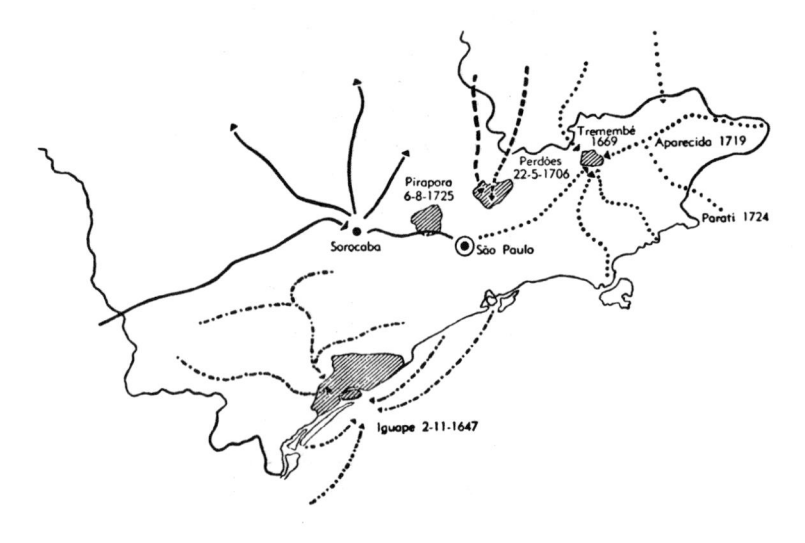

Iguape foi construída primeiramente na foz do Ribeira, onde hoje existe o povoado de Icapara. Ali era um lagamar, baía fluvial que, em tupi, é *u'wa pê*. A primeira igreja de Iguape foi erigida ao pé do Morrote do Bacharel, sob a invocação de Nossa Senhora das Neves. Por causa dos ataques dos piratas, dos açoites constantes do vendaval, falta de água potável, Iguape teve que se mudar para o local onde hoje se encontra, onde o morro jorra água límpida, ali pelos anos de 1620 a 1625, segundo seu Livro do Tombo. Entretanto Ernesto Guilherme Yong dá como data de fundação de Iguape o ano de 1577, e o historiador Antônio Paulino de Almeida, louvando-se em documentos, afirma que, em 1619, Iguape já era vila.

A imagem do Senhor Bom Jesus da Cana-Verde se acha em Iguape desde 2 de novembro de 1647, cujo encontro se deu em dias anteriores na praia do Iúna, próximo do rio Passaúna, na Juréia, no local onde os caiçaras chamam de "Registro do Nosso Pai" e afirmam existir, numa pedra, a fotografia do rosto do "Nosso Pai". Assim reza a lenda do encontro da imagem: Francisco Mesquita, morador na praia da Juréia, mandou dois índios seus até Conceição de Itanhaém para fazer compras. Ao atravessar o rio Passaúna, encontraram uma imagem de madeira e, pouco além, um caixão contendo cera e botelhas de azeite. Como desejassem ir até Conceição, enterraram na areia da praia, em pé, a imagem com o rosto voltado para o lado do caminho que iam. Depois de uma boa caminhada, encontraram-se com Antônio Serrano, a quem relataram o fato. Este fez com que os índios retornassem ao local do achado. Grande foi a surpresa ao deparar que a imagem, cuja face estava voltada para Conceição de Itanhaém, se encontrava virada para o lado de Iguape. Não havia vestígio de que alguém houvesse feito tal mudança. Serrano àquele fato miraculoso juntou outros: o estrondo formidável ouvido no povoado, o bimbalhar de sinos sem que alguém pudesse atinar donde vinha o éreo som e o clarão que os pescadores viram pelo mar fora.

Serrano e mais os dois índios resolveram levar a imagem para Itanhaém e, como precisassem de mais gente, enterraram novamente a imagem com a face virada para a vila de Conceição e saíram para chamar mais pessoas no sítio dos Góis para que os ajudassem.

Conta a lenda que novo milagre se deu. A imagem foi encontrada outra vez com a face voltada para o lado de Iguape. Procuraram então acondicioná-la no caixão que estava na praia. O inesperado aconteceu. Aqueles homens fortes não conseguiram levantar o caixão do lugar. Então Cecília de Góis aconselhou que levassem para Iguape, relacionando o aparecimento da imagem com a profecia de um velho que anunciava a vinda do Salvador em um caixão pequeno. Com a maior facilidade, então, conseguiram conduzi-lo para Iguape e, na fonte d'água límpida, lavaram a imagem para tirar-lhe a salsugem.

Procuraram o velho que profetizara a vinda do Salvador e, lá no Morro da Peça, onde ficava horas perdidas de olhos fitos no horizonte, estava o índio velho morto, com um sorriso de felicidade na face fria.

Ainda hoje os fiéis, quando vão até à Fonte do Senhor, procuram tirar uma lasca da pedra e a levam para casa para colocar no pote d'água. Sua função é medicinal. Afirmam também os fiéis peregrinos que aquela pedra cresce, embora tirem estilhas e as levem como relíquia.

A "Gruta do Senhor" é um pequeno monumento que se assemelha à bojuda casamata sobre a laje da qual vão retirando lascas. Os fiéis circum-ambulam, rezando preces ao Senhor Jesus da Cana-Verde, cuja imagem foi ali purificada das águas do mar, tirado o salitre para ser "encarnada de novo", como escreveu em 22 de outubro de 1730 o reverendo Cristóvão da Costa e Oliveira, vigário da Vara da Vila de Paranaguá e visitador das vilas do Sul.

A festa da Transfiguração no Monte Tabor é celebrada pela tradição católica romana como o Dia do Senhor Bom Jesus. Em Iguape existe uma basílica – *casa do rei divino* –, novo significado desse vocábulo greco-romano designativo de prédio suntuoso, de espaçosas naves paralelas onde funcionavam repartições públicas.

A basílica do Senhor Bom Jesus de Iguape se engalana a 6 de agosto, a cidade decadente, cheia de ruínas de prédios vetustos, recebe para mais de trinta mil romeiros – meca do sul paulista.

No primeiro quartel e daí para diante no século XVII a febre do ouro fez os bandeirantes desbravarem o caminho das Gerais. Taubateanos intrépidos se lançavam pelas Gerais, tendo como mira o distante Itacolomi balizador. Tremembé era caminho obrigatório para essa corrida. Ali também foi encontrado por pescadores um Bom Jesus, cuja lenda é a seguinte: o santo foi retirado das águas do rio Paraíba e erigiram-lhe uma capela, depois a suntuosa igreja atual, em estilo gótico-romano, situada no cômoro mais alto do vale. A capela primitiva foi fundada em 1669 por Baltasar Costa Veiga e sua esposa Maria de Mendonça, neta de Amador Bueno da Ribeira – o paulista que não quis ser rei.

Diz a tradição que a água da fonte procurada pelos peregrinos tem a sua vertente debaixo do altar-mor da igreja. Os romeiros reputam-na água santa, milagrosa: lavam seus rostos das canseiras da peregrinação e benzem-se. As mães lavam as roupinhas das crianças para que sarem ou tenham a saúde assegurada. Os piraquaras, quando de longe avistam o santuário, persignando-se, dizem: "Deus te salve, casa santa, / onde Deus fez sua morada, / onde está o cálice bento / e a hóstia consagrada" e, suplicantes, concluem: "ajudai-me São Bão Jesuis do Tremembé".

Antes do aparecimento da estrada de ferro, Tremembé era a cidade-santuário do vale do Paraíba do Sul.

As arrancadas do ouro faziam também os homens passar por Perdões, era outra trilha bandeirante. Para Atibaia vinham muitos faiscadores para se curar dos "males do peito", tuberculose que contraíram no desconforto da mineração. Perdões foi florescente nos primeiros anos do primeiro quartel de 1700.

Em idêntica situação dos demais se deu o encontro do Senhor Bom Jesus, em 1705. O santuário para onde até hoje convergem os peregrinos paulistas e do sul de Minas Gerais teve a sua primitiva capela erigida em 1706 por Bárbara Cardoso, mãe de João Lopes de Lima e do padre Manuel Cardoso de Lima, que há alguns anos haviam descoberto as riquezas auríferas do Ribeirão do Carmo – Mariana, nos sertões dos Cataguases.

O encontro dessa imagem se deu quando ia em meio à luta entre os Pires e os Camargos, vindita iniciada em São Paulo em 1640, cujo epílogo se deu em Atibaia, em 1769. Tréguas existiam nos dias ao redor de 6 de agosto quando os peregrinos se ajoelhavam aos pés do Bom Jesus dos Perdões.

Finalmente a quarta meca paulista é Pirapora em terras de Santana de Parnaíba – a cidade de Susana Dias – mãe dos semeadores de cidades. Ali nas margens de um caminho obrigatório para invadir os sertões – o rio Tietê. A estrada líquida ali era interrompida; era um "paranã-aíva", rio ruim e encachoeirado, que obrigava o desembarque e, de arrasto dos batelões, andavam trecho por terra. Em Pirapora – onde o peixe salta –, porque é cachoeira, portanto não navegável, confluíam as estradas líquida e terrestre, uma continuava a outra. Aí foi encontrado também nas águas um Bom Jesus.

Pirapora era caminho obrigatório para Araçariguama, vila que hoje dormita sobre escombros de um passado faustoso que ficou nas taipas jesuíticas ainda existentes, nos muchões escarificados de onde muito ouro foi extraído. O ouro atraiu gente. Foi nas terras próximas dos veios auríferos construída a mansão do Creso Paulista. Como afirma Paulo Camiller Florençano, Araçariguama é uma "janela aberta para o passado", é o burgo de taipas seculares, bastião jesuítico que mereceu acurado estudo do sociólogo Donald Pierson. No vaivém dos que tinham sede de ouro, passava no caminho onde ficava Pirapora uma cidade linear – que também tem a lenda igual à das demais onde apareceu nas águas uma imagem.

Há mais de duzentos anos, em 1724, aventureiros que subiam o Tietê para explorar o ouro de Araçariguama, então chamada "Cruz das Almas", numa pedreira que aflorava num cotovelo do rio, na propriedade de José de Almeida Neves, encontraram uma tosca imagem de madeira, quase do tamanho normal de um homem. O pensamento primeiro que ocorreu foi, uma vez tirada das águas, levá-la para a vila mais próxima, Parnaíba. Em um carro de bois, puxado por três juntas, colocaram a imagem e tentaram seguir para a vila que disputava a primazia em riqueza com São Paulo de Piratininga. O carro não saía do lugar. Aumentaram o número de juntas de bois e, penosamente, a viatura chegou até às divisas de Pirapora com Parnaíba. Aí os bois empacaram. Não saíam por nada. Alguém alvitrou voltar com a imagem para o local onde fora encontrada. Fizeram meia-volta. Desligaram-se as juntas de bois, o carro veio apenas com a junta do coice. No local do achado, em terras de um fazendeiro, erigiu-se tosco abrigo para o Bom Jesus da Cana-Verde, um santuário rústico. Os fatos descritivos desse acontecimento correram de boca em boca. Com esmola dos peregrinos foi construída a capela de madeira existente até 1862, mais tarde a igreja de hoje, bastante recuada do local do encontro, o suntuoso santuário sob a guarda dos premonstratenses.

Pirapora, que surgiu como vila religiosa, patrimônio da Igreja, vive exclusivamente do comércio hoteleiro, da venda de artigos religiosos e... das fotografias. Pululam os famosos fotógrafos "lambe-lambe" fixadores dos momentos agradáveis da peregrinação, embora a população rural seja explorada pelos comerciantes adventícios que enxameiam a cidade nos dias de romaria.

Os devotos acreditam que a água é milagrosa. Quando chegam imediatamente correm para molhar-se com ela e a bebem também, levando-a em garrafas para suas casas distantes.

Poderosa e com o mesmo "mana" que a água possui, procuram uma lasca da pedra azul, igual àquela que esteve em contato com o santo. Levam-na para casa, é talismã e amuleto medicinal. E não há romeiro que não deseje voltar. O poeta popular assim se expressou: "Mas eu tenho uma esperança / de outro prazer alcançar / Bom Jesus favorecei-me / que espero aqui voltar."

Como os demais santuários, ao lado da parte religiosa, as diversões profanas se manifestavam ruidosamente nas danças, nos bailados. Pirapora foi o maior e mais afamado terreiro de samba, desse bom samba que Mário de Andrade denominou "samba rural paulista". Em todos os santuários a parte profana tradicional vai desaparecendo paulatinamente. Em Pirapora foi proibida drasticamente pelas autoridades religiosas.

Os santuários surgiram em função das vias de comunicação. Seria um capítulo da geografia religiosa se esses santuários fossem os responsáveis pelo aparecimento desses povoados, hoje cidades. Entretanto, foram as vias de comunicação que propiciaram o aparecimento desses santuários que constituem motivo de grande concentração religiosa nas cidades de Iguape, Tremembé, Perdões e Pirapora. Enquanto as outras três cidades cresceram e se desenvolveram com o impulso econômico que o santuário acarreta, Pirapora nasceu e cresceu ao redor e em função do turismo religioso dos milhares de peregrinos que a visitam. Hoje, graças às boas estradas, Adão de Brito, figura veneranda de Pirapora, calcula a visitação para mais de duzentas mil pessoas, anualmente.

Eram "quatro mecas paulistas", todas elas dedicadas ao Senhor Bom Jesus. Entretanto, uma delas foi ofuscada por Nossa Senhora da Aparecida, cujo aparecimento nas águas do Paraíba do Sul se deu em 1712, mas que assumiu liderança sobre o santuário vizinho do mesmo vale, só depois do aparecimento da Estrada de Ferro Central do Brasil, localizando-a a meio caminho da via férrea das três maiores capitais do Brasil: São Paulo, Rio de Janeiro e Belo Horizonte.

Este foi o fator capital – localização, facilidade de ser atingida – e agreguem-se a ele os bons e incansáveis esforços do embaixador José Carlos de Macedo Soares, conseguindo que ela se tornasse a Padroeira do Brasil.

Outro elemento que se não deve deixar de lado é o da data. Nossa Senhora da Aparecida tem sua festa a 8 de setembro e, por decreto, para coincidir com a data cívica nacional, passou a ser 7. A verdade é que as celebrações festivas são realizadas um mês mais tarde do que as do Bom Jesus, 6 de agosto. Esse fato calendário também cooperou porque a mudança de gênero de vida operada, no vale do Paraíba, com o abandono da cafeicultura, a introdução de novas técnicas de subsistência, resultando no deslocamento da vacante agrícola, do período de alqueive, facilitou também ao piraquara um maior deslocamento nessa época do que naquela anterior. Conseqüentemente as romarias são mais numerosas em setembro. É a transumância religiosa – os rebanhos de fiéis vão para se dessendentar nas águas miraculosas impregnadas pelo "mana" da imagem encontrada pelos pescadores João Alves, Filipe Pedroso e Domingos Garcia, cuja basílica ideada por d. José Gaspar de Afonseca e Silva está sendo construída na "meca brasileira", na antiga colônia de pescadores, onde Atanásio Pedroso, filho de Filipe, erigiu tosco oratório para guardar a imagem encontrada parte por seu pai e a cabeça por outro pescador, em outro lanço de rede. Hoje, três milhões de fiéis anualmente visitam Aparecida.

As "quatro mecas paulistas" e a "meca brasileira", todas elas têm uma identidade quanto à lenda de seu encontro, as mesmas características ligadas aos ritos das águas, como diria Arnold van Gennepp.

Em todas está patente a arqueocivilização árabe no ritual da ablução. Romeiros que chegam buscam as águas lustrais, purificadoras do pecado. É a ablução, praticada pelos romeiros; embora não estejam conscientes desse rito, do seu significado, o fato é de tradição.

De Iguape ou Pirapora os romeiros procuram levar lascas de pedra da gruta ou do cotovelo do rio, do local onde esteve em contato com a imagem do santo, portanto cheias de "mana" para colocar as pedrinhas nas vasilhas d'água de suas casas, transmitindo então a essa água um poder, um eflúvio medicinal.

Há um "mana" que impregna tudo que vem desses santuários, razão pela qual os romeiros procuram adquirir *souvenirs*, objetos profanos ou sagrados, como imagens, medalhinhas, flâmulas, copos, canecas, todos com uma função, em geral curativa. E a antropometria religiosa se processa: romeiros adquirem fitas com o tamanho respectivo da imagem, daí, no vestíbulo do templo, haver uma cruz com as medidas: altura, envergadura, comprimento dos membros, circunferência do pescoço etc. Levam a fita com a respectiva medida. Basta o romeiro ter afetado um membro, uma doença qualquer que o atinja, imediatamente uma das providências curativas tomadas é envolvê-lo com a fita antropométrica do santo.

Graças à crença nos ritos mágicos dos peregrinos, o comércio se torna intenso porque qualquer objeto adquirido nessas "mecas" não serve apenas como recordação, tem uma outra finalidade além dessa. São ritos mágicos porque se repetem e em sua eficácia o grupo todo crê, como afirma Marcel Mauss, em sua definição.

A visão de uma cidade-santuário nos dias da festa do santo é qualquer coisa de babilônico. As cidades se tornam regurgitantes. Embora seja uma das melhores oportunidades para a aproximação humana, para a nivelação, o espetáculo se torna confrangedor por causa do desabrigo, do desconforto, da promiscuidade e da horda incontável de esmoladores, de pedintes chagosos e nauseabundos.

Uma fotografia sem retoques nos dará idéia de uma cidade-santuário em dias de festa. Essa a temos na reportagem de Ewaldo Dantas Ferreira, um dos mais atilados repórteres do Brasil: "Aparecida do Norte: exposição permanente da miséria nacional", publicada no *Diário da Noite* de 4 de setembro de 1957:

"APARECIDA DO NORTE (Dos enviados especiais). O Governo do Estado de São Paulo acaba de constituir uma comissão incumbida da elaboração do plano diretor da cidade e da urbanização da nova basílica nacional, enquanto o Congresso Nacional já se acha de posse de um projeto de lei dispondo sobre a abertura de um crédito de cinqüenta milhões de cruzeiros destinados a obras na Capital religiosa do Brasil. São dois fatos auspiciosos que se seguem à denúncia que há pouco mais de um mês tornamos pública mostrando o quadro sanitário da cidade que, sobre todos os compromissos ordinários de um município comum do Brasil, arca ainda com a responsabilidade de abrigar quase três milhões de brasileiros por ano. Em toda a sua existência a cidade de miraculosa história que se transformou em sede da Basílica Nacional de Nossa Senhora Aparecida, jamais tivera um mínimo de atenção dos poderes públicos, tanto federal como estadual, e as providências fundamentais que ora se tomam em seu favor vem encontrá-la em dolorosa penúria.

COMÍCIO DE MISÉRIAS

Ao anoitecer de todos os dias, em Aparecida, vagueiam pelas ruas vários milhares de forasteiros vindos de todos os pontos do Brasil. E se chegam cen-

Romaria a Feliz Deserto para buscar Nossa Senhora Mãe dos Homens. Piaçabuçu (AL).

Chegada da romaria a Piaçabuçu.

Penitente.

tenas de automóveis de luxo, conduzindo famílias de posses, em rápidas passagens, chegam também centenas de caminhões, de ônibus trazendo uma carga humana muito triste que vem buscar aos pés do altar da Padroeira do Brasil um pouco de esperança para todos os males espirituais e para todos os males físicos. São enfermos de todas as enfermidades em busca do milagre da cura de modo que, há muito tempo, Aparecida está *convertida em verdadeiro entreposto de doenças vindas de todo o território nacional.* E para abrigá-las, a cidade sem quaisquer condições higiênicas só tem para oferecer as centenas e centenas de cortiços verdadeiramente sórdidos, onde, em troca de algumas centenas de cruzeiros por noite, os romeiros se estendem como animais ou sacaria, sobre o chão vazio, numa chocante promiscuidade.

DEZ MIL PESSOAS POR DIA

Com uma gigantesca média de visitantes por dia, a cidade de Aparecida está muito longe de poder abrigar sequer a quinta parte. Assim, ao anoitecer, milhares e milhares de pessoas que se locomovem pelas ruas atulhadas vão aos poucos desaparecendo e, pouco depois de meia-noite, a multidão some absorvida por cortiços imundos, chamados 'quartos de esteiras', que predominam absolutamente na cidade. São centenas de pequenas dependências de cinco a seis metros quadrados, anti-higiênicos, sujos, sem qualquer mobiliário, onde se entulham como sacos ou como animais desprezíveis cinco, dez, quinze ou vinte pessoas – uma partícula da multidão maltratada de romeiros que vêm rezar a Nossa Senhora Aparecida.

CONDIÇÕES SANITÁRIAS

Para se ter uma idéia da situação da cidade, basta dizer-se que o abastecimento de água mal dá para a sua população fixa. A população flutuante atinge uma média de dez mil pessoas por dia. A cidade possui apenas um centro de saúde, dos mais precários possíveis – insuficiente para as necessidades de um município comum –, onde um único médico faz esforços sobre-humanos. Fato que, em meio a tal situação, não pode passar despercebido é o de que o primeiro surto de esquistossomose e autóctone em grande propagação foi constatado numa fazenda dentro do município de Aparecida e constitui ocorrência da mais alta gravidade para todo o quadro sanitário do estado. Em suma, a cidade não possui qualquer condição sanitária para se prevenir contra o afluxo de moléstias de todos os tipos e vindas de todo o território nacional, durante o ano inteiro.

No momento em que avançam as obras da nova Basílica Nacional, a instituição do plano diretor da cidade, como objetiva a resolução do governo do Estado e a concessão de verba de cinqüenta milhões de cruzeiros solicitada à Câmara Federal, podem mudar o rumo dos fatos, transformando Aparecida em verdadeira Lourdes brasileira. Isso, no caso em que tais providências sejam levadas até às últimas conseqüências. Em caso contrário, a capital religiosa do Brasil que abriga o altar de Nossa Senhora, padroeira de todos os brasileiros, poderá se constituir na maior ameaça ao quadro sanitário nacional."

NOVOS SANTUÁRIOS

O aparecimento de novos santuários vem se dando em vários pontos do Brasil e, por outro lado, é comum encontrarmos igrejas suntuosas completamente vazias de fiéis, moradia de morcegos aos quais o povo, glosando, chama de "curiós de igreja abandonada".

Em Baependi, no estado de Minas Gerais, há o de "Nhá Chica" que, embora o clero chame de Igreja de Nossa Senhora da Conceição, o povo teima em chamar de Igreja de Nhá Chica, nome de Francisca Paula de Jesus.

Nasceu em São João Del-Rei (MG), no ano de 1808. Ainda jovem mudou-se para Baependi. Órfã aos 10 anos, fiel aos conselhos maternos, recusou casar-se para melhor servir a Deus e praticar a caridade. Viveu sempre escondida aos olhos do mundo, numa humilde choupana, atrás da capela que se ergue em honra de Nossa Senhora da Conceição. Sua vida pobre transcorrera serena entre trabalho e oração.

Apesar de sua humildade, não pôde ficar oculta aos olhos do mundo; suas virtudes cristãs irradiavam tal esplendor que, do seu modesto retiro, atraía muitas almas que buscavam luzes e orações. Morreu piedosamente no dia 14 de junho de 1895, com a idade de 87 anos, sendo sepultada na capela que ela mesma levantou em honra de Nossa Senhora da Conceição, e, depois de sua morte, diversas vezes reformada.

Ali a piedade dos fiéis ergueu-lhe um mausoléu de mármore. É continuamente visitado pelos devotos que a invocam como intercessora junto de Deus.

O que mais nos chamou a atenção nesse santuário foram os pedidos feitos a "Nhá Chica" serem escritos em um caderno. Anotamos os mais variados. Nosso companheiro de viagem, o brilhante jornalista Pedro Cunha, escreveu sobre essa visita realizada em 1958. Do que escreveu transcrevemos, *data venia*, estes trechos:

"O *Caderno* aberto sobre a mesinha pobre despertou-me curiosidade. Folheei-o. Em suas páginas guardava, na linguagem ingênua da gente simples, atestados dos muitos milagres feitos pela santa que jazia no túmulo de mármore, à entrada da igreja. De permeio com os atestados, pedidos de novas graças formulados por homens e mulheres sofredores; o de um enfermo, desesperançado de alívios para seu mal sem cura; o de uma jovem, que às vésperas de casar-se espera que a santa a faça feliz; o de uma outra moça que se debate num dilema amoroso, fácil de imaginar-se na sua expressão: 'neste passo difícil em que me encontro'; o de uma mãe angustiada que ignora o destino que um filho levou. E este outro, mais comovente de todos, da criança, não sei se é menina ou menino, que mais fundo se me gravou na memória, 'eu pesso a senhora que me fassa a graça para minha avó me arranjar o colegio para mim que a sim seja'.

Não sei por que, de todas as dores contidas naquele caderno, onde tantas e tão grandes havia, foi a dessa criança que mais de perto me tocou o coração. Talvez porque também fui criança pobre, num lugar como Baependi, onde também havia capelas como aquela, onde também se acreditava em milagres, e lá também um dia, indeciso nos passos a tomar rumo ao destino, sentindo a falta de apoio na Terra, voltei meus olhos súplices para o céu, e fui atendido. Deve ser por isso. Foi por isso, com certeza."

RITO ABLUCIONAL

A ablução é um rito existente em todas as religiões do Oriente. Conhecidíssimo é o rio Ganges, tido como sagrado, onde os hindus a praticam.

Aqui no estado de São Paulo, há mais de 40 anos a ablução vem sendo praticada pública, regular e anualmente por peregrinos de Santo Amaro, que se dirigem procissionalmente a Pirapora do Bom Jesus.

A romaria de cavaleiros teve início com apenas seis peregrinos que se dirigiam numa fria madrugada de fim de abril de 1920, levando cerca de quinze horas de percurso até chegar ao santuário. Ali chegados, a primeira coisa que fizeram foi banhar os cavalos suados nas águas do lendário Tietê. Essa forma de rito ablucional tem persistido até hoje.

Os "Cavaleiros do Bom Jesus" durante vários anos vêm sendo chefiados por Cenerino Branco de Araújo, romeiro-mor, único sobrevivente dos seis iniciadores dessa romaria a cavalo. Hoje cerca de mil cavaleiros se dirigem de Santo Amaro para Pirapora, reunindo-se no largo do Mercado ainda envolto pela neblina matutina e, após a caminhada, chegam então todos e observam o rito da lavagem ou apenas molhadura dos animais, e os próprios cavaleiros aproveitam para lavar o rosto suarento e empoeirado e beber goles da água miraculosa. Cumprem assim um voto feito em intenção do animal ou do próprio cavaleiro.

Finda a ablução, à qual chamam de lavagem dos animais, dirigem-se ao santuário. Após as cerimônias na igreja, tem lugar imponente procissão eqüestre. Os andores são carregados pelos membros mais destacados da romaria, e o estandarte, pelo chefe-geral dos "Cavaleiros do Bom Jesus".

Atualmente, além dos cavaleiros segue também para o santuário, no domingo, porque a romaria dos cavalarianos é ao sábado, grande quantidade de carroças, charretes, bicicletas, carros, todos vindos de Santo Amaro e mesmo da capital, sendo recebidos festivamente na cidade-santuário pelos "Cavaleiros do Bom Jesus".

Dignos de nota são os trajes dos cavaleiros: a bombacha, as botas-sanfona, os chapéus com barbicacho, o lenço no pescoço; as moçoilas usam vestidos de "prendas", enfim, traços culturais que os gaúchos nos legaram graças à utilíssima feira de tropas de Sorocaba – traço de união econômica e espiritual entre São Paulo e Rio Grande do Sul, obra inolvidável dos tropeiros gaúchos, muitos deles paulistas de torna-viagem.

* * *

É também rito ablucional o praticado pelos devotos de Janaína, de Iemanjá. As praias paulistas tais quais as baianas e gaúchas, a 2 de fevereiro de todos os anos, ficam repletas de cultuadores da Mãe das Águas, da Rainha do Mar.

Na praia se reúnem os fiéis paramentados, após a cantoria do cerimonial, onde os membranofônios vibram fortemente. Depois de "puxar couro", são levados os presentes a Iemanjá, dona Janaína, entrando todos nas águas do mar. Um dos membros da seita leva um barco o mais distante que pode, soltando-o ao sabor das ondas.

As praias paulistas de São Vicente, Grande, Itanhaém e Peruíbe se irmanam com as baianas do Rio Vermelho, Pituba, Amaralina e Itapoã nesse dia, e dona Sereia é a dona delas, ali está para receber através do rito ablucional a devoção de milhares e milhares de brasileiros.

A CIRCUM-AMBULAÇÃO

Em vários santuários católicos romanos pelo Brasil afora temos anotado o ritual islamítico da circum-ambulação. Em São Francisco de Canindé, no Ceará, em 1962, presenciamos o cumprimento de promessas de romeiros, dando voltas de joelho em torno daquela imponente basílica tropical, uma das formas comuníssimas aí.

Outra que se assemelha à troca do tapete que cobre a Caaba é a confecção de nova capa do santo, fato comum nos santuários brasileiros.

Ainda em Canindé verificamos uma forma ímpar que é a de fazer novo vestido para um ex-voto de cera ali existente. Se fosse para o santo, não estranharíamos, por ser corriqueiro. Esse ex-voto tem sua história: uma menina que se perdeu nas matas amazônicas e depois de oito dias foi entregue a seus pais. Perguntaram-lhe quem foi que a havia conduzido de novo para seus pais aflitos; ela respondeu: "foi um frade".

Quando seus pais, cearenses que eram, vivendo no Amazonas, em peregrinação chegaram a Canindé, a menina apontou para o São Francisco do altar: "foi aquele frade ali que me butô em casa". Seus pais então fizeram um ex-voto de cera do tamanho da menina. Hoje os devotos oferecem camisolas, vestidos e chapéus novos para a "Menina", como é conhecido aquele ex-voto na vastíssima sala de milagres onde está há vários anos.

Ainda em Canindé, anotamos mais esta forma de pagamento de promessa: a pessoa que foi beneficiada entra num caixão de defunto, e seus familiares, ou os que estão ali por perto, auxiliam carregando-o, dando uma volta ao redor do templo, circum-ambulando-o. Entra o féretro na igreja, e o "defunto" levanta-se diante do altar e agradece a São Francisco das Chagas de Canindé, põe o caixão nas costas e o deposita na sala de milagres.

Noutro santuário, em 1961, anotamos em Bom Jesus da Lapa, nas margens do rio São Francisco, um ritual circum-ambulatório. O pagador de promessa tinha era grande dificuldade para desvencilhar-se do número infindável de pedintes do "curral dos pobres", que o atrapalhavam quando se locomovia penosamente de joelhos, dando a volta prometida.

> O caminho é bem comprido,
> mas estou certo de agüentar,
> Senhor Bom Jesus da Lapa
> é que há de me ajudar.

MUTIRÃO

À forma de ajuda vicinal festiva praticada por grande parte da população rural de São Luís do Paraitinga, no estado de São Paulo, dão o nome de "mutirão" ou "putirão". De região para região, há diferenças na maneira de pronunciar este vocábulo, porém todos significam a forma festiva de ajutório entre vizinhos nos bairros rurais, pois, além do mutirão (grafia mais comum), existe outra que não é festiva – o "serão". Tanto o *serão* como o *mutirão* proporcionam o pagamento ao vizinho com os *dias trocados*, forma retributória.

No mutirão encontramos as seguintes características que o distinguem de serão: é realizado durante o dia, congrega grande número de pessoas, não sendo necessário que estas tenham especializações; desenvolve-se somente ao ar livre, em seu desenrolar há competição entre os mutireiros; é festivo, terminando com bailes e danças. O serão não é festivo e não tem emulação ou competição entre os participantes, é realizado tão-somente à noite, quase sempre em recinto fechado, reúne poucas pessoas, estas em geral especialistas em determinados trabalhos, como fazer cestos, jacás, retalhar e preparar toucinho ou carnes de porco (lingüiças), debulhar milho, preparar tachadas de doces de marmelo ou de outras frutas, destalar fumo, recolher milho no paiol, malhar feijão etc. Sob a luz bruxuleante das candeias, das lamparinas de querosene ou das luminárias de bambu com óleo de mamona ou graxa e torcida (pavio), os "vizinhos de grito", às vezes, passam noites seguidas ajudando na cozinha ou num recinto fechado, de quando em vez comendo biscoito, sequilho, paçoca de amendoim ou de carne, reanimando-se com uma rodada de cafezinho. O serão termina logo após o primeiro canto do galo. ("Depois que o galo canta, as assombrações se recolhem, e a gente pode voltar para casa sem se encontrar com elas", disse o participante de um serão.)

O mutirão não se reveste apenas da forma festiva de auxílio prestado ao vizinho, mas, o que é mais importante, é a queda de toda e qualquer barreira social que possa existir entre proprietários de sítios ou fazendas e simples camaradas, lavradores "sem eira nem beira", no desenrolar do mutirão. Todos manejam suas enxadas ou foices, cantam e, findo o trabalho, folgam noite adentro na mais franca camaradagem.

Existe um espírito de competição entre os mutireiros. Daí a presença, nos cabos de algumas enxadas, das seguintes inscrições: "Esta dará a salmora", "Comigo vacê não trinca", "Quem carrega o ramilhete no peito sou eu". Os dísticos dos cabos das enxadas revelam o interesse que cada mutireiro tem de, ao findar a ajuda vicinal, ser considerado o melhor – o "salmorento" –, aquele que terá a felicidade de carregar as flores (silvestres ou não) oferecidas pelas moças solteiras.

Ao promotor do mutirão chamam de "patrão". A ele compete determinar a forma de trabalho, isso porque há duas: a divisão de trabalho em "tarefas" e o trabalho em "uma só linha". Parece que o trabalho dividido em tarefas é mais compensador, provocando maior emulação. Esta forma foi recoltada. As tarefas ou "eitos" são divididos em "quadras". Na quadra trabalha um só indivíduo. Nos mutirões de capinar entram também mulheres, porém, nos de roçar com foice, somente homens. Ultimamente as mulheres não ajudam mais nos trabalhos de enxada, não capinam, ficam prestando o auxílio na cozinha, preparando os "comes" na casa do "patrão".

A emulação parte do fato de todo o trabalho a ser executado ser dividido primeiramente em duas grandes tarefas, nas quais competem os convidados, e mais uma tarefa, que é a do "patrão" e seus camaradas. As duas tarefas que competem são divididas em quadras. Os trabalhadores das quadras da tarefa A são companheiros, auxiliam-se mutuamente, procuram derrotar os companheiros da tarefa B.

Quando um mutireiro finda em primeiro lugar a sua tarefa, com um pedaço de ferro ou pedra bate em sua enxada, fazendo-a retinir, chamando a atenção dos demais. Ele é o "salmoreiro", "salmora" ou "salmorento". (É necessário que se assinale a *ausência de competição* no serão, presente porém no mutirão.) Compete ao "salmoreiro" dar início ao "brão", canto de desafio que serve para estimular os trabalhadores no mutirão. O canto do "brão" é sem acompanhamento de instrumento musical. Geralmente tem início depois do café dado à tarde aos mutireiros.

Quando o "salmora" acaba sua quadra, chega ao lado do trabalhador de sua tarefa, cuja quadra está muito atrasada, e canta:

J – Meu amigo Antenô⎫
⠀⠀irmão do meu coração,⎭ (bis)
⠀⠀pergunto si veiu a cavalo,⎫
⠀⠀ou si veiu de caminhão?⎭ (bis)

A – (cantando para "afirmar", isto é, para atrapalhar a pergunta):

⠀⠀Meu amigo Zé Bento,
⠀⠀já falei e torno a falá,
⠀⠀o pé num tava no chão,
⠀⠀mais enroscado nargum lugá.

J – Meu amigo Antenô,
⠀⠀eu canto na boa-fé,
⠀⠀eu pregunto pa ocê
⠀⠀onde tava enroscado o pé?

A – Meu amigo Zé Bento,
⠀⠀esse causo é de duvidá,
⠀⠀o pé num tava no chão,
⠀⠀tava enroscado no á.

J – Meu amigo Antenô,
⠀⠀agora até fiz careta,
⠀⠀seu pé num tava no chão,
⠀⠀decerto tava de muleta.

A – Meu amigo Zé Bento,
⠀⠀ocê tá muito enganado,
⠀⠀o pé num tava de muleta,
⠀⠀mais vinha vino carregado.

J – Meu amigo Antenô,
⠀⠀agora vô te dá resposta,
⠀⠀eu fico admirado,
⠀⠀docê carregá o pé nas costa.

A – Meu amigo Zé Bento,
⠀⠀não é que tava carregano,
⠀⠀era nas costa do meu cavalo
⠀⠀que eu tava viajano.

J – Meu amigo Antenô,
cabocrinho sacudido,
comigo ocê enroscô
deu a linha por perdido.

Eu canto este meu verso,
que hoje ninguém cantô,
dô um viva pro Patrão
e otro pros cantadô.

Findo o canto, inicia a trabalhar ao lado de seu companheiro.

O último a acabar de capinar sua quadra é chamado "caldeirão". Não raro o "caldeirão" é chacoteado pelos demais. Ninguém deseja ser o "caldeirão".

Uma vez terminadas as duas tarefas que participaram da competição, vão dar o "vivório", auxílio prestado à tarefa do "patrão" ou promotor do mutirão. No vivório todos cantam as suas linhas de "brão". Ficam no eito, aos pares, cantando em dueto e trabalhando. É uma extensa linha de trabalhadores. Esta cena se passa depois do almoço, quando cantam seus "brão" em forma de demanda ou de perguntas. Geralmente cantam na mesma toada, isto é, música, desde o primeiro verso do "brão" até ao último.

Para começar a linha há um que pede licença:

Meu amigo cantadô
escuita o que vô cantá, } (bis)
eu trago aqui um causo
pá nóis tudo podê brincá. } (bis)

Outro responde:

Eu canto este meu verso
pro meu amigo Juvená } (bis)
pode sortá o seu causinho,
nóis tamo aqui pá te ajudá. } (bis)

Estabelece-se então o jogo cantado que é o "brão". Há perguntas, uns auxiliam o que vai responder, ou mesmo, às vezes, procuram atrapalhá-lo. Só o trabalhador que está imediatamente ao lado de quem lançou a pergunta é que pode cantar, respondendo-a. A pessoa que "desatar", isto é, que conseguir responder, terá o direito de colocar outra pergunta, logo a seguir.

Recolhemos o "brão" cantado por José Bento Gouveia e Antenor Bento Gouveia, irmãos, lavradores, brancos, bons violeiros, 20 a 23 anos de idade, filhos de Luís Bento da Silva, mestre da folia do Divino Espírito Santo, contramestre da cavalhada, marcador de quadrilha, capelão-caipira e curandeiro. Aliás, capelão-caipira e curandeiro parecem ser habilidades gêmeas.

> A – Meu amigo Zé Bento, } (bis)
> pra ocê eu vô falá,
> num vim andano pô chão, } (bis)
> e nem avoano pô á.

> A – Vô cantá este meus verso
> pro meu amigo José,
> contei as linha procê
> porque ocê veiu beijá meu pé.

> J – Hoje neste muquirão
> com nada m'imbaraço
> os cantadô que tão aqui
> trago preso em baixo do braço.

> A – Pra vim neste muquirão
> eu torci o meu bigode,
> pode ajuntá teus companhero
> que comigo ocê num pode.

> J – Meu amigo Antenô,
> nóis tava nóis dois junto,
> cantadô da sua marca,
> eu faço perdê o assunto.

Não tendo Antenor dado resposta, José Bento – "Zebento" – canta outro para acabar, porque Antenor ficou calado, deu-se por derrotado.

> Meu amigo Antenô,
> ocê é muito garganta,
> bamo pará de cantá,
> porque tá na hora da janta.

Para o mutirão são convidados pelo seu promotor, "patrão", todos os moradores do bairro. O sitiante que por motivo qualquer não possa comparecer envia um seu assalariado para representá-lo. Quando algum convidado, por motivo de doença, não pode trabalhar, compromete-se a ir ajudar, tocando viola. É por isso que algumas vezes o "brão" tem acompanhamento instrumental.

O "patrão" oferece logo pela manhã aos convidados um café com farinha de milho. Ali pelas 10 horas, na roça, as mulheres levam, em latas ou outras vasilhas grandes, o almoço. Há farta distribuição de pinga, como aperitivo. A mesma bebida é também oferecida na hora do café, ali pelas 13 horas; dizem que sua finalidade é a de "limpar a garganta" para de então em diante cantarem o "brão". Findo o trabalho, dirigem-se para casa do "patrão", para o jantar. Comem fartamente. Não raro, finalizam o mutirão com um cateretê ou função de bate-pé.

Quando findo o mutirão, na hora de despedir-se para repousar, os trabalhadores cantam em coro em homenagem ao "patrão" a seguinte quadra, que é puxada por um dos cantadores que mais se destacou no "brão":

> Vô cantá este meu verso
> pro meu amigo patrão,
> eu dispeço do senhô
> com dô no coração.

O "patrão", em resposta aos seus convidados, também se coloca à disposição dos que lhe prestaram o "adjutório". E a sua resposta nos revela um absoluto espírito de companheirismo e sua atitude também implica a perpetuação desse traço cultural que parece ir desaparecendo de outros lugares em que tivemos oportunidade de o presenciar.

O "patrão", tirando o chapéu, na porta de sua casa tosca, porém uma das melhores do bairro do Oriente, comovido, canta, na soleira, uma quadra que implica a sua retribuição para um futuro mutirão:

> Fiquei muito sastifeito
> cum vontádi di chorá,
> sô moradô do Oriente,
> percisano é só chamá.

Ao distinguirmos o mutirão do serão, apontamos como uma das características o final festivo do primeiro. Documentando nossa afirmativa daremos a festa que se seguiu ao mutirão de capina (também conhecido por carpição), limpa de um milharal ou o "acudir a limpa do milho", no sítio do Engenho Velho, bairro do Oriente, em São Luís do Paraitinga.

Pelo fato de ter sido muito grande o comparecimento de pessoas ao mutirão, muito mais do que o promotor calculava, o dia ainda ia alto quando findou a "acudida do milharal". Como a comida era parca para tanta gente, o "patrão" trouxe no laço um garrote nédio que se assustou com um foguete de grande bomba, solto propositadamente naquele fim de trabalho. Os rapazes presentes, numa correria desenfreada, pegaram o boizinho e no meio de grande algazarra mataram-no, sendo logo esquartejado pelo "salmoreiro", isto é, por aquele que mais se destacou como o melhor "acudidor da limpa do milho".

A correria dos moços ao apanhar o garrote nos faz lembrar o *aigizein* do culto dionisíaco. Houve um pouco da omofagia do cerimonial de Dionísio, pois, no churrasco que se seguiu, a carne era muito malpassada no braseiro rapidamente preparado numa pequena valeta, logo rodeada de uma centena de espetos de madeira.

Quando Zé Emboava – o "salmoreiro" – foi sangrar o boi..., "já era carne de vaca, pois o touro quando morre vira vaca", disse major Benedito de Sousa Pinto, proferindo outros trocadilhos não registráveis. Antes de sangrar, colocou sobre a cabeça do novilho as flores que ele – o "salmorento" – havia ganho das moças como presente pela sua vitória – de melhor enxada presente, fazendo jus ao dístico gravado no cabo.

Sangrado o novilho, foi o "caldeirão" (é bom para comer e péssimo para trabalhar) – o último a acabar a tarefa no mutirão – quem, num caldeirão de ferro, recolheu o sangue para o chouriço.

Logo após o fim do mutirão, antes da carneação e do churrasco, os presentes tomaram jeribitas e "água que boi não bebe", abrindo o apetite para as demais viandas: leitoas, frangos, patos, arroz pilado, farinha de milho em abundância, feijão, torresmo, pururuca, bolos de farinha, bolo de penca (de tapioca), bolo de arroz, paçoca de amendoim, farofa de miúdos, doce de cidra, furrundum, melado com queijo e café feito com garapa. Após o jantar seguiu-se animado baile. Violas, rabeca e adufe comandaram o fandango, o xiba bem palmeado. Houve uma quadrilha muito animada, que se iniciou com a chegada de um sanfoneiro de São Pedro de Catuçaba. Na quadrilha, Artur Tolosa, estropiando o francês e de vez em quando algumas frases latinas de permeio (pois fora coroinha, afirma conhecer "latim de sacristia"), marcou a dança, onde os pares animados esperavam o *"tur cum quem quisé"* para a enorme confusão que se estabelecia no salão de baile – enorme sala onde fora antiga senzala.

CALANGO

Enquanto no salão da casa da fazenda dançava-se o cateretê, perto de uma pequena fogueira, ao ar livre, dois violeiros cantavam um calango.

Calango ou calanco é o nome que dão a uma forma de desafio de viola. O desafio propriamente dito (e também em voga em São Luís) é aquele em que se cantam quatro versos, totalizando uma quadra, onde há rima do segundo verso com o quarto, e o cantador não repete os versos do adversário. No calango, o cantador oponente canta repetindo o último verso da quadrinha cantada. Eis um exemplo:

> Meu amigo Zé Bento
> tem feição mais é de bode,
> não adianta rodeá cepo,
> que comigo ocê num pode.

O adversário responde, intercalando no seu canto o último verso cantado:

> Oai, oai,
> comigo ocê num pode,
> ocê tá munto feio,
> parece o Reis Herode.

Outro exemplo de calango:

> Meu amigo Zé Bento,
> ocê tem feição de cachorro,
> cantadô de meia bota,
> de ocê num güento desaforo.

> Oai, oai,
> num güenta desaforo,
> ocê cale a boca,
> qu'eu chego ocê no coro.

Há alguns calangos que ficaram célebres. Um deles, que anda de boca em boca dos cantadores, é o do "touro Araçá". Numa zona pastoril como a de São Luís, grande é a valorização que se dá ao boi, e, certamente, algum pesquisador menos avisado poderá encontrar alguma coisa de totemismo nessa fonte. Deve ser um calango velho, pois data ainda do tempo em que uma boiada custava no máximo meia centena de contos de réis. A cor araçá é muito bonita, é do animal baio rajado. Um animal com essas cores é sempre muito valorizado. Quando saíam Miota e Boi, muitas vezes procuravam pintar o boi com largas faixas brancas, imitando o "araçá".

O calango recolhido foi cantado por Eurico Guimarães e José Bento Gouveia.

CALANGO DO TOURO ARAÇÁ

Zé Bento:

> Meu amigo Orico
> pra ocê eu vô falá
> com uma cana cortei otra,
> no meio do canaviá.

Eurico:

> Fala colega,
> no meio do canaviá,
> embaúba é pau oco,
> lugá de cobra morá.

Zé Bento:

> Oai, oai,
> lugá de cobra morá,
> vô mandá fazê um cocho
> pro meu gado comê sá.

Eurico:

> Fala colega,
> pô seu gado comê sá,
> hoje eu vim aqui
> pra esse gado eu comprá.

Zé Bento:

> Oai, oai,
> pra esse gado ocê comprá,
> pegue os cavalo
> e vamo o gado recontá.

Eurico:

> Fala colega,
> vamo o gado recontá,
> com prázu de duas hora,
> tive tudo no currá.

Zé Bento;

    Oai, oai,
    tava tudo no currá,
    verméie o ferro da marca,
    o que fô meu, quero marcá.

Eurico:

    Fala colega,
    o que fô seu, ocê qué marcá,
    não marque na cara,
    ocê marque no apá.

Zé Bento:

    Oai, oai,
    ocê marque no apá,
    ocê sabe qui me chamo Antonho
    minha marca é a letra "A".

Eurico:

    Fala colega,
    minha marca é a letra "A",
    ocê vá fazeno as conta
    qui o gado eu queru pagá.

Zé Bento:

    Oai, oai,
    o gado ocê qué pagá,
    le custa cinqüenta conto
    fora o toro Araçá.

Eurico:

    Fala colega,
    fora o toro Araçá,
    ajunte a piãozada
    pô gado nóis sortá.

Zé Bento:

>Oai, oai,
>pô gado nóis sortá,
>deixei pago e repago,
>despidi pá retirá.

O mutirão – traço de solidariedade em pleno desaparecimento – foi bastante difundido nas zonas antigas do estado de São Paulo, sobrevivendo apenas nos mais afastados bairros rurais. O vocábulo varia conforme a região: putirão, puxirão, putirum, motirão, mutirão, muxirão, muquirão e outras formas semelhantes. Em Tietê, por exemplo, Muxirão é a forma mais encontradiça, se bem que o "bandeirante do folclore paulista", Cornélio Pires, tenha assinalado outra nessa região. Na cidade natal do grande "caipira paulista" recolhemos num batuque (noite de 27-12-1946 – Tietê) a "Décima do Muxirão", cantada por Paulo Alves, vulgo Paulo Rafael:

DÉCIMA DO MUXIRÃO

>Adeus senhores e senhoras,
>todos me preste atenção,
>respetivo um home rico
>que me pediu uma demão,
>onde ele me cunvidô
>pra trabaiá no muxirão.
>Mandô que levasse meus cumpanhero,
>todos que quisesse i
>pra nóis trabaiá na roça
>e de noite nos diverti.

>Nóis trabalhemo na roça
>e assistimo na cantoria,
>bebemo café cum musquito
>e armoço foi meio-dia.
>Pá nóis veio um prato feito
>e uma cabeça de leitoa.
>Uma leitoa mar pelada,
>sargada que nem sarmora,
>que nem barba de defunto
>aparado cum tesora.

Falei pra meu cumpanhero
que tivesse bem cuidado
no pô a coier na boca
quando fô inguli o bocado
com o pêlo dessa leitoa
é fácir ficá engasgado,
tá que nem crina de burro
quando é muito mar tosado,
isso foi acontecido
no dia doze de júlio.

Servente daquela mesa
era um veiinho barbudo
com os óios tudo pregado
e co bigode tudo sujo.
A moça que troxe a cumida
era uma linda rosa branca
topête alevantado
com sete fita na trança,
mais ela num teve vergonha
de armoço servi de janta.

Traição

    Uma das formas de ajuda vicinal das mais interessantes recolhemos na fazenda Capoeirão, município de Inhumas, estado de Goiás (18-12-1948), chamada "traição" ou, como comumente dizem os goianos da roça, "tréição".

    Quando um lavrador está com o trabalho de sua roça em atraso, um compadre ou amigo, às escondidas, combina e reúne um grupo de trabalhadores (uns cem ou mais) e, num sábado pela manhã, vai até à casa do amigo para ajudá-lo. Essa ajuda é tramada em sigilo e se torna de fato uma surpresa para o que a recebe; chama-se traição.

    Às 5 horas da manhã, rodearam a casa do "atraiçoado", e os "traiçoeiros" deram tiros, soltaram rojões, cantaram e, quando a família acordou, deram início ao trabalho. Caso o "atraiçoado" possa fornecer comida para os "traiçoeiros", começa então a prepará-la, caso contrário, o chefe da traição precavidamente coloca em andamento os "aperparos" para o almoço. É bom salientar que os chefes dos "traiçoeiros" deram café aos convidados em sua própria casa, ali pelas quatro horas da manhã.

Todos trabalharam nesse singular mutirão: homens, mulheres e crianças. Homens na roça, mulheres na cozinha e crianças no transportar comida, água ou lenha. Almoçaram ali pelas 10 horas, às 14 horas foi servido lauto café com "duas mãos" e, ao anoitecer, o jantar... terminando com danças. Os velhos preferiram as "quadrilhas" e "catira", e os mais moços, já influenciados pelo rádio e cinema, preferiram as marchas e sambas "carnavalistas". O arremate da "traição" – a dança – se prolongou até ao dealbar do domingo. Em Goiás é muito comum a traição. Muito mais do que o mutirão patrocinado pelo indivíduo que precisa de ajuda vicinal. Um lavrador o promove somente quando não tenha recebido tão espontânea e grata ajuda, reveladora da amizade e emprestadora de prestígio ao que a recebe.

As mulheres goianas também fazem traição para confeccionar roupas de algodão nos teares. Neste tipo de ajuda, só participam mulheres casadas. Infelizmente não nos foi possível recolher os cantos desses serões. Entretanto tivemos oportunidade de examinar a fazenda – artesanato doméstico – tecida nos toscos e rudes teares, trabalhada num desses singulares mutirões femininos de Goiás.

Dos versos da "traição" cantados por Crispim Martins de Moura, meeiro, foram colhidos apenas alguns:

Acordai, belora, acordai
não se ponha a se adrumi,
qu'isto são sono da morti
que tu veiu apersigui.

Acorda, meu bem, acorda,
não pensais que é munta genti,
é um pessoar que veiu aqui
dá uma treição entre os denti.

Acorda meu patrão, acorda,
tratamento não é nada,
no armoço, frango cheio
na janta, leitoa assada.

Levanta, meu cumpadre, levanta,
vem recebê esta treição,
vem recebê os treiçoero
cum boa vontadi e bom coração.

Há também cantos de trabalho cantados quando estão manejando o machado, a foice ou a enxada.

> Machadinho d'oro,
> fincô, fincô, fincô (bis)
> no pau.

Outro canto:

> Balainho do colosso
> caiu do céu,
> num desceu,
> desceu do céu.

O "traiçoeiro" Marcelino Pereira dos Santos, de Arraial Velho, município de Formosa, ali presente, quando se aproximava o almoço, cantou:

> Pomba juriti,
> pomba jurerá,
> se me trouxe nesta terra,
> torna me levá,
> si não fosse surubi
> jacaré passava má.

"Traição" entremeada de alegria findou e, entre outros versos cantados, anotamos esta quadrinha:

> Da boca faço um tintero,
> da língua pena moiada,
> dos denti letra miúda,
> dos óio carta fechada.

> A vidinha de ti quero
> é somente dispidi,
> adeus vidinha adorada
> chegô o tempo d'eu parti.

A criançada espera o repique do sino anunciando a "Aleluia".

Daqui a pouco será a malhação do Judas.

A malhação do Judas na tradicional cidade imperial de São Luís do Paraitinga.

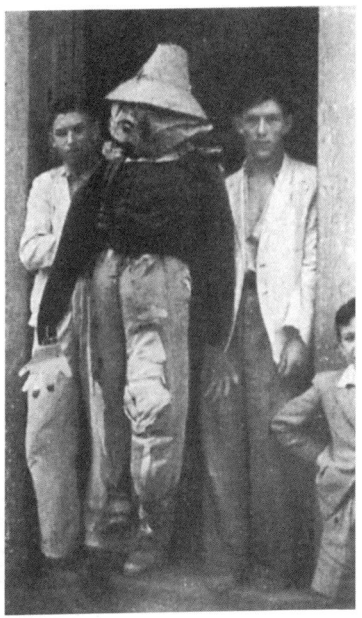

O Judas está pronto para amanhecer enforcado.

O traidor é o bode expiatório da criançada ávida para a malhação.

Pirapora do Bom Jesus. A cidade cresceu por causa do "Santo" encontrado nas águas do lendário Tietê.

Imagem de Bom Jesus de Iguape encontrada na praia da Juréia. À direita: Igreja de São Francisco das Chagas – a basílica tropical brasileira. Canindé (CE).

BARGANHA DE RELÓGIOS

Tradicional na cidade de Taubaté é a Barganha de Relógios. Sábado à noite, reúne-se um grupo na porta da catedral, e domingo pela manhã, no mercado municipal, para trocar relógios e entabular negócios.

No mercado, aos domingos, formam-se outros grupos para permuta de objetos, não somente de relógios, havendo um característico que é o da troca de animais. São logo reconhecidos pelos chapelões e botas. Ao lado esquerdo do mercado ficam os que trocam relógio e, ao lado direito, os barganhistas de animais e tudo o que se relaciona com a utilização do animal: arreio, carroça, esporas, guampas, rebenques, botas, palas, ponchos, bombachas, pelegos etc.

No sábado, dia 10 de maio de 1947, tivemos oportunidade de entabular negócio com os barganhistas de relógio que se reúnem na frente da catedral. São 21 horas e há cerca de trinta pessoas, umas sentadas, outras em pé, formando pequenos grupos de cinco, seis ou oito pessoas. Há alguns rapazolas entre os adultos que ali estão. Abrem o relógio, olham, discutem quantos rubis há na maquinaria. Só com o colocar no ouvido, dizem sobre quantas pedras trabalha. Falam sobre as marcas. Mostramos nosso cronógrafo. Sabiam do preço pelo qual foi comprado, aproximadamente, quanto valia antes da guerra e qual o preço atual.

Para mostrar quanto conhecem do mecanismo do relógio, na qualidade de observador participante, relatamos este episódio. A pessoa que tomou nosso cronógrafo em sua mão aproximou-o do ouvido, colocou no outro, e disse que estava com um defeito no retentor, que faltava uma presilha etc. Anotamos o que a pessoa disse, sem abrir o cronógrafo, somente ouvindo. Ao chegar na capital, procuramos o relojoeiro, mandamos examinar, e este disse os defeitos, justamente como o taubateano barganhista.

Trocam relógio por relógio ou por corrente. Trocam por bicicleta. Na permuta entra também cadeado de segredo etc.

Aproximou-se um preto e veio dizendo: "Eu num sô berganhista, quero vendê este relógio, nunca vim aqui." Antes de o pesquisador retirar-se, o preto já havia trocado o seu relógio de algibeira por um relógio-pulseira mais um cadeado.

CAPÍTULO II
Sabença

INTRODUÇÃO

O folclorista piracicabano João Chiarini, com aquele senso de humor que o caracteriza, disse que *o folclore é como um buraco na areia, quanto mais se cava, mais largo fica*, assim é que, quanto mais se estuda e pesquisa, mais se alarga o seu campo; deixa de ser apenas o "Popular Antiquities", de William John Thoms, arqueólogo britânico que, em 1846, propôs o termo "folk lore", para se tornar de limite quase impossível de ser traçado, como assegurou Arnold van Gennep.

O campo do folclore cada vez mais se alarga, dando liberdade ao pesquisador de subdividir, fazer novos enquadramentos, de distribuir a matéria estudada assim como estamos fazendo com este capítulo sobre a sabença popular.

A sabedoria da boca do povo é enorme. Diariamente proferimos frases, conceitos tradicionais, sentenças resultantes de conhecimento acumulado através da observação, sabedoria popular que habita na memória coletiva. Sabença cuja permanência e conservação se devem em grande parte ao poder da usança que dela se faz no dia-a-dia.

O povo tem conhecimento de fenômenos relacionados com a astronomia, meteorologia, medicina, enfim, os mais variados ramos do conhecimento humano. Para sua transmissão usa não raro o provérbio, a frase feita, a adivinha etc., fórmulas, enfim, nas quais procura-se, de maneira prática, condensar os conhecimentos, acervo este de observações transmitidas de geração a geração, vindas muitas vezes dos milênios transatos, porém retemperadas pelo uso no cotidiano, emprestando a esses conceitos o papel de verdadeiros guias práticos orais, verdadeiros "códigos de sabença popular". Constituindo uma coleção de leis ditadas pelo "ouvi dizer", "os antigos faziam assim", "meu avô já dizia", persistindo graças à oralidade, permanecendo na atual realidade brasileira pelo largo uso que o povo dela faz.

De onde veio a sabença popular? Difícil será saber. Dos astrólogos assírios e babilônios, dos portugueses, dos africanos, dos brasilíndios os conceitos da meteorologia? E o que se refere às puçangas? Não nos enveredaremos à procura das raízes dessa sabença popular, o que nos interessa é a sua vivência, a sua presença na sociedade brasileira.

Sabença popular enquadrar-se-ia em linguagem popular; entretanto, o que nos levou a colocá-la em outro capítulo foi aquele sabor de *guia prático*, de orientador, espécie de oráculo que estas variadas fórmulas do conhecimento dão ao homem, principalmente ao do meio rural. Uma espécie de "Lunário perpétuo oral".

Sabença popular é bem um capítulo da sociologia rural porque traz em seu bojo algo de informativo para que um dia seja feita, juntamente com outros estudos, uma interpretação da realidade rural do Brasil, país eminentemente rural, onde a realidade urbana está a meio quarteirão da realidade rural.

Sabença popular oferece aspectos da vivência de comunidades rurais, uma nordestina e outra paulista, experiência da vida social de rurícolas brasileiros no campo da meteorologia, da medicina, da agricultura, do pastoreio.

METEOROLOGIA POPULAR

A chuva é boa meu fio (filho),
a fina e não a grossa,
pra moiá (molhar) nosso mio (milho),
qui prantemo lá na roça.

É na flora e na fauna que o caipira vai buscar elementos para suas práticas mágicas, terapêutica popular, cuja transmissão vem se dando através das gerações. Estando em contato direto com a terra, com o seu amanho e aproveitamento, as necessidades de chuva ou de sol muitas vezes têm capital importância para sua própria sobrevivência ou bem-estar coletivo. Desenvolvem seus conhecimentos também através da observação. Desde cedo se iniciam na observação das fases da Lua e dos fenômenos atmosféricos. Procuram então dominá-los, daí praticarem formas mágicas para chamar ou afastar chuva, elegem um santo do hagiológio católico romano como o supremo interventor nos fenômenos meteorológicos. É a meteorologia popular que, na vastidão do Brasil, poderá variar, mas nunca se afastará dos canones portugueses dessas usanças.

Ad petendam pluviam – Varia de lugar para lugar e principalmente de região para região o santo que faz descer as chuvas. Na comunidade paulista de Cunha, é São José. Aliás, como verificamos, é o santo mais querido no município todo.

Em São Paulo, pequeno burgo então em 1800, era outro o santo que desempenhava tais funções. É do punho de um bispo que vemos firmado o que hoje é imputado como crendice de caipira[1]. O folclore é, sem dúvida, um índice fiel das inquietações coletivas. Dizem que o povo não cria, apenas repete. O que está repetindo hoje é o que aprendeu há séculos, ou imita o que é proibido atualmente.

---

1 Idêntica cerimônia realizada em setembro de 1804, conforme os documentos do bispo d. Mateus de Abreu Pereira. A translação da imagem era solene, dirigindo o bispo ao senado da Câmara o ofício cujo teor transcrevemos:

A sanção punitiva, o castigo que dão a São José do Bairro da Boa Vista, é, sem dúvida, a maior manifestação coletiva da crença na interferência mágica desse santo no controle das forças da natureza. É a coletividade católica romana de Cunha que participa dessa cerimônia de magia, castigando o santo, mudando-o de edícula. Quando é grande a estiagem, vem a impossibilidade de prosseguirem na faina agrícola. Começam, então, a fazer novenas à noite, dirigidas por um "capelão-caipira". Fazem promessas para São José e para Nossa Senhora da Conceição, que são os padroeiros do lugar. Se as rogativas *ad petendam pluviam* não são ouvidas, então o remédio é aplicar um castigo a São José. Vai o povo em procissão buscá-lo num lugarejo chamado Boa Vista, distante légua e meia da cidade, e trazem-no para a matriz local. O fato de o santo ser mudado de um lugar para outro constitui sanção punitiva, pois ele não gosta disso, visto que o nicho da matriz não é o seu. Isso traz-lhe aborrecimentos e, como quer voltar para o próprio altar, manda chuvas copiosas. Vem, então, a alegria e... renovam a crença no poder (controlador das chuvas) do santo punido com a mudança de edícula.

"Às vezes o padre permite e avisa aos fiéis o dia em que devem ir buscar o santo. Há, porém, vigários (mormente os estrangeiros) que não querem consentir nisso. Nesse caso, o povo se reúne e, quer o pároco permita quer não, procedem assim. É enorme a afluência de povo de todos os lugares para a cerimônia. Às vezes, mal chegam com o santo na cidade, a chuva cai, chuva que encharca a terra, que tanto precisam dela. Após as chuvas levam o santo de volta em grande cortejo, com alegres cantos e rojões." Informaram-nos seguramente que essa prática é feita desde a fundação da cidade, antiga Freguesia do Facão.

Dizem os lavradores: "a chuva 'braba' cai no dia 2 de fevereiro, dia de Nossa Senhora das Candeias, e a chuva miúda, no Natal. Vento seco, no dia

---

"Como athé agora não temos conseguido de Deus N. Senhor achuva, q' tanto disejamos; natarde do dia Domingo trinta deste mes; mando trasladar a Senhora da Penha p. a esta Sé na forma costumada; p. a cujofim dou parte a Vas. Sas. afim q. mandem fazer oq. em Similhantes occaziões hé costume.

    Ds. gde. a Vas. Sas. ms. ans.
        S. Paulo, 27 de setembro de 1804.
           (a) – Mattheus Bispo"

Veio chuva em abundância. Não era preciso mais mudar de edícula a santa, então, o bispo dirigiu novamente ao senado da Câmara o seguinte ofício:
"O fim p. a que eu pretendi transladar a Senhora da Penha p. a esta Cide. era p. a por sua intercessão conseguirmos obenefício da chuva; e como N. Senhor por intercessão da mesma Senhora já nos concedeo esta; aviso agora tão bem a Vas. Sas. q. por hora senão traslada a mesma Sra. para Cide. e Só experimentado. Nós algua outra necesside. de q. então farei aviso a Vas. Sas. p. a omesmo fim. Ds. gde, a Vas. Sas. ms. ans. S. Paulo 29 de setembro de 1804.
           (a) – Mattheus Bispo"

de São Bartolomeu, 24 de agosto. A primeira chuva nós a esperamos no dia 8 de setembro, que é o dia de Nossa Senhora das Brotas."

Orações para chamar chuva

"Ó meu Deus, ó meu Sinhô, vós por nóis óie e tenha dó, vós nos dá chuva que nos móie e dá o pão que nos console. Tenha dó dos inocente, não deixai morrê a fome, nem a fome nem a sede. Sinhô Deus di misericordi."

"Virge Santa do Rosário, vós venha me remediá, vós nos dá a chuva que nos móie e dá o pão que nos consola. Vós tenha dó dos anjo inocente, não deixai morrê de fome, nem a fome nem a sede. Não deixai morrê a fome. Misericordi Sinhô."

"Sinhora Santana, socorrei nós da miséria, sinhô Deus di misericordi. Minha Sinhora Santana vós socorrei nós da miséria. Vós tenha dó dos inocente, não deixai morrê a fome, nem a fome, nem a sede. Sinhô Deus di misericordi."

"Santa Madalena, Madalena Santa, ô Virgi i Sinhora, vós nois dai chuva na terra. Santa Madalena, Madalena Santa, peço pra vós chuva na terra. Santa Madalena, Madalena Santa, pede a Virgi Sinhora, que nos dê chuva na terra."

Outras práticas para chamar chuva

"Buscar água em canequinhas ou tigelas no rio, despejá-las na santa-cruz de beira de estrada e ajoelhar para rezar."

"Novena e dar para uma criança lavar os pés dos santos."

"Fazer procissão passando pelos quatro cantos da roça."

"Colocar Santo Antônio de cabeça para baixo no sol quente."

"Fazer uma cruz de cinza no quintal. É bom recolher-se logo, pois virá mesmo chuva."

"Matar sapo é ter chuva na certa."

"Matar sapo, colocá-lo de barriga para cima."

"Pisar em formigueiro chama chuva."

"Cantar desafinado traz chuva (ou chama chuva)."

"Quando não querem trabalhar e o patrão não se esconde da chuva, os camaradas dizem: 'Bata chuva grossa, porque da fina o patrão não gosta.' Ou também assim: 'Mandai Mãe de Deus, mandai, São Pedro, destampa a porta do céu, derrama o pote.'"

"Pedra-de-raio (machado lítico dos índios) não presta em casa, porque, quando começa a chover, ele começa a saltar, pois tem as influências maléficas do raio." Lugar onde cai um raio, a pedra afunda sete braças, depois de sete anos ela está em cima da terra. Não presta ter a pedra-de-raio (machado lítico dos índios) em casa, pois atrai raios.

"Quando chove não presta falar o nome de raio: é chamá-lo."

"Perobeira e jacarandá chamam raio, não presta fazer batente de porta ou janela com essas madeiras. Para casa deve-se usar aroeira, que não chama raio."

"Não se deve ter cachorro nem gato perto, na hora da chuva: o pêlo deles tem eletricidade que atrai o raio."

"Não presta olhar no espelho que atrai raio. Quando chove, deve-se cobri-lo."

Quando está chovendo e ouvem o trovão, não proferem a palavra raio, porque têm medo de atraí-lo. Por isso, dizem: "a barriga de São Pedro está roncando!"

"Quando se colocar uma galinha para chocar, devem-se riscar os ovos com carvão para que os raios e trovões não os gorem.

Para chamar a chuva: "São Barnabé lá no arto da serra, manda chuva na terra pá num dexá os inocentes morrê de fome." Rezar uma Salve-Rainha e "Ó Virge Santíssima", que a chuva virá mesmo.

"Mudar Santo Antônio de lugar no oratório é chuva na certa."

Oração para fazer parar a chuva

"Senhô meu Jesus, amado de todo meu coração, trago-vos o meu coração guardado, por toda a santa fé que tenho em vós. A chuva que vóis mandô, pra nós já chega, agora peço, peço pra vóis uns dias de sor pra tempero da chuva (pede-se o número de dias de sol que se quer: 10 ou 15) e depois o Senhô Amado meu Jesuis vós sabe do meu coração e eu não sei do coração de vóis, pela santa fé que tenho em vóis, tenho certeza que vóis me favorece, por este meu pedido que peço pra vóis. Pelas dores de vossa mãi santíssima, pela interdição de Maria Santíssima, vossa amorosa mãi, pelo amô da Virgi Santíssima nossa soberana, pelo amô de vóis que este meu pedido será aceito que vóis está aqui no meu coração guardado e vóis me favorece Sinhô Deus de Misericordi."

Magias para afastar as chuvas e trovoadas

"Jogando-se farinha com açúcar sobre um formigueiro, a chuva passará logo."

"Esgaravatar, em forma de cruz, um formigueiro de formigas ruivas. Dizem que as formiguinhas, alvoroçadas e expostas ao relento, passam a rogar a Deus que faça vir o sol o quanto antes."

"Queimar palma benta é bom para fazer passar a tempestade, chuva de trovoada."

"Abrir o oratório e acender a vela benta."

"Pondo-se um São José na chuva, ela parará logo."

"Olhar para o lado onde vem a trovoada; tirar o sapato do pé direito; andar de um lado para outro, rezando a oração de Nossa Senhora do Parto... e a trovoada cessa. Caso demore, fincar no chão um machado encabado até o 'olho'. A trovoada muda de rumo."

Quando dá relâmpago dizer: "Valei-me São Jerome e Sta. Barba."

Outra versão: "Valei-me Sta. Barba e Sanjerome, quem num tem barba, num é home."

Para acabar com a chuva: "Santa Barba, Santa Virge, lá no Céu tem três escrito, cheio de água benta que arreponta essa tromenta."

Dizer três vezes, benzendo-se e olhando para o lado da chuva, que ela se vai embora.

Para parar de chover é bom colocar um ovo para Santa Clara. Deve-se pedir para a santa: "Santa Clara faça sol, para enxugar o meu lençol."

ALGUMAS CRENDICES RELACIONADAS COM A CHUVA

"Chover no dia do casamento significa sorte para o novo casal."

"Comer na panela é ter chuva no dia do casamento."

"Quando as folhas da laranjeira estiverem enrolando, sinal de chuva."

"Bode espirrando muito, vôo rasteiro e entrecortado de anu, ou grito de tucano no mato, é sinal de que a chuva logo vem."

"Quando as galinhas começam a beliscar-se, sinal de chuva."

"Quando a rã coaxa muito, está chamando chuva."

"Quando se vir um burro, se ele mexe muito com a orelha, chove, e se não mexe, pode estar fazendo o tempo feio que estiver, não virá chuva."

"Em mês de trovão e raio não presta para galinha chocar. Os raios goram os ovos."

"Para evitar raio, não ter objeto de metal, principalmente de aço."

"Pescador não deve olhar à meia-noite para água do rio, pois arrisca-se a tomar uma chuva de pedras e morrer."

"Pêlo de animal molhado chama raio."

"Cigarra quando canta muito está chamando chuva."

"Macaco quando pula da árvore no chão é porque as folhas vão cair. Sinal de mudança de tempo."

"Pato quando está nadando e toda hora abre o bico para o ar está chamando chuva."

"Mosquito voando muito é chuva que vem."

"Dor nos calos e nas juntas, quebraduras, chuva próxima."

"Galinhas se refestelando na terra, tomando banho de areia para se refrescar, indicam que o tempo vai mudar."

"João-de-barro (ave *Fornarius rufus Gm*) sabe quando a chuva vem. Trata de se resguardar na casinha."

"Formiga de asa (içá) voando é sinal de chuva. Outros dizem que é sinal de bom tempo, estiagem."

"Vento sul traz chuva."

"Grito curto de rã é chuva na certa."

"Gato lambendo as patas e lavando a cara com elas, é sinal de chuva."

"Contar os doze primeiros dias do ano e observá-los. Conforme o que acontecer com esse dia, saberá o que acontecerá com o mês que ele representa. Caso chova pela manhã, haverá chuva nos primeiros dias do mês, se chover de meio-dia para tarde, haverá chuva no fim do mês. Assim, poder-se-á saber quando e que mês será chuvoso ou seco."

"Quando morre uma pessoa, se chover é porque ela era muito bondosa."

"Bugio gritando no mato está chamando chuva."

"Uma roda branca (halo), espessa, ao redor da Lua é ameaça de chuva."

"Grilo cantando dentro de casa é sinal de chuva."

Embora acertem às vezes com suas "previsões de tempo", criticam-nas, usando uma comparação jocosa: "tempo, espingarda véia, bunda de criança, nenhum merece cunfiança".

Observações acerca da melhora do tempo

"Quando as minhocas estiverem saindo fora da terra, indicam que vai fazer sol."

"Urubu, no telhado, abrindo as asas, está rezando para fazer bom tempo."

"Seriema quando grita em cima de cupim é sinal de estiagem."

Rifoneiro da chuva

Há uma série de sinais que o caipira cita como indicadores de chuva.
É rico o rifoneiro caipira. Há rifões que remontam séculos.

"Manhã ruiva, ou vento ou chuva."
"Céu pedrento, chuva ou vento."
"Quando a chuva começa na minguante vai até o mês entrante."
"Bugio ronca na serra... chuva na terra."
"Lua com circo (círculo), água traz no bico."
"Circo (círculo) na Lua, lama na rua."
"Circo (círculo) no Sol, sol redor (quente)."
"Choveu tanto, tanto... até cachorro bebeu água em pé."
"Choveu muito, como não chovia desde o tempo da monarquia."
Quando venta muito e não é dia de São Bartolomeu (24 de agosto) e não vem chuva, dizem: "ventania que chuva não deu, é algum padre que morreu".
"Não há sábado sem sol, domingo sem missa e segunda sem preguiça, como não há sábado sem sol nem velha encarangada e sem dores e moça bonita sem amores." (A parlenda completa o conhecimento do tempo.)
"Lua que se faz com água vai de lua a lua."
"Sol ruivo de tarde, chuva de manhã."
"Sol com chuva, casamento de viúva."
"Chuva com sol, casamento de espanhol..."
"Da lua nova arrenego, com a cheia me alegro."
"Quando minguar a luma (lua), não comece coisa alguma."
"Cerração baixa, sol que racha." (Fará muito calor.)

Apresentamos usos, crenças, rezas, simpatias, provérbios, enfim, alguns elementos da *meteorologia popular* relacionados principalmente com a chuva, porque esta, no dizer do caipira, "é mais da metade da lavoura".
A seguir mais algumas anotações da meteorologia popular, destacando-se a que se refere ao arco-íris.
"Madeira cortada na força da lua, plenilúnio, não caruncha."
"Vento norte e repentino é aviso de morte de algum padre."
"Mostrar o arco-íris com o dedo traz verrugas."
"Não presta assobiar para o arco-íris."
"Arco-íris em seguida à chuva faz mudar de sexo o menino ou menina que passar por baixo dele."
"Caminho de Santiago passando por cima da casa, se tiver filha moça, sinal de que vai se casar logo."
"Não se deve apontar para um astro, porque poderá lhe cair uma desgraça."
"Não presta apontar estrelas, nascem verrugas na mão."
"Cometa é sinal de guerra."

"Quando vir uma estrela cair, não falar a ninguém, senão torna-se linguarudo."

"Quando vir o rabo de estrela (cadente) não contar a ninguém durante sete anos para não morrer de morte trágica."

"Vendo uma estrela cair, pedir três coisas antes que ela desapareça, que o pedido será realizado."

FENÔMENOS NATURAIS

Os primeiros dados da meteorologia popular foram recolhidos na comunidade paulista de Cunha, observações que vão passando de geração a geração. Para evidenciar essa forma de aprendizado, daremos a seguir as experiências que tivemos na pesquisa sociológica realizada no baixo São Francisco, na comunidade urbana de Piaçabuçu, no estado de Alagoas.

O aprendizado da criança se processa através da observação e da participação que ela tem na própria vida dos adultos, de seus pais e irmãos mais velhos. Assim os próprios temores das chuvas de trovoadas e de outros fenômenos vão sendo incutidos na mente da criança segundo as reações dos adultos. A atitude tomada pelo adulto reflete na criança. Era começo da feira, sexta-feira à tarde, e chovia. Sentada à porta de uma bodega, tendo no regaço uma pequena de mais ou menos três anos, que choramingava, estava uma senhora escondendo-se das bátegas de chuva. Um relâmpago traçou uma linha sinuosa no espaço plúmbeo. A mãe, aconchegando a criança, disse: "Cruis Credo, minha Nossa Senhora Mãe dos Home." Persignou-se. Enquanto fazia o sinal-da-cruz, a criança assustada agarrou-se à mãe.

Da bodega ouviu-se a dona gritar para sua filha: "Maria, vá ligero cobri o espelho, num tá veno qui tá relampiando?" É a crença correntia de que a amálgama de aço que há atrás do vidro do espelho atrai o raio. Quando está chovendo, não se profere também o nome de raio para não atraí-lo.

Era um dia tropicalmente claro. Esperava-se um eclipse parcial do Sol. Na cidade, a reação não foi de susto nem de pavor, como acontecera há anos passados com um eclipse total da Lua, presenciado por um grande número de habitantes da região. Somente algumas pessoas, da classe econômica mais bem aquinhoada, que tiveram a oportunidade de ouvir pelo rádio a notícia de tal fenômeno, estavam com um vidro esfumaçado, olhando para o Sol. Nas pontas das ruas, nas lagoas, uma multidão de pessoas, de mulheres arcadas no trabalho do arroz, nada viram nem tomaram conhecimento do fenômeno.

Uma lavadeira, aproveitando os raios cálidos do Sol, cantava, recordando seus velhos tempos de menina, participando de um pastoril:

> Cavaquinho tocando,
> violão a chorá,
> pastoril e do amô
> é da pancada do ganzá.

O pesquisador interrompeu o canto da lavadeira, ofereceu-lhe o vidro fosco que tinha a fim de que ela observasse o fenômeno, agora na sua maior amplitude. Olhou, olhou, depois disse: "Minha mãe dizia que essas coisas, o tal cometa, anunciam guerra, peste e fome. Será que vem outra guerra ou será que vem outra enchente? O falecido meu pai dizia que uma noite a lua escureceu todinha, não demorô muitos dias veio a enchente da Januária, a maior que este rio já suportô. Cruis credo, Deus nos livre d'otra". Devolveu o vidro ao pesquisador e perguntou-lhe qual dos "escurecimentos" era pior, se da Lua ou do Sol, qual deles de verdade prenunciava desgraça.

Uma pessoa informou acerca do eclipse, do ano 1939: "Quando houve outra vez isso aqui, o pessoal que estava nas ilhas deixou o trabalho, todo mundo foi para casa. Não ficou ninguém na rua. Os pais foram buscar seus filhos na escola e diziam: se tivermos que morrer, morreremos todos juntos."

NOÇÃO DE TEMPO

A *noção de tempo* é adquirida através dos hábitos do emprego do dia. Há uma nítida divisão: noite e dia. A noite é para dormir, o dia é para trabalhar. Já o dia é dividido: *madrugada*, momentos que precedem o nascer do Sol; *manhãzinha*, pouco depois de o Sol ter nascido; *hora do almoço*, que é a do quebra-jejum; *hora da janta*, mais ou menos meio-dia; *hora da sesta*, que vai do meio-dia até 14 horas; 15 horas, *tarde*, que vai até o pôr-do-sol: lusco-fusco, ou Ave-Maria, *noitinha*, pouco após o crepúsculo; *noite*, alta noite; *madrugadão*, depois que o galo cantou e começa amiudar o canto.

Algumas crianças aprendem a conhecer as horas no relógio de sol: um prego numa tábua é o relógio de roça do trabalhador rural dessa comunidade alagoana (ver Ilustração XV, n.º 2).

As estações são bem marcadas: *inverno* e *verão*. Inverno curto, adstrito à época das chuvas, junho e julho, raramente agosto, e depois dez meses de verão, embora seja temperado de março a maio. Há também muitos que costumam dizer: "No tempo das chuvas de inverno (julho e meses próximos que o antecedem e sucedem) e no tempo das chuvas e trovoadas" (dezembro, meses que antecedem e sucedem). Outros se referem: "no tempo da enchente (janeiro e dezembro), no tempo do rio no caixão" (junho, julho), quando atinge o mais baixo nível.

O "beiradeiro", morador da beira do rio, ripícola do São Francisco, regula muito a sua vida conforme as estações propícias para início de trabalho na lavoura, de pesca, de caça, através de fenômenos que estão relacionados com o rio: enchentes e vazantes. Tais conhecimentos vão sendo transmitidos de pais a filhos. Pelo grande uso que os pescadores fazem das estrelas para orientação, para dar-lhes as horas à noite, desde cedo as crianças ficam conhecendo as constelações e algumas estrelas em particular: Setestrelas, Três Reis Magos, Três Marias, Barca de Noé, Compasso, Cruzeiro de Santiago, Cruzeiro do Sul, Signo Salomão, Estrela-d'Alva, Estrela da Meia-Noite e a inconfundível Papa-Ceia.

É crença geral, transmitida às crianças (estas aprendem a pedir bênção à madrinha Lua), a influência da Lua na vida das pessoas, das plantas, dos animais, do próprio rio que sobe muito por ocasião das marés de lua. A Lua, conforme sua fase, é que determina a época de plantio, de colheita. O mesmo se dá com a pesca. Numa fase abunda um tipo de peixe; noutra, outros. O camarão e o caranguejo também são apanhados e são mais apetitosos em certa fase lunar.

A observação cotidiana dos fenômenos naturais leva a população infantil a integrar-se mais no mundo dos adultos. Os poucos moradores das ilhas vivem em maior sobressalto por ocasião das enchentes. Um menino de 10 anos mais ou menos apontou-nos as raízes de algumas árvores, dizendo: "Aquilo foi arrancado por ocasião da cheia do ano em que nasci. Meu pai disse que as enchentes grandes daqui são de 11 em 11 anos, quer dizer que logo vai haver outra." Não as relacionam com as manchas solares.

Ao chegarmos na ilha, indagamos a respeito das enchentes e a época, estação em que elas se davam; o pai do nosso companheiro de canoa foi buscar um "livrinho" da literatura de cordel e nos fez ler para ele os versos do poeta popular da "Terra dos Passarinhos", Amaro Quaresma, do qual transcrevemos a cena que se passou de forma idêntica naquela ilha:

> As águas levando as casas
> com toda mercadoria
> os donos logo saindo
> sem saber pra onde ia
> vi muitos com objetos
> que sobre as águas descia.

A observação constante das fases da Lua, para efeito das plantações e pescarias, dá-lhes uma cronometragem do tempo mais precisa do que aquela que se encontra entre os moradores da cidade, que pouco uso dela fazem. Assim é que, perguntando-se para um menino do grupo escolar, raro é aquele que afirma com certeza qual a fase da Lua em que estamos no momento da pergunta, ao passo que as perguntas que constantemente fazíamos aos meninos das lagoas de arroz, dos "beiradeiros", eram respondidas com precisão. Qual é a lua hoje, perguntamos ao Zezinho que estava pescando no córrego das Laranjeiras. A resposta não se fez esperar: "O senhor não vê que hoje é maré de lua?" Outro menino indagado noutro dia respondeu: "O senhor não viu que ontem foi lua nova?"

Há, por outro lado, fenômenos completamente ignorados. Visitando uma escola, na cidade, um aluno perguntou-nos o que era geada. Disse-nos que seu parente tinha se arrependido de ter-se mudado para São Paulo por causa da geada. "Existe mesmo essa tal geada?", insistiu o aluno.

MEDICINA RÚSTICA

Em todo o Brasil é comum o homem do povo buscar remédio para suas doenças, males e mazelas nos benzimentos, rezas, chazinhos, mezinhas, garrafadas, invocação de divindades, gestos e uma infinidade de práticas.

O estudo dessas práticas levou-nos a coletar dados em vários estados brasileiros, destacadamente Ceará, Alagoas e São Paulo. Nesta vastidão territorial, às vezes, uma determinada erva tem as mais variadas funções; uma planta, outras vezes, serve para um só mal, como por exemplo as folhas da laranjeira.

As observações sobre a medicina rústica paulista[2] se restringiram mais às práticas da *medicina caipira* (chazinhos, mezinhas, garrafadas, cataplasmas e emplastros, tópicos, banhos, purgantes, suadouros, vomitórios, defumação, excretoterapia etc.), *medicina preventiva* (amuletos, talismãs, patuás) e *benzeduras* para curar ou prevenir males aos homens, animais e plantas.

Na comunidade alagoana de Piaçabuçu onde tivemos oportunidade de estudar a *medicina rústica nordestina*[3] verificamos que ela reflete a vivência de um considerável grupo humano, pois as mesmas práticas são comuns tanto na região da jangada, do vaqueiro, açucareira, como na amazônica.

Para o estudo desta medicina, recolta feita no vale do São Francisco, pensamos em usar o título "Medicina popular", mas o *popular* dá a impressão de que é a medicina científica que decaiu, que se tornou plebéia. E o fenômeno assinalado é diferente; não há apenas a degenerescência de práticas científi-

---

2 Alceu Maynard Araújo, "Alguns ritos mágicos", *Separata da Revista do Arquivo CLXI*, Departamento de Cultura da Prefeitura Municipal de São Paulo, 1958.
3 Alceu Maynard Araújo, *Medicina rústica*, n° 300 da Brasiliana, Nacional, 1961; Prêmio "Arnaldo Vieira de Carvalho" de 1958; Prêmio "Brasiliana" de 1959; Prêmio Internacional "Giuseppe Pitrè", Itália, de 1961. Medalhas Pirajá da Silva (1961), Gaspar Viana (1962), Nina Rodrigues (1963) e Oscar Freire (1964), conferidas pela Sociedade Paulista de História da Medicina.

cas do passado, da ciência medieval; há certamente evolução ou não delas, como há também interação, há atuação de um grupo sobre outro, enfim, vários fenômenos sociológicos sucederam através dos tempos no hábitat brasileiro, houve contribuição de europeus, negros e índios.

O vocábulo escolhido é *rústico* – *Medicina rústica*. Traz aquele sabor latino de *rusticus*: relativo ou próprio do campo. *Medicina rústica*, no seu sentido lato, sem restrições de cor ou miscigenação, não serão portanto apenas as práticas de um grupo de filhos de índios, como se poderá pensar quando no Norte brasileiro se usa o vocábulo caboclo. Repudiamos também os vocábulos *matuto*, *caipira*, por envolverem juízo de valor. Isento de preconceitos será o termo adjetivante *rústico*, significando relativo ao meio rural, próprio de um país eminentemente rural, como é o nosso Brasil.

A medicina rústica é o resultado de uma série de aculturações da medicina popular de Portugal, indígena e negra. Necessário se faz um conhecimento das influências que ela padeceu: os antecedentes pré-ibéricos, lusos, ameríndios[4] e africanos. Não se deve olvidar os antecedentes que a medicina popular negra recebeu, quando em contato com a África branca – os mouros. E, sem dúvida, o novo ambiente, os novos contatos culturais, proporcionaram não só ao branco, mas também ao negro, o transplantar, bem como ter novas experiências com os elementos que o ameríndio e o novo hábitat lhes ofereceram. O pajé ameríndio, o feiticeiro negro, o bruxo europeu certamente tiveram suas técnicas de lidar com o sobrenatural, num dado momento em contato. Após tais relações, a interpenetração de técnicas, hoje seria difícil distinguir qual é puramente indígena, negra ou branca. Restam de concreto para nossas análises o curandeiro, o raizeiro, o curador de cobras, a "benzinheira", que poderão dar algo que nos indique, em parte, a origem étnica de sua técnica empregada. Vasta seria a bibliografia a ser compulsada para comprovar o que acima afirmamos; seria buscar Lery, Thevet, relatando a cura através de chupar a parte da ferida ou chaga. Ainda hoje, em Piaçabuçu, quando "a cobra ofende o paciente, a primeira coisa que se deve fazer é mascar fumo ou lavar a boca com gás (querosene) ou cachaça e chupar o lugar, procurando tirar o veneno". É Stradelli ou Herbert Baldus que apontam o uso do sopro do pajé sobre a parte ferida. Hoje o benzedor Luís Brinquinho assopra a cabeça da criança para sair o "ar de vento" ou "ar de sol". Farto manan-

---

4 Jayme de Sá Meneses, *Medicina indígena*, Salvador, Livraria Progresso Editora, 1957, p. 44. O autor afirma: "De tal maneira astutos, os indígenas, guiados pelos instintos, foram, tanto quanto puderam, valendo-se dos recursos que a natureza lhes oferecia ao manejo empírico da medicina – que se tripartia em *animista*, *naturista* e *mágica*."

Procissão de roça. Observe o lenço na cabeça e o chapéu na mão.

O capelão-caipira conduz a procissão de capela à capela de roça. À direita: Na procissão as mulheres cantam muito mais do que os homens.

Doutor de raízes em sua banca numa feira nordestina.

O jegue é onipresente na paisagem nordestina.

cial é encontrado em Gabriel Soares de Sousa sobre a fumigação, presente no toré. Nós, na qualidade de observador participante, fomos várias vezes defumados pelo presidente do toré. Apontar a influência portuguesa seria reproduzir dados desde José Leite de Vasconcelos até Jaime Lopes Dias, desde Teófilo Braga até A. Jorge Dias, eminente cientista a serviço do folclore português.

Os primitivos, os povos da Antiguidade[5] e mesmo muitos contemporâneos nossos acreditam que a doença e a morte são conseqüências de determinadas forças místicas, mágicas, punição de deuses, corpos estranhos introduzidos no organismo humano trazendo sua destruição total (morte) ou causando distúrbios (doenças) e prejuízos.

Às várias maneiras de se obter a cura na região do baixo São Francisco denominamos *medicina rústica*. Vasta é a seara dessa medicina. Tentaremos, portanto, uma classificação para o estudo da *medicina rústica* em *medicina mágica, medicina religiosa* e *medicina empírica*.

Para cada tipo de doença há um determinado remédio, enfim, a causa do mal está sempre no sobrenatural, daí haver uma certa unidade entre os três tipos de *medicina rústica*. A nossa divisão é mais para finalidade didática, não é estanque, suas linhas divisórias não são intransponíveis: ora um remédio pode situar-se na medicina religiosa, outras vezes na mágica, bem como na empírica. As doenças e suas causas nos induzem a saber melhor qual o tipo de medicina em que as classificamos. Assim, a cura de uma doença provocada pela quebra de um tabu (medicina religiosa) terá que se processar através de um ritual. Não importa que entre nesse ritual, por exemplo, o uso de um vomitório ou chazinho (medicina empírica). Não havendo, portanto, uma linha demarcatória rígida, foi mais pela etiologia e pela terapêutica que nos valemos para classificar os dados da medicina folclórica alagoana do vale do rio São Francisco.

Embora para todas as nossas três divisões de *medicina rústica* a causa do mal esteja no sobrenatural, não nos foi possível precisar qual delas é a mais antiga, e a ordem adotada (medicina mágica, religiosa e empírica) não significa, portanto, posição de precedência. O que nos interessou sobremodo foi distinguir as causas das doenças, a sua etiologia. Entre os praticantes do toré (religião indígena), ela é *mágica*; já entre os do candomblé (religião afro-bra-

---

5 A. de Almeida Prado, *As doenças através dos séculos*, São Paulo, São Paulo Médico Editora, 1944, p. 119: "Diante da morte, como da doença, a humanidade manifestou em todos os tempos a mesma perplexidade dolorosa, e o problema do além a empolga sempre, tanto quanto o da doença e do sofrimento. É que na realidade eles se tocam, pelo menos nos aspectos acessíveis aos nossos sentidos e à nossa imaginação... a medicina apareceu como o instinto de conservação oposto à aniquilação individual."

sileira), é de ordem *religiosa*. O atual toré alagoano descende de cerimônias religiosas indígenas, guardando ainda alguns vestígios, como sejam a preparação da jurema, da "couina" e o "dar de comer ao maracá", defumar. Na fase presente, no toré, quando os "caboclos ou encantados baixam para enramar", trazem conselhos, curam, dão notícias de pessoas distantes ou desaparecidas. Pode-se perceber perfeitamente que o toré se tornou prática religiosa dos membros das classes destituídas do baixo São Francisco e, ao mesmo, tempo *medicina mágica* dos desassistidos. No candomblé a *medicina é mística, é sacerdotal*, sua terapêutica não é mágica e sim *religiosa*. Em Piaçabuçu não tivemos oportunidade de ver os rituais de lavagem de contas ou limpeza de corpo, porém presenciamos o ritual de Xapanã, deus da mitologia iorubana, portador da varíola, recebido no terreiro com tições de fogo e brasas vivas, curando ou evitando o ataque de bexigas aos fiéis que na "brincadeira de candomblé" prestam-lhe culto, cantando seu "linho" e dançando, para recebê-lo.

Definição

Consideramos *medicina rústica* o conjunto de técnicas, de fórmulas, de remédios, de práticas, de gestos que o morador da região estudada lança mão para o restabelecimento de sua saúde ou prevenção de doenças.

No quadro adiante damos um esquema da *medicina rústica*, suas divisões, seus remédios ou técnicas empregados e os oficiais ou agentes da cura.

"Consultórios"

Os "consultórios" dos oficiais da medicina rústica citados situam-se nas casas da cidade e da roça e nas feiras. Nestas há permanentemente os raizeiros que ali comparecem hebdomadariamente. Estendem sobre esteiras a banca de raízes e, sentados num caixão de querosene, atendem à clientela.

Diagnóstico – O "doutor de raízes" faz seus diagnósticos com perguntas a respeito dos "fundos sujos" ou "traseiros carregados" (diarréia), "traseiro empitado" (prisão de ventre), língua suja, a cor da urina, "barriga empedrada", bucho fofo, malemolência das pernas, "bom de boca" ou "mau de boca" (apetente ou inapetente). Conforme a informação é indicado o remédio.

Verificamos que o "doutor de raízes" não cobra as consultas, certamente porque vende o remédio receitado. Alguns poucos clientes dão "agrados", isto é, pequenos presentes. Ele vive é da venda de sua raizama e "aperparos". Não

Medicina Rústica

Medicina mágica

	TÉCNICAS OU REMÉDIOS EMPREGADOS	OFICIAIS
BENZEDURA	Reza, gesto, oração	Curador Curador de cobras Rezador Benzedor "Benzinheira"
SIMPATIA	Práticas, gesto, palavra Transferência Açoterapia Susto	Comadre "Assistente" "Os mais velhos" Pais
PROFILAXIA MÁGICA	Relique, patuá, bentinho, amuleto, santinho, talismã	
TORÉ	Adivinhação mágica, procura do nome da moléstia Defumação Uso de ervas	Presidente do toré
CATOLICISMO BRASILEIRO OU DE *FOLK*	Promessa, romaria, novena, confissão	Santos e divindades, padre, beato e milagreiro

Medicina religiosa

	TÉCNICAS OU REMÉDIOS EMPREGADOS	OFICIAIS
CANDOMBLÉ	Adivinhação simbólica, procura da divindade ofendida para homenageá-la	Pai ou mãe-de-santo
	Terapêutica ritual	Xapanã

Medicina empírica

	TÉCNICAS OU REMÉDIOS EMPREGADOS	OFICIAIS
FITOTERAPIA	Chazinho Mezinha Lambedouro Garrafada Cataplasma Tópico – ungüento Purgante Vomitório Suadouro	Doutor de raízes – Comadre "Entendidos" "Os mais velhos"

	TÉCNICAS OU REMÉDIOS EMPREGADOS	OFICIAIS
EXCRETOTERAPIA	Fezes, saliva, leite, cera do ouvido	Doutor de raízes
DIETA	Comidas especiais, alimentos proibidos, quentes ou frios, "carregados"	Comadre "Entendidos" "Os mais velhos"
BALNEOTERAPIA	Banho externo e interno, "ajuda"	
SANGRIA	Bichas	Barbeiro
PIRÓTICA	Brasas	O interessado

PINGATERAPIA – panacéia folclórica. Suas técnicas: curtimento
                                                          mistura
                                                          massagem
                                                          inalação

encontramos a "crença de que o remédio que se paga é mais eficaz do que o gratuito", como assinala Cadogan, no Paraguai[6].

Na feira, de quando em vez, aparece o curador de cobras. O curador, quando convidado, percorre a zona rural para "curar os pastos", isto é, mandar que as cobras dali se retirem, recebendo pagamento pelos seus trabalhos por parte dos interessados, geralmente fazendeiros proprietários de criatórios de gado. Quem se incumbe de combinar com o curador de cobras é o vaqueiro, que o hospeda e o acompanha no "servicinho de limpar o pasto" das cobras.

O curandeiro e o benzedor, principalmente aquele, ao diagnosticar, realiza em parte a psicanálise: "escarafuncha a gente de pergunta, até os sonhos ele procura conhecer e interpreta as coisas boas e más", afirmou Zezé, cuja maior doença eram os males de amor contrariado e não correspondido. Curandeiro não cura apenas mazelas do corpo, as da alma também. Os bons conselhos do curandeiro fizeram E. J. C. abandonar a prostituição e voltar para seu lar, foi o que a cozinheira Tonha informou. Psicoterapia foi o que este curandeiro fez.

Finalmente, o leitor interessado em um conhecimento mais amplo da medicina rústica do que estas ligeiras notas deste capítulo de Sabença, onde foi necessário sintetizar, poderá tê-lo na leitura do livro do autor, *Medicina rústica*.

---

6 Leon Cadogan, *Apuntes de medicina popular guaireña*, Assunção, Imprenta Nacional, 1957, p. 12.

AGRONOMIA POPULAR

Entre outros ramos da sabença popular, a geoponia é de grande interesse não só para o estudioso do folclore, porém principalmente para a sociologia rural. É de inenarrável importância mormente num país que deu seus primeiros vagidos ao som das moendas dos engenhos, que cantarolou acalantos nos aboios dos criatórios, balbuciou nos eitos do algodão, aprendeu os primeiros vícios fumando o tabaco que plantou e se tornou adulto estendendo as intermináveis rilhas dos cafezais, sesteando nos galpões, chimarreando ou tomando o chá preto que a mão do amarelo ensinou a plantar.

A agronomia popular é de grande interesse principalmente agora que as técnicas tradicionais de amanho, semeadura e colheita vêm sofrendo o impacto da maquinaria e cada dia se acentua o êxodo rural. Desde a escolha do terreno, a encosta ensolarada ou noruega, a "friage" (humidade), o "sombreado", o conhecimento do teor do terreno graças às plantas nativas que o revestem, os períodos de "pousio" que cada tipo de solo requer para maior produtividade, revelam um acervo de observações que vêm passando de geração a geração.

A escolha do terreno tem relação estreita com o que se vai plantar. O tipo de cova, o distanciamento, o número de sementes, a possibilidade de plantar duas plantas diferentes (milho e feijão, p. ex.) no mesmo terreno. Vale a pena observar até o tipo de instrumentos, de ferramentas usadas para os trabalhos agrícolas.

Há uma espera para o plantio. Em geral cada espécie de planta temporária tem, além do período certo, isto é, do ciclo agrícola, uma data que deve coincidir com o dia de guarda de um determinado santo do hagiológio católico romano. O ciclo agrícola se relaciona com o calendário religioso[7] tanto

---

7 Alceu Maynard Araújo, *Ciclo agrícola, calendário religioso e magias ligadas às plantações* (1º Prêmio Mário de Andrade, 1950), Gráfica da Prefeitura Municipal de São Paulo, 1957.

para o plantio como para colheita, principalmente para o primeiro. Obedecem às épocas certas das "limpas" das plantações e depois à colheita. Geralmente não gostam de "atrasar", daí, não raro, o mutirão que engalana de alegria as lidanças agrícolas.

Na agronomia popular está presente o direito consuetudinário que regula desde os tamanhos das tarefas de trabalho até pequenos detalhes de entendimento entre patrão e camarada, meeiros etc.

Várias magias estão relacionadas com as plantações, rezas e benzeduras para afastar mau-olhado e perigos que possam produzir a perda da safra. É vasta a seara folclórica da agronomia popular com as suas características regionais.

Algumas notas colhidas na comunidade paulista de Cunha são uma amostra pequena da geoponia do homem de enxada que ainda não adotou as máquinas, não conhece o adubo e se utiliza do fogo e da cinza como melhor meio de limpar o terreno, praticando, entretanto, magias.

"É bom agarrar-se com um santo, pois ele dá-nos boas colheitas." Em questão de mantimentos, deve-se agarrar com o Divino Espírito Santo e São José para a lavoura ir para frente. São Benedito gosta de que dêem criação. A promessa é feita assim: "Se minha plantação for adiante, minha porca parindo dou um leitão para o santo."

Na noite do dia anterior ao plantio, limpa ou colheita, reúnem-se para uma reza. Isso de fato não é uma magia. A forma, porém, de prometer, ou melhor, de propor um negócio com a entidade celestial é que assume uma fórmula mágica. "Se isto acontecer, lhe darei aquilo." Contaram-nos que havia uma vaca que todos os anos perdia sua cria. Então ofereceram a cria ao Divino, e desde aí não mais perdeu ela os terneiros que lhe nasceram. Todos os demais filhos da vaca nasceram e cresceram bonitos. Foi bom ter dado um ao Divino, porque os demais ficaram para o fazendeiro...

Oração de *benzimento de horta de couve*: "Eu vô benzê as horta de couve com as palavras da verdade do Senhor Amado Bom Jesus, assim como vóis é verdadeiro e não mente, assim tamém eu peço pra vóis, pra benzê esta horta desta criatura de vos para livrar de imundices na horta com as palavras da verdade que vós lanço da vossa sagrada boca para benzê esta criatura e esta criatura foi feliz com as palavra do benzimento assim tamém eu peço pra vós pra esta criatura desta horta sê feliz e a imundice desta horta não estrague, Bom Jesus Amado." A seguir, benzê fazendo o sinal-da-cruz: "home bom, muié ruim, estera rota, canto moiado". Repetir duas vezes, dizendo primeiro: "Meu bom Jesus, home bom, muié etc. ..." Reza-se também: "Favoreça meu Senhô Amado Bom Jesus, pela hostia consagrada e pela cruis que vóis mor-

reste (bis e bis) e me favoreça Senhô Amado Bom Jesus pela Virgi que vóis nasceu, pela hóstia consagrada e pela cruz que vos morreu (bis e bis)."
Depois de se benzer a horta, sempre fazendo o sinal-da-cruz, reza-se uma Salve-Rainha, que é oferecida em louvor do Senhor Amado Bom Jesus e da Virgem Mãe Santíssima, Virgem Soberana do céu.

"Prometem dar um cargueiro de milho para Nossa Senhora ou São Benedito, para que os santos guardem a roça."

SIMPATIAS PARA PROTEGER AS PLANTAS

"Por ocasião da festa de São João, a procissão com o mastro passa sobre a roça para abençoá-la."

"Quatro tocos de carvão da fogueira de São João fincados nos quatro cantos da roça protegem-na de mau-olhado e de pragas."

"A espiga de milho que foi dependurada no mastro de São João é ótima para debulhar e ter misturados os seus grãos com as demais sementes a serem plantadas."

"Ao plantar o milho, colocar as sementes numa casca de tatu."

"No dia em que se planta o milho não se pode falar em tatu porque, nesse caso, o milho será comido por ele."

"Não se deve queimar o sabugo do milho porque requeima a folha do pé de milho."

"Dizem que a primeira e a última espiga de uma roça têm número ímpar de carreiras de grãos. Todas as demais têm número par. Quem encontrar essa espiga com número ímpar, terá sorte a vida inteira."

"É pecado pisar na planta quando está crescendo. Mas depois de colhida, não faz mal, pois o feijão precisa ser pisado no terreiro."

"Não presta apontar a abóbora com o dedo, pois ela morre."

"Nas encruzilhadas dos caminhos são jogadas as cascas de amendoim para que os tatus e outras caças não prejudiquem o plantio e a colheita."

"O gavião é um dos apreciadores de amendoim. Quando a planta está boa para ser colhida, arranca-se uma touceira e coloca-se na cabeceira da lavoura. O gavião carrega-a e não volta mais... nem ele, nem seus companheiros."

"A má colheita pode ser atribuída ao mau-olhado. Por isso deve-se colocar na roça uma caveira de gado (bovino), espetada numa vara para afastá-lo."

"Para que a roça não apanhe mau-olhado, deve-se colocar uma caveira de boi, porque a de burro traz muito azar. É por isso que ao se referirem a qualquer negócio atrapalhado, dizem: aí tem caveira de burro. Outra expressão acerca de negócio mal-parado: aí tem dente-de-coelho."

"Rezar a 'Estrela do Céu' e oferecê-la para São Roque, São Sebastião e a Virgem Santíssima, para retirar os maus-olhados das plantas."

"Para espantar gafanhotos e coruquerê que come capim, três sextas-feiras seguidas, rezar a 'Estrela do Céu' nos três cantos de invernada, deixando sempre um livre, por onde eles possam sair."

"Para as plantas irem para frente colocar um tostão num canto da roça, para as almas."

"Para afastar inveja da roça, rezar o 'Crendospadre' e um Padre-Nosso nos três cantos da roça. Contra o lado da casa é o canto que não é rezado. Oferece-se o que se rezou ao santo da devoção para que ele livre e afaste a inveja."

"Madeira cortada na força da lua, plenilúnio, não caruncha. Outros trabalhos podem ser feitos noutras luas."

"Se o pinheiro plantado perto da casa ultrapassar a altura dela, traz azar. Deve-se plantá-lo longe."

"Parasita (orquídea) em casa traz azar."

"Plantando-se um pé de santa-bárbara, dificilmente um ladrão ou bandido entrará na casa para roubar ou fazer mal."

"Plantando-se um pé de guiné na casa, fica livre do azar e mau-olhado."

"Galhinho de arruda atrás da orelha livra de qualquer quebranto."

"Na noite de São João deve-se apanhar um ramo de árvore e esfregar nas verrugas para elas desaparecerem."

"Para que a aroeira não dê grosseiros e coceiras, deve-se dizer, passando perto dela, três vezes: bom dia, comadre."

Há plantas que têm grande função na medicina popular, doméstica. O alho por exemplo. "Chá de alho para curar bichas assustadas." "Chá de alho para desenfastiar criança." "Alho na pinga para curar resfriado." "Comer três dentes de alho como defesa de mau-olhado e inveja. Deve-se comer às sextas-feiras." "Queimar palha de alho e fazer defumação para quebrar quebranto de pessoas e de animais." "Quando uma pessoa estiver com muito azar, é fazer um colar de dentes de alho e colocá-lo no pescoço por algum tempo que terá sorte."

"Descascar uma laranja com o canivete ou faca. Girar a casca dizendo as letras do abecedário. Na letra em que se partir a casca, é a inicial do nome do futuro cônjuge."

Tomam cuidado especial quando rebentam o milho de pipoca, batendo com o colherão de pau na tampa da panela, dizendo: "rebenta pipoca, Maria sapiroca"... "Assim falam porque os grãos que ficam piruá são os que o saci estragou."

Se há magias ligadas à plantação, há também certos tabus:
"Laranja de manhã é ouro, de tarde é prata, de noite é chumbo."
"Laranja de manhã é ouro, de tarde é prata, de noite mata."
"Banana com manga é veneno, não se deve misturar."
"Não se deve comer banana (ou outra fruta) inconho. Quem assim fizer arrisca-se, casando-se, a ter filhos gêmeos."

ZOOTECNIA POPULAR

A herança portuguesa de lidar com os animais domésticos, com o gado bovino, cavalar, muar, ovino, suíno etc., deu ao rurícola brasileiro uma técnica de subsistência que assinalou no passado um ciclo econômico no Brasil: o pastoril, cujo esplendor foi cognominado por Capistrano de Abreu "civilização do couro".

O gado bovino que nos dá carne, leite e outros elementos indispensáveis para o nosso conforto, além de sua existência nas regiões do campeiro, do boiadeiro e do vaqueiro, é encontrado em escala menor noutras regiões.

O jegue está a merecer um estudo acurado porque ele é sem dúvida o animal de real importância nas regiões secas do Nordeste.

O cavalo nos pampas é o pégaso do progresso cuja presença econômica e histórica está ligada ao gaúcho – rei do campeirismo, cujo trono é a coxilha.

O burro está presente em todo o território nacional, para tiro e carga.

Em Piaçabuçu (AL), acreditam que a cor de um animal possa significar força, resistência, indomabilidade etc. As cores dos cavalos são: *castanho* (com as seguintes tonalidades: amarelo, escuro e vermelho); *rodado* (branco com pintas); *russo* (branco sem pintas); *alazão* (com as seguintes variantes: amarelado ou tostado); *rosilho* (avermelhado com alguns pêlos brancos pelo meio); *pampo* (malhas brancas e vermelhas); *melado caxita* (cor de café-com-leite); *alvo cambraia* (todo branco) e *preto*.

"Cavalo forte é o castanho-escuro das canas (pernas) pretas." "Cavalo preto é ligeiro e esperto." "Cavalo alazão é bom corredor, porém pouco resistente." "Cavalo russo de couro branco é fraquíssimo." "Cavalo gázio de olhos esbranquiçados é louco, rompe tudo, não respeita nada." "Cavalo gato com quatro sinais brancos é muito ligeiro, por exemplo, três pés brancos e uma estrela na testa, são ligeiríssimos." Os preços dos cavalos estão também relacionados com a altura. Um cavalo de seis palmos de altura, chegado a sete, custava Cr$ 2.000,00, em 1952. Observam muito é o tipo de andar do animal vaqueano. Dois são os tipos de passos: puxada a baixo e puxada a meio. Cavalo chotão é o que não tem habilidade, é bruto, anda a galope ou trote duro, é tão ruim que o melhor é andar a pé do que cavalgá-lo. O cavalo baixeiro é de passada baixa, que não maltrata o cavaleiro. Cavalo esquipador é o que tem puxada forte, certa, ritmada, anda muito depressa, tem "esquipança". Depois da esquipança é o galope. O cavalo bom tem três passadas distintas: puxada baixa ou baixeiro, puxada do meio e esquipança.

Os burros são das seguintes cores: castanho, preto, pêlo de rato e branco.

Com referência ao gado, no capítulo que tratamos da vaquejada, descrevemos a *partilha*, essa instituição criada pelo dono da terra, pelo fazendeiro, uma forma de escravização do vaqueiro – tão amante da liberdade que o convívio com os campos abertos lhe inspira, mas preso ao compromisso da palavra empenhada e à partilha, forma tradicional de sujeição e exploração tacitamente aceita.

Ao marcar o gado, há sinais convencionais feitos por exemplo nas orelhas das vacas e garrotes – as *divisas das eras*, como as chamam na região do boiadeiro, ou a *marca da ribeira*, da região do vaqueiro.

Em todo o Brasil é comum a prática de magias para a cura de animais. Em São Luís do Paraitinga (SP)[8], recolhemos estas *simpatias* para cura de animais:

"Para curar dor de barriga de animal, fazer uma cruz, ligando os quatro rastros do animal doente."

"Para curar dor de barriga de animal, amarrar uma palha de milho no rabo. Ficará logo são. Não presta dar nó no rabo dos cavalos, pois lhes trará dor de barriga. Cura-se, às vezes, só desamarrando o nó."

"Quando o animal está com dor de barriga, toma-se uma garrafa de café amargo, coloca-se alcânfora e faz o animal tomar. Depois, fazer que ele corra até esquentar o corpo e suar. Depois amarra-se uma palhinha de milho no rabo do animal para completar o tratamento. Ele logo começará a pastar e defecar normalmente."

"Para curar dor de barriga de cachorro, fazer um colar de sabugo de milho."

"Para curar tosse de cachorro, fazer um colar de sabugo de milho."

---

8 Alceu Maynard Araújo, *Alguns ritos mágicos* (Prêmio Mário de Andrade, 1951), Gráfica da Prefeitura Municipal de São Paulo, 1958.

"Para que o cachorro não seja fujão, tirar o seu tamanho com um barbante e pendurá-lo no fumeiro. O barbante só deve ser enrolado, não se deve dar-lhe nó."

"Para curar nambiuvu de cachorro, passar azeite quente na orelha dele, durante nove dias seguidos."

"Para que os cachorros sejam bons guardas e não enlouqueçam, é bom, no dia 16 de agosto, dia de São Roque, oferecer um almoço para eles. Faz-se a comida, como se fizesse para a família, e oferece-se para os cachorros."

"Para curar cachorro paqueiro, para curar 'curso de sangue' ou qualquer outra doença, procura-se barranco de terra vermelha no lugar onde bate o sol e tiram-se três punhados, cozinha-se e dá para o cachorro beber. Sarará em poucos dias."

"Para curar bicheira de animais é fazê-los passar por um lugar mais ou menos úmido. No sinal deixado pelos pés, rastros, enfiar pregos. Quando os pregos estiverem enferrujados, os bichos cairão por si."

"Para curar bicheira, chama-se o animal pelo nome e diz-se no seu ouvido: 'falaram que vós tem sete bicho. Já olhei e vós tem só seis. Falaram que vós tem seis bicho. Já olhei e vós tem só cinco'. Até chegar à conclusão de que não tem nenhum. Reza-se depois desta simpatia um Padre-Nosso e uma Ave-Maria. Não olhar mais o animal depois da simpatia. Cairão todos os bichos."

"Esta simpatia não pode ser feita em dias que não sejam de trabalho. Toma-se um terrão que não deve ser colhido dos terrenos da propriedade da pessoa, dizendo as seguintes palavras: 'essas bichera, essas imundície que vá acima e avante, assim como vai o serviço de domingo e dia santo e festa de guarda, aqueles que trabalham por um abuso'. Repetir três vezes, quando finalizar a terceira, soltar o torrão no rastro esquerdo da criação. Virar as costas, sair sem olhar para trás."

"Para curar bicheira, pegar três pedras de cristal da rocha, deixar cair um pingo do sangue da bicheira em cima. Virar as três pedras para baixo e dizer três vezes: 'esta bicheira há de i adiante, como serviço de domingo e dia santo'."

"Para curar berne de animal, desde a benzedura, simpatia de dar nove bagos de chumbo para comer, colocar sarro de pito no local ou fumo mascado até ao remédio atualmente muito em uso que é a creolina."

"Quando começam a morrer as galinhas, finca-se um bambu bem alto na beira do terreiro da casa com uma garrafa na ponta e põe-se nos três cantos da casa um papelzinho no qual se escreve nove vezes o nome de Ave-Maria."

"Para curar verrugas de animal, amarrar um sedenho do rabo em torno, que ela cairá por si."

"Para criação de galinhas ir para frente, dar um frango para São Roque."

"Para curar pigarra de galinha, tira-se uma pena e atravessa com ela a pele do pescoço da ave."

"Para a criação de galinha ir para frente, na véspera de Natal, vender uma delas e dar o dinheiro para o Deus-Menino. Elas não pestearão."

"O boi deve ser carneado (morto) pela manhã, se o for ao anoitecer, trará azar para quem o matou (carneou)."

"Quem tira do boi a 'camisa', o couro, sem camisa fica (pobre)."

"Quando se está tirando leite de uma vaca, e este cai no chão, pode 'empedrar' a úbere da vaca. É preciso lavá-la com água quente, passando a mão entre as tetas formando cruz."

Marcas para gado

Ferro para marcar

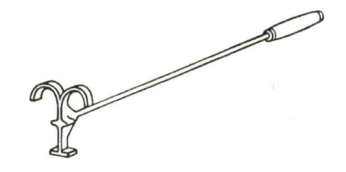

Ferro de marcar
(pirogravar no couro)

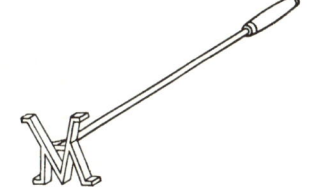

Ferro de marcar
(pirogravar no couro)

Marcas de era

Bico, bico de candeia
ou ponta de estrela

Pique embaixo ou mossa
por baixo da orelha

Pique em cima ou mossa
por cima da orelha

CAPÍTULO III
Linguagem

A LITERATURA ORAL
EM DUAS COMUNIDADES BRASILEIRAS

Ao iniciarmos, em 1942, os nossos estudos do populário, tínhamos em mente conhecer apenas as danças e bailados tradicionais para incluí-los nos programas de educação física e recreação, como fatores propulsores de um despertar de interesse pelo que é nosso, nacionalizador da nossa juventude. Entretanto a anotação do que os participantes cantavam ou falavam, o registro dos informes, nos apontava outro aspecto digno de ser estudado; despertou um interesse novo. Chegamos mesmo a planejar uma pesquisa (executada em parte), começando por mapas das regiões onde tivéssemos oportunidade de estudar, os quais uma vez juntados, viriam a dar um *Atlas lingüístico*.

Procuramos as cidades tradicionais, os povoados antigos cuja população não fosse além de um milhar, lugares isolados não bafejados pela industrialização e onde os contatos não fossem muito intensos, comunidades onde dominassem as técnicas de subsistência ligadas ao pastoreio ou à agricultura.

Os informantes foram também escolhidos e qualificados: aqueles cuja idade mediasse entre 30 e 60 anos, que não tivessem feito o serviço militar, quando homens, que, portanto, não tivessem saído da comunidade, e fossem casados com gente do lugar, preferindo os de boa dentição para a perfeita fonação. Os primeiros contatos com o informante revelaram o grau de inteligência, fator que também levamos em conta.

Com as primeiras experiências, verificamos que as mulheres têm vocabulário diferente, mais rico, daí incluí-las também como informantes preciosas.

Recolhemos algum material e posteriormente o gravador de pilha facilitou nossa missão. Quanto à pronúncia, procuramos utilizar certos vocábulos-chaves, comuns em todo o Brasil: *carne*, p. ex., no qual a primeira sílaba é pronunciada diferentemente no Amazonas, em Pernambuco, no Rio de Janeiro, em São Paulo ou no Rio Grande do Sul. Outra experiência foi feita com as rezas do Pai-Nosso e da Ave-Maria.

O *Atlas lingüístico* ficou apenas no projeto porque os *mapas*, alguns foram apenas debuxados. Entretanto, nem tudo se perdeu porque, ao apresentarmos parte do material colhido em duas comunidades brasileiras, Cunha (SP) e Piaçabuçu (AL), estamos aproveitando-o. Baseamo-nos nele para tecer estas considerações sobre a literatura oral no Brasil, enfocando duas comunidades distintas e distantes, embora pouco maiores do que desejávamos, mas cujo isolamento cultural permitiu que as elegêssemos.

Nessa tentativa de estudo comparativo com o material recolhido nas duas comunidades geograficamente distantes, vislumbramos um elemento de unidade que bem pode ser um dos amalgamadores de nossa nacionalidade, elemento esse, quem sabe, um dos responsáveis pela não fragmentação da unidade nacional, entrando na sua urdidura – a *literatura oral*. Há vários pontos de contato entre as duas comunidades: nelas ainda vivem aqueles que dependem das atividades orais para sua própria manutenção e a da família. Na paulista, é o *mestre da folia* do Divino Espírito Santo; na alagoana, é o *poeta* – o cantador e trovador nordestino. Numa e noutra comunidade poderemos apontar arcaísmos que para o pesquisador desavisado poderão parecer regionalismos.

Ouvimos, certa vez, o vocábulo *falquejar* em Cunha e, mais tarde, em Piaçabuçu. É um arcaísmo e não um regionalismo. E os outros vocábulos recolhidos? Seriam arcaísmos?

Nossa pesquisa no campo da lingüística foi dirigida também nesse sentido: busca de regionalismos, de arcaísmos; mas, com tal acervo de observações e de material utilizado, tentamos apresentar um pequeno estudo sobre *literatura oral*. Esta tem chamado a atenção dos estudiosos em todas as partes do mundo: é Giuseppe Pitrè, Paul Sébillot, Teófilo Braga, Jaime Lopes Dias, Jijena Sanchez, Stith Thompson, Amadeu Amaral, Sílvio Romero, Câmara Cascudo, Florival Seraine, enfim, uma plêiade de folcloristas já esmiuçou o assunto.

No Brasil, sobre os fatos a cujo respeito vamos tecer algumas considerações, apontamos, entre as muitas obras, a clássica de Luís da Câmara Cascudo[1], que nos serviu de meta para a classificação do material recolhido em duas fontes distintas da literatura oral. Na página 389 de sua obra, lemos o seguinte: "Todas as cidades, vilas e povoações possuem, em vibrante intensidade ininterrupta, uma literatura oral expressa na poesia social, nas fórmulas

---

1 Luís da Câmara Cascudo, *História da literatura brasileira* (Literatura oral – v. VI), Rio de Janeiro, José Olympio, 1952.

Curador de cobras. Nas feiras nordestinas aparecem os benzedores como este, Zé das Cobras.

A caveira é para afastar das roças, das plantações, o mau-olhado.

Curador de cobras. Óleo de José Gomes, de Penedo (AL). Iconoteca do autor.

infantis, nas histórias, nos adágios, no anedotário, na representação dos autos dramáticos, nas cantigas anônimas, nas velhas modinhas, na musicalidade diferencial dos timbres com que o idioma é modulado no território nacional".

É o mesmo escritor potiguar que, na página 19, referindo-se a essa "constante" folclórica que é a literatura oral cuja "característica é a persistência pela oralidade", aponta "duas fontes contínuas que mantêm viva a corrente. Uma exclusivamente oral, resume-se na estória, no canto popular e tradicional, nas danças cantadas, danças de divertimento coletivo, ronda e jogos infantis, cantigas de embalar (acalantos), nas estrofes das velhas xácaras e romances portugueses com solfas, nas músicas anônimas, nos aboios, anedotas, adivinhações, lendas etc. A outra fonte é a reimpressão dos antigos livrinhos, vindos de Espanha ou de Portugal e que são convergências de motivos literários dos séculos XIII, XIV, XV, XVI..."

Adotada a classificação de Câmara Cascudo – *duas fontes contínuas que mantêm viva a literatura oral* –, foi-nos fácil elaborar o material que possuímos das duas comunidades sob o aspecto comparativo. Esclarecemos que a comunidade paulista foi estudada periodicamente de fins de 1944 a 1950, onde permanecíamos, por ocasião das férias escolares, ora trinta dias, ora cinqüenta, ora duas semanas. Na comunidade alagoana, cerca de duas léguas da foz do rio São Francisco, o pesquisador participante residiu ininterruptamente o segundo semestre de 1952 e um mês (julho) em 1953.

Nas duas comunidades apontadas, a primeira das fontes é encontrada em igual proporção, ao passo que a segunda é abundante na alagoana e inexistente na paulista, onde não há aquele tipo de literatura de cordel, embora se constate a presença de orações escritas, quer em cópias tipográficas ou manuscritas, cuja finalidade é para ser proferida em voz alta ou sussurrante nas ocasiões oportunas, conforme assinalamos nessa comunidade e sobejamente em *Alguns ritos mágicos*[2].

As várias formas da literatura oral encontradas nas duas comunidades, além da função de preenchimento das horas de lazer e assumindo, portanto, certa forma lúdica ou catártica, como por exemplo o contar histórias ou as adivinhas, têm outras, como sejam a de ensinar as mnemonias, preparar a eulalia, exercitando a boa pronúncia com os trava-línguas, dar orientação moral ou dar ensino através da sabedoria popular exarada nos provérbios; além dessas há também a de estabelecer a comunicabilidade entre gerações,

---

2 Alceu Maynard Araújo, *Alguns ritos mágicos* – II Prêmio no IV Concurso de Monografias sobre o Folclore Nacional, instituído em 1951 pela Discoteca Pública Municipal do Departamento de Cultura da Prefeitura Municipal de São Paulo.

como é o caso dos acalantos. Essa comunicabilidade é ainda muito maior com outras formas da *literatura oral*, p. ex., a estória que, quando moços, os homens se negam a executá-la, bastando, porém, somarem-se os anos, e aparecerem os filhos, para que eles lá estejam servindo de elo à tradição, como mantenedores desse acervo que transmitirá aos pósteros. Quem sabe quando moços zombaram da velha que contava estória com o corpo todo, isto é, gesticulando, vivendo a narração; hoje eles é que cacarejam, dão grunhidos ou têm entonações melífluas de voz quando se referem à princesa ou à fada do conto, ou articulam palavras com rispidez ou voz cavernosa e soturna quando vivem o papel da bruxa ou do homem perverso da estória.

A literatura oral exerce também uma função integradora na cultura religiosa, as adivinhas de cunho religioso são uma espécie de catecismo laico que exercita quem as decifra nas coisas da religião. Aliás, essa é a técnica empregada pela Igreja católica romana ou cristã evangélica para dar instrução elementar religiosa através de perguntas e respostas, como já faziam os gregos com o *katekhismos*. É a catequese leiga, profícua porque é espontânea e muitas vezes lúdica, não formal. Nesta forma de ensino religioso pela literatura oral, podemos acrescentar os ABC adquiridos nos santuários das romarias, impressos em uma só lauda de papel, contendo versos ou quadrinhas cujos autores são logo esquecidos, sendo, porém, suas narrativas sobre os santos e seus milagres decoradas e repetidas oralmente – é o *flos sanctuorum* dos caipiras paulistas, elemento que nos faz lembrar, em parte, a literatura de cordel nordestina.

Numa e outra comunidade a literatura oral freqüenta as horas de lazer dos moradores. É "gente pobre", dizia a velha Zelinda em Piaçabuçu, "de seu, tem a noite, porque o dia é para trabalhar para o patrão... e o dia termina com as Ave-Maria (pôr-do-sol) e é na boca da noite que o pobre tem boca para contar as estórias de Trancoso".

As semelhanças e diferenças nas duas comunidades iremos apontá-las quando estudarmos cada uma das manifestações separadamente.

As adivinhas em Piaçabuçu

A adivinha é uma forma lúdica na qual a enunciação da idéia, fato, objeto ou ser vem envolta numa alegoria, a fim de dificultar sua descoberta: ora é a linguagem metafórica, ora é a comparação que induz à decifração do enigma oral proposto. Não raro as adivinhas se apresentam em forma metrificada (quadrinhas, rimas toantes ou consoantes), o que facilita a decoração e mesmo a sua transmissão; daí esse caráter de literatura oral que desempenha função de inconteste valor nas zonas onde há exigüidade de escolas, exercendo, portanto, papel didático dos melhores para o ensino da infância, confirmando o grande agrado que por ela as crianças têm. A adivinha se conserva como usança muito mais praticada no meio rural do que no urbano e nos centros industrializados.

Uma das recreações sadias que preenchem de modo proveitoso as horas de lazer dos moradores de Piaçabuçu é a decifração de adivinhas. Sábado à noite[3], nos grupos de conversa[4], quando não estão contando estórias de Trancoso, o centro de interesse da reunião familiar é a *Adivinha*. Não raro, nas feiras, à sombra de alguma árvore, há um grupo de pessoas (ali estão homens idosos, moços e meninos e quase nunca faltam algumas senhoras) em torno de um "colocador de adivinhas". Na comunidade, adivinha que Mané do Dôre não decifre ninguém o fará. Ali está Mané do Dôre "botando as adivinhas". Quando aparece em Penedo, no Mercado, "formam verdadeiro comício" para escutar suas "colocações de adivinhas". Nas festas rurais do município e mesmo nas cidades vizinhas de ambas as margens do rio (estados de Sergipe e de Alagoas), ele é o convidado especial. Sua presença garante horas e horas de distração sadia, tão do sabor da gente simples, dos "beiradeiros"[5]. Embora seja costume em velórios[6] algumas pessoas, "para passar o tempo mais depressa", colocar alguma adivinha, o entrevistado diz: "Em sentinela (velório) eu não gosto de botá adivinhas; quando me aperreiam muito então ponho algumas de religião para não faltá com o respeito ao falecido." Sendo elemento assim consagrado pela opinião popular como o mais completo e mais forte colocador de adivinhas da região do baixo São Francisco, foi escolhido para o registro dos enigmas populares por ele proferidos e propostos. Algumas adivinhas são de sua lavra, daí serem, não raro, de difícil decifração, pois elas envolvem um regular conhecimento da região, sua gente e seus hábitos.

Mané do Dôre (branco, 54 anos de idade, ex-pescador, analfabeto), durante o período de permanência do pesquisador em Piaçabuçu, apresentou para que fossem decifradas cerca de 300 adivinhas. Barqueiro que foi, percorrendo o rio, desde Piranhas até a foz, nos pousos, nas cidades ribeirinhas de ambas as margens, durante anos e anos, "botando" adivinhas, acabou ganhando a justa fama de ser o mais completo "colocador de adivinhas da zona".

---

3 Luís da Silva Ribeiro, *Adivinhas populares terceirenses*, Angra do Heroísmo, Ilha Terceira, Tip. Andrade, 1950. O autor, na p. 4, assinala idêntico costume, porém aos domingos, no terreiro.
4 Veríssimo de Melo, *Adivinhas*, Natal, 1948. Estuda este costume entre os rio-grandenses-do-norte.
5 "Beiradeiro" – morador nas margens do rio São Francisco.
6 Idêntico costume é apontado pelo bretão Paul Sébillot em "Le Folk-lore", assinalando fatos curiosos.

Mané do Dôre costuma classificar suas adivinhas em três grupos: a) de *religião*; b) de *"goga"*; e c) das *outras*.

As adivinhas de *religião* são aquelas que estão relacionadas com os assuntos religiosos, morais. Possivelmente esta classificação do Mané do Dôre seria a *doutrinal*, conforme a classificação de Lehmann-Nietsche[7] talvez fosse mais ampla do que o XIV grupo do pesquisador argentino e idêntico à do IV grupo de Ismael Moya[8].

Obedeceremos, na lista de adivinhas, a classificação de Mané do Dôre. Deixamos, porém, de inserir várias de "goga" e, das demais, apenas dezena e meia de cada, só amostras do acervo recoltado.

Adivinhas de religião

1 – Qual foi o caminho que cansou, qual foi a água que teve sede, qual foi a vida que morreu? – *Cristo*.

2 – O que é que tem cabeça, tem pé, tem braço, mas não tem mão? – *A cruz*.

3 – Onde fica o meio do Padre-Nosso? – *No buraco por onde passa a linha*. No rosário, não há as Ave-Marias e os Padre-Nossos?

4 – Quando é que uma pessoa manda em Deus? Quando nos pedem a bênção, não respondemos: – *"Deus te abençoe?"*

5 – Quem foi que criou o Senhor? – *A Estrela do Céu*. É um trecho da seguinte oração: "Divina Estrela do Céu que criou o Senhor, afugentou a peste" etc.

6 – Quem é a mãe da Misericórdia? – *Salve-Rainha*.

7 – O que é que dois homens fazem, um homem com mulher faz também, mas duas mulheres não fazem? – *Confessar*. Quem está no confessionário não é um padre?

8 – Indo eu por um caminho rezando meus Padre-Nossos encontrei um bichinho com a carne por dentro dos ossos. O que é? – *O caranguejo*.

9 – Depois de Jesus quem domina uma casa? – *A chave*.

10 – São Luís tem na frente, São Miguel tem atrás, nas donzelas já no fim e as casadas não tem mais? – *O "L"*.

11 – Quando Deus andou no mundo onde pôs as mãos na mulher? – *Na munheca* (no pulso).

---

7 P. A. Robert Lehmann-Nietsche, *Adivinanzas rioplatenses*, Buenos Aires, 1911.
8 Ismael Moya, *Adivinanzas criollas*, Buenos Aires, Talleres Gráficos del Consejo Nacional de Educación, 1949, p. 34. "La religion y sus ritos. El paraiso, el infierno, Diós. Jesus. Santoral. Liturgias del hombre. Milagros. La muerte."

12 – Qual a coisa mais alta do que Deus? – *A coroa* (que está sobre sua cabeça).

13 – O que é que o rei vê uma vez, o homem toda vez e Deus nenhuma vez? – *Seu semelhante.*

14 – Qual o vivente que andou em dois ventres? – *Jonas, o profeta.* No da mãe dele e no da baleia.

Adivinhas de "goga"

No segundo grupo, as de "goga" (gíria de malícia), seriam as de pornografia, as maliciosas, as de caráter escatológico. "Às vezes", disse Mané do Dôre, "uma adivinha não é de goga, mas a pessoa pensa que ela é maliciosa. Muita gente malicia com tudo o que ouve e vê. É bem verdade, a boca fala do que o coração tá cheio; o camarada que é bandalho, pra ele em tudo tem má palavra, tem laço pra pegá. Mesmo as adivinhas de goga que têm palavra feia no meio, puxa pelo bestunto, pelo pensamento da gente. Eu sei muchas adivinha de goga, mas uma coisa eu sei, é respeitá o lugá onde estô."

15 – "Maria vamos deitá, fazê o que Deus mandô, juntá pêlo com pêlo, deixá o pelado no meio. – *Dormir.* As pálpebras são os pêlos, o olho é o pelado que fica no meio das duas pálpebras.

16 – O que é que mulher traz na frente e o homem atrás? – *O "m".*

17 – Onde é o lugar que lhe coça mais no corpo? – *As unhas.* Não é com elas que se coça?

18 – O que é que o homem para todo lugar que olhe vê, e a mulher para ver precisa levantar a saia? – *As calças.*

19 – O que o homem mostra mais e a mulher esconde mais? – *As calças.*

20 – O que é que os homens têm na frente e as mulheres na banda do lado? – *A braguilha da calça.*

21 – Quando a mulher se deita, onde é que ela dorme com as mãos? – *Na munheca.*

22 – Branco por fora, preto por dentro e vermelho na cabeça? – *O cigarro aceso.*

23 – O que é que certas mulheres fazem e elas mesmo não vêem? – *O cocó* (cocoruto) *do cabelo.*

Adivinhas das outras

No terceiro grupo Mané do Dôre insere todas as demais que não se ajustam aos dois primeiros, é o *das outras*. Nesta classificação tríplice pelo sentido da adivinha, percebe-se que o terceiro grupo é como afirmou o informante: uma espécie de "papé de jorná que aceita tudo". Este grupo é mais amplo do que o de "adivinhas comuns", segundo a classificação de José Maria de Melo, que publicou paciente pesquisa feita no mesmo estado, em Viçosa, classificando os "enigmas populares"[9] em sete grupos.

24 – Quando nasceu já achou, quando morrer deixará e é mais nova do que o sr.? – *A lua. Que idade ela tem? 1 mês, todo o mês ela é nova.*

25 – Qual o vivente que para nascer primeiro trabalha? – *O pinto, que bica a casca do ovo para poder sair.*

26 – Um cavalo estando morto de fome e de sede, colocando um bocado de água e um bocado de milho, qual a primeira coisa que ele faz? – *A primeira que ele faz é feder, pois está morto.*

27 – Uma casa tem quatro cantos, em cada canto está um gato, cada gato vê três gatos. Quantos gatos há na casa? – *Quatro gatos.*

28 – Quando a gente se levanta da cama qual a primeira coisa que se faz? – *Sentar-se.*

29 – Por que quando o galo canta fecha os olhos? – *Porque sabe a música de cor.*

30 – O que foi que Deus começou a fazer e não acabou? – *A cabaça...* Quem é que abre a boca da cabaça, não é o homem? E tira "as tripas" da cabaça?

31 – O que é que só se senta bem no meio da estrada? – *Uma cancela.*

32 – Que é que é? Diz ela, eu nasci com a boca no pé, com dois corcundas, até a boca me furaram, os homens me furaram e me beijaram com alegria, me segure bem seguro que em mim ninguém se fia. – *Uma cabaça.*

33 – Em cima do pinho, linho, em cima do linho, flores, em cima das flores, amores. – *Em cima da mesa de pinho a toalha de linho, em cima do linho flores que são os pratos e em cima dos pratos a comida que são amores.*

34 – O que é que tem chapéu mas não tem cabeça, que tem boca mas não fala, tem asa mas não voa, tem bico mas não belisca? – *O bule.*

35 – A pessoa vai fazer uma viagem de 200 léguas, caminha "cento e se senta" (160 é o que se ouve), quantas léguas faltam? – *Infalivelmente respondemos que seja 40, mas o certo é 100 e sentou-se.*

---

9 José Maria de Melo, *Enigmas populares*, Rio de Janeiro, Editora "A Noite", 1950, p. 39: "classifiquei de adivinhas comuns aquelas que não se enquadram nas outras variedades de minha classificação, que têm as suas características bem definidas, são muito mais freqüentemente usadas pelo povo".

A classificação proposta por José Maria de Melo é a seguinte: A) Adivinhas comuns; B) Adivinhas de duplo sentido; C) Adivinhas onomatopaicas; D) Charadas populares; E) Jogos de letras; F) Enigmas numéricos; e G) Contos de adivinhas.

36 – Qual o animal que se parece com o gato, tem cara de gato, rabo de gato, mas não é gato? – *É a gata.*

37 – Uma árvore tem doze galhos, cada galho tem seu ninho, cada ninho tem seu ovo, e cada ovo tem seu pássaro, e cada pássaro tem seu dono? *O ano.*

38 – Qual o vivente que só tem uma banda? – *É o caranguejo porque ele tem só dois quartos.*

39 – Qual o objeto que se compra para comer, nem o sr. e nem a família come? – *O prato.*

40 – Indo 50 homens daqui para Penedo, chegando em Retiro morrem 15, quantos ficam? – *Os 15 que morreram.*

41 – Onde é que a mulher tem juízo? – *Quando põe as mãos nos quadris.* Porque quando ela procura alguma coisa coloca as mãos nos quadris. (O povo diz que a mulher tem o juízo nos quadris.)

42 – Qual a semelhança entre uma padaria e uma lagoa? – *Na padaria assa pão* (há sapão) *e na lagoa há sapinhos.*

43 – O que é uma coisa que uma moça tem medo e tem vergonha de fazer mas quando faz chama o povo para ver? – *Uma queda.* Quando ela cai grita... chamando o povo.

44 – Qual é a fruta que antes de amadurecer já cai a semente? – *A mulher e o filho.* Quando nasce o filho ainda não está madura.

Disse Mané do Dôre que as adivinhas em quadrinhas são mais fáceis de "guardá no lírio" (decorar) e que "adivinha rimada, adivinha guardada; adivinha comprida, logo esquecida". Disse que as "adivinhas vêm desde o tempo do reis Salomão[10], esse foi o home mais sábio do mundo, quano botava uma adivinha e o camarada morria de vélio sem dá o resultado, percisava o reis distrinchá o que era".

Algumas adivinhas trazem sempre a "abertura" – *o que é que é?*, outras vezes – *me diga lá, agora me diga*. Adianta Mané do Dôre que dentro da própria adivinha sempre há a chave para abrir o segredo (forma comparativa) e há outras que precisam "drumi com a gente", isto é, "merece longa meditação para sê decifrada; as de dois sentido então é preciso ruminá, ruminá a moda de boi, e há algumas que é pió que anzó, tem alguma coisa pra desviá o pensamento da gente, começa certo e quando menos a gente espera, tá na tortura, tá fora, daí é que não acerta mesmo. Pra distrinchá as adivinha precisa o camarada não sê apressado, tem mucha pedra no caminho pra atrapaiá".

---

10 Paolo Toschi, *Il Folklore*, Roma, Universale Studium, 1951. No capítulo VII, tratando de Provérbio e Adivinhas, na p. 134, lemos: "Reflexo vivo de sua importância também se encontra na Antiguidade de Israel, por intermédio de alguns dos episódios da Bíblia, relativos a Sansão e a Salomão."

As adivinhas em Cunha

Em nosso estudo "Ciclo agrícola, calendário religioso e magias ligadas às plantações", procuramos evidenciar a função da bandeira do Divino ao visitar os devotos, propiciando a oportunidade para reviver o tradicional. De pouso em pouso, revivem não apenas os rituais da recepção da bandeira do Divino Espírito Santo ao entrar pelos cômodos, ao passá-la na cabeça das crianças para que cresçam com juízo, ou no leito dos doentes para que sarem, como também há jubilosa manifestação através das danças tradicionais. Aqueles que não estão dançando acercam-se do fogo para pitar (fumar) e fazer suas "puias" ou "caçadas", que são as adivinhas, no que se percebe o espírito de observação de nosso caipira. Na comunidade paulista a adivinha não constitui divertimento cotidiano e sim periódico, assumindo as mais variadas formas: umas são quadrinhas, outras não; em quase todas aparece a fórmula inicial "o que é que é".

Como afirmamos acima, sendo mais uma forma para despertar, aguçar o espírito, uma "puia", isto é, pulha, embaçadela, burla, outras vezes, como aponta Amadeu Amaral[11], "a adivinha toma um simples objeto ou um fato comum e singelo, e eleva-o pela analogia a uma esfera superior: personifica fenômenos, converte coisas inanimadas em seres vivos e dotados de vontade e inteligência etc."

Entre os caipiras paulistas, atualmente não há, como entre os caboclos nordestinos, pessoas que se especializem e cultivem as adivinhas até mesmo com a finalidade de ganhar dinheiro nas feiras ou de gozar de um *status* social ímpar, como é o caso de Mané do Dôre. Entre os paulistas não encontramos uma classificação espontânea como a do alagoano, e classificá-las seria trabalho estafante; podemos, porém, apontar algumas daquelas características que o mestre italiano Giuseppe Pitrè[12] anotou em *Indovinelli dubbi scioglilingua del popolo siciliano*, obra clássica sobre a adivinha: "a resposta é pega no ar e imediatamente rebatida por uma contra-resposta, que é uma troça, uma pilhéria, uma palavra pouco polida", daí não termos registrado um número regular de adivinhas fesceninas ou pouco polidas – as de "goga" alagoanas e as "puias" paulistas.

Eis algumas das adivinhas dispostas de acordo com a ordem em que foram recolhidas.

1 – Come-se o macho e rola-se a fêmea? – *Bolo e bola.*

---

11 Amadeu Amaral, *Tradições populares*, São Paulo, Instituto Progresso Editorial, 1948, p. 283.
12 Giuseppe Pitrè, *Indovinelli siciliani*, Palermo, 1886.

2 – O que é que tem o chapéu na ponta do rabo? – *Isqueiro.*
3 – É fruta e é aço e o nome é um só? – *Lima.*
4 – O que é que se põe na mesa, parte-se, reparte-se e não se come? – *Baralho.*
5 – O que é que o boi faz, quando o sol bate nele? – *Sombra.*
6 – Chá não é de mato e leira não é de batata? – *Chaleira.*
7 – É de um palmo mais ou menos, delicada de pescoço, é de massa e não tem osso? – *Vela.*
8 – Comprido que nem um pinheiro e criado com leite de vaca? – *O laço.*
9 – Um fazendeiro que possui 12 fazendas e passeia nas 12 fazendas e não sai do lugar em que está? – *Relógio.*
10 – Uma árvore com 12 galhos, cada galho com 30 frutas e cada fruta com 12 sementes? – *Ano, mês, dia e hora.*
11 – O que é que tem a mão separada do corpo? – *Pilão.*
12 – Cai em pé e corre deitada? – *Chuva.*
13 – Uma cova bem talhada, com dez mortos estendidos; cinco em roda dando ares muito sentidos? – *A viola.*
14 – O que é uma coisa? – Palma que dá o palmito; Palmito que dá a palma; Quero que o senhor me diga; Quem é que está no céu sem alma? – *Palmito que dá a palma, / A palma que dá o palmito, / Quem está no céu sem alma / É a cruz de Jesus Cristo.*
15 – Se vaivém fosse e vaivém viesse, vaivém ia. Mas, como vaivém foi e vaivém não voltou, vaivém não vai. – *O serrote que foi pedido por empréstimo ao carapina.*
16 – Verde foi meu nascimento, / E de luto me cobri, / para dar claridade ao mundo / mil tormentos padeci. – *Mamona.*
17 – O marido é rico e a mulher é pobre. – *Tesouro e tesoura.*
18 – Os homens gostam de ver na estrada e as mulheres detestam em casa? – *Baratinha.* (O automóvel e a barata pequena).
19 – Que diferença tem um padre de um bule? – *O padre é de muita fé e o bule de "pô" café.*
20 – Como é que muda pede (pé... de) café? – *A mulher muda pede com a mão.*
21 – Cavalo pintado por que não morre? – *Porque é pintado no papel.*
22 – Quando vira para cima, a boca está vazia, vira para baixo, a boca está cheia. – *Chapéu.*
23 – Alto que nem um pinheiro, redonda que nem peneira, para olhar na ponta, precisa olhar no pé primeiro? – *Cacimba.*

24 – Tanto faz o rico como o pobre, tem uma quantia só, nenhum tem mais do que o outro. Não custa dinheiro. – *Ranho* (muco nasal).
25 – O que é que em todos se põe? – *O nome.*
26 – Caixinha de bom parecer, não há carapina que saiba fazer? – *Amendoim.*
27 – Tem cabeça e não é gente, tem dente e não é pente? – *Alho.*
28 – Pula pro ar, dá um estouro e vira no avesso? – *Pipoca.*
29 – São quatro esteios e uma telha só? – *Tatu.*
30 – No alto está, no alto mora, quando nos vê, nos finca a espora? – *O marimbondo.*
31 – Tem perna e tem pé, mas sem pernas não anda? – *A bota.*
32 – No cabelo, no dente e na planta está escondida, o que é que é? – *A raiz.*
33 – Qual é a palma que não dá flor? – *A palma da mão.*
34 – O que é que tem corpo de ferro, tripa de fogo e barriga de alisar? – *O ferro de passar roupa, de engomar.*
35 – O que é que, quando anda, chora e para ficar quieto basta parar? – *O carro de bois.*
36 – Verde nasci, branco é o meu estado, visto-me de luto para morrer arrebentada? – *Jabuticaba.*
37 – O que é que é: anda a cavalo, mas anda no pé? – *A ferradura.*
38 – São sete irmãos: cinco têm sobrenome, os demais um nome só. – *A semana.*
39 – Cru não há, cozido não se come. – *O sabão.*
40 – Dizem que sou torto. Sou torto mesmo, fingindo de morto para apanhar o vivo. – *O anzol.*
41 – Tem a cor da terra mas não é terra, tem pavio, mas não é vela. – *A mandioca.*
42 – Quando se compra, ou se leva na cabeça ou é embrulhado? – *O chapéu.*
43 – Tem quartos e não tem sala, tem meias e não tem pé? – *O relógio.*
44 – Tem coroa e não é rei, tem escamas e não é peixe? – *O abacaxi.*
45 – Tem esporas e não é cavaleiro, cava o chão às vezes, conhece as horas e não os meses? – *O galo.*
46 – O que é uma coisa que se quebra no falar? – *O segredo.*
47 – O que é que é: no campo é verde, no caminho é preto e em casa é vermelho? – *O carvão.*
48 – O que é que no alto está, no alto mora, todos o vêem e ninguém o adora? – *O sino.*
49 – O que é que tem o pé redondo e o rasto comprido? – *O carro de bois.*

50 – Eu estava em minha casa; polícia veio me prender. A casa saiu pela janela e eu não pude me valer. – A *tarrafa (polícia), casa (água) e eu o peixe*.

As estórias em Piaçabuçu

Estórias são os contos que o povo transmite de geração a geração através da literatura oral. Em geral as narrativas tradicionais desta região têm como abertura o "Era uma vez..." "Era uma vez, uma galinha pedrês... quer que conte outra vez?" Ouvimos muitos contadores de estória, ao iniciá-la, dizerem: "Louvado seja Meu Senhor Jesus Cristo, era uma vez..."

A estória difere da história. Esta procura ser o relato fiel do que se passou e qualquer colaboração do contador pode alterar, adulterar a verdade. A estória não; nela, incrustada no tema da narrativa tradicional, está a colaboração do narrador, através da sua capacidade inventiva maior ou menor. O narrador, em geral aproveitando-se do tema, discorre em torno dele, empregando a cor local, vestindo seus personagens com a roupagem ambiente.

Uma das estórias mais ouvidas na comunidade é a de Trancoso (ou Troncoso). Personagem sempre disposto a colocar os ricos em má situação, vingar a injustiça que os pobres e membros da classe destituída sofrem por causa da opressão do "grandola". A história de Trancoso é uma forma catártica que proporciona o bom sono aos seus ouvintes e narrador porque é costume contar estória à noite, antes de dormir. Nela o contador se desforra das desigualdades sociais que sofre, e em Trancoso ele projeta sempre aqueles ideais que gostaria de viver. Dá-lhe e descreve situações nas quais a artimanha de Trancoso age como ele gostaria de agir em situação idêntica. Por outro lado, o contar estórias preenche a necessidade de comunicação verbal.

Trancoso, segundo explicação de um informante, é "história inventada que a gente guarda no lírio (memória) e na hora de contá a gente pode inventá e melorá a história à vontade, estória de Trancoso são as tirada da cabeça". Após várias estórias ouvidas, às vezes identificamos Trancoso com Pedro Malasarte, mas preferimos acreditar sejam as façanhas, anedotas de Gonçalo Fernandes Trancoso.

Dentre as estórias ouvidas[13] pode-se perceber a influência deixada pelos moradores que vêm do sertão; a Gata Borralheira, por causa da seca, atrela

---

13 Resumo de algumas estórias ouvidas: "Certo dia, chegou à casa de um rico fazendeiro um pobre, morto de fome, isso na hora do almoço. Os donos da casa, chamados pelo empregado, foram almoçar, deixando de lado o pobre. Quando almoçavam, pediram ao homem que lhes contasse uma história. O pobre começou: Era uma vez um rico fazendeiro que tinha uma vaca muito bonita. Esta,

mais uns animais na sua carroça, que é feita de um jerimum (abóbora, *cucurbitácea*), assim andará mais rapidamente, evitando a poeira da estrada e sem esbarrar nos espinhos do xique-xique (*Pilocereus, Gounellei, Web*) ou rasgar-se nas "unhas-de-gato" (*Mimosa Sepiaria Benth*) dilaceradoras, inimigas dos vaqueiros – dos homens de roupa de couro. Mas a Gata Borralheira ali é conhecida por Maria do Couro. Ela é a personagem principal do Boi Azul ou Boi Encantado, celebrado também na literatura de cordel.

Em geral o contador de estórias, ao finalizá-la, tem esta "fechadura": "Acabou-se a estória, passou por uma canela de um pinto e outra de pato; meu rei senhor manda dizer que conte mais quatro." Quando há narrativas de uma festa, descrição de comezainas, diz o narrador: "Eu também estava nessa festa e trouxe uma panela de doce, mas no caminho levei uma topada e quebrei a panela." Num lugar onde a comida é parca e a fome é mais ou menos crônica, a descrição de tantos manjares é uma forma de compensação, embora "dê muita água na boca", como sempre dizia a setuagenária Zelinda Brandão, ao descrever os banquetes.

As estórias em Cunha

Mais freqüente na comunidade nordestina é as pessoas do meio rural e mesmo a população pobre da cidade ocuparem as horas de lazer à noitinha, com o contar de estórias de Trancoso e desafiar um sem-número de *contos de encantamento*, como diria Câmara Cascudo. Já na comunidade paulista são mais raras reuniões para se ouvir estórias. Pode-se assinalar mesmo uma cer-

---

certo dia, pariu três novilhas. O casal que ouvia, admirado, perguntou: como conseguiu a vaca dar mamá (de mamar) aos bezerros? O homem respondeu: fazia como os senhores agora – dois comiam e o outro olhava. O casal achou muito interessante a estória, percebendo que o pobre estava com fome, chamando-o, mandaram que ele comesse." A velha Zelinda contou em seguida outra: "Uma mulher, tendo uma criança de colo, com muita fome pediu que lhe desse de comer, na casa de um rico fazendeiro. Negaram, mandando que ela fosse trabalhar. Passados alguns momentos vieram dizer na casa do fazendeiro que fora encontrada, sob um "pé de pau" (árvore), uma mulher morta, tendo ao seio uma criança e do qual escorria sangue, o que alimentava a mesma. Foram buscá-la, providenciando mortalha, enterro. No dia seguinte de manhã, foi a mortalha encontrada na porta dos ricos, na qual estava escrito: Não queria mortalha, mas sim comida."

Contou outra logo em seguida: "Um homem tinha muito medo da morte. Para que não morresse fez amizade com ela. A morte disse-lhe que isso não podia fazer, isto é, não vir buscá-lo. Entretanto, marcou o dia a fim de que ele se prevenisse. Exatamente nesse dia havia uma festa na casa de uma pessoa amiga e o homem mandou raspar a cabeça, bigode, sobrancelha, barba, tomando aparência de um velho. Foi à festa escondendo-se atrás de uma porta. A morte foi à casa dele, lá o procurando; a mulher, como não soubesse de nada, respondeu aonde ele se encontrava. Ela foi à festa. Lá chegando disse: vou levar aquele 'veinho' (velhinho) que está atrás daquela porta." Concluiu dizendo que a morte é a coisa mais certa do mundo, que Deus deu para nós todos. Do nosso dia não escapamos.

ta divisão: em grupos de conversa onde predominam as mulheres, ouvem-se contos de fada; já entre os homens, ouvem-se estórias de assombração, de Pedro Malasarte e de Bocage. Observamos também que no Nordeste certas pessoas são procuradas para contar estórias e se tornaram afamadas, como a velha Zelinda Brandão, em cuja casa, no beco do Araticum, muita gente se reúne para ouvi-la. Na comunidade paulista não observamos tal, e certa feita, procurando ouvir atentamente uma "contadeira", esta criticou o pesquisador, dizendo que não devia perder tempo, pois o que ela estava contando era só para criança e não para marmanjo.

Há também repetição de fatos locais, de narrações que se acabam tornando lendárias, assumindo os fatos, alguns deles, caráter de lenda[14], isto é, cunho místico. Outras são simples estórias, como as que ouvimos nos grupos de homens.

Registramos esta outra estória. "Perto daqui havia duas irmandades: a de São José e a de São Roque. Viviam sempre porfiando para ver qual era a mais importante. Chegou ao ponto de, num certo dia de festa, um emissário da irmandade de São José ir propor ao vigário que, se por ocasião do sermão falasse mais vezes o nome do santo padroeiro, ele daria mais dinheiro para um determinado fim pio. Por linhas tortas, os membros da irmandade adversa vieram a saber do pedido; também se dirigiram ao padre, solicitando que falasse mais vezes o nome de São Roque do que de São José. Se ele o fizesse, lhe dariam uma determinada importância pelas vezes que pronunciasse o nome do seu padroeiro. Chegou o dia da festa. Ambas as irmandades estavam impacientes pelo sermão. Qual a irmandade que venceria? O padre era um piedoso sacerdote italiano. Estava desejoso de obter uma grande importância para a obra religiosa na qual estava empenhado. Teve uma idéia. Quando iniciou o sermão, falando sobre a 'Sacra Família', os da irmandade de São José prelibaram a vitória. O orador sacro só no exórdio falara vinte vezes o nome de São José, e quando começou a perorar, já estava a irmandade de São Roque desesperada; nenhuma referência sequer ao seu padroeiro, ao passo que o presidente da outra irmandade anotara mais de trinta vezes o nome do seu. Mas o padre, finalizando, disse: os fiéis não devem ignorar que São José era marceneiro; ele pegava o serrote e começava: roque-roque, roque-roque, roque-roque... Depois de ter imitado o serrote muitas vezes, o presidente da irmandade, num gesto de vitória, disse: chega seu padre, já disse mais de quarenta e nós não temos mais dinheiro, já ganhamos mesmo!"

---

14 Propositadamente não incluímos neste capítulo as *lendas* e os *mitos*, estudados em "Mitos e lendas", no volume I.

Outra estória do santo artesão, padroeiro dos carapinas. "Contam que foi São José o primeiro a usar o serrote. Vivia ele em Nazaré, ocupado nos seus afazeres de marceneiro para sustentar a família. Certa vez, cortando com um pedaço de madeira, o Capeta, vendo-o assim tão atarefado, para atrapalhá-lo, quando o santo deixou sua faca para descansar, fez muitos dentes nela. São José, ao reiniciar o serviço, encontrou a faca naquele estado. Não blasfemou nem se desanimou. Verificou que fazendo a faca ir e vir, era a única maneira de poder usá-la. Assim fez. Até gostou do que aconteceu. Foi só o santo virar as costas... o Capeta pensou: espera um pouco, vou entortar os dentes um para um lado e outro para o outro, assim ele não faz mais nada. Dito e feito. O santo reinicia seu trabalho e verifica que a faca está com os dentes virados. Obstinado, mete-a na madeira. Que maravilha! Como cortava depressa. Foi assim que apareceu o serrote!"

As parlendas em Piaçabuçu

A parlenda é uma arrumação de palavras sem acompanhamento de melodia, mas às vezes é rimada, e nesse caso a emissão da voz obedece a um ritmo que a própria metrificação das sílabas lhe empresta. A finalidade da parlenda é ensinar algo à criança ou entretê-la. A parlenda, embora se aproxime do acalanto, possui ritmo e não música; usada para decorar nomes ou números, é mnemonia; quando para exercitar a boa pronúncia da criança, desenvolvendo a perfeita enunciação das palavras, é trava-língua.

Parlenda muito comum, contando-se os botões da roupa da criança, é a seguinte: "Rei, capitão, soldado, ladrão." Vai-se repetindo nessa ordem até não haver mais botões para contar. Caindo em capitão, dizem: "viva o capitão ou vai-se casar com capitão ou com a filha do capitão". É claro que se entristecem quando cai ladrão, chegando algumas crianças a arrancar um botão para evitar a coincidência indesejável. Outra variante é: "Rei, capitão, soldado, ladrão, espada na cinta, sinete na mão."

Quando a criança é pequena, os pais dizem:

> Palma, palminha,
> palminha da Guiné,
> pra quando papai vinhé,
> mamãe dá papinha
> vovó bate o cipó
> na bundinha do neném.

Não falta o conhecidíssimo: "Mindinho, seu vizinho, pai de todos, furo bolo, cata piolho."

Já nas crianças mais crescidas, os pais brincam, escondendo dedo por dedo, com o:

>Uma, duas angolinhas,
>finca o pé na pompolinha,
>o rapaz que jogo faz,
>faz o jogo do capão;
>o capão sobre capão,
>lá detrás do morondão,
>arrecolha o seu dedinho
>que lá vai um beliscão.

Outras vezes brincam: "Sola, sapato, rei, rainha, fui ao mar buscar sardinha, para a filha do rei que será minha." Para o menino de cabelos raspados, não faltam os apupos e o: "coco pelado, caiu no melado..."

Quando começam a perder os dentes de leite, lá vem a crendice e, para que a substituição da primeira dentição seja das melhores, atirando o dente sobre o telhado, dizem:

>Andorinha do verão
>leve este dente podre
>e traga outro são,
>mourão, mourão,
>tome seu dente podre
>e traga o meu são.

Há nas crianças dos 5 até aos 7 anos, mais ou menos, como que um impulso de trovar as coisas que ouvem. Basta uma pessoa pronunciar uma palavra que ela imediatamente arranja uma rima: João/bobão, Susana/banana, Maria/cara de jia etc. Não raro inventam palavras para conseguir rima: boneco/teteco, Manuca/pituca. Em algumas crianças também cedo se revelam certos sentimentos que precisam ser orientados, como, por exemplo, o de apreciar a enunciação de palavras obscenas, e é justamente nas parlendas que elas se revelam: João/cagão; José/chulé; Romeu/fedeu.

AS PARLENDAS EM CUNHA

É na hora conhecida por "boca da noite", quando, findo o jantar, panelas lavadas, as mulheres podem estar com seus filhos, brincam com eles transmitindo as parlendas, brincos e trava-línguas. É nas horas livres que a mãe, podendo cuidar do filho, revive o folclore do berço. Também são os avós que, às vezes, inválidos para o trabalho da roça, ficam com as crianças em casa. São eles os melhores perpetuadores da tradição porque, quando transmitem, gesticulam, imitam vozes de animais etc.

As mães caboclas são verdadeiras heroínas, trabalham na roça ou no fogão e nas lides caseiras, mas sempre acham tempo para se dedicar ao filho. Ao entardecer, em geral, na "boca da noite", antes de cantar o acalanto, com o caçula, é comovente ver-se uma senhora com um filho no regaço a dizer: "Minguinho, seu-vizinho, pai-de-todos, fura-bolo, mata-piolho." Apontando vagarosamente do mínimo ao polegar.

> Este diz que está com fome. (Pega no mínimo da criança)
> Este diz que não está,
> Este diz que vai furtar,
> Este diz que não vai.
> Este vai contar. (Segura o polegar)

Tocando de leve com o dedo nos lábios da criança diz: bilu, bilu, lá tetéia. Apontando a palma da mão da criança, começa:

– Que dele o toicinho daqui?
– Gato comeu.
– Que dele o gato?
– Foi no mato.
– Que dele o mato?
– Fogo queimou.
– Que dele fogo?
– Água apagô.
– Que dele a água?
– Boi bebeu.
– Que dele o boi?
– Foi amassá o trigo.
– Que dele o trigo?
– Galinha comeu.
– Que dele a galinha?
– Foi botá ovo.
– Que dele o ovo?
– Frade bebeu.
– Que dele o frade?

– Foi dizer missa.
– Que dele a missa?
– Tá no artá.
– Que dele o artá?
– No seu lugá...
e foi por aqui, por aqui, por aqui...

Enquanto repete várias vezes "por aqui", faz os dedos subirem até às axilas da criança provocando cócegas e, conseqüentemente, risos.

("Que dê" ou "que dele", corruptela de: que é feito de?)

Tomam cuidado especial quando rebentam o milho pipoca, batendo com o colherão de pau na tampa da panela dizendo: "rebenta pipoca, Maria sapiroca"... "Assim falam para que os grãos não fiquem piruá. Estes são os que o saci estragou." É uma crença e parlenda...

Variantes de uma parlenda recolhida:

> Hoje é domingo!
> pede cachimbo,
> cachimbo de barro,
> bate no jarro,
> o jarro é de ouro,
> bate no touro,
> o touro é valente,
> bate na gente...

> Hoje é domingo!
> pede cachimbo,
> cachimbo de ouro
> bate no touro,
> touro é valente,
> bate na gente
> a gente é fraco,
> cai no buraco,
> buraco é fundo
> acaba o mundo.

> Hoje é domingo!
> pede cachimbo,
> galo monteiro,
> pisou na areia,

areia é fina,
bateu no sino,
o sino é de prata,
bateu na mata,
a mata é um tesouro,
bateu no teu olho...

Hoje é domingo!
Repica o sino,
o sino é de ouro,
mata o touro,
o touro é valente,
mata a gente...

Outras *parlendas* ou *lengalengas* com os dias da semana:

Domingo bebi uma pinga;
segunda bati na b...;
terça escrevi um verso;
quarta escrevi uma carta;
quinta matei o pinto;
sexta arriei uma besta;
sábado arrebitei o rabo.

Segunda não trabalhei;
terça eu não fiz nada;
quarta fui passeá e briguei co'a namorada;
quinta fizero enredo;
sexta foi discuberto;
no sábado tiraro a limpo;
domingo, tudo que falaro é certo.

Duas parlendas muito comuns quanto à consulta das horas:

– Que horas são?
– Oração de São João! (ou as mesmas de ontem).

E por falar em horas, mais estas duas: "meio-dia em ponto, quem não come fica tonto" ou "meio-dia, galo canta, macaco assobia". "Meio-dia, lenha no fogo, panela vazia."

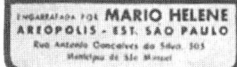

Rótulos de cachaça: alguns rótulos da "pingateca" do prof. João Chiarini, do Centro de Folclore de Piracicaba.

O autor adquirindo a literatura de cordel, vendida nas feiras nordestinas, numa banca de "raizeiro".

OS TRAVA-LÍNGUAS

Em certas parlendas, espera-se que a pessoa, ao proferi-la, cada vez que repita, fale mais depressa: corrupaco papaco, a mulher do macaco, ela pita, ela fuma, ela toma tabaco debaixo do sovaco.

Esta é uma forma também de trava-língua, porque a repetição, mais rápida, criará um problema. Então trava-língua é um problema oral que principalmente os dislálicos terão dificuldade para resolver. É uma forma lúdica que o educador, o professor, poderá aproveitar para promover a eulalia dos educandos. As crianças gostam desses problemas e há mesmo uma "caça de palavras" para formar bons e novos trava-línguas.

Embora sejam criados novos problemas orais que provoquem a boa e fácil dição, estas fórmulas tradicionais estão sempre presentes: *diga três vezes, repita isto, diga,* e a mais comum delas: *diga bem depressa.*

Em Piaçabuçu: "porco crespo, toco preto". "Um tigre, dois tigres, três tigres." "Bagre branco, branco bagre." "Pia o pinto, a pipa pinga." "A pipa pinga, o pinto pia, quanto mais o pinto pia, mais a pipa pinga."

Uma velha furunfunfelha de maracuntelha,
junto com uma moça, furunfunfosca de maracuntosca,
foram na roça furunfunfoça de maracuntoça,
o marido da velha furunfunfelha de maracuntelha
foi na polícia furunfunfícia de maracuntícia
disse que a velha e a moça furunfunfosca de maracuntosca
mataram um coelho furunfunfelho de maracuntelho,
veio o soldado furunfunfado de maracuntado
e prendeu a velha furunfunfelha de maracuntelha
e eu casei com a moça, furunfunfosca de maracuntosca...

Em Cunha: "O rato roeu a correia do carro do rei de Roma." "Porco preto, cepo preto." "Porco crespo, toco preto." "O Padre Pedro tem um prato de prata. O prato de prata não é do Padre Pedro." "A aranha arranha a jarra, a jarra arranha a aranha." "O doce perguntou para o doce / qual era o doce mais doce. / O doce respondeu para o doce / que o doce mais doce / era o doce de batata-doce." "O tempo perguntou para o tempo quanto tempo o tempo tem. O tempo respondeu ao tempo que o tempo tem tanto tempo quanto tempo o tempo tem."

ABC

Na comunidade alagoana, o ABC faz parte da literatura de cordel e significa a narrativa dos feitos heróicos ou de bravura de alguém, que pode ser um bandoleiro ou um santo homem de bondade, porém é a coragem, a valentia, que procuram exaltar; já na comunidade paulista, assume outro caráter e forma, sendo também utilizado largamente nas modas de viola.

O ABC é uma forma muito antiga de exprimir preceitos, doutrina, história, biografia e até amor, usando as letras do alfabeto como referência. É um processo mnemônico para facilitar a decoração. É muito antigo. Quem sabe, até o Salmo 119 do poeta bíblico Davi, com seus 176 versículos, é um ABC. Começa com Aleph, Beth, Gimel, Daleth e vai até Tau. São 22 letras ou degraus, pois é por este motivo chamado o "Salmo dos Degraus".

ABC DE AMOR

A letra *A* quer dizer – amor perfeito,
A letra *B* quer dizer – meu bem-querer,
A letra *C* quer dizer – ser caridosa,
A letra *D* – Deus lhe dê um bem, formosa.

A letra E quer dizer – é mesmo todas,
A letra F quer dizer – felicidade,
A letra G quer dizer – guardar segredo,
A letra H – hoje mesmo eu tenho medo.

A letra I quer dizer – idade poucas,
A letra J quer dizer – jurei firmeza,
A letra K quer dizer – carinho sim,
A letra L – lembrará sempre de mim.

A letra M quer dizer – minha querida,
A letra N quer dizer – não sou de todas,
A letra O quer dizer – ó minha bela,
A letra P – para mim os olhos dela.

A letra Q quer dizer – queremos bem,
A letra R quer dizer – ramos de flor,
A letra S quer dizer – saudade forte,
A letra T – te amarei até a morte.

A letra U quer dizer – uma saudade,
A letra V quer dizer – vivemos bem,
A letra X quer dizer – chorei de dor,
A letra Z – zombarei do teu amor.

Eis um ABC cantado pelo violeiro Benjamim Pereira de Andrade, que a pedidos repetiu:

    1) A pessoa des'qui nasce,
       di pequenu vai crescê;
       o homem desde criança
       já mostra o qui há de sê.
       Meu pai me pois na escola
       p'ra mim aprendê a lê.
       Aprendi um poco de leitura,
       aprendi contá e escrevê.
       Hoje faço inté modinha
       com as letras do ABC.

    2) A premera letra é o A,
       que conta as letra vogar.
       Tamém se'screve Amor,

que judia dos rapais.
A respeito ter amor,
eu não sei como é que fais.
Já caí nessas bestera,
mais hoje num caio mais,
puis as moça de hoje im dia
de firmá num é capais.

3) O B escreve Bem feito,
moça do corpo alinhado.
Cum o C se'screvi sembrante,
teus oiá é meus agrado.
Com o D se'screve Dor,
quando eu alembro dos passado.
Cum o E se escreve Esperância.
Quem espera anda atrasado
quanto eu tenho esperado.

4) Cum F escrevo Favô:
faço a minha obrigação.
O favô que tu pediu,
eu não posso dizê não.
Com o G se'screve Geito.
Ageitei teu coração.
Cum H se'screve Horas,
que teu tenho consolação.
Cum I se'screve Imagine
cumo é doido a ingratidão.

5) Cum o Jota se'screve Juro!
Jurei na tua presência.
Cum o K se'screve caminho
que eu vivo sem malquerência.
Cum L se'screve Longe,
qui vivo na tua ausência.
Cum M se'screve Magino
tua farta de cadência.
Cum N se'screve a Nossa,
nossa vida nela ocê num pensa.

6) Cum o O se'screve oiar!
   Oios preto me dá tristeza.
   Cum o P escrevo pensamento,
   até penso que é marvadeza.
   O Q se'screve qualidade,
   que é a tua natureza.
   O R se'screve Rosa,
   o nome é uma buniteza.
   Eu gosto é do teu jeito
   e da tua delicadeza.

7) O S se'screve Saudade,
   suspiro cum sentimento.
   O T escreve trabaio,
   tamém pode sê Tormento.
   Rosinha tanto eu queria
   saber dos teus pensamento
   Cum U se'screve Humirde,
   Teus oiar me dá sustento.
   Cum V se'screve a Vida.
   Que eu num esqueço um momento.

8) Com o X se'screve a Chave
   adonde eu tranco a minha vida,
   e tamém os teus segredo, ai, lai,
   e a esperancia perdida.
   Ipissilom é letra grega
   e por isso eu dexo pra fora.
   Cum Z escreve Zunindo,
   escuite a minha viola!
   Pra cantá esta modinha,
   é perciso mesmo escola.
   Canto mesmo por gostá
   e faço as moda na hora
   e tenho esta violinha
   e é ela qui me consola!

Os provérbios em Piaçabuçu

Na literatura oral são encontradas com abundância as máximas expressas em poucas palavras, uma forma de sabedoria popular que as pessoas mais idosas da comunidade costumam usar nas mais diversas situações, quando estão conversando. Em geral o provérbio é uma espécie de manual da boa conduta, decorado pelos que desejam bem comportar-se. É paremiologia na sua verdadeira acepção o que encontramos em Piaçabuçu.

"O pobre é cambão de quem tem."
"Quem não sabe ler é cavalo bategado."
"Antes ser estimado do que abusado."
"Cada um no seu canto, chora seu pranto."
"Não sou bengala de cego que vai para onde se puxa."
"Quem bota pobre pra frente é topada."
"É melhor levar por engano do que deixar por esquecimento."
"Ninguém se julgue feliz ainda estando em bom estado, que venha tirando a sorte que faz de um feliz, um desgraçado."
"Na época de inverno confia em Deus, quando menos se espera vem a chuva."
"Casa alheia, brasa no seio. De parente, a brasa é mais quente."
"Quem gaba a noiva é o noivo."
"Trabalhando com os dentes para comer com a gengiva."
"Quem tem vizinho perto não toma farinha longe."
"Quando pobre come galinha um dos dois está doente."
"Cautela e caldo de galinha não faz mal para ninguém."
"Pata de galinha não esmaga pinto."
"O boi velhaco conhece o outro pelo berro."
"Boi velhaco não se encosta em pau d'espinho."
"Quem gosta de boca de cano é ferrugem."

Os provérbios em Cunha

Os provérbios desempenham as mesmas funções controladoras do bom costume, regras do bem viver e, além dos desse tipo, podemos apontar um rico rifoneiro de observações referentes ao tempo e às suas ligações com o plantio, à alimentação etc. Há uma certa dificuldade em se classificar, em se traçar uma linha demarcatória entre um rifão e uma crendice. Muitos são oriundos desta e, por sua vez, uma crendice pode gerar um anexim. Nem tudo o que abaixo relacionamos é paremiologia, pois, embora sejam expressões tradicionais e coletivas, há algumas ligadas a determinadas práticas. Por outro lado, como acentua Theo Brandão[15] ao estudar a agricultura popular, "que embora a nossa não seja tão grande como a portuguesa, só a paremiologia constitui um verdadeiro tratado prático de agronomia e zootécnica". Há mesmo uma série de sinais que o caipira cita, por exemplo, como indicadores de chuva, outros relacionados com a agronomia etc. Encontramos rifões que remontam a séculos.

"Bate-se na cangalha para o burro entender."
"Quem não tem cão caça com gato."
"De grão em grão, a galinha enche o papo."
"Lé com lé, cré com cré; um cavalo gavião se acolóia com outro."
"O bocado parece sempre maior quando nas mãos alheias."
"Urubu quando está sem sorte até nas pedras se atola."
"Erva ruim geada não queima" (ou mata).
"Boi ladrão não se coça em pau de espinho."
"Um boi solto lambe-se todo, e na canga só o focinho."
"Pelas guampas (aspas ou chifres) se conhece o boi, pelas armas se conhece o homem."
"Mal de carro, pior de arado."
"A carro entornado, todos dão a mão."
"De médico, poeta e louco, todo mundo tem um pouco."
"O olho do dono engorda o porco."
"Pelo afinar da viola se conhece o tocador."
"Quando se procuram porcos até as moitas roncam."
"O seguro morreu de velho e o prudente foi ao enterro."
"Na briga das comadres, descobrem-se as verdades."
"Azia só vê no c de pobre."
"O que não tem remédio, remediado está."
"Macaco velho não pula em galho seco."
"Macaco velho não mete a mão em cumbuca."
"Quem seu carro unta, seus bois ajuda."
"Boi sonso é que arromba a cerca."
"Pedra que muito rola, não apanha limo."
"O pé de galinha não mata pinto."
"Em festa de jacu, inambu não vai. Em festa de jacu, inambu não pia."

---
15 Theo Brandão, *Folclore de Alagoas*, Maceió, 1949.

"Desgraça pouca é bobagem… comida de porco é lavagem."
"Quem nasceu para dez réis não chega a vintém."
"O uso do cachimbo deixa a boca torta."
"Cavalo dado não se olha no dente."
"Dianteira de padre, traseira de burro, não facilite."
"Vaca mansa é que machuca o dono."
"De pequeno é que se torce o pepino."
"Mais vale a fé do que o pau da barca."
"Quem nunca comeu melado, quando come se enlambuza."
"Quando a esmola é muita o santo desconfia."
"Carro que canta, seu dono avança." (Carro de bois)
"O pote tantas vezes vai à bica que um dia lá fica."
"Águas passadas não movem moinho."
"Santo de casa não faz milagres."
"Galo onde canta, janta."
"Pato e parente só servem para sujar a casa da gente."
"Que alegria os hóspedes nos dão na hora em que se vão."

PAREMIOLOGIAS

"Quem cabras tem, cabritos vende."
"Vaidade em pobre é defeito e em rico é enfeite."
"Quem vê cara não vê coração."
"Quem não tem dinheiro não beija santo."
"Por causa do santo, beija-se o altar."
"Orvalho não enche poço."
"Quem muito quer tudo perde, por causa de uma tripa, perde-se a barrigada."
"Quem muito escolhe fica com a pior espiga, quem muito namora e não se casa, acaba morando com rapariga (prostituta)."
"Conhece-se a força dos bois é na subida do morro."
"O bom ladrão faz a sua reza antes de surrupiar (roubar)."
"Colher vazia é que arranha a boca."
"Nunca se deve dar o passo maior do que as pernas."
"Macaco que muito pula quer chumbo."
"Queda de velho não levanta poeira."
"Primos e pombos é que sujam a casa."
"Nunca se viu suspiro de burro arrebentar o buçal."

"A espora foi inventada por causa do cavalo lerdo."
"Amarra-se o burro à vontade do dono (do freguês, dizem outros)."
"Boa romaria faz quem em casa fica em paz."
"Quem não tem dedo não toca viola."
"Quando não há pinga, contenta-se com o cheirar o barril."
"Cuspo e boa vontade é que mais se perde neste mundo."

As quadrinhas em Piaçabuçu

Às vezes, antes de se começar contar estórias de Trancoso, uma das pessoas presentes, principalmente as mais velhas, porfiam para ver quem sabe mais quadrinhas de cor, quem "guardou maior número delas no lírio" (memória). As quadrinhas são também usadas como saudação, fato por nós estudado em *folkways*[16]. Eis algumas quadrinhas anotadas:

Lá vai a garça voando
Com as penas que Deus lhe deu
Contando pena por pena
Mais pena padeço eu.

Você diz que me quer bem
Eu também quero a você
Onde tem fogo tem fumaça
Quem quer bem logo se vê.

Onde tem fogo tem fumaça,
Onde tem mata tem bicho,
Onde tem moço tem moça,
Me diga porque é isto?

Meu benzinho não vá hoje,
Amanhã também tem dia,
Leve as pernas e deixe os braços
Para ser minha companhia.

Eu plantei o alho em rama,
Arruda de môio, em móios,
Tiraram meu bem da vista,
Faltou-me luz de meus óios.

---

[16] *Escorço do folclore de uma comunidade*. Gráfica da Prefeitura Municipal de São Paulo, 1962.

Chora o noivo e chora a noiva,
Chora o padre que a casou,
Chora os casados de velho,
Chora quem nunca se casou.

Meu pezinho de coentro
Minha foia de papé
Tuda pertendo te amá
Mais a fortuna não qué.

Tava na beira da praia
Quando o vapor apitô,
Foi os olhos mais bonito
Que as ondas do mar levô.

Meu amor foi s'imbora
Quando o vapor apitô
Foi os olhos mais bonito
Que as ondas do mar levô.

Meu amor foi s'imbora
Deus o leve a salvamento,
Ele de barras afora
E outro de portas adentro.

As quadrinhas em Cunha

Na comunidade paulista não encontramos o uso de quadrinhas para desafio ou saudação. Informaram-nos que os jovens e principalmente as mocinhas, nos primeiros anos da pós-puberdade, decoram aquelas que falam de amor; são enfim uma forma de entretenimento ao embevecimento amoroso.

Morena, minha morena,
coração de melancia,
um beijo na tua boca,
me sustenta quinze dia.

Minha mãe me case logo,
enquanto eu sô rapariga,
porque milho plantado tarde
dá palha e não dá espiga.

Atirei um cravo branco
na morena da janela,
ela me chamou de louco,
louco fiquei eu por ela.

Açucena quando nasce
arrebenta bem no pé,
arrebentada seja a língua
de quem falá da muié.

Eu fui indo por um caminho
capim verde cortou meu pé,
amarrei com fitinha verde
cabelinho de Zezé.

Orvalho da meia-noite
caiu na folha da lima,
eu também quero cair
nos braços dessa menina.

Menina dos olhos grande
do vestido de godê,
si teu pai deixar,
eu caso com você.

Quero casar com mulher gorda
quero viver na fartura,
quando chegar tempo frio,
não preciso de cobertura.

Quatro dia choveu areia,
três dia ventá, ventô,
as arve verde secaro
e as seca pusero frô.

Meu coração tá fechado,
chave stá em Lisboa;
meu coração só abre
quando vê coisas boa.

GESTAS E ROMANCES

Em Piaçabuçu encontramos alguns trechos de gestas e romances, farrapos de antigas canções líricas, de poesias dramáticas outrora cantadas, hoje sem melodia, sem música, apenas versos vivendo entre as loas de cachaça e de maconha. Frangalhos de romances que nos séculos XVI e XVII tiveram grande voga na Península Ibérica.

Perderam a forma de romance porque não são mais cantadas, não se lembram mais das músicas, diluíram-se na memória coletiva, apenas são recitadas as quadrinhas das narrativas tradicionais, breves, impessoais sobre Dão Jorge e Juliana, sobre Silvaninha e seu pai tarado, sobre Santa Helena bordando. Este último, além de ser transmitido oralmente de uma geração a outra, encontramos em antigos folhetos da literatura de cordel a narrativa em sextilhas, não em quadrinhas, dessa que "estava bordando com agulha de ouro e dedal de prata". Da "Nau Catarineta" inserimos trechos desse romance no primeiro volume.

No Nordeste, romance são poemas em versos setissílabos consagratórios em suas rimas simples dos feitos políticos ou notáveis de vaqueiros, dos bois fugidios que falam, narrando peripécias de suas fugas até serem dominados pelo vaqueiro famanaz. No Nordeste, em geral, os romances não são com música, ao passo que, no Sul do país, freqüentemente o são.

Das gestas medievas, apenas recolhemos esta de Cirino:

> Adeus Manué de Loanda
> Adeus, meu filho Noguera
> eu quero que me venha contá
> o que foi que viste lá na fera.
> Eu vi o Cirino bebo
> Jisué no chão deitado,
> como o chão não é furado
> eu im jejum ti arrecebo.
> Cirino tava durmino
> Ele com a morte assonhô.
> Quando foi noutro dia
> Ele com a morte encontrô,
> O cavalo de Cirino
> De novo estrivo, estrivô,
> As armas qu'ele tinha
> De nova escorva, escorvô.

Amonto-se em seu cavalo
Foi treis sarto qu'ele deu
Foi treis tombo que levô.
Cirino caiu no chão
Com os bofes dependurado
Ele cumo má criado
Meteu a mão e arrancô.
Corre, corre cavalo,
Vá até Jatobá
Chamá meu irmão
Pra minha morte vingá.
Chegô o cavalo de Cirino
Veio enfreiado e sorto
Vamo vê é meu irmão
O está preso ou morto,
Sinhô Padre capelão
Me bota na sua lista
Que hoje num fica gente
Que me pertença ao Batista
Até as galinhas do terrero
Eu hoje pertendo a matá
Pra morte de meu irmão
Muito cedo eu vingá.

    Em Cunha, a saudosa professora Carolina Maynard Pinto cantou várias quadrinhas do romance do fidalgo d. Jorge e Juliana que suas alunas cantavam, aliás muito parecidas com as que cantara em sua infância em Castro e Piraí, no estado do Paraná.

Os acalantos em Piaçabuçu

    Ao anoitecer, após a refeição, quer na casa do rico, onde a mãe se embala na macia rede com o filho no regaço, ou na choupana do pobre, onde sentada sobre a esteira, aconchegando a criança, sussurra um dorme-nenê, é a cantiga de ninar dolente, monótona, que faz cerrar as pálpebras[17]:

---

[17] Vicente Aricó Jr. e Alceu Maynard Araújo, *Canta Brasil!*, São Paulo, Ricordi, 1957.

> Dorme filhinha,
> qu'eu tenho o que fazê
> vou lavá e gomá
> camisinha pra você.
>
> É, é, é, é,...
> Susana é um bebé,
> i, i, i, i ...
> Susana vai dormi.
>
> Dorme Susana
> qu'eu tenho o que fazê,
> vou lavá e gomá
> camisinha pra você.
>
> A, a, a, a...
> Susana quer apanhá,
> i, i, i, i ...
> Susana vai dormi...

Outro acalanto:

> Dorme nenê,
> eu tenho que fazê,
> vô lavá e gomá
> camisinha pra você.
>
> Maria lavava,
> José estendia,
> chorava Jesus
> no colo de Maria.
>
> Ó dorme filhinho
> eu tenho que fazê
> vou lavá, vou gomá
> camisinha pra você.

O "DORME-NENÊ" EM CUNHA

Durma nenê, que a cuca já i vem.
Papai foi na roça, mamãe foi tamém.

> Bicho cocô lá no telhado,
> dexa o nenê durmi sussegado.
>
> Durma nenê, que a cuca vem pegá,
> Papai tá na roça, mamãi no cafezá.
>
> Durma nenê, que eu tenho o que fazê
> Vô lavá, vô engomá a camisinha de você.

Os santos também são lembrados nos acalantos:

> Numa ponta Santo Antônio,
> noutra ponta São João
> no meio Nossa Senhora,
> cum seu raminho na mão.
>
> Acordei de madrugada,
> fui varrê a Conceição,
> incontrei Nossa Sinhora
> com dois livrinho na mão.
>
> Eu pedi um com ela,
> ela me disse que não;
> eu tornei a lhe pedi,
> ela me deu um cordão.
>
> Numa ponta tinha São Pedro,
> na outra tinha São João
> no meio tinha um letreiro
> da Virge da Conceição.

Na comunidade alagoana não constatamos nos acalantos por nós gravados a presença dos mitos da angústia infantil: bicho-papão, tutu, tatu, boi da cara preta, nada enfim que estivesse em cima do telhado e que pudesse pegar criança caso ela não dormisse, animais convencionalmente inventados pelos adultos para infundir medo[18] e são afastados graças aos cantos de embalo. O acalanto é como um estágio preparatório ou transitório entre a atividade diurna, onde há luz, presença de outros, e o repouso, onde há trevas e insulamento; daí algumas crianças temerem o escuro e a solidão, aceitando como amparo o dorme-nenê cantado por qualquer adulto de suas relações afetuosas, pro-

---

18 Veríssimo de Melo, *Acalantos*, Edições da Revista Clã.

vocando-lhe aquele relaxamento que faz as pálpebras ficarem pesadas e fecharem-se. Precisamos, porém, levar em consideração a idade da criança. Experiências que temos feito com nossos três filhos têm nos indicado que na fase primeira o que é importante é o ritmo, ou melhor, a repetição às vezes monótona de uma palavra de duas ou três sílabas, monotonia sem melodia, capaz porém de condicionar, após um pequeno período de treinamento, aquilo que nós adultos desejamos – o relaxamento total e enfim a vinda do sono. Outras vezes, sem embalo, no regaço, ou no próprio berço e nós a repetir monotonamente qualquer palavra que nos viesse à mente, a criança dormia. Desassociamos experimentalmente o embalo do canto e este daquele, conservando o ritmo, e elas dormiam. Quando os filhos foram aumentando de idade, ninando-os cantávamos ora acalantos nordestinos, ora paulistas, que são em parte aqueles que vivem em nossa recordação e experiência e anotamos a preferência (demonstrada por nossa filha àqueles que faziam referência ao seu nome, como o "Dorme Susana, que eu tenho o que fazer"[19], sempre desejando que não cantássemos o "Papai foi na roça e a mamãe foi também" para que ela não ficasse sozinha. Desejava a presença de alguém para a solidão em que o sono a mergulharia).

O estudo de Florestan Fernandes[20] sobre acalantos paulistanos aponta o bicho-papão no universo mítico da criança, e a nossa coleta em comunidades paulistas tem nos mostrado com freqüência a presença dos mitos na angústia infantil. Em Cunha há também acalantos que falam da presença dos santos, bem como sabemos que no Nordeste estão presentes os "mitos aterradores das crianças", conforme anotaram Veríssimo de Melo e Câmara Cascudo, o que não exclui o fato de não termos gravado sua música em nossa pesquisa por mera coincidência. Completando a nossa experiência pessoal, nossos filhos nunca tiveram medo porque nunca os condicionamos para tal, nunca lhes projetamos o medo e também jamais o quisemos fazer, mesmo experimentalmente.

As anedotas

A anedota, ou popularmente "piada", é um conto sucinto de um fato, visando provocar jocosidade, ridicularia. Em geral a anedota maliciosa é classificada em "anedota de salão", "fina", e anedota "que não é de salão" ou "api-

---

19 *Cem melodias folclóricas*, op. cit.
20 Florestan Fernandes, "Cantigas de ninar paulistanas", *Trópico*, Prefeitura Municipal de São Paulo, Ano I, nº 1, abr./1950.

mentada". A anedota é caricatura verbal que surge espontânea. A anedota revela a presença do folclore no cotidiano. Folclore do cotidiano.

Há um tipo de anedota que revela um julgamento etnocêntrico ou preconceito, p. ex., aquelas em que o brasileiro procura ridicularizar o português, o citadino o caipira. Em geral, as que revelam preconceito são facilmente reconhecidas, pois o "contador de piadas" evidencia-o, mudando a personagem central da anedota, dando-lhe uma determinada nacionalidade ou posição, justamente aquela que lhe é inconscientemente adversa, que o oprime ou goza de melhor *status* social do que o seu.

A anedota é também uma espécie de catarse envolta mesmo numa forma satírica.

As anedotas "picantes", "apimentadas", repassadas de pornéia em geral, revelam frustração, impotência, recalques. Servem para compensar os alvos não atingidos.

No folclore encontramos muitas anedotas. Em geral os indivíduos que engrossam as classes destituídas (mormente do ponto de vista econômico) usam-na como arma de compensação pela perda do *status* anteriormente gozado na comunidade social.

Da anedota serviu-se grandemente o maior folclorista paulista – Cornélio Pires – para revalorizar o caipira. Foi a arma com a qual tirou-o do ridículo em que os "cidadãos" procuraram sempre colocá-lo, seguindo o velho *folkway* da geração atual ridicularizar a passada, a anterior, a mais culta a menos culta.

As anedotas de cunho religioso em geral revelam uma sátira velada aos costumes, atitudes dos ministros de religião, formas de culto, cerimônias. Os ritos, quando são de difícil compreensão e não podem acompanhar o ritmo do progresso, da evolução social, primeiramente são ridicularizados pelas anedotas, até caírem em desuso e desaparecerem.

Há também anedotas inocentes, sem malícia, chegando mesmo a entreter um auditório, nas reuniões sociais.

Em ambas as comunidades encontramos o uso de anedotas. Poderíamos afirmar que as ouvimos freqüentemente entre os moradores da cidade, ao passo que entre os rurícolas é uma raridade. As anedotas em geral são "picantes", pornográficas, e as preferidas em primeiro lugar são aquelas que versam sobre padres e, em segundo lugar, sobre o papagaio. Um traço curioso que pode ser mera coincidência: em ambas as comunidades estudadas o melhor contador de anedotas e de piadas era o sacristão. O de Piaçabuçu sempre tinha "uma nova" para transmitir.

Fumando a maconha numa "marica", cachimbo apropriado.

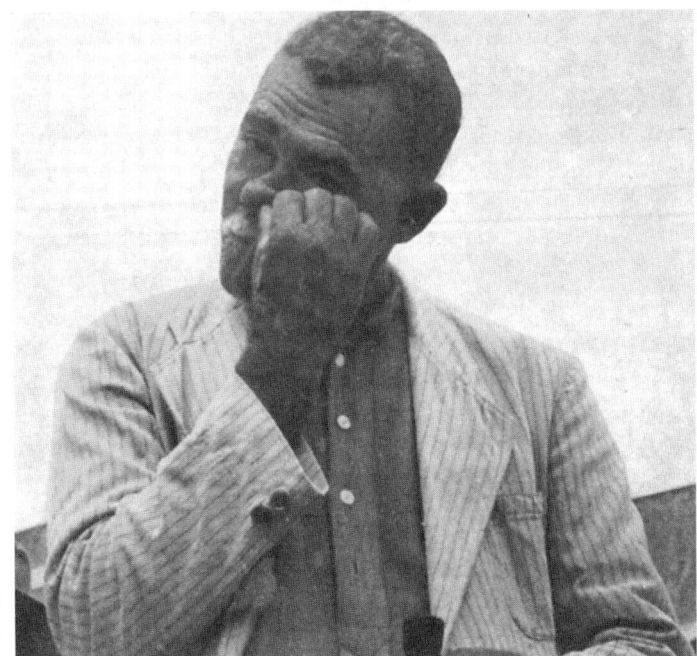

Aspirando o "torrado" (rapé), fumo moído.

O "torrado" (rapé) é vendido nas feiras, geralmente pelo doutor de raízes.

Cuscuz de arroz...

Acerca de anedotas somente anotamos a sua presença nos grupos masculinos. E outra coincidência – era principalmente nas farmácias que havia ambiente e audientes para as anedotas.

Não sabemos a que atribuir o fato de em ambas as comunidades estudadas não terem sido encontrados exemplos de conto acumulativo, fórmula não muito apreciada atualmente pelas crianças, que hoje se interessam muito mais pelas adivinhas.

Conto acumulativo é o encadeamento de palavras de um pequeno conto, articuladas numa seriação ininterrupta, formando estórias sem fim.

Literatura de cordel em Piaçabuçu

A segunda "fonte contínua que mantém viva a corrente dessa 'constante' folclórica – a literatura oral – é a reimpressão dos antigos livrinhos", disse Câmara Cascudo. Essa outra fonte da literatura oral é a literatura de cordel.

Nas feiras nordestinas e hoje até nas grandes capitais do Sul, é comum encontrar "bancas" onde são vendidos pequenos livros (o tamanho típico é de 16 × 11,5 cm), verdadeiras peças da literatura popular e tradicional, as quais refletem com espontaneidade os vários assuntos desenvolvidos pelos trovadores. Opúsculos encontrados também nas portas das engraxatarias, enfiados em barbantes, encarreirados em cordéis. Literatura do povo para o povo, pendente, suspensa nos cordéis: assim definiríamos a *literatura de cordel*.

A gente simples e humilde adquire nas feiras esses folhetos e, ao redor daqueles que sabem ler, se agrupam várias pessoas que chegam mesmo a decorar tais façanhas ou estórias, escritas todas em versos, narradas pelos trovadores populares. É claro que a repercussão é grande, pois os poetas, autores da farta literatura de cordel, falam a mesma linguagem dos seus leitores, há um só universo de discurso.

É comum nas feiras nordestinas – verdadeiro ponto de concentração hebdomadária da população rural – aparecerem curiosos vendedores de folhetos: colocam sobre uma esteira ou caixote a batelada de opúsculos e depois começam em voz alta a declamar alguns versos. As pessoas se reúnem circundando-o e, quando o palrador está no clímax de alguma história, pára. Faz uma pequena pausa: "Meus sinhores", conclui, "caso queira saber o resto, leve o folheto tal, este romance... ou aquela estória..."

Além destes *cometas da cultura popular*, de maneira mais ou menos permanente, nas comunidades onde há feiras, os folhetos são vendidos nas bancas dos "raizeiros". O "doutor de raízes" vende folhetos ao lado de suas mezinhas. Nos mercados das grandes cidades nordestinas há representantes autorizados dos editores. (Joaquim Batista de Sena mantém cem revendedores em todo o Brasil e agências em Juazeiro do Norte, João Pessoa, Rondônia, Belém do Pará, Parnaíba, São Luís do Maranhão, Recife, Natal e Rio de Janeiro.) Profundamente arraigado na vida popular nordestina é o hábito de ler folhetos. Chegamos mesmo a ver, em algumas casas, pilhas deles. Percebe-se que foram manuseados, lidos, relidos e freqüentemente cedidos aos vizinhos ou amigos.

É natural que a decoração dos folhetos pela massa inculta e semi-alfabetizada do povo seja coisa comum, pois além de os seus autores participarem das mesmas dificuldades da condição popular – caminho direto à sensibilidade assim fraternizada – a versificação dos temas facilita ainda mais a sua memorização.

O alcance dessa literatura de cordel, repertório do pensamento do trovador popular, ainda não foi suficientemente avaliado, pois a sua difusão, graças à vultosa aquisição de tais folhetos, leva-nos a acreditar que a disseminação de muitos conhecimentos e até mesmo de temas da literatura universal entre a gente simples se dê através desses órgãos da opinião pública, de comunicação, que são os cantadores, os trovadores, analfabetos muitos, semialfabetizados alguns, mas todos inspirados poetas do povo, bardos da cultura espontânea do povo.

A literatura de cordel é classificada pelos seus vendedores em três grupos distintos: folhetos, romances e histórias. *Folhetos* são os de oito páginas, vendidos a dez cruzeiros; *romances* são os de dezesseis, ou vinte e quatro páginas; *história*, os de trinta e duas ou quarenta e oito páginas, e daí custar trinta cruzeiros, porque o *romance* custa vinte. Às vezes são encontradas nas "bancas", para revenda, as Orações e Ensalmos, encadernados, a dez cruzeiros. Estas, porém, não fazem parte da literatura de cordel. Aliás, as orações impressas em uma só folha são vendidas pelo "doutor de raízes", para serem rezadas após a defumação por ele receitada ou para fazer-se, dobrando-as, um bentinho e escapulário tão comum entre a gente crédula do povo.

Em nossas viagens pelo Nordeste brasileiro, todas as vezes que podíamos, procuramos adquirir nas "bancas" a literatura de cordel, formando assim um acervo, para mais de meio milheiro de exemplares. Tão farta a messe de folhetos, sugeriu-nos uma classificação depois de todos lidos e catalogados. Em mais de duas décadas de pesquisas classificamos em seis grupos os *assuntos* explorados na literatura de cordel:

a) *desafios*;
b) *estórias relacionadas com religião, ritos e cerimônias*;

c) *banditismo (Lampião);*
d) *fatos locais;*
e) *pornografia;* e
f) *temas da literatura e história universais.*

No primeiro grupo – *desafios* – reunimos as *pelejas* cantadas ao som da viola entre cantadores e trovadores célebres. Tais porfias ficam eternizadas nas memórias de seus admiradores e gozam de vida mais longa do que as páginas dos folhetos lhes dão. Entre estes, para exemplificar, agrupamos os seguintes: "Peleja do cego Aderaldo com Zé Pretinho do Tucum" (16 páginas)[21], "Peleja de Patrício com Inácio da Catinguera" (8 páginas), "Peleja de Antônio Machado com Manuel Gavião" (16 páginas), "Peleja de Manuel Raimundo com Manuel Campina" (16 páginas), de autoria de João Martins de Athayde.

Um exemplo de desafio:

> Chegando Manuel Raimundo
> numa casa em Pedra Fina,
> o povo estava ansioso
> p'ra ver a carnificina,
> perguntaram se queria
> cantar com Manuel Campina.
>
> Respondeu Manuel Raimundo
> canto, pois não, sim senhor,
> sou novo na cantoria
> mas não temo cantador,
> depois que me esquenta o sangue,
> canto seja com quem for.
>
> Mandaram chamar Campina
> depois pegaram a dizer,
> a surra que esse homem leva
> faz vergonha a quem vai ser
> a macaca de Campina,
> é danada p'ra doer.

---

21 "Peleja de Manuel Riachão com José Maneiro" (8 páginas), "Peleja de João Pedra Azul com Manuel Ventania" (16 páginas), todos de autoria de João Martins de Athayde; "Discussão de Zé Junqueiro com Zé Bacalhao, moradores no Barro Duro", de autor desconhecido.

Depois chegou Campina
com a viola na mão,
pedindo ao povo da casa
– me aponte o valentão
que quero tirar-lhe a fama
no lapo do cinturão.

R – Chegasses onde eu queria
ajunte a sua regência,
pode formar o seu bloco
dê volta na consciência
mande seu povo escutar
e vamos discutir ciência.

C – Eu também sou preparado
conheço a filosofia,
vou fazer-lhe uma pergunta
se acaso tem teoria
responda ao som da viola,
o que é mitologia?

R – São os contos fabulosos
dos deuses da antiguidade,
dos tempos do paganismo
fala de toda entidade
originário do grego
nasceu na primeira idade.

C – Tua resposta me agrada
quem sabe não se embaraça,
se acaso me dá licença
que outra pergunta lhe faça,
por obséquio me diga,
quem foi a deusa da caça?

R – Eu sei que sua pergunta
não é para soltar chicana,
por isso, vou responder-lhe
se o espírito não me engana
é uma irmã de Apolo
tem o nome de Diana.

(Peleja de Manuel Raimundo com Manuel Campina, pp. 1-3)

Pela pequena amostra pode-se ter idéia de um *desafio* comumente chamado "peleja". Nele os temas para a porfia são os mais variados, desde os fatos corriqueiros da vida cotidiana até filosofia, mitologia.

No caso dos folhetos de desafios convém notar que em geral eles não são escritos pelos porfiadores e sim por um outro trovador alfabetizado de grande capacidade de retenção, capaz de reproduzir o que ouviu. É claro que há neste caso participação do trovador-escritor ou trovador-editor. Essa intromissão, por um lado, salva de serem apenas "palavras ao vento", não escritas, aquelas figuras belas criadas pelos trovadores em porfia; por outro lado, tiram a beleza agreste do fraseado, ou melhor, da pronúncia com sabor do linguajar matuto. Esta observação não é para diminuir o louvável trabalho de trovadores como o de João Martins de Athayde, mas ao pesquisador que teve oportunidade de passar horas e horas ouvindo "pelejas" ocorreu tal, porque o ouvido acostumado ao peculiar palavreado dos poetas nordestinos não conseguiu sintonizar perfeitamente com as correções gramaticais, as arrumações de palavras encontradas às vezes nos folhetos.

No desenrolar das pelejas percebe-se que de lado a lado há sempre versos egolátricos. A porfia é dura, mas sempre acaba em paz.

> P – Digo com soberba e tudo
> sou filho de Bom Jardim
> inda não nasceu no mundo
> um cantor p'ra dar em mim,
> se nasceu não se criou,
> se criou já levou fim.

> V – Isto ninguém acredita
> eu digo e quero provar,
> Serrador deu-te uma surra
> você não pode negar
> um cantor da sua marca,
> acostumou-se a apanhar.
>
> P – Eu sou culpado de tudo
> porque também não sabia,
> que vinha para um salão
> da alta aristocracia
> ouvir um analfabeto
> mostrando sabedoria.
>
> V – O bruto só tem coragem
> quando ignora o perigo
> sendo eu analfabeto
> só faço aquilo que digo
> recorde a sua ciência
> venha discutir comigo.

(Peleja de Ventania com Pedra Azul, pp. 5 e 6)

Só no citar as páginas de onde transcrevemos os versos o leitor poderá ter uma idéia de que em cada uma cabem apenas quatro sextilhas. A sextilha de sete sílabas, de rimas simples, é a preferida pelos repentistas nas "pelejas". Aliás, a redondilha maior é a medida preferida na poesia popular, brasileira ou portuguesa.

No segundo agrupamos os folhetos, romances e histórias relacionados com a religião: vida de santos, trechos deturpados de fatos bíblicos, narrações de milagres, trechos de história sagrada aprendida no catecismo. É bem provável que algum trovador tenha lido trechos da Bíblia graças à distribuição que os cristãos evangélicos fazem, mesmo nos mais recônditos sertões do Brasil. É aceitável essa hipótese pela insistência com que agem os protestantes para que o povo leia a Bíblia. Acreditamos, por outro lado, que tais trovadores não sejam protestantes, porque o convertido ao evangelismo abandona as pelejas, a cantoria, julgando-a coisa mundana, incompatível com a religião. O que é fato é que encontramos às vezes verdadeiras páginas inspiradas, uma espécie de evangelho apócrifo criado pela mente fértil dos trovadores populares, o qual começa a circular entre os fiéis e devotos que crêem na veracidade de tais narrativas.

Estes folhetos estão impregnados dos episódios já lendários do "Padim Ciço". É fácil de se compreender que tal se dê porque uma das tipografias editoras dessa literatura de cordel também se localiza justamente no feudo espiritual do falecido Padre Cícero Romão Batista, em Juazeiro do Norte, Ceará[22], onde ainda levas e levas de romeiros vão anualmente em peregrinação.

Muitas histórias bíblicas são transmitidas por meio deste púlpito dos poetas populares – os folhetos, romances e histórias: "História de José do Egito" (16 páginas); "História de Dimas, o bom ladrão", (40 páginas); "Florilégio dos santos: São Raimundo Nonato dos Mulundus" (24 páginas); "História de João da Cruz" (48 páginas); "Palavras de Frei Damião sobre a era de 1960, por Francisco de Sales Areda" (8 páginas); "O retrato do Padre Cícero que falou" (8 páginas); "A vida do Padre Cícero" (16 páginas); "Antigos sermões do Padre Cícero" (16 páginas); e o que aprenderam no catecismo, por exemplo: "História do casamento de Lusbel" (32 páginas); "Exemplo de uma menina que o diabo carregou em Coité, município de Picuí, Paraíba do Norte" (8 páginas).

Do poeta José Pacheco, um trecho sobre o "Retrato do Padre Cícero que falou":

---

22 A quase totalidade dos folhetos de nossa coleção trazem na última capa o seguinte: "TIP. São Francisco – José Bernardo da Silva. Mantém um variado sortimento de romances, folhetos, novenas, orações etc. Grande desconto para os revendedores. Também tem à venda o famoso Lunário Moderno, com todos os cálculos astrológicos, para os invernos do Norte Brasileiro. Não atendemos reembolso postal. Rua Sta. Luzia, 263, Juazeiro – Ceará."

Leitores ainda reinam
todas forças virtuais
de nosso padrinho Cícero
p'ra salvação dos mortais
nos dando sempre esperança
que nos garante a herança
das graças celestiais.

A beata Francelina
sexta-feira da paixão
abriu seu oratório
para fazer oração,
e botou flores num prato
beijando o santo retrato
do padre Cícero Romão.

Assim ela beijou
o retrato estremeceu
surgiu uma voz sublime,
não te assustes que sou eu.
Ela pegou a rezar
sobre a mesa do altar
debruçada adormeceu.

(Página 1)

Sobre o mesmo taumaturgo, João Martins de Athayde escreve:

Os bispos não gostam dele
ignora-se a razão
tanto que ele não diz assim
não faz uma confissão
o bispo do Ceará,
retirou-lhe a provisão.

Dizem que os padres não gostam
do padre do Juazeiro,
é porque o padre Cícero
não aprecia dinheiro
e isso faz desgostar,
outro padre interesseiro.

Porque diz o padre Cícero:
– eu planto milho e feijão,
no ano que haja inverno
colho safra de algodão
não preciso de tirar,
um vintém de meu irmão.

(Página 13)

O mesmo trovador Athayde, no seu interessante folheto "História de José do Egito", dá-nos uma tradução versificada da narrativa mosaica do Pentateuco:

Jacó foi um patriarca
de uma vida exemplar,
teve Raquel como esposa
uma jovem singular,
pai de José do Egito,
de quem pretendo falar.

Foram pais de doze filhos
de uma só geração,
não quero falar de todos
pra não fazer confusão
falo em José do Egito,
Benjamim e Simião.

Muita idéia medieval ainda é difundida por meio destes folhetos, romances e histórias. Do poeta Bernardo da Silva, em sua "História do casamento de Lusbel", contando os sofrimentos de Maria Alice, que se casou com o Diabo, triunfando depois ajudada pelo seu anjo da guarda, lemos:

> Quando chegar no inferno
> ele quer lhe carregar
> para botar-lhe nas chamas
> e você se abismar
> nesta ocasião se benza
> e ponha-se a me chamar.

No terceiro grupo arrolamos aqueles que versam sobre banditismo, as correrias de bandoleiros, as façanhas e vidas de cangaceiros. Neste agrupamos os que valorizam "o cabra macho", os que chegam a enaltecer os criminosos, tais como o famanaz Lampião. Essa valorização do "cabra macho", do valentão, do que não leva desaforo para casa, repercute na desorganização social porque o moço, imitando-o, resolverá seus casos, suas pendências pelo uso da "peixeira", do "clavinote", e jamais apelará para a razão, para o que é de justo e perfeito entendimento. O bandoleiro tem seu ABC, é cantado em versos pelos cegos nas feiras; sobre ele aparecem folhetos, romances e histórias perpetuando-lhe os feitos; Lampião é endeusado no Nordeste entre a gente simples e destituída da fortuna, cansada das muitas injustiças sociais. O prestígio da distância e do tempo poderá um dia elevá-lo à categoria de santo para as mentalidades de seus admiradores. Não é sem boa dose de razão que agrupamos neste estudo sobre a literatura de cordel os referentes ao banditismo, a Virgulino Ferreira da Silva, cujo apelido Lampião enche páginas e páginas desses livrinhos, narrando sua vida de fora-da-lei e sua "cabroeira", muitos destes ilustrados com desenhos, xilogravuras retratando o bandoleiro e seu grupo em ação. Desenhos e versos que incitam à imitação dos "cabras-machos".

É bem provável que esse enaltecimento do bandoleiro seja a forma de fazer oposição ao governo, à polícia, condizente com o espírito de irreverência do nordestino, tão espezinhado pelas autoridades.

Vários trovadores populares se ocupam em glorificar Lampião; entre eles, destaquemos: José Cordeiro com "Lampião – encontro que ele teve com os revoltosos, sua visita a Juazeiro e sua elevação a capitão de polícia a 4 de março de 1926" (24 páginas) e "Perseguição de Lampião pelas forças legais" (32 páginas), ambos ilustrados. Neste segundo temos as seguintes xilogravuras: Ataque de Lampião a Mossoró, Tiroteio de Vileta, Esperando ataque na Serra Vermelha[23].

Um dos poucos poetas que falou de um problema social atual foi João Martins de Athayde, comparando os seus açuladores ao banditismo de Lampião.

> Pedir esmola hoje em dia
> não é boa profissão,
> então ele deixa a vida
> segue a pé para o sertão
> somente p'ra se vingar
> vai pedir p'ra se alistar
> no grupo de Lampião.
>
> . . . .
>
> (Página 14)
>
> Por isso é que muita gente
> que vive assim nesse abismo,

---

23 Do poeta José Pacheco: "A chegada de Lampião no inferno" (8 páginas); "Grande debate que teve Lampião com São Pedro" (8 páginas); de João Martins de Athayde: "Lampião em Vila Bela" (16 páginas); "Proezas de Lampião na cidade de Cajazeira" (16 páginas); de José Bernardo da Silva: "Lampião na Bahia" (16 páginas).

> acha o trabalho na vida
> verdadeiro cataclismo
> deixa o viver miserando
> para viver assaltando,
> na vida do banditismo.
>
> . . . .
>
> (Página 15)
>
> Se deve andar prevenido
> com essas tais ambições,
> e ter cuidado na vida
> que o mundo está de aflições,
> eu só propalo a verdade
> e aqui dentro da cidade,
> tem diversos Lampiões.
>
> (Página 16)

É claro que outros bandidos irão figurar nos folhetos porque Lampião já morreu. O famoso Antônio Silvino já está desaparecendo dos folhetos, romances e histórias, deixou de ser bandoleiro, regenerou-se na prisão, converteu-se ao protestantismo. Não há mais assunto para valorização desse ex-facínora, outros "cabras-machos" aparecerão para ganhar um ABC, para ser cantados pela literatura de cordel das muitas feiras nordestinas.

O poeta Chagas Batista, em "O interrogatório de Antônio Silvino", finaliza o seu "romance" assim:

> Dr. contei-lhe a história
> dos crimes que cometi
> disse-lhe a pura verdade
> pois nem um omiti,
> aos que eram meus inimigos
> sempre altivo os persegui.
>
> Tomei dinheiro dos ricos
> e aos pobres entreguei
> protegi sempre a família
> moças pobres amparei
> o bem que fiz apagou
> os crimes que pratiquei.

Não me prenderam, entreguei-me
porque já estava cansado,
um dos meus cabras feriu-me
vi-me doente e roubado
vim morrer nesta prisão
cumpri a lei do meu fado.

(Página 15)

No quarto grupo, os "folhetos, romances e histórias" versam sobre acontecimentos locais, proezas, gestas de vaqueiros, valentias mas não crimes, bebedeiras célebres de pessoas importantes, os flagelos da seca, política e politiqueiros, temas de contos infantis, fatos da vida cotidiana[24]. Ao boi, nesta seção, é dedicado vasto número de páginas. A vida dos vaqueiros é abundantemente cantada, merecendo dos poetas populares gestas inesquecíveis. Estes folhetos relatam em trovas a velha usança das vaquejadas perpetuando o nome de vaqueiros destemidos, destros e de bois indomáveis. Muitas histórias sobre a partilha em que o vaqueiro pobre é sempre "logrado" pelo fazendeiro rico. Há rimances em que o boi faz suas queixas, fala como e com o homem, narrando suas penas. A vida do sertanejo da zona do agreste, onde os folhetos são impressos, está muito ligada às lides pastoris, é a região da "Civilização do couro". Na região do campeiro o "pingo" tem o seu bardo, que é o gaúcho, e na do vaqueiro o boi tem o seu cantador, o "pueta do cértam", ambos usam o mesmo instrumento com o qual acompanham os descantes de suas mágoas e de sua alegria – a viola. No sul, o minuano leva os cantos e poucas vezes noutro galpão serão repetidos tais improvisos; no Nordeste, não, ficam os folhetos, não permitindo que apenas "a noite enluarada oiça a voz do trovador", porque o "bom cantador escreve romance", embora muitos sejam analfabetos, porém os editores da literatura de cordel publicarão por eles.

No quinto grupo figuram os pouquíssimos folhetos de pornografia. A linguagem não é obscena, a sugestão sim. O trovador com certa verve sugere

---

[24] Exemplifiquemos: do trovador João Martins de Athayde, "O terror da zona" (16 páginas), "A guerra dos animais" (16 páginas), "Romance de José Sousa Leão" (32 páginas), "A sorte de uma meretriz" (8 páginas), "História da rã Ganhadeira" (8 páginas), "O valente Josué" (32 páginas), "Proezas de João Grilo" (32 páginas), "História do valente Vilela" (16 páginas), "História do Negrão ou André Cascadura" (16 páginas), "Suspiros de um sertanejo" (16 páginas); do poeta José Bernardo da Silva, "ABC da pobreza" (8 páginas), "ABC dos namorados" (8 páginas), "A seca – o flagelo do sertão" (8 páginas), "Uma festa no sertão" (8 páginas), "A história do valente sertanejo Zé Garcia" (42 páginas); "A história do boi mandingueiro e o cavalo misterioso" (32 páginas); do poeta Pedro Alves da Silva, "A carta de Piroca(ô) para Margarida (que serve para qualquer rapaz falar a uma moça em casamento)"; e do trovador João Ferreira Lima, "História de Mariquinha e José Sousa Leão" (24 páginas).

temas fesceninos, como, por exemplo, a "história da viúva que foi comprar fumo aos palmos". Não é do feitio dos trovadores populares nordestinos divulgar esse tipo de literatura; outra é sua finalidade: a de ensinar o bem, criticar o que está errado, louvar o que é justo e perfeito.

Finalmente, em sexto, agrupamos aqueles que traduzem na linguagem simples do matuto nordestino os temas da história e literatura universais. Neste grupo figuram temas da literatura popular, de autores desconhecidos uns, conhecidos outros, e também da literatura tradicional apertados ora nas sextilhas, ora nas décimas, ambas tão do sabor nordestino. Ora é Carlos Magno com trajes de vaqueiro do agreste, ora é Oliveiros montando um cavalo esquipador, ora é Sansão e Dalila ou Romeu e Julieta, ora é "A morte dos 12 pares de França" ou a "Imperatriz Porcina ou a história de lindas princesas do 'estranja' que precisam de cafuné para poder dormir"[25].

Neste tipo de literatura de cordel não encontramos nada escrito em prosa, somente em versos. Alguns autores usam, para identificar suas trovas, fazer o final um acróstico com o seu nome. No final de "O mercador e o gênio", lemos o acróstico de Damásio:

> D e formas que quem tiver
> A spiração do porvir
> M uito embora que lhe custe
> Á sua estrela luzir
> S e lhe for fiel a sorte
> I nda no leito da morte
> O seu, às mãos há de vir.

Esta é uma forma pela qual o trovador se defende contra a possível usurpação de sua propriedade intelectual. O trovador José Bernardo da Silva já não precisa mais usar esta forma porque ele é o possuidor da Tipografia São Francisco, lançadora de milhões de exemplares destes livros de literatura de cordel, mas, em "O príncipe Oscar e a rainha das águias", ele assim o termina:

---

25 Exemplifiquemos: do trovador João Martins de Athayde, "História da Imperatriz Porcina" (32 páginas), "A princesa sem coração" (48 páginas), "O capitão do navio" (16 páginas), "Juvenal e o dragão" (32 páginas), "O soldado jogador" (8 páginas), "A do cancão de fogo" (32 páginas), "História de um pecador" (2 volumes, de 32 páginas cada), "O estudante da cigana Esmeralda" (40 páginas); do trovador José Bernardo da Silva, "A prisão de Oliveiros e seus companheiros" (48 páginas), "O príncipe Oscar e a rainha das águias" (32 páginas); do trovador Damásio, "Ariovaldo e Rosimar" (32 páginas), "O mercador e o gênio" (32 páginas); do repentista Luís da Costa, "História do soldado Roberto e a princesa do reino de Canaã" (2 volumes, de 32 páginas cada); de Antônio Caetano, "História de Gedeão e de Guimar" (40 páginas); de Marco Sampaio, "A morte dos 12 pares de França"; de Firmino Teixeira do Amaral, "Princesa Magolona e seu amante Pierre" (44 páginas); de Manuel d'Almeida Filho, "Os mistérios da princesa de sete palácios de metais" (16 páginas).

J á terminei este grande
E xemplo que foi passado,
B astante longo porém
E real e comprovado
R esta que o leitor lance
N a leitura do romance
A tenção e ver que
R esumo e cuidado
D e aumentar no tratado
O todo que merecer
D a censura obtive
A liberdade mais viva
S ob a qual ao leitor
I ntrego como missiva
L endo pra que o leitor
V isse como trovador,
A José Bernardo da Silva.

(Juazeiro, 12-3-51)

Nas bancas das feiras nordestinas também são encontradas, como já apontamos, "Orações" e "Ensalmos", medindo a metade do tamanho dos demais folhetos, assim pequenos para serem mais facilmente dobrados e encapados, transformando-se em bentinhos e escapulários tão comuns entre a gente do povo.

A SEGUNDA FONTE EM CUNHA

Já apontamos no início a existência de um tipo de reimpressão ou cópia manual de orações que mantém viva a literatura oral no meio rural paulista, no que concerne a ABC sobre a vida de santos e principalmente as orações usadas para várias finalidades mágicas: livrar e curar doenças ou de perigos e fogo[26].

Idêntico costume de usar orações em contato com o corpo é encontrado em Piaçabuçu, e arrolamos, sob a denominação de profilaxia mágica[27], os elementos materiais portadores de "virtude" capazes de prevenir e evitar doenças e perigos. Fazem parte do ritual protetivo. São profiláticos: relique,

---

26 *Alguns ritos mágicos*, op. cit.
27 Alceu Maynard Araújo, *Medicina rústica*, op. cit.

patuá, bentinho, santinho, amuleto e talismã. Acontece que, em Piaçabuçu, não constatamos o costume de ler as orações, copiá-las ou recitá-las, porém, em Cunha, é comum a recitação em voz alta das orações; e quando analfabetos, ou não podendo ler, abrem-na e, olhando para ela, rezam um Padre-Nosso e dizem que o efeito é o mesmo como se tivesse lido em voz alta a oração escrita.

Quando, porventura, perdem uma oração, não havendo facilidade de copiá-la ou comprar outras nos santuários, é costume uma pessoa que a sabe de cor repeti-la, enquanto outra a reescreve. Assinalamos, por causa deste processo e também das cópias manuscritas sucessivas, deturpações de algumas orações oficiais da Igreja católica romana, sendo que muitas palavras ficam deturpadas e as pessoas repetem-nas assim mesmo, daí as dificuldades para decifrar vocábulos como estes: "craristina" – clara e linda, "conciofica-do" – crucificado, "de atiradora da dirigente" – desterradora da indigência.

A cópia manuscrita ou a comprada nos santuários – mecas do catolicismo romano –, reimpressão de orações, "mantém viva a corrente dessa constante folclórica que é a literatura oral", repetindo mais uma vez as palavras de Câmara Cascudo.

Dentre os ritos protetivos, os caipiras paulistas lançam mão de orações, breves, bentinhos ou patuás.

A oração, bem como o breve, são uma petição escrita num pedaço de papel, sendo lida ou recitada nas ocasiões propícias. Em geral, quando não estão sendo usadas, ficam guardadas no oratório.

O patuá é uma oração também escrita num pedaço de papel, mas que não precisa ser lida: é suficiente estar em contato com o corpo da pessoa para protegê-la. Faz-se então o seguinte: enrola-se muito bem o papel da oração; em seguida coloca-se dentro de um saquinho de pano e pendura-se no pescoço. Isso constitui, talvez, uma forma fetichista que merece ser estudada, porque esse patuá é digno de zelos especiais. Pudemos observar tal fato quando por ocasião de uma enchente. Tivemos que atravessar um rio a nado, juntamente com o guia que trazia com ele um patuá. Teve o cuidado de tirá-lo do pescoço e colocá-lo na cabeça, a fim de que não se molhasse; se tal acontecesse, o patuá perderia o efeito. Ao chegarmos à outra margem, Quito Veloso, o guia, persignou-se, beijou o patuá e tornou a colocá-lo no pescoço, amarrando a linha encardida que o prendia.

O patuá também é conhecido por "bentinho". Alguns fazem esta distinção: "bentinho" é o que traz oração escrita, e "relique", o que traz, embrulhado, pedacinho de guiné, pó de bico de anu-preto, lasca de santo cruzeiro etc. A maioria, porém, não faz distinção entre "bentinho" e "relique". Tudo é patuá. Em geral, os portadores de patuá trazem, também, figas feitas de guiné ou arruda, que devem ser esculpidas na Sexta-Feira Santa, antes do nascer do sol. E é muito comum na mesma correntinha ou barbante que serve de colar trazerem, ao lado dos patuás e figas, as medalhas dos santos da devoção.

Não há apenas patuá com oração: há também outros tipos, sendo alguns portadores de virtude medicinal. Para dor de dentes ou nevralgia facial, usa-se patuá feito com as presas de uma aranha caranguejeira (que são vermelhas que nem brasas). A dor passa na hora com o uso desse patuá. É corrente entre os moços que, se alguém caçar um anu-preto e torrar o bico, o seu pó não só tem função afrodisíaca, mas também, se for posto ao pescoço num patuá, a de atrair definitivamente, por sortilégio, a pessoa amada. Só depois de casado é que se deve atirar o patuá na água corrente. Para livrar-se de mau-olhado ou inveja usa-se um "relique" com um pedacinho de guiné.

Encontramos certa vez uma pessoa que trazia amarradas ao corpo diversas orações. Fazia isso porque estava sofrendo dos rins, e tinha fé que só se curaria se as orações estivessem em contato com o corpo. Soubemos mais tarde que, quando morreu, não foi enterrada com as orações, estas foram queimadas nas chamas de uma vela benta.

O breve é a oração escrita num papel e que, às vezes, é lida nos momentos de apertura. Quando, porém, a pessoa é analfabeta, ou não enxerga o suficiente para lê-la, é só abrir o breve, colocá-lo na frente dos olhos e rezar um Padre-Nosso. Vale como se tivesse lido a oração, que está escrita no breve.

O breve da "marca" usa-se: quando há fogo e não se consegue dominá-lo; dá-se então as costas para o fogo, e com a claridade das labaredas lê-se o breve. Caso não se enxergue ou mesmo não se saiba ler, reza-se um Padre-Nosso em intenção do breve que o fogo se apagará. Amaro de Oliveira Monteiro afirmou que, "certa vez, pegou fogo no campo, e, como não pudesse dominá-lo, pois saltou os aceiros, e como não enxergasse as letras, rezou um Padre-Nosso em intenção do "breve da marca", entrou na cozinha do Eleutério e o fogo apagou".

O breve é impresso ou copiado. Há também orações impressas, cuja repetição maquinal, em determinado número de vezes, produz o efeito desejado. Nem sempre as orações que encontramos são impressas. Elas são copiadas em papel pautado em geral, mas com termos e frases tão deturpados que perdem o significado. Não raro são frases que foram alteradas pelo escriba. Mesmo assim procuram decorar essas frases. É quase impossível ao pesquisador anotá-las ao ouvi-las repetidas.

Temos o original do "Santíssimo breve de Roma", impresso e distribuído em Aparecida há anos. Temos também uma cópia desse mesmo breve, datada do dia 2 de novembro de 1930, cujo título é "Breve da marca". Há tantas coisas deturpadas nessa cópia que dificilmente se poderá filiá-la àquele.

Com a repetição dessas fórmulas é que se alcança o fim desejado. Eis uma prova: no dia 25 de março, dia da concepção de N. S. Jesus Cristo, dia de guarda que equivale à sexta-feira maior, se uma pessoa rezar cem vezes e cem vezes se ajoelhar, o que levará mais de duas horas, a partir da meia-noite do dia 24 ficará com o corpo fechado, pois é esta uma "oração pesada". São rezas e orações feitas numa velocidade tal, que não há vírgulas que sejam respeitadas.

Conclusão

Não resta dúvida de que dois livretos no Brasil podem disputar a popularidade entre a gente do interior: no Nordeste, o *Lunário perpétuo*; no Centro e Sul, o *Almanaque*. Ao redor dos poucos rurícolas que sabem ler, muitos se reúnem para ouvir ensinamentos ali enfeixados: medicina, astronomia, ditos populares, ou melhor, provérbios de alta orientação moral, horóscopos etc. No Lunário os cantadores ainda buscam inspiração para "cantar na ciência", e do Almanaque continuam a tirar o nome dos filhos. Ambos são fontes da literatura oral popular.

É sabido que a literatura oral é muito antiga, vem dos egípcios, dos árabes etc. O conto é extremamente antigo e muitos deles são mitos religiosos que perderam sua significação; outros são sobrevivências de sociedades antigas e parecem-nos, atualmente, bizarros, porque a nossa sociedade atual modificou-se.

Nossa tentativa de estudar a literatura oral em duas comunidades brasileiras se fundamenta no fato de que as histórias, os contos de fadas, as adivinhas, não podem ser estudados separados do ambiente que lhes deu nascimento. As adivinhas, por exemplo, são ritos de iniciação, são elementos de escolha, fazem parte dos fatos sociológicos.

Podem-se explicar certos ritos de iniciação através da literatura oral. Iniciação que nada mais é do que a estória da procura daquela bebida que dá a imortalidade, os filtros de amor (Tristão e Isolda), o vaso que contém o sangue de Cristo, vaso que desapareceu e que os Cavaleiros da Távola Redonda foram procurar lutando contra a tentação feminina. Tentação essa que na Idade Média era das coisas mais temidas e deu origem aos muitos contos de fada.

Fritando filiós na feira do Crato (CE).

Baganas de feira nordestina.

Bicos e rendas. Bicos: 2) caracol; 3) leque; 5) paninho no meio; 8) escudo real; 12) dois paninhos e caracol; 13) estrada de ferro; 14) flor no quadro. Rendas: 1) coroa de rainha; 4) riso da cecília; 6) aliancinha; 7) chenhinhinho; 9) flor no meio; 10) corrente cheia; 11) flor de goiaba.

Aliás, é a mesma beleza ou tentação fonte inexaurível da eternidade encontrada sob outra legenda em Jasão a buscar o Tosão de Ouro; do mesmo teor é a lenda de Circê, do pomo de ouro do jardim das Hespérides. É a procura da bebida que lhes traga a imortalidade o "al cool" ou o "el coal", água da vida ou de outra vida. Enfim, procuram, nessa forma de literatura oral, fazer triunfar o nosso grupo com a imortalidade.

Nós brasileiros temos também os nossos mitos. Quem sabe um dia poderão continuar essa linha do conto universal: por exemplo, Iemanjá vive no fundo do mar, é procurada por um rei que tem seu harém e quer pegá-la para seu serralho. Caso beba o leite de seus seios esse rei terá a imortalidade, porém ele não consegue apanhá-la, porque Iemanjá é o símbolo do amor conjugal puro. Não conseguirá porque essa é a linha da lenda universalmente aceita. Então parodiando o poeta latino Lucano, no poema épico "Farsália", ao referir-se aos vates, poderemos dizer das estórias e lendas: "elas realizam um trabalho sagrado e magnífico, dão imortalidade aos povos mortais".

A divisão da literatura oral de acordo com as duas fontes encontradas em ambas as comunidades e as distinções feitas ao estudar cada uma das suas formas de manifestações levaram-nos à conclusão de que, a despeito das distâncias e das barreiras geográficas que nos separam, há ainda nos dias de hoje, como que no proscênio onde esses fatos se desenrolam, um pano de fundo, um cenário tradicional que se projeta e realça os fatos folclóricos, quer se encenem em Cunha, quer em Piaçabuçu. Esse cenário grandioso e tradicional é o nosso passado português comum, que, embora tenha recebido outras influências em nossa pátria, é a viga mestra de nossa tradição, de nossa literatura oral.

CONVERSA VAI, CONVERSA VEM...

Enquanto conversa vai, conversa vem, ouvem-se provérbios, termos, gírias, modismos, enfim, dá-se curso à torrente desse rico manancial para estudos que é a linguagem popular. "Em boca calada não entra mosca"... e não saem as *frases feitas*, pode-se acrescentar.

FRASES FEITAS

Quantas vezes não proferimos uma frase, *frase feita*, que se ajusta perfeitamente ao assunto da conversa. Elas todas tiveram uma origem. Não havendo pressa "como de quem vai tirar o pai da forca", poder-se-á meditar sobre esses modos de dizer para se conhecer como se originaram. Essa frase é atribuída ao fato de Santo Antônio, estando em Pádua, ter que ir apressadamente até Lisboa para livrar seu pai da forca. Lenda muito conhecida que nos legou essa frase que tem tanta atualidade neste século de azáfama, onde quase todo mundo corre "como quem vai tirar o pai da forca".

Há frases feitas "mais velhas do que a Sé de Braga", outras porém são novas como esta: "Eta cafézinho bão!", criada por Ariowaldo Pires (o Capitão Furtado dos programas radiofônicos) para anúncio de um café. Hoje se tornou popularíssima graças ao rádio e à televisão. Se o anúncio radiofônico é novo, velhíssimo porém é esse "eta", interjeição encontrada em várias frases feitas: eta sujeito cacete!, eta Brasil velho de guerra!, eta velha rabugenta!, eta vidinha folgada!, eta mundo velho sem porteira, eta sujeito sem-vergonha!... A interjeição *eta*, que no Nordeste é *eita*, assume vários matizes, ora de satisfação, ora de contrariedade, mas o que indica o seu verdadeiro sentido é a maneira como é pronunciada.

Analisar as frases feitas, uma por uma, é uma tarefa estafante e só para mestres em lingüística do folclore, como Guilherme dos Santos Neves, Veríssimo de Melo, Aires da Mata Machado Filho, Sebastião de Almeida Oliveira, Florival Seraine, e não para folcloristas "de meia-tigela". Esse "meia-tigela", em Tacaratu (PE), foi a medida com a qual nos venderam farinha de mandioca na feira... que de mistura com uma feijoada "enlatada" valeu mais do que um banquete de "um fidalgo de meia-tigela". Esse "fidalgo" já nos conta que tal locução depreciativa só poderia ter vindo de Portugal.

A frase feita evita o circunlóquio. Ela nada tem de perífrase, porque com poucas palavras diz tudo, ou melhor, faz entender o que se queria dizer... entretanto há os que não "entendem patavina" ou "não sabem pataca de qualquer coisa".

"Por dá cá essa palha."
"No dia de São Nunca."
"Não sou pau de amarrar égua."
"Segurando vela."
"Na batata!"
"Isto tem dois v (vai e volta)."
"Um pé lá outro cá (rapidamente)."
"Pés em duas canoas."
"Pau de dois bicos."
"Ter as costas largas."
"Jogar verde para colher maduro."
"Ter as costas quentes."
"De fio a pavio."
"De cabo a rabo."
"De déu em déu."
"À queima-bucha. À queima-roupa."
"Maria vai com as outras."
"Coió sem sorte."
"De mãos abanando."
"Que nem cachorro magro, comemos e saímos."
"Com o rabo no vão das pernas."
"Juntar os trapinhos. Misturar os baixeiros. Misturar o cobertor. Arranjar cobertor de orelha (casar-se)."
"Queimar as pestanas (estudar, ler)."
"Sem pestanejar."
"Comer gato por lebre."
"Fazer de gato e sapato."
"Botar no chinelo."

"Levar nabos em sacos."
"Lamber os beiços."
"Ficar com água na boca."
"Ver com os olhos e lamber com a testa."
"Mora onde o Judas perdeu as botas."
"Tirar o vento da miséria."
"Vira-casaca."
"Virar bandeira."
"Não dá pra saída."
"Num vale uma pitada de fumo macáio."
"Pau para toda obra."
"É um pé de boi."
"Para o que der e vier."
"Ficou xavié (desapontado)."
"Marinheiro de primeira viagem (estreante)."
"Matar dois coelhos com uma bordoada só."
"Quem cai na rede é peixe."
"Tirar a farinha."
"É um caco velho (sem valor algum)."
"Não faz quatro com as pernas." "Bêbado que nem gambá." "Com o caco cheio."
"Estar no fogo." "Estar na chuva (ou no chuvisco)." "Estar mareado." "Estar na água."
"Estar com o bule cheio." "Pegando frango ou cercando frango (embriagado)."
"Podre de rico."
"Até o Chico vir de baixo."
"Água no bico."
"Água morna."
"Lengalenga que não resolve."
"A hora que a porca torce o rabo, não sendo rabicó."
"Hora da onça beber água."
"Levantar com o pé direito."
"Levantar com o pé esquerdo."
"Meter os pés pelas mãos."
"Ir com o calcanhar para frente."
"Ir pro país dos pés juntos."

Ditos

Entre as frases feitas e os provérbios há alguns termos também conhecidos por *ditos*. São em geral sentenças. Entretanto, essas sentenças não se enqua-

dram perfeitamente entre os provérbios e são pouco mais do que frases feitas. Os *ditos* em geral revelam uma comparação, identidade de estado: "Apertado como rato em guampa." "Pior do que pé com calo em sapato novo."
"Quando procuram porcos até as moitas roncam."
"Filha de onça nasce com pintas que nem a mãe."
"Quem por gosto corre não se cansa."
"Cumbuca de pimenta não perde o ardume."
"Mexe mais do que cachimbo em boca de velha."
"Contente que nem barata em bico de galinha."
"O boi faz força e o carro geme."
"Em burro velho não se põe freio pequeno".
"Em cavalo corredor, cabresto curto."

Disparates

Já assinalamos, em "Recreação popular", a forma lúdica de disparate. Agora mostramos a que pertence à literatura oral: são frases feitas, ditos desarrazoados evidenciadores da falta de nexo entre o assunto em tela. Na conversa, o disparate tem a função de deixar óbvio que uma determinada coisa nada tem a ver com outra.
"Que é que tem a ver as ceroulas com as calças?"
"Que tem o urubu com o luto de Maria?"
"Que importa ao pires se o bebedor de café tem ou não bigodes?"
"Que tem a ver a água do joelho com a seca do Ceará?"

Pragas

Dentre as frases feitas, necessário é que se destaquem aquelas que revelam um mau desejo, uma atitude de raiva, de rancor ou de inveja – as pragas. Não é a xingação com palavras de baixo calão; a praga é a imprecação de que males recaiam sobre o desafeto. As pragas nem sempre são rogadas vis-à-vis, são "pelas costas", daí os crédulos temerem-nas.

Nas comunidades, as pessoas que costumam praguejar são muito conhecidas e postas de quarentena: "Fulana tem uma boca ruim, praga que ela roga pega mesmo."

Há muita crendice ligada às pragas. O rogador de pragas é mais temido do que o blasfemo, do que aquele que vive proferindo palavrões.

Há as pragas mais "brandas": Ara vá pro inferno! – Vá amolar a tua avó! – Que o diabo te carregue!

Conforme a maneira de ser proferida, aumenta a "carga negativa" que a praga rogada traz: Miserável! – O cuspo há de secar na tua boca! – Raio que o parta! – Malditos os peitos em que mamou! – Há de andar de arrasto! – Há de ficar assim (dobrando as falangetas e falanginhas dos dedos), seu lazarento! – Há de comer o pão que o diabo amassou! – Mentiroso, que te dê uma ferida brava na língua. – Cachaceiro, há de morrer arrotando pinga!

O contrário das pragas é encontrado com grande satisfação por todos nós, embora nem sempre ele revele na verdade um sentimento. É apenas uma *frase feita*: boas festas!, feliz ano-novo!, venturas mil!, nossas boas-vindas! Frases feitas circunstanciais e para as circunstâncias sociais.

APELIDOS

Há apelidos coletivos e individuais. Coletivos seriam aqueles dados às cidades, aos moradores de uma determinada região. Alguns são pejorativos, outros não. No passado podiam alguns desses apelidos exprimir uma depreciação, passando posteriormente até a ser título com o qual se ufanam: capixaba, caipira (para os paulistas), papa-jerimum ou potiguar (para os rio-grandenses-do-norte). A rivalidade entre uma cidade e outra fez criar apelidos coletivos: paneleiros eram os moradores de Queluz, e minhocões os de Areias, no estado de São Paulo. Um traço de um grupo morador numa cidade leva-a a ganhar um apelido. Em Itu (SP), moradores muito econômicos, que não adotavam o hábito da hospitalidade, passaram eles a ser conhecidos os *que comem na gaveta*.

Há os apelidos individuais. Em cada região há o seu, por exemplo, com o nome José há vários: Juca, Zezé, Zeca, Zé etc., entretanto a maneira pela qual o apelido aparece e é dado é mais ou menos comum em todo o Brasil. Transcreveremos as anotações que recolhemos em Piaçabuçu (AL), as quais publicamos em *Escorço do folclore de uma comunidade*.

Em geral é nos anos verdes da vida que a pessoa adquire um cognome. Começa pelos diminutivos, tradutores dos carinhos paternos, ou a deturpação da pronúncia pelos irmãos pequenos. O apelido é também uma forma da atuação da lei de menor esforço. Assim, por exemplo, não chamam de Alberto ao menino, e sim Bezinho. Na pia batismal a menina, recebendo os santos óleos, ficou sendo Maria José, mas em casa ela é Zezé.

Cresce, casa-se, sua filha, também Maria José, é Zezinha. Esta a forma mais comum do aparecimento dos cognomes.

A pessoa, quando adulta, pode receber apelido por causa de sua profissão, do local onde mora, de suas atitudes políticas, defeitos físicos, propriedades etc. Às vezes, o filho herda o apelido do pai, e até passa a assinar da mesma maneira. Uma senhora que tinha uma canoa chamada Canadá acabou sendo conhecida por Maria Canadá; outros, Zé Baiano, Manuel Brejão, Pedro Carapotó. Há também homens que ficam com o nome da sua mulher, por exemplo Benedito Marta, sua esposa é Marta. Ele mesmo se nomeia Benedito Marta.

Quanto à profissão: João Padeiro, João Sacristão, Manuel Pempem (ferreiro), Pedro Cego, por ser cego, João Saci, por ter uma perna só, o Viu-viu. Havia um gago que, antes de dizer uma palavra qualquer, dizia "viu, viu", acabou sendo conhecido por José Viu-viu. Mas basta uma pessoa dizer "viu, viu" para que ele troveje uma verdadeira catadupa de pragas e nomes feios, um dos quais serve mesmo de rima. Outra pessoa da comunidade acabou sendo Profeta, porque, ao ver de longe uma nuvem, apregoava: Lá vem chuva. É o João Profeta.

A semelhança com alguns animais também é motivo do nascimento de apelidos. Papagaio, por causa de falar como papagaio. Zé Piriquito, por causa de seu andar semelhante ao de pequeno pássaro. O Manuel Bagre e o João Bagre assim são chamados porque são parecidíssimos com tal peixe. O mesmo se dá com o Zé Camurim. Outra é a razão do Pongê e do Pedro Peixinho e da Chica Boca de Bagre.

O meio ambiente sempre forneceu os cognomes aos seus moradores; vejamos mais alguns que se relacionam com o rio, peixes etc.: Pombéia, Mandim, Mosquito, Caborje, Badejo, Camorim, Bagre, Casosa, Curuca, Azougue, Quebra-costa, da Iota (Ilhota), Copinga, Bardelo, Toucinho, Corro, Bacurinha, Venta-grossa, Piau Branco, Maromba, Peloco de Jumento, Pescoço, Bunda de Aço, Treme-terra, Baié, Brinquinho, Calanga-cega, Urubu de Bom Bico, Zé babão.

Os apelidos sofrem modificações de acordo com as posses pessoais do portador. Comentando a respeito, o velho João Gama: "veja o apelido do Sérgio, primeiro era Sérgio do Cabo Chico, por causa de ser filho de um soldado de polícia, depois Sérgio Cachaça, por causa das bebedeiras que tomava, depois Sérgio Quincas (marido de professora), e agora Sérgio Gama. Vai enricando, vai trocando de nome. Enricando com contrabando e também por misturar água no álcool para vender como cachaça. Já o chamam de Sérgio Contrabandista. Só que não falam alto porque senão pode sair briga, se bem que ele seja mais covarde do que um preá."

Há também outros apelidos oriundos da cor, do tamanho. Pedro Moreno, Zé Preto, João Galego. Galego não é designativo de local de nascimento e sim índice de cor, o branco bem claro é *galego*. A Maria Galega, por ser muita clara, loira mesmo. Zé Pequeno, um dos mais conhecidos pescadores, bem como Mané Grande, o mais alto da região, dois metros de altura. Por causa de seu cabelo encaracolado, há o Zé Cocó. Por causa do defeito de um dos pais, o filho acaba tomando um apelido: Zé da Muda, Pedro da Nhana Cega.

Há um senhor que, ao dizer impropérios, ao xingar qualquer pessoa, sempre dizia: esse filho da gota serena. Acabou sendo conhecido pelo apelido de João da Gota Serena.

As mulheres das plantações de arroz têm também apelidos e colocam apelidos: uns ficam, outros são temporários. Assim temos: Mironga, Baé, Pipoca. Pipoca, nome quase sempre dado aos cães pequenos, ou melhor, às cadelinhas, é dado às mulheres de pequena estatura.

Eis uma lista de alguns apelidos mais comuns na comunidade: Domingos para Maninho; Tião para Sebastião; Cazuzinha, Dé, Zé, Joca, Zeca, Juca, Juquinha, Juquita para José; Caçula para M. da Conceição; Toninho, Totó, Totonho, Tonho para Antônio; Sinhá para Malvina; Tonha, Totonha para Antônia; Maninho para Mário; Dezinho para Orlando; Lula, Lulu para Luís; Bézinho, Bebé, Bebeto para Alberto; Zezé para Maria José; Manuca, Manduca para Manuel; Quincas para Joaquim e Mundico para Raimundo.

Antes de concluir o que recolhemos sobre os apelidos, devemos nos lembrar que aqueles recebidos no lar, quando crianças ainda, acompanham, numa pequena comunidade, o seu portador até o túmulo. Os apelidos dados por motivo de defeito físico ou outro fato qualquer não raro provocam reação por parte do apelidado. Depois de algum tempo acaba havendo conformação. Outros reagem sempre. Assim é o caso de Viu-viu. Qualquer pessoa nova aparece na cidade e não sabe da reação que provoca o apelido Viu-viu, um gaiato qualquer lhe diz: "Se o sr. quiser andar de canoa, de graça, ou comprar um bom peixe, trate com o seu Viu-viu." A pessoa novata na cidade aproxima-se do pescador e lhe diz: "Seu Viu-viu, eu queria tratar uma viagem..." A pessoa nem chega a completar a frase, o Viu-viu diz uma infinidade de impropérios. As pessoas da cidade, conhecedoras do que vai acontecer, ficam perto para gozar a descompostura que o forasteiro leva do seu Viu-viu.

Fórmulas de escolha

As fórmulas de escolha para selecionar os jogadores são uma espécie de lei que o direito consuetudinário estabeleceu entre as crianças para evitar contendas, descontentamentos, sorteando o pegador ou o posto menos desejado em um jogo infantil. Ou é o milenar par-ou-ímpar, mais adotado pelos meninos, ou são as fórmulas de seleção mais de preferência das meninas. Estas foram recolhidas em Botucatu (SP).

"Una, duna, trena, catena, bico de pena, esta sim, esta não."

"Sola, sapato, rei, rainha / fui no mar buscar sardinha / para o filho do rei / e com esta eu ficarei."

"Uma pulga na balança / deu um pulo e foi à França / cavalinhos a correr, / as meninas a brincar / a que fora a mais bonita / é a que vai ficar..."

"Canivetinho de vinte e um / pisou na barra do vinte e dois / socorro, mingorro / seu pé está forro" (ou seu pé de taforro).

"Verba volant, scripta manent"

Se as palavras voam com o vento, hoje há escritos que voam pelas estradas nos pára-choques dos caminhões, fixadores de uma frase feita, de um pensamento, que podem geralmente revelar o estado de espírito do motorista: filosófico, amoroso, religioso, político, irreverente, galanteador, alegre.

O dístico é uma velha usança existente nas barcas, nas velas das jangadas, nas carroças, que ora revive nesse moderno meio de transporte rodoviário.

As novas estradas de rodagem, ora ligando o Brasil de norte a sul, permitirão que os colecionadores e estudiosos do folclore dos pára-choques, como os escritores paulistas José Dalmo Belfort de Matos e Mário da Silva Brito, possam enriquecer suas coleções com os dísticos de caminhões doutros estados.

Coletamos alguns escritos – *scripta volant* – em nosso perlustro do Nordeste através de mais de 11.000 km rodados em 1961, de São Paulo ao Ceará, visitando dez estados da Federação, acrescidos, em 1962, de alguns da coleção do coronel Luís Salgado Moreira Pequeno, do DNOCS do Ceará.

"O que foi, foi, diz o Periquito."

"Eu sou careca, os pneus não."

"Carona só de saia justa."

"Amanhã eu te quero mais."

"Duas coisas não se emprestam: mulher e bateria. Uma volta cheia e a outra vazia."

"Não digo o nome de quem amo. De quem gosto nunca falo."

"Amor só de mãe."

"A baiana tem pimenta."

"No Céu só entra quem pode, na Terra só vale quem tem."
"Não sou pipoca, mas dou meus pulinhos."
"Feliz foi Adão que não teve sogra nem caminhão."
"Contigo vou até pro inferno."
"A vida é um buraco. Esta é a estrada da vida..."
"Mulher é como estrada, quando é boa é perigosa."
"A entrada da cidade é o cartão de visita do Prefeito."
"Deus condena os invejosos."
"Mulher boa e parafuso comigo é no arrocho."
"Barriga vazia não dá alegria."
"A vida de solteiro é vazia, mas a de casado enche."
"Broto... dá galho."
"Pobre só enche a barriga quando morre afogado."
"No meu lar ela reza por mim."
"No Ceará não tem disso não..."
"Deus livrai-me do mau caminho."
"Desculpe a poeira. Pó da Bahia tem vitamina."
"No caminho de Vitória tem um cravo para abrir. Eu queria ser sereno para no cravo cair."
"Em Muribeca, trovejou e não choveu, de Muribeca pra cá, o manda-chuva sou eu."
"Quando pobre come galinha, um dos dois está doente."
"Pobre só vai à frente quando a polícia vem atrás."
"Sou velho mas sou peitudo."
"Vitamina de motorista é poeira."
"Pela estrada é que se conhece o Governo."
"Valente não corre, covarde renuncia."
"A vida é um *soutien*, meta os peitos."
"Amor sincero não conhece a infelicidade."
"Mulher e cachaça em todo lugar se acha."
"Come do teu, que o meu tem veneno."
"Morena eu apago os faróis e o teu fogo."
"Beleza é isca, casamento é anzol."
"Laranja azeda e mulher feia só servem para tirar gosto."
"Na escola da vida não há férias."
"Mamãe precisa de uma nora."
"Sopa, café e mulher, só quente."
"Mulher e política não se discute, abraça-se."

"Por que tanto orgulho se temos como certa a morte?"
"Urubu e mulher feia comigo é na pedrada."
"Saia da janela, curiosa."
"Se a morte for descanso, prefiro viver cansado."
"Em cada bar um amigo, em cada parada uma MARIA."
"A morte namora comigo, mas eu caso com a vida."
"Mulher sem ciúme é flor sem perfume."
"Em mulher e freio de carro não se pode confiar."
"Meu São Francisco das Chagas, meu santo do Canindé, eu sei que santo não voga naquilo que Deus não quer."
"Dirigido por mim, guiado por Deus."
"Fufurufu não resolve."
"Não sou defunto mas gosto de "coroa" (mulher de mais de 30 anos)."

Alguns destes escritos nos pára-choques dos caminhões são também usados no Sul do Brasil. Inquiridos vários motoristas para se saber por que colocaram seu dístico, constatou-se que um dos elementos precípuos é a adoção da frase feita, do dito popular e correntio na época; outro seria a imitação, além de outros, como o desejo de se tornar conhecido, exibicionismo etc.

Fraseado de botequim

Antigamente as fórmulas para não vender fiado existentes nas casas comerciais e muito mais nos botecos eram desenhadas, pintadas nas paredes, letras feitas a mão. A arte foi substituída pelas fórmulas impressas. Há tipografias que utilizam os mais variados modelos; entretanto o mais comum é um cartão branco com a impressão tipográfica em letras garrafais de uma frase feita.

Trabalhos artísticos de outrora e papeletas impressas de hoje ficam atrás do balcão, em lugar visível para o freguês que, não sendo analfabeto, não peça fiado. Fraseado de botequim, adotado também em boas casas comerciais das capitais.

"Freguês educado não cospe no chão, não pede fiado e não diz palavrão."
"Fiado? / Só em dia feriado / que o boteco está fechado."
"Não passe sem parar, / não pare sem entrar, / não entre sem comprar, / não compre sem pagar. / Para servi-lo aqui estou, / trabalho e não sou folgado, / de amigo, parente e doutor / foi cortado nosso fiado."
"Não passe sem parar / não pare sem entrar / não entre sem gastar / não saia sem pagar."

"Ele de vender fiado ficou assim."
"O fiado me dá pena / e a pena me dá cuidado / me vejo livre da pena / não lhe vendendo fiado."
"Fiado só amanhã." "Fiado? – Passe amanhã."
"Fiado só se faz a um bom amigo / e o bom amigo nunca pede fiado."
"Eu tenho vergonha de lhe dizer não, por isso não peça fiado."
"Caldo de galinha é canja, / conversa não é valentia, / tudo com dinheiro se arranja / nesta casa NÃO se fia."
"Se vem por bem, entre / esta casa é sua, / mas se me pedir fiado não entre, fique na rua."
"Quem vende fiado se afunda / acaba pobre e desgraçado, / falando sozinho o coitado / c'as calças rasgadas na..."

Embora se modernize a apresentação material das fórmulas de vender fiado – frases feitas – continuam os vates populares a colaborar nesse fraseado de botequim, havendo nela muitas referências a fatos mais ou menos recentes: "Sou uma vítima da 204, / pra não ter negócio atrapalhado / e ficar andando de quatro, / não renuncio, não vendo fiado."

Nas fórmulas há sempre um elemento negativo: não peça, não vendemos etc. Muitas são as negativas das quais demos alguns exemplos; apenas uma positiva, que Luís da Câmara Cascudo nos transmitiu oralmente e que Jaime dos Guimarães Wanderley lhe contou em Natal, estado do Rio Grande do Norte:

> Para não haver transtorno
> aqui neste barracão,
> SÓ VENDO FIADO a corno
> filho da puta e ladrão.

Pé-quebrado

O nome popular do verso entre os rurícolas é "pé" ou "linha". Verso na literatura popular oral é a quadrinha rimada em ABCB.

"Pé-certo" é uma quadrinha de número igual de sílabas (geralmente sete), em cada verso ou "linha" enfeixando um pensamento completo, rimando em ABCB.

A fuga desta norma nos dá duas formas de "pé-quebrado".

A primeira forma poética do pé-quebrado é a da quadrinha geralmente satírica, que tem três versos com sete sílabas cada um e o último com quatro.

Outro pé-quebrado é aquele que, além do último verso e às vezes o terceiro serem sem rima e sem o número de sílabas dos demais, o desfecho final foge completamente do assunto, é desconexo. Não é satírico como o outro, é porém jocoso, provoca hilaridade por causa do inesperado do "fecho".

> Quem quer bem dorme na rua
> na porta de seu amor,
> das estrelas faz anzol
> e pipoca.

O pé-quebrado nestas duas formas é conhecido e usado na região campeira do estado de São Paulo, por onde passaram as tropas que vinham até à feira de Sorocaba. Na Quadra, município de Tatuí, a segunda forma apontada ainda é vigente nas brincadeiras por ocasião dos serões que fazem à noite, para malhar feijão, debulhar milho.

Possivelmente seja a usança do pé-quebrado entre os caipiras do sul paulista uma herança hispânica da qual foram portadores os gaúchos. Manuelito de Ornelas e Augusto Meyer rastrearam as origens do pé-quebrado até chegar em terras de Espanha, areias de Portugal, lá no século XIV.

Manuelito de Ornelas descobre filigranas árabes na estrutura poética da primeira forma apontada do pé-quebrado.

Loas

À forma proferida em versos, laudatória da cachaça, dão o nome de loa. Impera entre os bebedores de cachaça e fumadores de maconha, propondo cada qual sua louvação, seu verso em louvor. Algumas vezes improvisam a loa, mas há aquelas tradicionais, que se repetem nas "rodadas", nas "lodaças" ao pé do balcão de um boteco onde estão ingerindo cachaça ou quando coletivamente fumam a maconha. Ao passar a "marica" – nome brasileiro desse narguilé primitivo – proferem então uma décima laudatória, uma sextilha, até mesmo uma "parcela" – verso de cinco sílabas largamente empregado pelos poetas nordestinos nos desafios, nas disputas acaloradas. Cachaceiro apenas repete, não cria. Cachaceiro é rocim trotão.

Em Piaçabuçu (AL), registramos o ritual dos bebedores de cachaça – capítulo mais "quente" da literatura oral porque não raro enseja desavenças fatais. Posteriormente, gravamos idêntico ritual entre os fumadores de maconha. As loas, quer as de cachaça, quer as de maconha, são proferidas em tom declamatório e não são cantadas.

Rodada

A *rodada* é o cerimonial no qual o participante precisa dizer loas à cachaça. Na rodada, aproximam-se do balcão de uma bodega e, num copo comum, o bodegueiro entorna a cachaça até quase transbordar. A pessoa de quem partiu o convite da rodada tomará o copo, derramará um pouquinho no chão e dirá: "este é para os santos", e o dará a um dos companheiros; este toma um gole e passará o copo para outro. É a rodada.

Às vezes por causa da rodada acaba acontecendo algum crime. Se a pessoa que oferece já está mais ou menos embriagada, e uma qualquer se recusa a beber, tem acontecido surgir um desentendimento e, conseqüentemente, a "peixeira" entra em ação, porque a pessoa que oferece espera que não haja recusa por parte de ninguém. Às vezes, de nada vale a recusa "já tomei o meu gole". O que oferece espera que a pessoa pelo menos tome o copo e faça que bebe.

Loas

As loas de cachaça se dão em geral por ocasião de alguma festa ou mais comumente, quando há a ajuda vicinal que é o "batalhão". Reúnem-se várias pessoas e, ao passar o copo ou cuia de cachaça, proferem uma loa. Há também na maconha idêntico cerimonial. A pessoa, ao tomar o gole de cachaça, profere uma loa; a que recebe faz o mesmo ao passar à outra, e assim vão se sucedendo elogios versificados, improvisados ou não, à cachaça. A loa é uma forma lúdica muito em voga na comunidade. A cachaça tem vários apelidos. Colecionamos mais de uma centena. Nestas loas ora é a "menina de azul", ora é "moça branca".

Loa da cachaça

Porfírio, tomando o primeiro gole:

> Do copo eu não recuso
> e nem eu deixo de bebê;
> bebo eu, bebe você,
> bebe Dão Pedro Segundo,
> e não é defeito o bebê,
> vem do começo do mundo.
>
> Peguei a tomá cachaça
> pensando que bem me fazia,

era coisa qu'eu não queria
meter-se nessa desgraça.
Bondade em mim ninguém acha,
na casa que tem função
bebendo com o meu dinhero
caindo pelos terrero
servindo de mangação.

A cachaça trouxe uma sina
a todos ela sujeita.
Fui todo de barba feita
de barrete e barretina,
só trajo na ropa fina,
não trato ninguém por tu,
viva Deus e todo mundo,
viva a *menina de azu*.

A *menina de azu*
uma continha me deve
é uma continha furtada
quando morrê Deus a leve.
Na festa da Tatubinha
onde ela apareceu
pelas beleza que tinha
o grande prêmio recebeu.

Cupido na mão bateu
pelos andores do sul,
fala caboco Pichu
e fala comigo tombém,
mata deis, aleija cem
e viva a *menina de azu*.

As muié não digo nada
que elas pode se zangá
mais elas bem devagá
bebe suas bela copada
aquela mais disfarçada
bebe por trais da porta,
o sumo da cana torta
não é defeito o bebê.

Cachaça é moça branca
filha de home triguero
quem puxa mucho por ela
fica pobre e sem dinheiro,
por isso eu vi um morreno
lá no Rio de Janero.

De primeiro só bebia
Negro, caboco e mulato,
Hoje até os home alto
Véve bebo todo dia,
Na rua tombá e pendê
contando os passo errado
Até o seu Delegado
Já tenho visto bebê.

Aguardente giribita
Feita de cana torta
Erpe na língua lhe dê
Quem fala o que não lhe importa
A língua encarangueja
Quem confirma o que não vê.

Loa da maconha

Observamos que entre as loas de cachaça e as de maconha atualmente pequena diferença há. Algumas são proferidas num e noutro cerimonial. Gravamos estas loas de maconha quando entre os fumantes rodou a "marica" para ser fumada. A maconha faz lembrar o cerimonial árabe do narguilé. Correu de mão em mão e os fumantes foram proferindo loas:

A – Ajoeia Marica,
  gonga sapionga
  não me meta em cipoá,
  me bote em campo franco
  onde eu possa me maniá.

B – Ao receber a garrafa, diz "ajoeia Marica" e a seguir:
  Cinco é um ponto
  quatro é um cauté

quem tem seus olhos
bem vê, se se engana é porque qué,
pescoço cheroso neste mundo
só é do bicho muié.
Ajoeia Marica.

C – Marica, quando eu vim lá do sertão
que passei pela taquara
topei um cachorro preto
comprido como uma vara,
o sol dava pela cara
e o vento pelos ovido
por detrais da Conceição
ouve, ingrata o meu gemido,
Ajoeia Marica.

D – Ajoeie Marica,
Eu sô um cordero manso
para onde me chama eu vô,
sô como boi de boiada
que não dá rodiadô.
Meto pau no meio de gente
seja na cabeça de quem fô.
Ajoeia Marica.

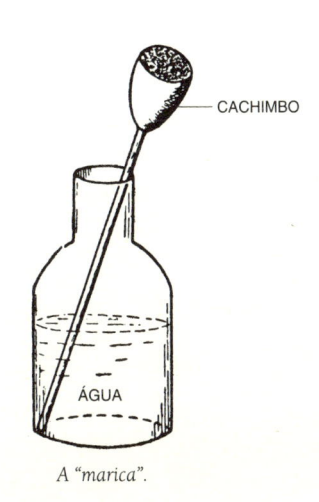

A "marica".

VOZES DOS ANIMAIS, VOZES PARA OS ANIMAIS

Chamamos vozes dos animais a imitação onomatopaica que fazemos de suas formas de expressão. Assim, imita-se o mugido do boi, o ladrar do cão etc. Vozes para os animais são as diversas maneiras tradicionais e regionais de os chamar, tocar ou tanger.

Ligada à cena bucólica que os presépios nos dão no ciclo natalino, é comum ouvir-se alguém arremedar onomatopaicamente as vozes dos animais aí colocados pelo tradicionalismo que o caipira paulista mantém, fazendo coro, sem o saber, com uma tradição universal.

Em Cunha (SP) registramos estas vozes dos animais: "O galo do céu cantou e o da terra que estava sobre a manjedoura também cantou: – *Jesus nasceu!* O boi, que pascia, perguntou com seu mugido: – *Aoonde?!* Um carneiro branco, com fitinha vermelha porque era do redil de São João Batista, respondeu: *Em Belém!* Um cabrito que pastava por ali não acreditou e, zombando, berrou dizendo uma blasfêmia: ..."

Há as vozes de animais ligadas aos contos, geralmente bem imitadas pelos narradores de estórias. E em anedotas também. Conhecidíssima é do bem-te-vi que cantou justamente quando um português achou uma pataca logo que aqui desembarcou. Por ser honesto, o homem não a apanhou porque, lá do galho mais alto de uma árvore, um turdus cantava: *bem-te-vi*.

Na área pastoril brasileira, nas suas regiões do campeiro, do boiadeiro ou do vaqueiro, há maneiras diferentes de o homem dar vozes para os animais, principalmente para o gado bovino, ora tangendo, ora chamando. Não trataremos aqui do aboio porque é canto apenas das vozes. Animais e aves, cada qual entende a "voz do dono". Às vezes essa voz é assobio.

Na região campeira paulista que não deixa de ter muita influência gaúcha por causa do tempo das tropas, estas vozes são as mais comuns.

– *Passa!* – para cachorro sair; boca-boca ou um assobio rápido e entrecortado para vir. Quando é pequeno, um estalido apenas dos lábios, o cãozinho atende.

– *Pijuite, pijuite!* – para chamar o bichano e sair *chite* ou *chispa!*

– *Prrruuu-qui-te-qui-te* – para chamar as galinhas e *chô... chô* para despachá-las.

– *Quiouuuu, quiouuu!!* – balançando o embornal com milho para chamar o cavalo no pasto e *âra, âra* para tocá-lo.

– *Chicouu, chicouu* – para chamar o porco e *isquê, isquê* para espantá-lo.

– *Acooouuu, acooouuu!* – para chamar a vaca, batendo-se no cocho onde se vai dar o sal.

E é com o papagaio que maior número de vozes damos e até conversamos: *Dá cá o pé louro... Purrupaco-papaco... Louro?*

Há várias interpretações dos cantos das aves: *Mariquinha, tiu, tiu,* dizem que o tico-tico assim fala. Outros dizem que é: *Maria, Maria já é dia, dia.* E lá no mato, o sem-fim, ou saci para outros, assobia: *sem-fim, sem-fim.* O bicudo do norte: *Pinte o cará, olhe o grigoite, panaciom, panaciom.*

GESTOS

O gesto é o esperanto da comunicabilidade entre os homens de línguas diferentes. A mímica muitas vezes antecede à linguagem oral, e as mãos falam muitas vezes mais do que os lábios, a palavra. Há gestos populares e até universais que todos entendem. O gesto sobrepõe-se à Babel entre os homens, tornando-se a língua universal da raça humana.

A primeira linguagem que o homem aprende é o gesto. No berço as primeiras reações da criança são para os gestos que o adulto lhe faz.

Cada grupo de idade tem os seus gestos típicos desse período, não raro enriquecidos com a "onda de novos", que invadem uma certa época essa linguagem mímica popular. Os vários grupos têm gestos que formam um universo de discurso mímico entre os seus componentes. Gestos e sinais pelos quais, p. ex., os maçons se reconhecem. Gestos secretos que só os "filhos da viúva" conhecem.

Há épocas em que aparecem até adivinhas em gestos: que é isto? Executam o gesto e o interlocutor terá que responder.

Cinema e principalmente televisão têm influído largamente nesse particular. Uma televisão paulista chegou a criar um programa com prêmios para as respostas certas dadas aos gestos que um artista fazia no vídeo para que os teleaudiovidentes pudessem decifrar.

No Brasil, o melhor estudo sobre os gestos populares é de autoria de Veríssimo de Melo, o qual aponta gestos de revolta ou protesto (mão fechada), humorísticos (pedir dois dedos de cachaça), religiosos (sinal-da-cruz), saudação e cumprimento, grosseria, doença ou defeito físico, e outros mais.

Farta é a messe dos gestos entre os namorados, um verdadeiro código que, nessa época, de longe se entendem, semaforia do embevecimento, desde

A rendeira expondo seu lavor. Almofada e bilros. Sobre a almofada o cartão de modelo, todo furado. Piaçabuçu (AL).

Rendeira de Paracuru (CE).

O labirinto. A mãe em geral é a mestra. As filhas ajudam e guardam a tradição. Paracuru (CE).

O labirinto em sua fase de acabamento. Majorlândia (CE).

a antiga piscadela de olho ao lenço usado num determinado jeito, da pisadela no pé (à portuguesa) ao aperto de mão dando uma leve puxadela dos dedos, do "gargarejo" sob a janela da amada à já olvidada linguagem das flores, do assobio ao beijo dado na palma da mão e assoprando na direção da pessoa amada.

Essa linguagem de gestos entre os namorados é hoje realmente folclórica porque os que atualmente estão na idade núbil aprenderam diferentemente no cinema, gestos que a geração dos que passaram por duas guerras mundiais classifica de gestos "desclassificados" na linguagem do amor.

Frio e alegria, manifestos por gestos idênticos, para alegria mais rápido, para frio mais lento e mais demorado o esfregar de mãos.

Indicador nos lábios é sinal de – silêncio!

Indicador dando giros ao lado da cabeça é que "fulano está ruim da cabeça", está gira, maluco, não regula bem. Colocar a mão na garganta "é que está por aqui, mais do que satisfeito". Está farto!

Bocejar é sinal de que está com sono e, para se ter certeza, indaga-se colocando as duas mãos juntas e sobre as costas de uma delas, recostar um dos lados da face.

Dar de ombros é pouco caso, mão em concha no ouvido é pedir que repita, porque não se ouviu.

De há muito que na capital paulista não existem mais os telefones de parede, nos quais, para se efetuar o chamado, era preciso rodar a manivela do lado direito do enorme aparelho. É possível que muita gente da nova geração não conheça tais telefones, que hoje são peças de museu; entretanto, quando se comunicam, pedindo que lhe telefone, repetem o gesto de rodar a manivela, perto do ouvido direito, e não deixam de fazer uma pequena inclinação com a cabeça para o lado esquerdo, como se estivessem realmente atendendo o fone.

Pôr a língua para fora, quanta "gente de bem" não faz, sem saber seu significado pornográfico. E a figa, a banana, apontar com dedo médio?

LITERATURA ESCRITA

Em páginas anteriores já estudamos detalhadamente a literatura de cordel. Consideraremos a seguir outras formas folclóricas como pasquim, pão-por-Deus, correio sentimental, acróstico.

Pasquim

No primeiro volume referimo-nos ao pasquim e sua semelhança com o lundu, canção no que concerne à crítica. O lundu faz a crítica mais leve que pode ser cantada publicamente nos salões, é impessoal, não dirigida. O pasquim é sátira anônima, embrião das revoltas populares. O lundu, que não nega sua origem africana, é feito às claras. O pasquim é sorrateiro, colocado pelo vão das portas, às escuras. "Botar a boca em Deus e todo o mundo" é a função do pasquim, que se utiliza do ataque pessoal, como os que recolhemos em Ubatuba, no litoral paulista, em 1947, prática talvez aí existente desde os tempos em que esse porto de mar era o principal do sul do país.

O lundu e o pasquim açularam as iras dos governadores. Aquele, quando dança, pois era tida como destruidora dos bons costumes, e este recebeu do próprio morgado de Mateus uma tremenda proibição (ver *Documentos interessantes para a história de São Paulo*, v. XXIII, p. 182).

Quando em 1947 recolhemos alguns pasquins, eram manuscritos em papel de carta ou almaço, de tamanhos vários os primeiros, narrativas em sextilhas ou quadrinhas setissílabas e mesmo versos brancos, sobre assuntos de ocorrências locais ou fatos ligados à política nacional. O país há pouco saíra do período ditatorial; então Getúlio Vargas, general Dutra, brigadeiro Eduardo Gomes freqüentavam os pasquins do litoral norte, região onde permanece ainda tal usança.

Recentemente (1961) assinalamos uma certa mistura de pasquim e moda de viola, portanto uma aproximação nova de seu coevo – o lundu canção, porque a crítica, sua finalidade precípua, continua. Não violentamente como primeiramente, quando o autor se escondia no anonimato, pois agora já nomeiam os autores dos pasquins cantados. Assume, portanto, uma forma lítero-musical o que tinha apenas e tão-somente forma literária.

A socióloga Gioconda Mussolini publicou, em 1950, seu trabalho premiado sobre "Os 'pasquins' do litoral norte de São Paulo e suas peculiaridades na ilha de São Sebastião", de onde transcrevemos três sextilhas do Pasquim da Guerra de autoria de Sebastião Reis.

(I) – "Me preste atenção senhores / do causo qu'eu vô contá das tristezas que passamo / aqui no nosso lugá / a falta do querosene do açuca e do sá."

(II) – "Sofremo necessidade / por essa primeira veis / por causa da malvada Rússia / do alemão e do ingleis / comemo comida doce / fazendo as veis de japoneis."

(XXIV) – "Senhores e senhoras / me queiram me descurpá / se o pasquim num tá bem bão / minha memória num dá / num é de *agravá* ninguém: / carqué um pode cantá."

Pão-por-Deus

Na comunidade alagoana de Piaçabuçu encontramos o *folkway* de uma pessoa menos favorecida da fortuna enviar bilhetes a outra que, aparentemente, pelo menos era de mais posses do que ela.

Embora a percentagem de analfabetos seja considerável, pedem a um letrado de boa letra para lhes escrever um bilhete. Este pode ser em versos, uma quadrinha, ou dos que assim começam: "com toda delicadeza pego na pena para pedir..." etc. Bem dobrado, dentro de um envelope, sem colar, não raro o portador é o próprio autor intelectual.

Bilhete bem dobrado em envelope branco consideram uma forma respeitosa de se dirigir a uma pessoa para pedir dinheiro por empréstimo. Aliás, seria melhor dizer dinheiro dado do que emprestado... pois nunca se recebe de volta.

Durante o período de pesquisa sociológica que o autor realizou nessa comunidade, recebeu vários bilhetes. Ali é de uso correntio. Os irmãos do então prefeito, médicos em Penedo, quando aparecem na cidade em visita a seus progenitores, recebem pedidos de dinheiro ou de remédios. Alguns desses bilhetes documentadores desse costume enriqueceram nossa coleção.

Em Santa Catarina, na região litorânea de influência açorita, há o pedido em versos, geralmente em quadrinhas de setissílabas, em que se solicita uma prenda, um mimo – é o *pão-por-Deus*. Diferente do alagoano que não tem data certa, este a tem.

É uma verdadeira peça artística a missiva portadora do pedido. Usam papel branco rendilhado a tesoura, com os enfeites trançados de papel de cor. Pelo fato de essa peça que o artista periódico realiza (e tal se dá no ciclo natalino) ter a forma de um coração, o pão-por-Deus é também conhecido por "corações".

"Corações" é moda que revive a troca de presentes em uso na arqueocivilização e que, em Santa Catarina, toma as seguintes características: é empregada na época do Natal, a partir de 2 de novembro, portanto antes do dia de Santa Catarina (25 de novembro), até 6 de janeiro.

A solicitação propriamente do pão-por-Deus é feita até dia de Natal. Para o que recebe não se insurgir contra os "mores" deverá retribuir com as "festas", até o dia de Reis. "Festas" é como se chama o presente de pagamento.

O período apontado foi o de nossa pesquisa; entretanto, Walter Fernando Piazza cita o de setembro a novembro, ligando-o à primavera; Oswaldo Rodrigues Cabral, em alentado estudo, afirma ser o período mais longo do aquele por nós anotado, e o que Henrique da Silva Fontes estudou coincide com o de nossa recolta.

Pão-por-Deus derruba as barreiras sociais: o pobre se dirige ao rico, o "beiradeiro" ao citadino, a moça ao moço.

Vários são os tipos de "corações". Há peças realmente artísticas. O exemplar de nossa coleção é um papel dobrado de tal maneira que, ao abri-lo, vão aparecendo um rosto de mulher, depois uma sereia da qual surge uma viola. Os versos manuscritos são estes:

> Lá vai o meu coração
> com grande necessidade,
> vai pedir-lhe que me mande
> um pão-por-Deus da cidade.

> No braço desta sereia
> há uma viola encantada,
> vai pedir pão-por-Deus,
> a moça aqui retratada.

> Lá vai o meu coração
> vai depressa, vai voando,
> mande-me o pão-por-Deus
> depois as festas eu te mando.

Pão-por-Deus é nítida influência portuguesa. Geralmente guarda, além do espírito do delicado pedido, boa e correta redação.

CORREIO SENTIMENTAL

A correspondência entre os brasileiros, via de regra, é quase inexistente. Não porque haja uma grande percentagem de analfabetos é que a correspondência deixa de existir, mas porque os próprios letrados não a praticam regularmente. Há honrosas exceções, porém a maioria é relapsa na troca de correspondência.

Os analfabetos usam muitas vezes o *correio sentimental*; enviam para a pessoa amada uma carta com uma quadrinha amorosa, escrita por outrem. Dentro do envelope, colocam também uma folha de malva – que, além de perfumar, é o símbolo da esperança.

O que assume real importância é a maneira de dobrar essa carta, porque, além das dobras, há desenhos de algo simbólico, "filtros de amor", como sejam a *chave* que abre as portas do coração, o coração atravessado por uma seta, uma "espada", ou melhor, um "punhal". Ao desdobrar a carta, depois de obter a chave e abrir o coração "transpassado", há uma quadrinha, verdadeira declaração de amor em versos.

Este tipo não se confunde com o "correio elegante", um jogo amoroso que não precisa papel especial como este do correio sentimental, cuidadosamente desenhado, sendo apenas uma frase em papel comum. É praticado nos dias de festa nas comunidades, por ocasião das quermesses em benefício de obras assistenciais ou outras.

Certas quadrinhas do correio sentimental deixam mesmo o destinatário em sérias dificuldades como estas:

> Se jogares fora esta carta, me amas,
> Se rasgares me adoras,
> Se guardares, por mim choras,
> Se queimares queres casar comigo.

> Se deres a alguém, me desejas,
> Se rabiscares, gostas de mim,
> Se devolveres, queres um beijo meu,
> Se quiseres namorar comigo, dobra-o.

Outras são menos exigentes, porém mais sentimentais:

> Vai-te carta venturosa
> Não conte quem escreveu,

Adiante vai a carta,
Atrás da carta vou eu.

Vai-te carta venturosa
Por este mundo sem fim,
Vai, carta, põe-te de joelhos
Dá mil abraços por mim.

Meu benzinho quando te fores
Me escreva do caminho,
Se não tiveres papel,
Nas asas de um passarinho.

Acróstico

Entre os poetas populares nordestinos, principalmente os alfabetizados, é comum fazer acrósticos. O poeta baiano Rodolfo Coelho Cavalcante ofereceu ao autor este:

A migo, doutor Alceu,
L amento não demorar
C onsigo mais palestrar,
E u lhe explico, amigo meu:
U ma viagem vou dar.

M ais a vagar eu lhe escrevo
A missiva que desejo,
I nda que o amigo não goste,
N as trovas terei ensejo
A presentar quem estimo,
R imando mal, porém rimo,
D efeito embora, assim vejo.

A gora seu humilde acróstico
R imando sem perfeição
A inda farei seu nome
U m dia com inspiração
J ogando na trova a musa
O que vem do coração.

Salvador, 5-5-1956.

Poetas da literatura de cordel

No Brasil pouquíssimos são os escritores que vivem exclusivamente da pena. Nas academias de letras do país podem-se contar nos dedos aqueles que nos dão o pão do espírito de seus livros e destes obtêm o "pão nosso de cada dia". São uma verdadeira minoria.

Surpreendente é afirmar que na literatura de cordel, na literatura popular escrita em *folhetos*, *romances* e *histórias*, há autores que das letras tiram o sustento para si e sua família. Sim, da literatura de cordel vivem vários poetas nordestinos.

No Ceará entrevistamos dois deles, moradores nos dois maiores centros no país de irradiação da literatura de cordel: Juazeiro do Norte e Fortaleza. No primeiro, José Bernardo da Silva e, na capital, Joaquim Batista de Sena. Centros realmente importantes, de maior projeção do que o de Salvador, Bahia, onde milita Rodolfo Coelho Cavalcante, que já conseguiu realizar vários congressos nacionais de trovadores populares.

Digno de nota é verificar que há trovadores, cantadores de feiras nordestinas que vivem da venda de seus livrinhos, bem como que têm lucro aqueles que os revendem nas feiras, isso graças à enorme tiragem que se faz, às vezes de 500.000 ou mais exemplares. O papel usado é de baixo preço, o de jornal. As capas, em geral de papel melhor, de cor, trazem sempre ilustrações; algumas são xilogravuras que traduzem a ingenuidade do artista popular, fixando em traços uma cena ou o principal personagem da concepção poética do folhetinista; outras são clichês de retícula.

José Bernardo da Silva é proprietário da bem montada tipografia chamada São Francisco, em Juazeiro. Hoje, abastado, vivendo confortavelmente em ótima residência na rua Santa Luzia, não precisa mais fazer versos para viver. Edita os poetas, compra direitos autorais. Sua tipografia trabalha sem cessar, distribuindo a literatura de cordel para a imensa rede de revendedores e agências que mantém pelo Brasil afora. Os direitos autorais do grande bardo cearense João Martins de Athayde foram adquiridos por José Bernardo da Silva que, em entrevista que nos deu, em junho de 1962, disse: "o melhor negócio que fiz; tenho reeditado os livrinhos dele e a aceitação continua. Ando precisando botar um advogado porque eu fiquei sabendo que uma editora em São Paulo está reeditando sem minha autorização muitos folhetos que são meus e dos quais tenho direitos autorais", concluiu o poeta negro José Bernardo da Silva.

Uma *História de vida* menor do que os seus "romances" é este ligeiro registro dos dados colhidos da entrevista dada pelo poeta Joaquim Batista de Sena, nascido em Bananeiras (PB), no dia 21 de março de 1912.

> Minha lagoa de pedra,
> minha campina saudosa,
> planaltos onde eu nasci
> numa manhã radiosa
> e onde o Sol à tardinha
> se punha cor de sangue.
> Nasci no ano de doze,
> no termo de Bananeiras,
> me batizei em Araras
> ou nas curimatanzeiras,
> e criei-me em Guarabira,
> buscando as zonas brejeiras.

Viajou por onze estados brasileiros como cometa da cultura popular, cantando e vendendo folhetos nas feiras e praças. Desde criança que faz versos de improviso. Em 1940 viu editados pela primeira vez os seus versos. Antes dessa data só cantava e não publicava. Isto lhe avivou o interesse de ter uma oficina onde editasse a sua obra poética. Cantando nas feiras nordestinas, conseguiu comprar, em 1950, embora fiado, com promissórias, uma oficina tipográfica e hoje é, sem nenhuma dúvida, dono de ótima máquina impressora alemã, tamanho 4, possui uma cortadeira, tamanhos 4 e 8, e caixas de tipos: 8, 10, 12, 20, 28, 36 e duas misturadas.

Acabou sendo também tipógrafo. E o menino paraibano que só teve três meses de escola primária estava destinado a ser um dos grandes vates populares, um dos maiores divulgadores da cultura espontânea dos nordestinos através de seus versos inspirados e passados para os folhetos graças ao componedor que hoje sabe manejar, "catando" nas caixas os tipos que materializarão a poesia que nasce dessa grande alma de inspirado bardo popular.

O tipógrafo-chefe e seus dez filhos, todos aprendizes das duas artes, de tipografia e poesia, trabalham na oficina. "A família trabalha e eu tiro os versos escrevendo folhetos e romances."

É bom cantor. Canta em todos os estilos: versos de seis pés, de dez e mourão. Para escrever prefere versos de seis e dez sílabas. Para improviso, em que é verdadeiro mestre, usa o *quadrão alagoano*, *galope* e *beira-mar*.

Vive exclusivamente da literatura. A tiragem mensal é de mais ou menos doze mil folhetos. Publica três a quatro histórias ou romances por mês, com tiragem de mais ou menos quatro mil de cada um, o que lhe proporciona um ganho mensal de mais ou menos trinta mil cruzeiros. Um milheiro de seus folhetos é vendido a cinco mil cruzeiros.

Reside há oito anos em Fortaleza, onde foi bem-sucedido nos negócios; daí ter-se fixado. Da capital cearense pode controlar com mais facilidade as agências e revendedores que tem pelo Brasil.

Sua bagagem literária conta já com quarenta romances e dos folhetos de dezesseis ou oito páginas que fez já perdeu a conta. Qualquer acontecimento político, social, religioso é motivo para seus folhetos. Sobre a posse do presidente João Goulart escreveu excelente trabalho fixando bem a opinião popular, o que o povo sentiu naqueles momentos de perplexidade. Nos seus versos sentia-se pulsar o coração angustiado do povo brasileiro.

A literatura de cordel é toda em versos. Encapando o opúsculo usam papel mais encorpado e geralmente de cor. Na capa há sempre, além do título do folheto, uma ilustração, que, quase sempre, é uma xilogravura. Ultimamente Joaquim de Sena está colocando nas capas fotografias, usando clichês de zinco, porque perdeu seu ilustrador.

A ilustração dos folhetos da literatura de cordel é obra de artesãos anônimos que, no cajá (*Spondias lutea*, Lin.), gravam cenas, paisagens ou pessoas. Alguns são, na verdade, trabalhos ingênuos, outros porém são dignos de serem estudados e amparados os artesãos desvalidos que fixaram, na madeira mole, duros episódios da vivência nordestina.

Um xilogravurista das obras poéticas de Batista Sena é artista da gravura nas horas vagas, porque sua profissão é "cabeceiro", carregador, homem de ganho que se posta no mercado municipal para os pequenos trabalhos de transportar volumes na cabeça, daí "cabeceiro". Cabeceiro que tem "boa cabeça" para ser o autor de muitas das xilogravuras publicadas na "Tipografia Graças-Fátima e Folhetaria São Joaquim da rua Liberato Barroso, 725, Fortaleza, Ceará".

Durante muitos anos foi seu ilustrador o co-estaduano Enoque José da Silva, agricultor em Guarabira (PB). Ilustrou os romances: "Pedrinho e Julinha", "Joãozinho e Mariquinha", "O pavão misterioso", "Os amores de Rosinha" e "As bravuras de João Grande ou os Valentões do Teixeira, Apolinário e Chiquinha", "Os amores de Minervina e os Heroísmos de Mizael".

Um dos seus melhores gravuristas era Noraldino, natural de Caruaru (PE), um notável artista. Perdeu-o porque está preso. Tal era a perfeição de seus trabalhos que andou falsificando selos, fazendo as matrizes destes em cajá.

Pontofinalizamos sua história de vida com seus próprios versos:

> Fazem vinte e sete anos
> que vivo exclusivamente
> de fazer romances em versos

e trabalho fortemente
com inspiração Divina
para agradar muita gente.

Não posso me colocar
no bloco dos homens cultos,
meus versos, sempre tem sido
livres de muitos insultos
e por demais comentados
no seio dos grandes vultos.

XILOGRAVURA

A literatura de cordel suscitou no Nordeste oriental o artesanato da gravura, da xilogravura. E ela vingou porque encontrou o cajá, madeira também usada largamente na escultura popular de imagens, de ex-votos, pelos imaginários.

Não se pode afirmar com certeza qual a origem, em que fonte estes gravadores populares se abeberaram, para, na atualidade, continuarem, através de mais de um século, com a vitalidade que apresentam no Nordeste brasileiro, possivelmente caso único no mundo, produzindo os mais variados tipos de ilustração para a literatura de cordel.

Sendo um fato folclórico nordestino, pode ter recebido influência portuguesa, holandesa e até francesa, mas do que não resta dúvida é da presença dos catequistas, dos religiosos que, com seus santos, estampas de cenas bíblicas, influíram na mente do gravurista. Os monstros, o demônio (Cão), tem muito da descrição que o padre fazia desses mitos perseguidores daqueles que pecassem.

Figuram também nas xilogravuras os elementos que rodeiam os artesãos do cajá: cantadores, vaqueiros, cangaceiros, bois, aves e animais da nossa fauna e da alienígena. Há muito leão copiado de gravura de livros.

Houve um período em que a xilogravura se enriqueceu largamente com os cangaceiros, dando ao artista popular oportunidade para explorar o assunto graças à sua riqueza plástica. A indumentária do cangaceiro serviu de pábulo para gravadores como José Pereira da Silva, Manuel Apolinário, Enoque José da Silva, documentando detalhadamente o traje e armas do facinoroso Lampião.

Os gravadores populares retrataram largamente o boi: primeiramente o tucura pequenino, agora os grandes zebus que estão melhorando o plantel nordestino.

Da coleção de gravuras de nossa iconoteca, entre os muitos anônimos há as de Enoc, Damásio, João Pereira da Silva, Manuel Apolinário, Severino Marques de Sousa, Severino Gonçalves de Oliveira, Lucena, José Ferreira da Silva, Manuel Serafim, Vivi, Zé Caboclo, Miguel Cabeção e José de Sousa.

A adoção do clichê de zinco na literatura de cordel decretou a morte de um dos únicos artesanatos do mundo – o dos gravadores populares do Nordeste brasileiro.

ALGUNS BICHOS E PERSONAGENS DA LITERATURA POPULAR

Há personagens e animais que a literatura popular imortalizou através de suas multifárias formas: ABC, romance, estória, lenda etc.

Alguns bichos são conhecidíssimos: cágado ou jabuti, macaco, papagaio, sapo, urubu etc.

Há uns novos "imortais" entre os clássicos personagens da literatura oral, p. ex., Lampião, Lucas da Feira, João Maria. Entretanto, há os veteranos como Pedro Malasarte.

Notas rápidas sobre alguns personagens e bichos da literatura oral e popular:

Imperatriz Porcina

Na literatura de cordel nordestina há um opúsculo que, em versos, repete o romance trissecular escrito pelo poeta cego ilhéu Baltasar Dias. A fidelidade conjugal de Porcina é compensada por Nossa Senhora, que lhe ensina a arte de curar com o emprego da fitoterapia. O falso testemunho é descoberto e o marido dá-lhe novamente a posição de rainha de Roma e de seu lar também.

Joãozinho e Mariquinhas

Duas crianças que enchem de enternecimento pelo sofrimento por que passam, vítimas de uma velha bruxa que quis engordá-las para comê-las. As histórias sobre Joãozinho e Mariquinhas têm algumas variantes, mas o tema central é o que acima foi apontado.

Lampião

O cangaceiro do Nordeste brasileiro Virgulino Ferreira, Lampião, fruto dos desníveis e injustiças sociais, enche páginas e páginas da literatura de cor-

Iconoteca do autor.

del, servindo também de assunto aos cantadores de feira e aos contadores de estória que se referem a esse celerado com simpatia pelo que realizou. Raros são os que vergastam o procedimento desse bandoleiro, que os políticos, em seu proveito, protegiam contra a Justiça. Nasceu ele em Pernambuco, em 1900, foi caçado e morto em julho de 1938. Devoto e amigo pessoal do Padre Cícero Romão Batista, o Padim Ciço, era portador de rezas fortes e patuás. Molhava a lâmina de seu punhal de 78 centímetros na água benta, praticava toda sorte de maldade e mortes. Fruto da falta de assistência, da desorganização social e da crendice dominante. A repetição das façanhas negregandas da vida de Lampião pela literatura popular vai-lhe dando uma aura de bondade, pois dizem que só *fazia o bem, tirando dos ricos para dar aos pobres*. Acaba ele tornando-se exemplo ideal para muito moço que passa a desejar ser "cabra-macho", capaz de resolver tudo à ponta de peixeira, a tiro, matando.

Lucas da Feira

A literatura de cordel relata em ABC a vida desse terrível facínora, enforcado em setembro de 1849, em Feira de Santana, Bahia.

Produto do meio, de injustiças e dos desníveis sociais. Ainda na época da escravidão, o negrinho escravo, destituído, passou como herança de um senhor para outro, porém, logo ao passar à adolescência, começou a cometer crimes e mais crimes, dominando vasta região do interior baiano. E como sói acontecer, políticos coiteiros davam-lhe guarida e repartiam o produto do seu "sangue". Mais sádico e perverso do que Lampião, põe à prova a nossa formação moral, social e religiosa, evidenciando que algo está errado e produz, no seio da sociedade brasileira, monstros como esse. Lampião espelhou-se em seu exemplo, conhecia o seu ABC.

Magalona

História da Princesa Magalona, filha do rei de Nápoles, conquistada pelo cavaleiro Pierre, que, ao raptá-la, sofreu vários contratempos, sendo preso por um navio do sultão de Alexandria. Magalona, disfarçada em camponesa, funda um hospital para marinheiros. As jóias da princesa são encontradas por um pescador no ventre de um peixe. Pierre naufraga e, salvo, é levado ao hospital. Magalona reconhece-o, casam-se, e a literatura de cordel nordestina, livro para o povo, reconta o conto tetrassecular.

Malasarte

Pedro Malasarte é figura central de histórias em que encarna a astúcia, a maneirice, a perspicácia. Nele o contador transfere, projeta aquilo que desejaria fazer: vencer os ricos e potentados desumanos que espezinham os pobres, mangar com os prepotentes, burlar os venais. Este lado psicológico é que lhe dá efetiva permanência na literatura popular.

Maria do Couro

Nas estórias nordestinas é a universal Gata Borralheira.

Maria Sapeba, Maraçapeba

Peixe linguado que, segundo a lenda, ficou com a boca torta e vive comendo lodo porque imitou Nossa Senhora ao perguntar-lhe as horas: a maré enche ou vaza? No Espírito Santo a variante de maraçapeba é Maria Sapeba.

Mulher do Piolho

Personagem dos contos populares que estereotipa a mulher teimosa, a contenciosa, cuja obstinação a literatura de cordel fixa em versos as proezas dessa serrazina.

Pedro Cem ou Pedro Sem

Personagem presente na literatura oral e de cordel nordestina que se apresenta como homem de excepcionais dotes de inteligência, altivez e resignação: de rico passa a pobre, de pobre a rico novamente, repetindo um pouco o Jó da Bíblia.

Prequeté

Personagem do folclore paulista, ou melhor, paulistano, primeiramente um pedinte sem eira nem beira, morador da Paulicéia no começo deste século, para o qual o povo criou a quadrinha: "Zé Prequeté / tira bicho do pé / pra tomar com café / misturado com chulé." Hoje, uma pessoa sem valia, um Zé-ninguém é um Zé-Prequeté. Há outras quadrinhas que o localizam na praça da Sé, onde estendia as mãos súplices à caridade dos transeuntes.

Quero-Quero

Ave pernalta que freqüenta as estórias brasileiras, de Norte a Sul do país. O nome é regional, gaúcho, e a poesia gauchesca tem a ave como símbolo da soledade, soledade que seu canto infunde.

Rabicho da Geralda

Romance da literatura de cordel e oral no Nordeste, versando sobre um terrível e indomável boi que no Ceará resistiu aos vaqueiros famanazes durante uma década.

Roberto do Diabo

Estória popular, correntia na Europa, e que no Brasil é ouvida à noite, transmitida pelos contadores e pela literatura de cordel, em reedições sucessivas sobre a vida de um filho de duquesa, que, desesperada por ser estéril, pediu ao diabo que a fizesse gerar. Nasceu, cometeu toda a sorte de desatinos, maldades e crimes. Arrependido, quis tornar-se frade. Pelo superior do convento é-lhe imposta dura prova penitencial: fingir-se de louco e comer as migalhas dos cães. Mais tarde, liberta Roma, casa-se. Algumas versões dizem que morre num eremitério, outras que é seu filho Ricardo da Normandia, um dos Doze Pares de França.

Rompe-Ferro

Um dos cães da estória de Pedro Malasarte. Outro é o Rompe-Vento.

Silvaninha

Romance da Silvaninha, estória de uma moça com quem o próprio pai queria se casar. Não cedendo aos impulsos paternos, pede água para seus familiares que, temerosos, se recusam a dar-lhe. Silvaninha morre. Este romance, que no Sul é cantado e no Nordeste contado, é também conhecido por Romance de Dona Infanta.

Surubim

Boi famoso que freqüenta as páginas da literatura de cordel nordestina e o versejar fácil dos poetas do sertão, do Piauí às costas litorâneas do Norte todo. O boi-barroso do sul e o surubim, cada qual em sua região, um no canto outro na poesia, disputam a primazia da popularidade.

Velha

Nas histórias e contos populares, aparece como figura má, uma velha que sabe encantar, enfeitiçar, enfim, causar prejuízos à figura central da narrativa.

As velhas são as melhores benzedeiras. Crê-se que após a menopausa ganham forças extraordinárias. Às velhas compete lavar o recém-nascido e, em certos casos, batizar a criança logo após seu nascimento. Exercem certas funções mágicas. Entretanto, nas estórias a sua posição revela o menoscabo da atual geração pela geração passada, revolta antigerontocrática, inconsciente.

CAPÍTULO IV
Artes populares e técnicas tradicionais

INTRODUÇÃO

Ao planejarmos este livro sobre o folclore nacional, pensamos primeiramente em dividir o acervo de material recoltado em dois grupos: *cultura material* e *cultura não material* ou *imaterial* ou *espiritual*. Entretanto, ao analisarmos alguns fenômenos folclóricos, verificamos que ora poderiam ser enfocados sob um aspecto, ora sob outro. Abandonamos então tal classificação.

Nas páginas anteriores estudamos os mais variados aspectos da cultura espiritual com pequenas incursões nos domínios da cultura material. Todavia acreditamos seja este capítulo aquele no qual trataremos mais extensamente os fatos da cultura material em seus multifários aspectos.

As artes populares bem como as técnicas tradicionais são enfocadas, ora na doçaria, ora nas comidas típicas com suas receitas tradicionais guardadoras daquelas medidas de colher cheia ou rasa, de "pitadinhas" e "punhadinhos", de onças e libras, de "tiquinho" e pingos ou de "uma mão cheia" que davam com justeza um sabor inigualável muitas vezes não atingido pelas exatas determinações dos gramas da balança moderna, porque o fazer doces e comidas é uma verdadeira arte. Arte que se valorizou com o aproveitamento dos produtos da nova terra ou já incorporados à mistura dos mil e um manjares que se operou na cozinha brasileira onde intervieram branco, negro e índio.

O escravo soube aproveitar as partes desprezadas pela sinhá-dona: beiços, pés, orelhas, rabo do porco, para fazer o prato inigualável, saboreado por todo brasileiro que se preza – a feijoada –, digno representante da arte culinária brasileira. Da casca da mexerica que se lançava fora a escrava preparou o licor de mexerica – verdadeiro néctar dos deuses... caboclos.

É um capítulo sobre o folclore da atividade o estudo do artesanato. Procuraremos descrever as técnicas tradicionais da industrialização da mandioca, a preparação do beiju, da farinha que faz parte do cardápio de 85% da população brasileira atual; cuidaremos da técnica tradicional também legada pelo índio, a de preparar a farinha de milho, usando o monjolo que o português trouxe da China para triturar o milho autóctone das Américas e fazer a saborosa farinha presente no farnel do bandeirante ou no virado de feijão do monçoeiro ou, ainda, para preparar o "velho", a comida de véspera que o tropeiro requentou.

Destacadamente, graças à sua apresentação artística, temos a integrar este capítulo o item "Pau-para-toda-obra", fixando aspectos os mais variados da cultura material no que concerne à habitação e seus acessórios, aos utensílios caseiros, armas de proteção individual, a venatória, a arte popular ligada à religião, ao transporte, aos objetos da lúdica infantil, às indústrias tradicionais. São quarenta e oito ilustrações sobre o folclore da madeira que poderão inspirar artistas, arquitetos, decoradores etc.

Fotografias ou desenhos nossos passaram a constituir "Pau-para-toda-obra", graças à pena privilegiada do ilustrador Oswaldo Storni, que deu vida e arte ao material por nós recolhido nas andanças pelos quatro ventos do Brasil. Storni valorizou o folclore da madeira!

Em vários estados brasileiros a técnica de subsistência que mais se destaca é a do artesanato, merecendo especial menção a do Ceará, que, a nosso ver, é onde há maior concentração de artesãos. Artesanato em plena atividade graças à conjuntura de fatores de várias ordens: mesológicos, econômicos, sociais etc.

Em Fortaleza, há bairros onde, ao lado de uma determinada fábrica, se encontram pequenos artesanatos com ela relacionados. Caso típico é o da rede de dormir que no bairro Damas, ao redor de uma grande fábrica de redes, concentram-se casas em cujos fundos há uma pequena oficina de trabalho, ora um tear manual, ora pequenas máquinas empregadas para fazer o seu acabamento: manocabo ou mamucaba, caréu, punho, cabos ou cordões, pano e varanda.

Há bairros onde estão concentradas as bordadeiras: margeando os rios, em mocambos paupérrimos, vivem as louceiras de barro; já nas proximidades das praias, rendeiras e labirinteiras.

Na capital cearense é incontável o número de oficinas domésticas conhecidas popularmente por "viração", "bancas de viração", funcionando na parte dos fundos das residências, fugindo, assim, da fiscalização, onde o artesão "se vira", isto é, trabalha. É artesanato doméstico. "O domicílio é inviolável", assegura a nossa Constituição.

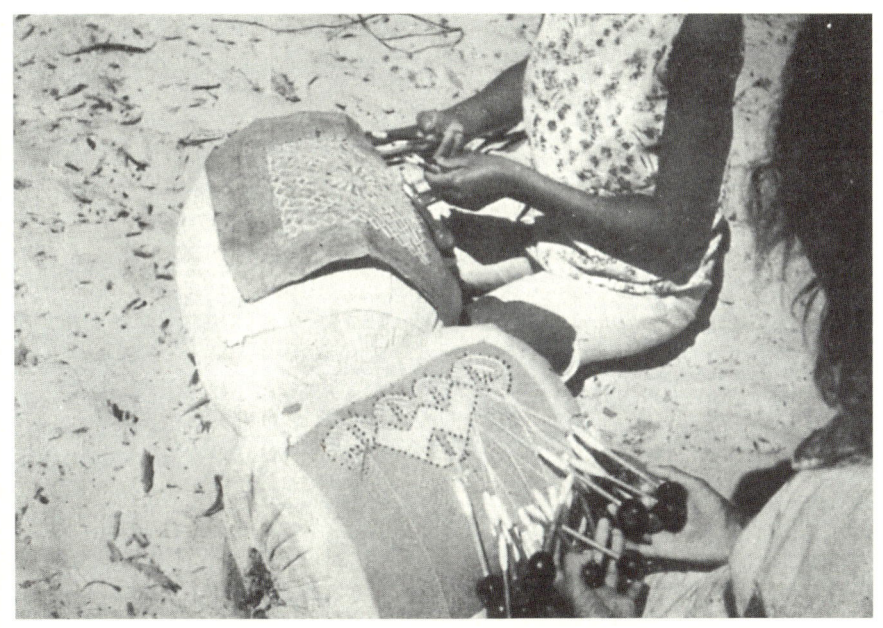

Rendeiras trabalhando na praia sob a sombra de cajueiros. Praia de Almofala (CE).

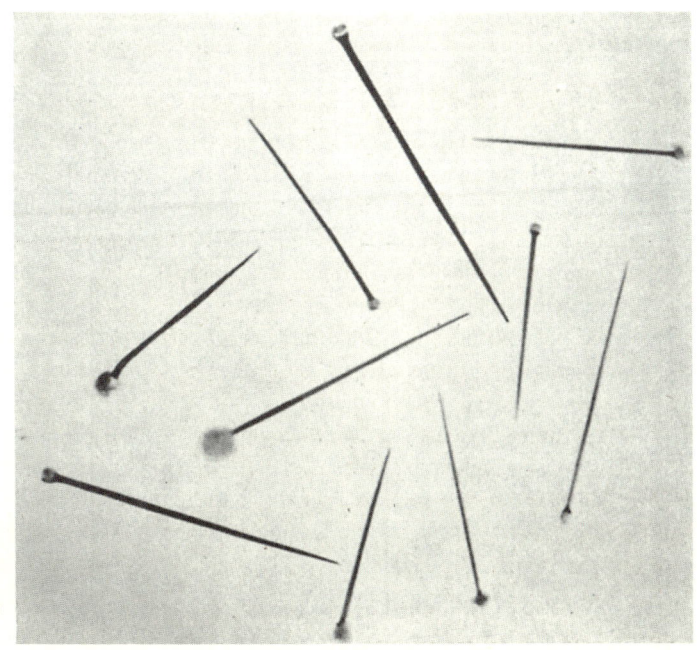

Espinhos de cardeiro, de mandacaru, usados pelas rendeiras.

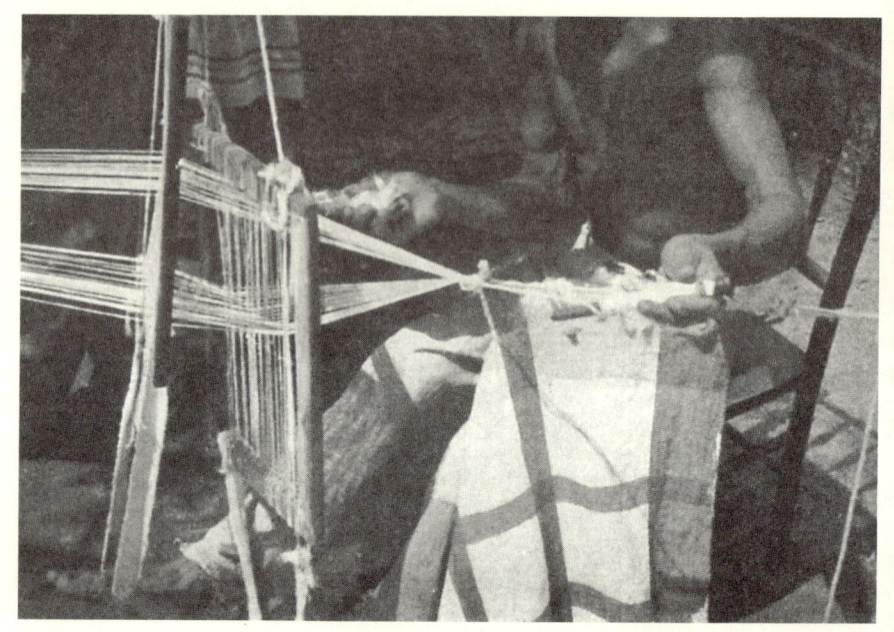

O artesão faz o mamucabo, caréu, o arremate final das redes. Quixeramobim (CE).

Fiandeira que fia o fio fino do algodão e depois, com agulha de crochê, faz redes.

"Padim Ciço" – o Dom Bosco caboclo.

Muito mais do que em Fortaleza, a maior concentração de artesanatos se encontra em Juazeiro do Norte. Possivelmente tal concentração se deva em grande parte ao Dom Bosco matuto – Padre Cícero Romão Batista –, o magno incrementador do artesanato em seu feudo religioso.

Outro exemplo colhido também no Ceará: há duas Messejanas. Uma ao lado da estrada, tornando-a uma continuação da capital por causa de sua proximidade; outra é a Messejana dos mocambos, das mil e uma choupanas de palha de carnaúba, onde há a presença da rendeira de almofada completando a paisagem de pobreza e miséria que aí habitam.

Na primeira Messejana por onde os carros passam velozes, os ônibus saem para a capital a cada quarto de hora, há uns poucos artesãos, sapateiros na sua maioria. Certamente nesta Messejana de prédios coevos de José de Alencar, nas casas menos pomposas e humildes da cidade, há no fundo uma oficina de bordadeiras. Já na outra Messejana de casas pobres, de casas de um vermelho gritante sobre o areal alvinitente, há uma rendeira de almofada em cada porta, sem que se tenha medo de errar ou de exagerar na generalização.

Sob as árvores vetustas, à tarde, sentam-se a velha rendeira e moçoilas perto com seus trabalhos de bordar ou de labirinto. Aquela apenas cachimba seu pito de barro sarrento, estas cochicham, certamente, coisas de amor. Estão na idade.

Alguns fatores têm propiciado a incrementação e permanência do trabalho artesanal no Ceará. Fator importante é o mesológico. As condições madrastas do clima que se refletem na agricultura e pastoreio "tangem" muitas pessoas para que migrem para o Sul ou se amontoem nas cidades, favorecendo assim cada vez mais o abaixamento do preço da mão-de-obra, no qual se locupleta o artesanato cearense, impingindo condições subumanas ao artesão.

Não raro o que leva um indivíduo a adotar um novo gênero de vida ou técnica de subsistência é a necessidade. O fugir da fome, a necessidade do ganha-pão, apontam a adoção de uma nova forma de trabalho. Improvisa-se o artesão. Basta que os azares da sorte soprem para que imediatamente mudem de trabalho. Há então *instabilidade* na artesania.

Raramente as técnicas artesanais são herdadas, ou melhor, raramente elas têm continuidade, passando de pai para filhos. Quando existem, com grande facilidade os filhos as abandonam para adotar outra mais rendosa. Não há portanto consciência da tradição. Raros são os guardadores de "segredo" de fabricação, por exemplo, o dos pontos de doces, o da cola de tartaruga etc.

Esta instabilidade é oriunda em parte da falta de assistência do governo, que, se a desse, criaria essa tradição artesanal, propiciando seu aperfeiçoamento, e proporcionando ao artesão um melhor *status* econômico, que se refletiria no bem-estar da própria região.

O adquirir a técnica por si mesmo, obrigado pela necessidade, nem sempre favorece o melhor. Encurtaria o caminho dos erros e acertos, a instalação de escolas; aparelhamento de escolas para iniciação artesanal, sem dar diplomas, apenas para encaminhar.

A assistência para melhorar o instrumental é indispensável. O trabalho artesanal do Ceará em geral é rústico, rudimentar, porque o artesão, por incapacidade financeira, é obrigado a fazer as suas próprias ferramentas. Seu baixo poder aquisitivo leva-o a tal proceder.

Relacionado ainda ao seu nível de vida está o fato de adquirir pequenas quantidades de matéria-prima, produzindo, portanto, pouco. Isso se dá porque, não tendo capital nem financiamento, há limitação de produção e não é então por falta de mercado que deixa de produzir, pois tudo o que produz vende.

O próprio meio de transporte atual, as novas estradas de rodagem, melhoraram, favorecendo o mercado, facilitando a colocação do produto. O que não há, porém, é a produção suficiente por falta de capital.

O trabalho artesanal permanece na fase econômica que costumamos denominar *da mão para a boca*, o que produz hoje é para se comer amanhã, não há oportunidade para aumentar a capacidade de aquisição de matéria-prima e de instrumental.

A deficiência nos instrumentos, a falta de contato com outros meios, mesmo através do livro, a falta de estudo, a impossibilidade de aprimoramento que a troca de opiniões, a visão de novos modelos dão, refletem-se nas aptidões que não se desenvolvem porque os artesãos não tiveram oportunidade de ver o melhor. Caso estes óbices fossem removidos, poderiam produzir mais e melhor, conseqüentemente mercado maior se abriria. O isolamento prejudica o aperfeiçoamento do artesanato.

A estes fatores negativos some-se um dos mais nefastos – o *intermediário*. Criou este no Ceará perfeita organização: no mundo dos bordados, das rendas, dos labirintos, dos trançados, da ourivesaria etc.

Pequeno é o número de artesãos que vendem diretamente o seu produto acabado. É a sangria causada pelo intermediário, que qual polvo tentacular prende milhares de artesãos às casas da capital. O intermediário impede, não raro, o desenvolvimento e ampliação, porque exerce uma verdadeira escravização comercial. De sobejo pode-se constatar com as bordadeiras, jungidas por trustes cruéis da capital: uma casa com doze mil, outra com dezesseis mil dessas trabalhadoras.

Quanto à haliêutica constatamos problemas como este: a jangada é um verdadeiro espetáculo de movimento e arrojo; entretanto, na técnica de subsistência típica do litoral do Nordeste oriental, na pesca de jangada exaurem-se num trabalho árduo que produz pouco, que não compensa, alguns milhares de jangadeiros que vivem em condições subumanas com suas famílias. Jangadeiro leva uma vida miserável, sem possibilidades de melhoria por causa de seu processo rudimentar de trabalho. Muito poéticos, decantados, louvaminhados até, os jangadeiros e seus feitos super-humanos; porém, do ponto de vista econômico, é tudo uma lástima: seres super-humanos no arrojo e intrepidez, mas que vivem em condições subumanas. O jangadeiro utiliza-se do processo mais antieconômico da haliêutica, exaurindo sua capacidade de homem válido e destemido que poderia ver seu esforço frutificado, caso o governo o assistisse.

Há certas formas de artesanatos que permanecerão invariáveis por largos anos, o que se dará, por exemplo, nas regiões das serras e onde há dificuldades climáticas como no Nordeste, em que há gente de baixo poder aquisitivo: o caçuá será um deles, um traço inalterável no transporte da região, na qual permanecerá juntamente com o jumento.

O transporte d'água pelo aguadeiro persistirá e o artesanato que lhe fornece os implementos necessários continuará, mesmo que o governo preste assistência, porque as condições mesológicas favorecerão sua continuidade.

Há indústrias que com pequeno auxílio e fiscalização pesarão saudavelmente na balança econômica do estado, como no caso da cera de carnaúba. Outras precisam de imediata intervenção para afastar os trustes, como acontece com as bordadeiras.

Se por um lado se pode louvar o trabalho em bordados como meio de higiene social, de ocupar sadiamente as horas de milhares de moças solteiras com remotas possibilidades de casamento, por outro lado ele permite que se perpetue um sistema de trabalho escravo em pleno século XX, como é o caso cearense, por causa dos trustes.

Não resta dúvida, e é digno de ser admirado por todos os brasileiros mais favorecidos da sorte, que estes nossos irmãos cearenses, apesar de subnutridos, têm grande e admirável capacidade intelectual criadora. Muitos, a quase maioria, são analfabetos, e mesmo sem nenhum auxílio estão vencendo. Se eles têm tais possibilidades, como venceriam e como produziriam mais, caso fossem assistidos; se, por exemplo, houvesse escolas, crédito, muito poderia melhorar, em benefício da própria região, o artesanato do Ceará.

Neste capítulo trataremos de alguns aspectos do artesanato cearense por nós estudados em pesquisas diretas realizadas nos anos de 1951, 1952, 1953,

1961 e 1962. Uma década separou nossos períodos de observação participante, tempo que nos ajudou a compreender melhor o artesão em suas oficinas, o homem em seu hábitat, e meditar sobre os complexos problemas de nossos patrícios desassistidos, artistas anônimos construtores também da grandeza da pátria comum, vivendo na grande região do Nordeste oriental.

A arte de trabalhar o fio será estudada em "Tramas e tecidos".

Em "Trançados", o trabalho com palha de carnaúba e taquara. Como no Ceará não se usa o laço nas lides pastoris, não se encontra a arte de trançar o couro como no Sul do país. Isso porém não exclui a presença do seleiro, porque "onde matam o boi, seleiro vive".

A arte da cerâmica é muito desenvolvida, no que se refere à utilitária ou permanente. Entretanto, a religiosa, de enfeite e lúdica, não tem o desenvolvimento notável que estas duas últimas formas atingem, por exemplo, em Pernambuco, em Caruaru, onde pontificou o saudoso mestre Vitalino. Os "imaginários" cearenses trabalham no gesso com fôrmas. O toureta esculpe o modelo em madeira para depois fazer a fôrma para o gesso. Em São Paulo há o "figureiro", a barrista, artistas do barro que contribuem para a continuidade do presepismo.

A madeira é trabalhada não apenas para fazer máquinas primitivas como engenhos, carros de bois, jangadas, canoas, mas também para pequenos lavores: jangadinhas, tartarugas etc., nova forma da xilologia que juntamente com os trabalhos feitos com chifre vem se desenvolvendo ultimamente graças à indústria da paz – o turismo. A procura de *souvenirs* vem incrementando a arte de trabalhar o chifre. Os objetos feitos com casco de tartaruga, pelo apuro e esmero com que são executados, podem ser tidos como de ourivesaria.

Entre as técnicas tradicionais destacamos a do preparo da farinha de mandioca e da rapadura.

E num país que está marchando com passos resolutos na senda da industrialização, vale a pena conhecer as maneiras tradicionais de se fazer um carro de bois ou uma jangada, a maquinaria de antanho onde a madeira foi *pau-para-toda-obra*. Oswaldo Storni desenhou, além das peças do mobiliário folclórico brasileiro, algumas de móveis de estilo antigo. Estas não são folclóricas, são, porém, saborosamente tradicionais.

COMIDAS TÍPICAS E DOÇARIA CAIPIRA

COMIDAS TÍPICAS PAULISTAS

Estas comidas são de uma época tranqüila, em que a vida era também tranqüila.

Arroz com suã

Um suã de porco despojado das gorduras, cortado em pedaços, será temperado com sal, alho, cebola e cheiros verdes. Frita-se o suficiente, ou melhor, até corar levemente e, a seguir, na própria panela onde está sendo frito, junta-se água e deixa-se cozinhar até ficar mole. Ajunta-se o arroz lavado ao suã, cozinhando tudo junto, tendo-se o cuidado de deixar o arroz mais ou menos mole. Quando secar a água, está pronto. E é mais gostoso quando o arroz com suã é feito em panela de barro, como recomendava vovó Olímpia Sousa Maynard, que nos legou a receita. O arroz mais gostoso é o pilado em pilão caseiro (ver Ilustração XII, nº 18) e não o que passou pelas máquinas de beneficiar.

Quibebe

Deve-se escolher uma abóbora bem enxuta e madura. Corta-se a polpa em pedaços, depois de tiradas casca e sementes. Ferve-se em pouca água porque a própria abóbora, vertendo suco, terá líquido para ajudar a cozinhar. Quando esta é bastante, escorre-se. Refoga-se com tempero, sal e bastante pimenta do reino. Há um toque bem paulista no quibebe, muito de acordo com o paladar planaltino tradicional: ajuntar-se uma boa colher de sopa de açúcar, preferivelmente o mascavo.

Buré

Sopa de milho verde, em que se coloca cambuquira ou couve rasgada. Rala-se o milho, tempera-se a sopa e, depois da primeira fervura, junta-se a cambuquira.

Cambuquira

A ponta da rama da aboboreira é chamada cambuquira. Os paulistas que falaram tupi até o século XVIII preferem chamá-la de cambuquira e não de *ponta de abóbora*, que será escolhida, bem lavada. As mais novas poderão medir até dois palmos, as mais velhas somente um, e de todas é necessário retirar as fibrilas exteriores.

Prepara-se um refogado numa panela (preferivelmente de barro) onde se coloca água quanto se deseja. Quando estiver fervente ajunta-se-lhe aos poucos, para não empelotar, fubá mimoso, dando à sopa uma consistência bem rala. Ao abrir nova fervura, ajuntam-se as cambuquiras, que, bem fervidas, se tornam moles, e estará pronta a sopa de cambuquira.

Há quem engrosse a sopa com farinha de milho; entretanto, típico, tradicional é fazê-la com fubá.

Moqueca de galinha

Mata-se, depena-se e limpa-se a galinha, tirando as vísceras e o bico. Uns a cortam em pedaços para moqueá-la na palha de milho, outros a deixam inteira para envolvê-la em folha de bananeira. Coloca-se a galinha numa mistura de farinha de milho, gordura, ovos cozidos, sal e os condimentos de um bom tempero, enrola-se na folha de bananeira e assa-se na brasa. Há os que a assam na panela; entretanto, na brasa fica mais gostosa, assim dizem os que não perderam o paladar de bugre.

Quirera com costeletas

Quando o milho está sendo preparado para canjica, deixa-se que se quebre mais, reduzindo-se a pedaços menores que tenham mais ou menos tamanho do grão de arroz. É a quirera de milho. Tempera-se a quirera como se tempera o arroz.

Fritam-se costeletas de porco até que fiquem bem coradas. Quando a quirera estiver quase no ponto de ser retirada do fogo, mistura-se tudo na panela e deixa-se até secar.

Há os que gostam de misturar assim. Outros preferem separar quirera e costeletas para comê-las desse modo... a nosso ver, prato muito mais saboroso...

Barreado

Prato paulista que se "paranaizou" por ser hoje largamente conhecido no Paraná. Cozinha-se a carne de boi em panela de barro que terá seu testo barreado à panela, ficando esta assim hermeticamente fechada. Esta panela barreada certamente é a avó da atual panela de pressão. O "barreado" era a panelada de carne que o paulista fazia, cozinhando a noite toda, no seu arranchamento. Onde o paulista parava para pernoitar, precisava de um fogo para espantar os bichos do mato... e bem lento para cozinhar por mais de doze horas a boa panela barreada que seria a primeira refeição do dia que viria, e a comitiva, depois de quebrado o jejum, levantaria acampamento para seguir.

Os paulistas olvidaram a panelada de carne; entretanto, os "paranistas" conservam, mormente os litorâneos, como prato típico, o delicioso "barreado", ajuntando-lhe banana sica, isto é, verdolenga.

Pururuca

Algumas pessoas confundem torresmo com pururuca. São duas coisas distintas: torresmo é um naco de banha de porco que, ao ser frito, vai deixando escorrer a gordura, restando uma parte consistente. O torresmo é o melhor acompanhamento para um bom virado de feijão, para um virado de couve feito com farinha de milho.

Pururuca é o couro de porco que, bem frito, se torna quebradiço, e ao ser mastigado se desfaz. A pururuca deixou de ser o companheiro inseparável do virado de feijão; hoje, bem salgadinha, acompanha os aperitivos quer de palácios, quer de botequins.

Doces caipiras

Poucos estudiosos das nossas coisas voltaram a atenção para a doçaria nacional, tão afamada no passado – delícias que empanturravam d. João VI. A nossa culinária está mesmo por ser estudada. Gilberto Freyre, em *Casa-grande e senzala*, se refere a ela. Mas... e o que o gigante de Apipucos não apontou? Por que não estudar os pitorescos nomes dados aos doces deliciosos? Papo-de-anjo, pé-de-moleque, namorados, casadinhos, beijos, baba-de-moça. Será que não há nada de freudiano nessas denominações, sabendo-se que nos conventos é que se preparavam as melhores encomendas feitas pela aristocracia brasileira?

É óbvio que a nossa doçaria é descendente direta da portuguesa e que por aqui andou sofrendo "reformas", substituições e aproveitamento das frutas tropicais. Muitas receitas tradicionais herdadas de Portugal e outras inventadas pelas venerandas damas do Brasil Colônia e Império se perderam. Onde as compotas? Era tão gostoso o arroz-doce em prato fundo, e com direito à repetição. Hoje ele vem escondidinho no fundo de um pires.

É que muita coisa tem acontecido ultimamente para amargar a vida do brasileiro: câmbio negro do açúcar... e com isso os doces tradicionais vão ficando no olvido. A quadrinha tão conhecida já não condiz mais com a realidade:

> O doce perguntou ao doce
> qual era o doce mais doce,
> o doce respondeu ao doce:
> Doce de batata-doce.

No interior paulista ainda há cidades onde são encontrados os doces tradicionais. São Luís do Paraitinga é uma delas. Por ocasião das festas do Divino Espírito Santo, de tabuleiro em tabuleiro poder-se-á apreciar ainda a arte caipira no preparo dos doces. Certamente tais receitas são as que sobraram das doceiras afamadas que faziam as delícias dos paladares dos ricos e abastados fazendeiros e barões, donos de latifúndios, de cafezais e dos sobradões "mal-assombrados" da "Imperial Cidade de São Luís do Paraitinga".

Hoje, esses doces certamente já não figuram mais nas mesas do morador dos sobrados, porém são encontrados nos tabuleiros e cestas, vendidos por ocasião das festas, quando quase toda a população rural do município vem para o centro urbano. Nas ruas enfileiram-se os tabuleiros de doces. Outros, mais pobrezinhos, sentam-se nas sarjetas e, sobre algumas pedras, colocam a cesta de doces, forrada por uma toalha branca, muito limpa. Há doces também nas "ramadas", isto é, nas barraquinhas onde se vendem "comes e bebes". Nestas há café, garapa, pinga, frutas, queijo, rapadura e melado. O melado então é o companheiro para tudo. Come-se (diz o provérbio, *quem nunca comeu melado, quando come se enlambuza*) melado com farinha de milho ou de mandioca, com cará cozido, com mandioca cozida, ou com canjica ou ainda com queijo. E é de se "lamber os beiços".

Percorramos os tabuleiros: aqui encontramos suspiros, sequilhos, queijadinhas, beijos, brevidades, bolo de milho cru, corujas, furundum, arroz-doce e muitos cartuchos coloridos cheios de guloseimas para as crianças. Vejamos este outro tabuleiro: paçoca de amendoim, pé-de-moleque, doce de mamão, de laranja, de cidra, de abóbora, de batata-doce (da branca, da amarela e da roxa), compota de coco, queijo em fatias, uns canudos de massa frita com doce de coco. E as cocadas: de fitas, de coco queimado, de todas as cores. Este tabuleiro, sempre rodeado por um mundão de gente, tem à venda: talhada, rapadura, melado, garapa, tolete de cana, queijo, coalhada de leite, batata-doce assada, pinhão cozido ou assado na brasa, mandioca frita, mandioca cozida. Esta é o pão do caipira e do caiçara também. A mandioca tomou o lugar do trigo, mas o que importa agora é comermos estes toletes de mandioca cozida com melado – melado grosso, cor de ouro velho.

Referimo-nos aos *doces caipiras*, expliquemos o que seja caipira: é o morador do meio rural do estado de São Paulo, o genuinamente paulista, aquele que vive no serra-acima, do planalto atlântico, em depressão até o planalto ocidental, porque o morador do litoral, da beira-mar, é o caiçara, paulista também. Outrora, *caipira* e *caiçara* eram termos pejorativos. Hoje não. Cornélio Pires, Amadeu Amaral, Valdomiro Silveira, folcloristas paulistas, da gema, promoveram a redenção e recolocaram, no justo lugar e no perfeito sentido, o vocábulo *caipira*. Reinterpretaram-no e nos deram o verdadeiro sentido de caipira. Caipiras foram os bandeirantes, dos quais nos orgulhamos, caipiras foram os tropeiros que iam buscar tropas no Sul, caipiras foram os derrubadores de matas e plantadores de café, fazendeiros em cujas mesas estavam presentes os doces dos quais damos adiante as receitas.

Brevidade ou apressado

Seis gemas e duas claras batidas à parte, como para suspiro. Juntam-se depois as gemas, que se batem como para pão-de-ló com seis colheres de araruta. Vai tudo ao forno em fôrma grande. Na massa coloca-se uma xícara de chá de açúcar.

Biscoito de polvilho

Um prato e meio de polvilho azedo. Um prato de farinha de milho. Quatro gemas de ovos, meia garrafa de leite. Uma caneca de gordura. Uma colher das de sopa de sal. Um punhadinho de erva-doce. Fazem-se rodelas que se colocam na assadeira para irem ao forno quente.

Este biscoito pode ser frito em vez de ser assado. Neste caso, põe-se menos gordura na massa. Fritar em gordura e não em óleo.

Mata-fome

Um ovo, duas xícaras de farinha de trigo. Um pouco de sal. Amolece-se a massa com leite até que dê para pingar na gordura bem quente, onde é frito. Depois pode-se polvilhar com açúcar.

Talhada

Mói-se a cana na engenhoca (ou "escaroçador"). Leva-se ao fogo a garapa e vai-se fervendo, com pedaços de gengibre. Quando ela estiver no ponto, junta-se farinha de mandioca. Deixa-se esfriar e corta-se como se corta rapadura.

Doce de abóbora

Pica-se a abóbora em pedaços bem miúdos. Para cada dois pratos de abóbora, um prato e meio de açúcar. Junta-se canela em rama. Leva-se ao fogo. Quando a abóbora estiver trespassada, tira-se do fogo. (Doce de abóbora é muito gostoso para se comer com leite fervido e frio.)

Arroz-doce

Cozinham-se 250 gramas de arroz em dois litros de leite, com um pouco de canela em rama para dar gosto. Junta-se também uma pitada de sal. Adoça-se à vontade. Leva-se ao fogo e, quando começar a engrossar, põem-se 6 a 10 gemas de ovos enquanto está fervendo, mexendo-se bem. Para não talhar a gema, tira-se aos poucos do prato onde estejam algumas gemas de ovos desmanchadas, vai-se mexendo e colocando na panela. Assim não talharão as gemas. Tira-se do fogo e coloca-se em pratos. Polvilha-se com canela em pó.

Cidra

Rala-se a cidra. Põe-se num saco para lavar. Sova-se bastante em água corrente. Prova-se para ver se não está amargando. Coloca-se um prato de açúcar para um e meio da massa ralada de cidra. Ferve-se até trespassar bem a cidra (até cozinhar bem). Põe-se cravo e canela em rama. Quando a calda estiver grossa, retira-se do fogo.

Coruja

Coloca-se polvilho na bacia. Ferve-se água numa panela, onde se põe uma xícara de gordura. Quando frio, vai-se derramando sobre o polvilho.

Umedece-se com leite e amassa-se com a mão. Quando está mais ou menos duro, enrola-se e põe-se na assadeira em forno bem quente.

Pamonha

Rala-se o milho verde. Passa-se na peneira, adoça-se à vontade. (Alguns colocam queijo ralado.) Coloca-se na palha do próprio milho e leva-se num tacho de água fervente para cozinhar. Quando a palha estiver amarelada, está cozida a pamonha.

Curau

Rala-se o milho verde e passa-se na peneira. Adoça-se bem, põe-se ao fogo com um litro de leite, mexendo-se sempre para que não pegue no fundo da panela. Quando engrossar está pronto para servir.

O *milho* sempre mereceu atenção especial, não só por ser o alimento básico da engorda dos suínos, como também porque é o "pão do pobre". Outra razão importante é porque ele dá duas vezes ao ano, ao passo que a mandioca dá uma vez só. Dá o fubá para angu e para o bolo; a farinha de beijus torradinhos e a quirera para se comer com as costeletas de porco; a canjiquinha, que substitui, com vantagem, o arroz; o curau de milho verde, a pamonha, a canjica... e a pipoca dos dias de festa. O fubá é alimento e remédio. Dele fazem cataplasmas para qualquer dor nas costas, para mau jeito, para torcedura (e até mau-olhado) para "puxar" e resolver tumores. Quando a pessoa moribunda não bebe mais remédio, não pode engolir, fazem emplastro de ovo com farinha de milho, ou fubá, e aplicam-lhe na "boca do estomago", a fim de que ela crie forças para morrer e não morra com fome.

Nas festas de bairro, no município de Cunha e outros do vale do Paraíba do Sul, o café é sempre servido com a farinha de milho. Na caneca de café colocam farinha de milho com a colher que está na peneira ou samburá sobre a mesa.

Bolo de milho cru

Usa-se o pó de milho preparado para fazer farinha de milho. Um litro dessa farinha, mais meio litro de fubá, uma xícara e meia de banha de porco derretida, um ou mais ovos, e sal. Amassa-se bem até ficar no ponto de enrolar. Leva-se ao forno bem quente.

Pé-de-moleque

Torra-se o amendoim descascado. Faz-se uma calda de açúcar ajuntando-se-lhe uma colher de manteiga. Vai ao fogo, sendo apurada até próximo do ponto de açucarar, quando então ajunta-se-lhe o amendoim, mexendo-se sempre com uma colher de pau (ver Ilustração XII, n° 11), despejando-se numa pedra-mármore ou tabuleiro untado de gordura ou preferivelmente de manteiga. Quando estiver dando o ponto, misturam-se dois pires de farinha de milho.

Bolo de fubá

Quebram-se quatro ovos e adicionam-se-lhes três xícaras de fubá mimoso, duas de farinha de trigo. Vai-se misturando, regando com uma xícara de leite no qual se dissolveram duas colheres cheias de banha e uma de manteiga (ou três de margarina, como fazem atualmente). Uma colher de chá de sal e outra de fermento (pó Royal), erva-doce um punhadinho. Mistura-se tudo, deixando repousar a massa na própria forma que irá ao forno para assar. Uma vez assado, alguns gostam de polvilhar o bolo com açúcar e canela, outros não.

Furrundum

Doce de cidra misturado com rapadura é o delicioso furrundum. O mesmíssimo furrundu mato-grossense, que ao invés de levar cidra é feito com mamão.

Jacuba

É feita de rapadura e farinha de milho. Dilui-se a rapadura n'água fria, mistura-se farinha de milho. Há também a jacuba feita com café que substitui a água.

Bolinho de arroz cunhense

Põem-se de molho dois quilos de arroz, ali pelas seis horas da manhã, e ao meio-dia escorre-se a água e deixa-se enxugar à sombra.
Depois soca-se em pilão (ver Ilustração XII, n° 19) bem socado, passando-se em peneira bem fina. Cozinha-se batata (doce ou inglesa, ou ainda abóbora), passa-se na peneira ou numa máquina de moer carne um litro dessa mas-

sa. Põe-se a massa de abóbora (ou de batata), banha, cinco ovos e desmancha-se o fermento para esta massa. Ajunta-se um pouco de água de sal. Bate-se tudo bem, depois coloca-se fubá de arroz, meio litro de fubá de milho e uma xícara de farinha de mandioca, mistura-se tudo. Depois vai-se fazendo a água doce, quente, e vai-se pondo até tomar ponto. Ele fica ralo. Deixa-se pousar e cobre-se. Noutro dia põe-se nas formas e assa-se em forno bem quente. O bolinho é mais gostoso "quando comido ao pé do forno", isto é, quente.

"Mata-fome" ou bolinho de polvilho

É uma receita da culinária folclórica paulista, é um bolinho do tempo dos bandeirantes: dois pires de polvilho azedo; um pires de farinha de milho; uma xícara de leite; dois ovos, sendo de um deles só a gema; uma pitada de sal; um punhadinho de erva-doce. Amassa-se bem e fazem-se os bolinhos em forma de rodinhas. Fritam-se em gordura bem quente.

Pau-a-pique

Bebida do ciclo junino em terras paulistas. À raiz de gengibre socada juntam-se punhadinhos de erva-doce, uns paus de canela, raspas de noz-moscada e duas ou mais cabeças de cravo-da-índia. Leva-se ao fogo e, depois da primeira fervura, ajunta-se à vontade açúcar. Ferve-se novamente. Coa-se, misturando-se cachaça à vontade. Guarda-se por uns três dias. Toma-se frio.

O pau-a-pique difere do quentão, que leva quase todos estes temperos, entretanto só é tomado quente e logo que sai fumegante da chaleira em que foi preparado.

Alguns pratos típicos mineiros

No estado de Minas Gerais os pratos típicos mais comuns são tutu de feijão com torresmo, picadinho de carne com quiabo e angu de fubá de milho.

Feijão tropeiro

Não é usado feijão preto, somente roxinho ou enxofre. Cozinha-se o feijão não muito mole, retira-se do fogo depois de cozido. Põe-se numa frigideira com gordura, esquenta-se bem, quebram-se sete ovos e mexe-se bem e afogam-se na gordura, vão-se virando para fritar até ficarem coradinhos, miudi-

O almofadão. Praia de Aquiraz (CE).

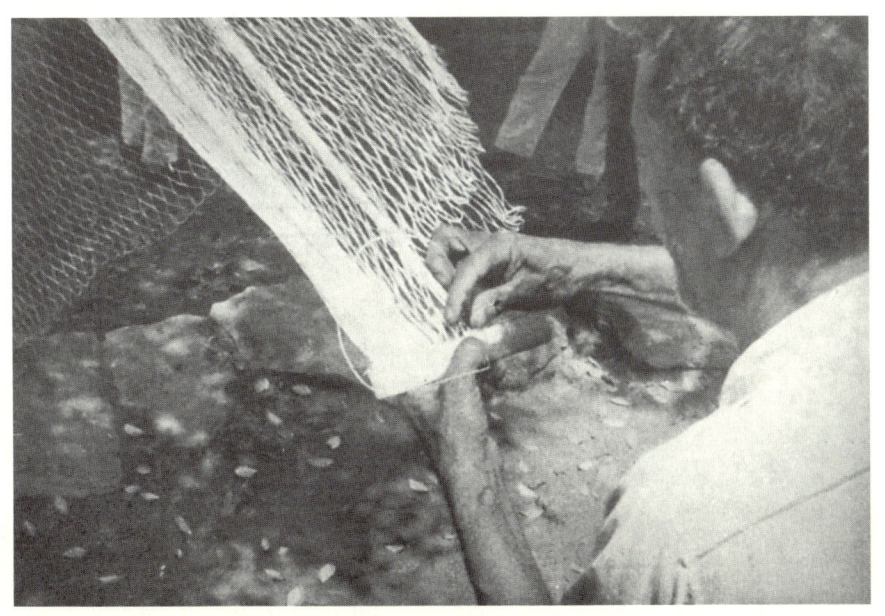

Tecendo redes e tarrafas para pesca. Baturité (CE).

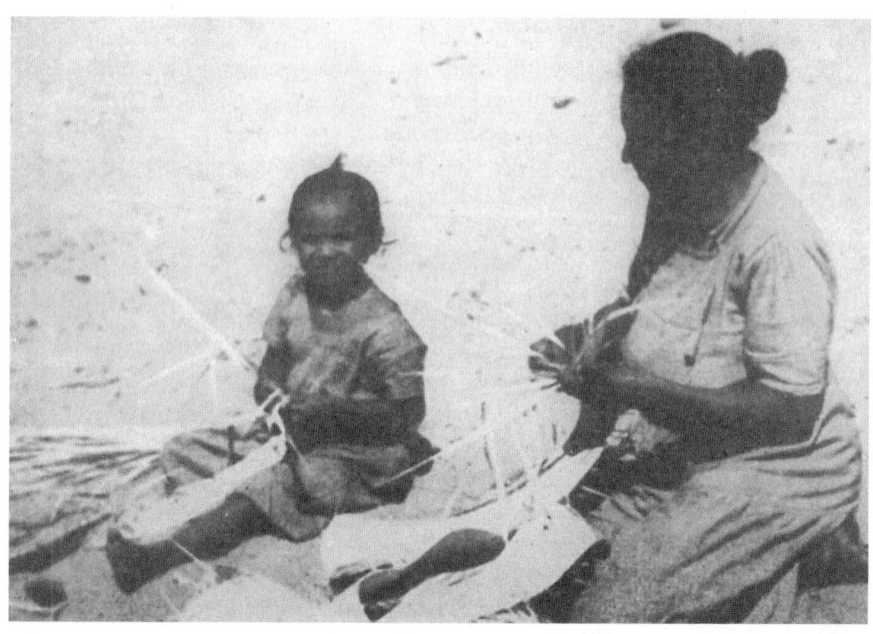

Aprendendo a trançar cestas, abanos, chapéus, com palha de ouricuri. Feliz Deserto (AL).

Chapeleiras. Usam palha de carnaúba. Sobral (CE).

nhos. Toma-se cebola em cabeça e em folha, bem picada, e afoga-se com os ovos. Havendo muita gordura, retira-se um pouco para então colocar-se a cebola que deve ficar também frita. Pode-se, caso se queira, colocar carne frita picadinha (de porco ou de boi); escorre-se o feijão e afoga-se ali dentro, colocando-se tempero à vontade. Mistura-se tudo deixando dar uma fervura, quando então mistura-se farinha de mandioca (ou de milho).

Carne-de-sol no espeto

A carne do boi curraleiro é macia e trescala cheiro do campo, quando seca. Come-se assada no espeto.

Biscoito fofão

Na gamela coloca-se polvilho (goma de mandioca) e ovos. Doze ovos para 1 quilo e meio de goma. Mistura-se com a mão, depois vai-se colocando o líquido, ou seja, a gordura que foi derretida n'água onde se colocou um punhadinho de erva-doce e sal. Quando se quer que o fofão tenha queijo (daí também ser chamado pão de queijo), acrescentar um prato de queijo ralado. Amassa-se até o ponto de enrolar. Coloca-se em formas untadas e leva-se ao forno regular.

Panelada ou cozido

Cozinha-se na mesma panela: carne de vaca, preferivelmente gorda, pele de porco, tubérculos, couve, repolho etc. Estando tudo cozido, tira-se o caldo para se fazer um pirão de farinha de mandioca, acompanhamento gêmeo da panelada.

Paçoca de carne-seca

Fritar a carne já temperada, bem frita. Pila-se até reduzir bem os pedaços, mistura-se farinha de milho e soca-se mais um pouco.

Geléia de mocotó

Por várias horas aferventam-se em fogo brando os mocotós de boi. Decanta-se a gordura. Passa-se a massa em peneira. Leva-se ao fogo para temperar. Leva claras de ovos bem batidas e ovos. Ao ferver a massa, deve-se colocar canela, cravo e noz-moscada. Ao se adoçar deve-se juntar um cálice de vinho do Porto ou vinho licoroso. Despeja-se em pires ou tigelinhas e deixa-se coagular.

Comidas da região do boiadeiro

Farofa de banana

Os mato-grossenses, principalmente os cuiabanos, apreciam a farofa feita com bananas. Misturam farinha de milho (ou de mandioca) com uma banana especial, a conhecida banana-da-terra, que é o melhor acompanhamento para se comer um pacu frito, assado ou ensopado. Quando não existe o pacu, é substituído por bagre, dourado, pirapitanga, pintado jurupoca ou mesmo pacupeba.

Arroz com pequi

O pequi, usado para o famoso "licor de pequi cuiabano", é uma fruta espinhenta com a qual se tempera o arroz. É um prato delicioso, porém perigoso para quem tem preguiça de separar alguns espinhos que possam vir à boca do glutão.

Bolo de queijo

Tal qual o biscoito fofão dos mineiros, o bolo de queijo é feito com polvilho. É o pão do café da manhã.

Chipa

Três quilos de polvilho, meio de queijo, meio de banha, oito ovos, sal a gosto, e um litro de leite.
Modo de preparar: Bater a banha com os ovos, bem batidos, misturar com o queijo ralado, colocar o leite e amassar bem. Leva-se ao forno para assar.

Supa paraguaia

Dois quilos de fubá, meio de banha, meio de cebola, meio de queijo, um litro de leite e sal a gosto.
Modo de preparar: esquenta-se a banha com cebola, põe-se o leite e misturam-se o fubá e o queijo cortado, põe-se para assar em forno bem quente.

Furrundum

Difere do paulista porque é feito com rapadura de cana e mamão verde, ao passo que o dos piraquaras é feito com cidra.

Licor de pequi

Sábio aproveitamento do suco dessa deliciosa fruta que é o pequi.

Dentre os refrescos regionais há o *capilé de caju*, que se assemelha à cajuína alagoana até na maneira de prepará-lo.

Refresco típico mato-grossense é o feito com a pevide da melancia, a *orchata*. Trituram-se as sementes da melancia, deixa-se em repouso por algumas horas com o próprio suco que foi espremido, mistura-se água e adoça-se à vontade. Há os que o preferem enquanto fermenta. Neste caso, engarrafam e aguardam dez ou mais dias. Fermentado, é espumante.

O QUE SE COME EM ALAGOAS

No estado de Alagoas, em Piaçabuçu, recolhemos algumas receitas culinárias:

Maçunim e sururu

Lava-se o maçunim quando vem da praia para tirar a areia e ajuntam-se: coentro, azeite doce, azeite-de-dendê, cebola, tomate, pimentão, limão, pimenta-de-cheiro, sal e leite de coco. (O leite de coco se obtém espremendo-se o coco ralado ou raspado.) Leva-se ao fogo, deixa-se secar um pouco. Querendo-se, pode-se fazer um "escaldado", pirão de farinha de mandioca para se comer junto.

Sururu é de capote quando vai com a casca para a mesa. Come-se com pirão. Sem capote prepara-se da mesma maneira do maçunim.

O *maçunim* é comido fresco, torrado ou com unha.

Fritada de camarão

Descasca-se o camarão, pica-se, faz-se o molho com pimenta, azeite-de-dendê. Se se quiser, põe-se leite de coco, e se não se quiser, põe-se um pouquinho de gordura. Quando o caldo estiver seco, põe-se uma parte dos ovos, e quando estiver cozido, tira-se e põe-se numa estaladeira e leva-se ao forno.

Fritada de caranguejo

Prepara-se da mesma maneira que a do camarão. Se se quiser, coloca-se mais leite de coco.

Camarão

Ferve-se o camarão e descasca-se. Faz-se o molho de camarão. Pode ser com leite de coco ou não. Põem-se batatas-do-reino, azeitona, pimenta-de-cheiro.

Caranguejo

Na feira tem grande saída o *caranguejo torrado*, que é aferventado até a água secar na panela. Outra maneira de prepará-lo: coloca-se água quente para matá-lo. Lava-se bem e coloca-se inteiro na panela. Na panela colocam-se coco raspado, o leite do coco raspado, coentro, colorau, pimenta, alho e sal. Deixa-se cozinhar bem. Assim é o caranguejo, à moda de peixe.

Faz-se também um ensopado, que é cozido separadamente, tirando-se depois as carnes do peito, braços e mãos; cozinha-se na panela onde estão: coentro, cebola, leite de coco raspado – e suco, isto é, o primeiro leite, colorau, pimenta, limão, azeite-de-dendê, azeite doce, pimentão, tomate e sal. Deixa-se ferver e está pronto.

O caranguejo é cozido com o escaldado, que é o pirão; o ensopado não. Geralmente o ensopado é um prato de domingo, o outro é comum. Do ensopado pode-se fazer uma fritada com ovo (omeleta).

O ensopado de caranguejo é muito gostoso. Servido dentro da própria casca, isto é, da carapaça. Quando está bem gordo, criado no chiqueiro, tem um sabor delicioso a sua gordura. Tira-se o fel e deixa-se a gordura, isso quando ele é fervido n'água e sal, e depois quebra-se e serve-se. Dão preferência às fêmeas por causa das ovas.

Só o siri é que é torrado. Leva-se à panela com água e sal até secar bem. Leva bastante sal.

O polvo é muito apreciado, feito com leite de coco, presente porém à mesa dos mais abastados, porque o pescador que o apanha nunca o leva para sua alimentação, mas sim ao mercado: dar-lhe-á uns bons "numerados" (dinheiro em nota).

As piabas bem fritas são um prato delicioso. Muitas vezes o pobre vai à margem do rio pescá-las e, depois de uma limpeza muito malfeita das pequenas piabas que nem sempre têm mais do que oito centímetros, fervem-nas n'água com sal. A água é aproveitada para o pirão "escaldado". Derramam a água ainda quente numa vasilha de barro com farinha de mandioca. Vão virando a papa e está feito o pirão. É o escaldado. Com o escaldado e peixe está a refeição garantida. Há muita gente que vive única e exclusivamente com tal passadio.

Buchada

Dentre as comidas gostosas do Nordeste, a mais gostosa é, sem dúvida, a buchada. É o prato nobre, para os grandes acontecimentos. Comido por ocasião de casamentos e festas. A receita é: mata-se o carneiro. Colhe-se o sangue, põe-se sal. Cozinha-se o sangue. Escalda-se o fato e raspam-se as tripas bem raspadas. Lavam-se bem e picam-se em pequenos pedaços as tripas e um pouco do fígado. Mistura-se tudo. Junta-se tempero (tomate, cominho, pimenta, hortelã, segurelha, cebola, alho, colorau, pimentão). Mistura-se tudo com o sangue cozido. Deixa-se descansar para tomar tempero. Enche-se o bucho e costura-se. Deve-se encher muito bem para não entrar água e para ficar bem cozido. Mistura-se com o restante do fato (coração, fígado, língua). O rim, não, porque este pertence à carne e não ao fato do animal. Deixa-se cozinhar bem e tomar cuidado para não queimar. Coloca-se um pires no fundo da panela para a buchada não queimar.

Vatapá

Em água fria, deixa-se dormir de um dia para outro miolo de pão macerado, junta-se a seguir farinha de arroz (arroz pilado) e os temperos: pequena cabeça de gengibre, um molho de coentro, cominho, uma cabeça de cebola, tudo bem ralado. Pimenta à vontade. Leva-se ao fogo brando, mexendo sem cessar para não embolar. Quando estiver fervendo, deve-se juntar um pouco d'água para que a farinha e o miolo de pão estejam bem cozidos. Misturam-se, em uma vasilha, duas ou três xícaras de azeite-de-dendê e uma de leite de coco; depois leva-se ao fogo e deixa-se ferver mais um pouco. Quando estiver em ponto de angu, tira-se do fogo. Uns gostam de comê-lo quente com muita pimenta; outros frio, com mais pimenta para esquentar. O vatapá é comido com arroz.

Caruru

É feito com camarão seco e quiabo. Corta-se bem o quiabo, do qual se deve tirar a baba, lavando-o, pondo-se também na panela de barro o caldo de um limão. Ajunta-se azeite-de-dendê, pimenta e sal. Cozinha-se tudo até ficar bem cozido, uma espécie de caldo bem grosso. Antes de ir para a mesa, coloca-se um pouco de azeite-de-dendê quente. Costuma-se comer o caruru com bastante pimenta e acompanhado de arroz branco.

Moqueca de peixe

Deve-se para a moqueca obter peixe de primeira qualidade e bem criado, isto é, grande. Depois de consertado, isto é, descamado e limpo das vísceras, lava-se bem por dentro e por fora com limão. Corta-se em postas e deixa-se descansar, enquanto se preparam os temperos em panela de barro. (Não sendo panela de barro, é melhor não fazer moqueca!) Ali vai o caldo de um limão branco, coentro, salsa picadinha, rodelas de cebola e cebola verde bem cortada, azeite-de-dendê para quem gosta, azeite doce, camarões dos pequenos, sal, uma ou duas colheres de massa de tomate, três ou mais tomates grandes. Este tempero precisa ser bem mexido e, a seguir, vão-se colocando as postas do peixe na panela de barro. Uma vez colocadas todas as postas de peixe, faz-se novo tempero, idêntico ao primeiro, e despeja-se sobre o peixe até cobri-lo todo. Deixa-se descansando por mais meia hora, depois leva-se ao fogo, em panela com testo. Este pode ser de barro ou não. Depois que ferver o peixe, caso ele não solte água suficiente, pode-se juntar um pouco. A seguir, vira-se o peixe, posta por posta. Coloca-se novamente ao fogo.

Este prato é acompanhado do *escaldado*, também conhecido por pirão. Este é feito em panela à parte, onde se coloca um pouco do caldo da moqueca, ajunta-se água e leva-se ao fogo até ferver. Quando estiver fervente, vai-se juntando farinha e mexendo até a consistência desejada. Para completar o delicioso prato da moqueca, as pessoas devem juntar, a seu gosto, o molho de pimenta vermelha.

Sarapatel

Feito com os miúdos e tripas de porco. Depois de tudo muito bem raspado e lavado com limão, corta-se bem miudinho. O tempero leva cebola, alho, sal, coentro, folha de louro, cravo moído (um é o suficiente), salsa, pimenta-do-reino bem moída, cominho e pimenta verde. Tudo muito bem moído, a cebola picadinha ou ralada e o alho bem socado. Mistura-se tudo e deixa-se descansar para tomar gosto. O sangue do porco deve ser fervido e depois esparramado com os dedos em cima dos miúdos já temperados, quando esti-

Aspecto de uma feira nordestina.

verem na panela, cozinhando. Para que fique gostoso, deixa-se dormir depois de pronto. Noutro dia, caso se queira melhorar o sabor do sarapatel, faz-se um bom molho de limão com pimenta-de-cheiro na hora de comê-lo.

Peixe

Faz-se o molho com pimenta, cebola, limão, tomate, azeite doce e azeite-de-dendê. Também põe-se pimentão. Coloca-se o peixe e leva-se para ferver. Põe-se também o leite de coco.

Beiju

Rala-se a mandioca ou o aipim mesmo, espreme-se (sem água), peneira-se, raspa-se o coco, põe-se dentro na massa e mistura-se aos poucos; depois leva-se ao forno (ou à estaladeira).

Canjica

Rala-se o milho, peneira-se duas ou três vezes, rala-se o coco, tira-se o leite e leva-se ao fogo.

Quando estiver fervendo, põe-se uma colher de manteiga. A canjica no Nordeste é o curau sulista. A canjica sulista é o mungunzá nordestino. O curau no Nordeste é arroz com mel de engenho, ou melhor, açúcar.

Pamonha

É igual à do Sul. Rala-se o milho verde, tempera-se com açúcar, sal e leite de coco, coloca-se nas palhas e leva-se para cozinhar na panela com água fervente. Dentro de meia hora está pronta.

Mungunzá

Meio quilo de milho tirado o olho no pilão. Põe-se de molho durante um dia. Cozinha-se. Rala-se o coco, tira-se o suco e coloca-se, depois de cozido, um pouco de sal e põe-se açúcar à vontade. Canela em pó ao servir. (É a canjica sulista.)

Cuscuz de arroz

É feito com ou sem bagaço de coco. Pila-se o arroz. Tira-se o leite de coco bem grosso e mistura-se à massa. Depois de a massa estar bem embolada, passa-se na peneira, leva-se ao fogo.

Cuscuz de milho

Quando o milho está seco, põe-se na panela e, ao abrir a fervura, coloca-se água fria e põe-se no fundo do fogão. Noutro dia pela manhã rala-se o milho (na espiga). Peneira-se. Mistura-se leite de gado ou de coco. Leva-se depois ao fogo. Uns comem depois com leite de gado ou de coco, outros o comem com manteiga. O cuscuz serve para acompanhar outras comidas, por exemplo, costeletas de porco.

Manuê

Meio quilo de massa de milho. Tira-se uma xícara de massa e faz-se um escaldado no leite de coco ou de gado. Põem-se 9 ovos batidos, 3 xícaras de açúcar, uma colher de manteiga. Quando o escaldado está frio é que colocam-se os ovos e vai-se juntando a massa. Untam-se com manteiga as fôrmas e leva-se o bolo ao forno.

Pé-de-moleque

É mais comum ser vendido nas feiras do que feito em casa.
Massa puba, isto é, a mandioca ralada. Adiciona-se coco e açúcar. Leva-se ao forno em folha de bananeira.

Chumbrego

Fritura feita de farinha do reino (de trigo) amassada com leite de gado ou de coco. Depois de pronta a massa, que leva um pouco de sal, põe-se na gordura para fritar. Depois de frito, põe-se açúcar e canela em pó.

Beiju

Massa puba, adiciona-se coco ralado e põe-se na palha de bananeira para assar no forno.

Macazada

Tira-se a tapioca da mandioca, isto é, a goma. Quando assenta, tira-se. Quando enxuta, põe-se um pouco de cinza em cima. Retira-se a cinza. Peneira-se a massa depois de enxuta, na urupemba. Mistura-se a massa com coco até dar o ponto, colocando-se depois nas folhas de bananeira, leva-se ao forno. Leva sal.

Ripiona

Tira-se o leite do coco. O bagaço do coco ralado é bem espremido. Mistura-se com tapioca. Leva-se ao forno. O leite de coco é fervido e unta-se a palha de bananeira para ir ao forno.

A sobremesa

A sobremesa, presente na casa do rico e jamais na do pobre, foi o que pudemos verificar, em geral consistia de doces feitos em casa, de frutas, doces de lata ou o infalível "arroz-doce". Algumas receitas:

Bolo gostoso

Três xícaras de farinha de trigo (farinha do reino), três xícaras de açúcar, três ovos. Uma xícara de leite de gado (vaca), 150 gramas de manteiga.

À manteiga junta-se o açúcar e bate-se até ficar em ponto de massa; depois batem-se os ovos, mistura-se (os ovos e o leite tudo junto) e leva-se ao forno.

Bolo de milho

Um litro de leite, uma libra de massa de milho, nove ovos, uma colher de manteiga, três xícaras de açúcar. Forno quente ou na panela com brasas em cima do testo.

Bolo de massa puba

Quatro ovos, três xícaras de massa, uma xícara e meia de leite de gado, uma colher de manteiga, duas xícaras de açúcar.

Bolo econômico

Quatro ovos, três xícaras de leite de coco, três xícaras de farinha-do-reino, três de açúcar e uma colherinha de manteiga.

Pudim

Uma lata de leite condensado, uma lata de leite de gado e três ovos. Queima-se o açúcar e põe-se na forma o pudim.

Arroz-doce

Um coco ralado, uma xícara de arroz, uma xícara de açúcar, uma colher de manteiga. Leva-se ao fogo. Mexe-se num ponto bom e põe-se nos pratos.

Colchão

Seis ovos, três colheres de maisena e três colheres de farinha de trigo. Batem-se os ovos e, amassando-se, leva-se ao forno quente.

Doce de leite

Uma libra de açúcar, um litro de leite e três ovos. A libra corresponde aproximadamente a 500 gramas.

Outros doces caseiros

Farinha d'água, beiju, arroz-doce, angu de caroço, cuscuz (doce), doce de leite, de batata, de banana, de goiaba, de laranja, de jaca, de manga, de aba-

Tachada de marmelada.

caxi, de mangaba, de maracujá, de tomate, de leite de coco, de melancia, creme de leite, creme de coco.

Rolete de cana

O hábito de chupar cana chama a atenção dos estranhos à região. É uma verdadeira sobremesa. Nas ruas, em frente a qualquer casa de divertimentos, nas praças, são encontradas mulheres com uma pequena mesa ou tabuleiro onde há roletes de cana. Constitui mesmo profissão de algumas pessoas o vender roletes de cana.

A cana é descascada, separados e lançados fora os nós e o restante é cortado em pedaços formando pequenas rodas – são os roletes. As roleteiras, para facilitar-lhes a venda, preparam os cachos. Dividem um talo de taquara-mirim semiverde em cinco, dez ou doze palitos, deixando um cabo em cada um. As pontas dos palitos vão sendo enfiadas no centro dos roletes, formando um cacho. Os cachos de cinco roletes custam um "vintém", isto é, Cr$ 0,20 de dez e doze um "cruzado" (Cr$ 0,40) e quinhentão (Cr$ 0,50). Antigamente embrulhavam os roletes em papel, agora apareceu a inovação do *cacho* ou *penca*, aliás, mais comum é a primeira designação.

Recentemente foi inventada pequena "máquina" de cortar rolete. Afiançaram-nos que o primeiro modelo veio de Maceió. A "máquina" consiste de duas pequenas tábuas pregadas uma ao lado da outra deixando entre si uma distância onde possa ser introduzida uma lâmina de cutelo. São pregadas depois numa prancha que se apóia sobre a mesa. Nas duas tábuas justapostas, faz-se uma escavação em forma de meia-lua, por onde passará a cana. De uma tábua à outra há um prego onde se apóia a costa da faca. Naquela goteira irá a cana sendo cortada pelo cutelo, dando-lhe a roleteira o tamanho que desejar. Tal "máquina" é chamada *cortador.*

"Abre-apetite" ou aperitivo

Cachimbo

Põem-se quatro dedos de mel de abelha e o caldo de dois limões em uma garrafa e acaba-se de enchê-la com cachaça. "Deve-se pingar três gotas d'água para não dar dor de cabeça." Sacoleja-se a garrafa até que ela produza um som surdo no fundo batendo-se-lhe com um níquel. O líquido torna-se alvo. Está pronto!

Lacopaco ou bate-bate de maracujá

Três quartos de suco de maracujá; mel de abelha (ou açúcar). Em geral gostam mais de açúcar do que de mel. Adiciona-se cachaça e põe-se para gelar.

Cajuína

Do caju não aproveitam somente o fruto (a castanha) mas também a parte carnosa do pedúnculo (chamada fruta), que contém um suco saboroso do qual fazem as deliciosas cajuadas ou que misturam à cachaça. Há mesmo uma bebida, "cajuína", feita com caju. Eis a fórmula: põe-se uma boa quantidade de suco de caju numa lata de querosene. Leva-se ao fogo a ferver, adicionando-se cinqüenta gramas de cola de madeira de primeira, derretida. Depois de ferver, coa-se ou filtra-se, tirando toda a borra azul que sobrenada. Algumas pessoas adoçam quando vai para ferver, outras não. Engarrafa-se e arrolha-se hermeticamente. É aconselhável amarrar com arame a rolha e não encher a garrafa até em cima. Esta bebida é efervescente e deliciosa.

Sobremesa cearense: queijo, doce e vinho

Queijo do Ceará

Segundo a lenda, foi Kanana, um árabe, que, tendo guardado leite de cabra num recipiente feito do estômago de um carneiro, com a longa jornada sob o sol causticante, ao entardecer, com sede e cansaço, em vez de encontrar leite foi surpreendido com uma volumosa massa branca. Certamente a renina, enzima do estômago do carneiro, propiciou a coagulação e caseificação do leite que dessedentaria esse árabe lendário.

Os gregos falavam da origem divina do queijo, Homero cantou-o, Hipócrates recomendava-o. Os profetas e patriarcas bíblicos se alimentavam com queijo.

Em Roma, fazia este as delícias dos festins dos Césares. Ganhou o paladar dos europeus, deu o *cheddar* inglês, o *edam* e *gouda* flamengos, o *parmeson* e o *cacciocavalo* italianos, o *camembert* gaulês e o *"serra da estrela"*, que é o ancestral do queijo branco brasileiro, o queijo do reino.

O povoador português, trazendo o gado bovino, ensinou a fabricação do queijo frescal. Em Portugal aplicavam coalho feito de extratos de flores e brotos de cardos; no Brasil começaram usando estômago seco e salgado de mocó (*Kerodon rupestris*), depois, coagulador de bezerro ou cabrito, daí queijo de coalho. Outra inovação do brasileiro foi adotar a técnica africana, fazendo o queijo de manteiga ou queijo do sertão, um verdadeiro requeijão.

Nas áreas brasileiras pouco varia de uma para outra a maneira de se preparar o queijo. Nunca dispensam a fôrma (ver Ilustração III, n.º 2).

Nos estados nordestinos, onde há grande criação de cabras, preparam também delicioso queijo de leite de cabra. No sul do país, com a introdução do búfalo nos criatórios, o aproveitamento do leite é quase que exclusivo para a fabricação de queijo de vários tipos (sul do estado de São Paulo).

No Ceará, na região da "civilização do couro", prepara-se queijo do sertão – uma das delícias da mesa nordestina esse requeijão famoso. Tanto no sertão como agora nas regiões dos açudes fabricam dois tipos de queijo: o de *manteiga* e o de *coalho*.

Queijo de manteiga

Depois de tirar o leite, depositam-se numa vasilha de barro para coalhar. Leva-se ao fogo, tira-se a nata para fazer a manteiga e, enquanto a massa ainda estiver quente, é colocada num saco para escorrer o soro. Noutro dia, desmancha-se (esbagaça-se) a mesma numa bacia, com a mão. Coloca-se a seguir no leite fresco e, na panela em que está, vai ao fogo até pegar liga. A seguir é tirada e espremida numa urupemba até sair todo o soro; torna-se a desmanchar, põe-se num tacho grande, leva-se ao fogo, adicionando-se um pouco de manteiga e sal. Vai-se mexendo até formar-se um fio; quando rodar e sair o fio, ficando branca aquela massa amarelada, pode-se tirá-la do fogo. Está pronta e coloca-se então em fôrmas.

Para se fazer o queijo de manteiga gastam-se dois dias. Escorre-se num dia e faz-se no outro. Este tipo de queijo assemelha-se ao requeijão do sul.

Queijo de coalho

Tira-se o leite, põe-se para coalhar. À tarde, leva-se ao fogo com soro e tudo; não se tira também a nata. Vai-se mexendo e quando estiver bem quente, antes de ferver, tira-se e põe-se na fôrma, calcando-se para sair o soro. Acalca-se com uma cuia pequena porque está quente, depois leva-se ao sol dentro da fôrma. Com dois ou três dias já está bom para comer.

Doces do Ceará

No Ceará há abundância de certas frutas tropicais, entretanto a industrialização destas é muito pequena. Há apenas uma grande e moderna fábrica que se utiliza do caju. Localiza-se em Pacajus, onde a visão de seu proprietário plantou milhares de cajueiros, hoje com uma produção assombrosa.

Nessa mesma cidade há três doceiras com fabriquetas domésticas que, além de produzirem doce de caju, fazem também o de banana e goiaba.

Em outros municípios das proximidades das serras ou do oásis de Cariris Novos, onde abundam outras frutas dulcíssimas dos "pés de serra", como a goiaba, laranja, jaca, mamão, banana e outras, há pequenas fábricas de doces. Em Maranguape, no bairro Vila Valverde, há uma fábrica de doces de frutas que, na época de abundância de leite, aproveita-o, para fazer os deliciosos "doces de leite", típicos da doçaria cearense.

Em Maranguape, num lugar ao "pé da serra", funciona uma fábrica de doces de frutas: jaca, laranja, banana, goiaba, mamão, groselha, caju, raramente tomate e de quando em vez, leite. O que não falta ali é o jerimum (abóbora), que entra na composição de todos os doces, menos no de leite.

No período de inverno, a goiaba toma quase todo seu tempo. E é o doce que tem maior saída. Fazem-se durante o ano todo doces de laranja, banana, mamão. No começo do inverno, os doces de jaca, de janeiro a março, e no fim dessa estação, de maio a junho, o de groselha. Já no verão, de outubro a dezembro, predomina o aproveitamento do caju.

As frutas, principalmente a goiaba, são obtidas da serra, num raio de duas léguas, tendo freguesia certa para a entrega. No doce de goiaba adicionam jerimum e tomate, produzindo uma média de quatro mil quilos de doce de goiaba por mês.

O proprietário da fábrica aprendeu com o pai o segredo do "ponto" dos diversos doces. Seu pai, que faleceu há pouco, trabalhou fabricando doces por mais de cinqüenta anos e havia aprendido com a avó materna do informante, que também fabricava doces. O informante há vinte e oito anos trabalha na arte da doçaria.

Há dois grandes tachos de bronze assentados sobre fogão de taipa, boca e suspiro do lado externo para não enfumaçar. O informante e um sobrinho revezavam-se no mexer uma tachada de goiaba, com uma longa pá de madeira (ver Ilustração XII, n° 11). Uma vez pronta, conforme o tipo, é posta sobre uma grande mesa de cimento para esfriar, ou diretamente nas latas.

Sendo o doce de goiaba o mais procurado de todos (e naquele "pé de serra" ela é abundante), trabalham mais com essa fruta, fazendo os seguintes tipos de doces: cascão, liso, em calda e geléia. Liso ou massa lisa.

No mercado de Maranguape o único doce encontrado é o popular "quebra-queixo", feito com açúcar e coco, vendido a dois cruzeiros o pedaço, em 1962.

* * *

O aproveitamento do caju para fabricação de doces tende a crescer. Castanha e fruto são largamente aproveitados. "Na época das aperturas, Deus mandou o caju para os pescadores não passarem fome como os matutos do sertão."

Do cajueiro, em julho, começam a cair as folhas velhas, da safra passada, começando a vir safra nova. Em agosto já está "florando". No fim de agosto, já está soltando *maturi*, isto é, o caju novo. Sai a flor e depois o maturi vira cabo grosso de maturi, depois virá a maçã e depois desta, o caju.

A safra do caju começa em setembro e vai até dezembro. E "com caju se faz tudo, não se têm aperturas". Ele aparece nas épocas mais difíceis, quando não há outras frutas. E, como afirmam os jangadeiros, aparece por ocasião da safra do peixe pargo: "quando dá caju na terra, dá pargo no mar". Pargo salgado com caju é um dos pratos mais deliciosos, e o caxuxa salgado, assado no moquém, para se comer com caju, é de lamber os lábios... Moquém (ver Ilustração XVI, n.º 2) é velha usança índia presente nos hábitos cotidianos do jangadeiro: sobre um braseiro, pequeno jirau de madeira onde o peixe vai assando com o calor. A fumaça ajuda a ressecar.

"Vinho" do Ceará

O emprego do vocábulo "vinho" tem um sentido especial, significa "suco de fruta"; entretanto, para efeito de propaganda comercial, é usado para que se lhe empreste a outra acepção – a de produto oriundo da uva. Aliás isso é completado quando se adiciona anilina ao melaço grosso de jenipapo, transformando-o em "vinho", e no rótulo propositadamente é colocado o desenho de um cacho de uvas. É a química da falsificação que impinge produto manipulado com as características e... preços do legítimo. Grande é o consumo deste "vinho" da Guaiúba, no Ceará.

Matéria-prima

O jenipapo é uma fruta que dá o ano todo, principalmente em região de terreno fresco, "pé de serra". Nos terrenos não frescos só dá por ocasião do inverno. Cada árvore tem carga para três anos. Em cada galho há o jenipapo do ano presente que vai cair de maduro; logo a seguir vem o do ano seguinte e bem pequena já desponta a fruta do outro ano. Não falta nunca a fruta. Na região da Guaiúba nem na seca de 1958 faltou essa fruta prodigiosa, que verdadeiramente ainda não tem sido aproveitada na indústria de bebidas.

Processo

O jenipapo vem maduro do pé. Depois de lavado e cortado, põe-se em infusão. Depois de três dias, leva-se à prensa. Extrai-se todo o suco, deixando-se fermentar. Leva açúcar e álcool. Põe-se no tonel de madeira onde passará no mínimo noventa dias.

Para o tonel usam especialmente o bálsamo, madeira empregada há muito para a confecção desse recipiente, chegando mesmo a chamarem os tonéis de "balseiro".

Por ocasião do inverno, enchem os "balseiros" com jenipapo e essência. Aquele a que atrás nos referimos leva açúcar e álcool e vai fermentar. A essência não. Ela é o suco do jenipapo que não leva açúcar, fica um melaço grosso com o qual fazem o vinho tinto, ajuntando-se-lhe anilinas. O proprietário dessa fábrica da Guaiúba afirmou: "A fiscalização não quer que se faça este tipo de bebida, porém é o que tem maior saída por causa do preço baixo de quarenta cruzeiros o litro. Já a bebida que no rótulo está Jenipapo ou Jurubeba custa cem cruzeiros o litro".

Outros produtos

O industrial já produziu aguardente composta, deixando de fazê-la para fabricar bebidas mais saudáveis, como sejam: vinho de jenipapo, tinto, jurubeba e vinagre. Fez antigamente a genebra, que era água com álcool, essência de hortelã e bagas de zimbro. Deixou de fabricá-la por não ter quase saída.

O fabricante

A industrialização do jenipapo é feita em pequena escala em Guaiúba por João de Araújo Cabral, branco, de 42 anos de idade. Aprendeu com seu falecido pai e este havia aprendido com o avô. É portanto uma herança que possui, os segredos do preparo. Seu pai fazia verdadeiras especialidades em vinhos de frutas. Várias delas não apenas com o jenipapo. "Agora não se pode fazer mais, têm que se fabricar bebidas de qualidade inferior para ser de preço popular e encontrar consumidores. Só assim se pode vender muito." Em maio de 1962 afirmou que vendia entre cinco a seis mil litros por mês das bebidas produzidas em sua fábrica.

O transporte é feito por comboieiros em surrões de carnaúba por pequenos jegues, de uma cidade para outra. Transporte rudimentar e arriscado a causar perdas por causa da maneira de carregar os litros nos surrões (ver Ilustração XLII, n° 4).

"AO PALADAR GAÚCHO"

Comidas e bebidas ao paladar gaúcho: churrasco, arroz-de-carreteiro, guisado de tropeiro, fervido ou *puchero*, espinhaço de ovelha, aves (perdiz), outras caças (tatu-mulita), chimarrão e, agora, o vinho que o colono italiano introduziu. Nas sobremesas está presente o *leite* de mistura com produtos da terra bem cozidos (batata-doce, abóbora) e os famosos doces de Pelotas.

Churrasco

A matéria-prima é abundante e das melhores do Brasil – a carne bovina. "Almoçou no campo, comeu churrasco." Quando se vai *parar rodeio*, churrasco é o imperativo.

Há dois tipos de churrasco: o de *alimento*, que é ao ar livre, no galpão, no campo, na lide campeira; e o de *festa*, em casamento, aniversário, reunião política etc.

O homem gaúcho não cozinha; isso é trabalho de mulher. Mas churrasco quem faz é o homem exclusivamente. A mulher faz carne assada, a própria salada (batata cozida, tomate, cebola) para comer com churrasco, mas quem maneja o espeto é o homem. Churrasco não é comida de mesa, é de campo, e a carne preferida é costela ou qualquer outra onde haja osso. Tempero: água e sal antes de servir. Não raro come-se com farinha de mandioca. Ao fogo, no braseiro, a carne no espeto vai sendo virada até chegar ao ponto que se quer.

Arroz-de-carreteiro

Corta-se o charque gordo em nacos, frita-se bem e ajunta-se ao arroz, ao cozinhá-lo. A carne de vaca pode ser substituída por lingüiça de porco.

Guisado de tropeiro

Carne bem cozida, desmanchando. Da água com que se cozinhou a carne, prepara-se o pirão de farinha de mandioca. Come-se também com arroz.

Fervido ou puchero

É o prato mais substancioso de todos ao paladar gaúcho. É uma espécie de sopa com muitos legumes juntos: batata-inglesa desfazendo-se, abóbora, batata-doce, couve e carne bem gorda, se desmilingüindo. Come-se com pirão de farinha de mandioca. O caldo é tomado separadamente. Come-se muito por ser prato leve e de "sustância".

Espinhaço de ovelha

Cozinha-se com batatas inglesas ao ponto de se desmancharem. O tutano e as cartilagens, o bom é procurá-los com os dentes. E para completar: não se usa faca nem garfo. Come-se com arroz.

Empacotamento para embarque para o Sul dos chapéus de palha de carnaúba. Sobral (CE).

Cesteiro que faz um cesto, faz um cento... tendo taquara, cipó e tempo. Baturité (CE).

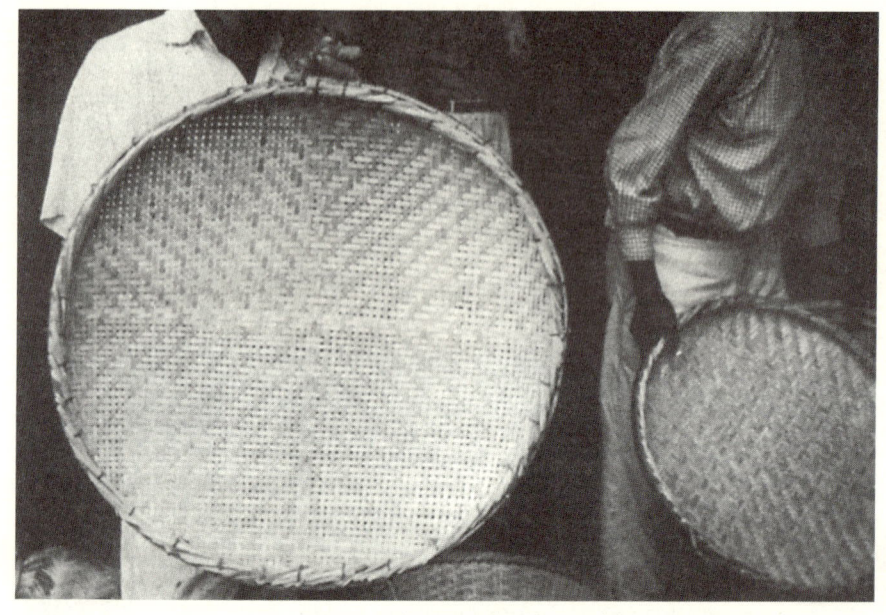

No Nordeste é urupemba, e no Sul é peneira de taquara.

*Tipiti, indispensável
numa casa de farinha.*

Bebidas

A bebida do gaúcho por excelência é o chimarrão, tomado na cuia e pela bombilha ou bomba. Sobre a erva-mate em pó é colocada água fervente. Com água fria é tereré.

Graças ao uso do chimarrão, a cachaça foi pouco difundida na área campeira. Agora já se bebe muito vinho, influência da colônia italiana; a "dona" cachaça só tem vez quando de mistura com butiá, principalmente na festa das Melancias, em Porto Alegre.

Sobremesas

Leite com batata-doce, milho verde, mugango, abóbora-menina bem cozidos com açúcar. Barbosa Lessa aconselha tomar em prato fundo, com direito a repetição.

Leite com cuscuz – Este é preparado no bafo da chaleira: nada mais que um bolo de farinha de mandioca pura.

Vinho com arroz – Em vez do arroz-doce tradicional, põe-se vinho no lugar do leite. Receita dos italianos. Vale a pena experimentar. Deles também veio a receita do *tremilique*, gelatina feita com vinho.

Os portugueses legaram aos gaúchos os famosos doces de Pelotas: pastel de nata, pastel de Santa Clara etc.

TRAMAS E TECIDOS

RENDAS E RENDEIRAS DO CEARÁ

Conceito

O entrelaçamento de fios, compondo um desenho sem haver um fundo de tecido adrede preparado, dá a renda. A ausência deste fundo desenhado distingue-a do bordado, que é o tecido ornamentado por fios, por meio de agulhas. Na execução da renda não se usa agulha, e sim bilros. Alfinetes de cabeça ou quase sempre o espinho de cardeiro ou mandacaru, têm apenas a função de segurar o fio no modelo (molde, cartão ou pique) e jamais o de tramá-lo, tal qual faz a agulha no bordado. A função de tramar, de *desenhar a renda*, é exclusiva do bilro; daí ser chamada *renda de bilro* ou *de almofada*.

Segundo Luísa e Artur Ramos, os primeiros antropólogos a estudá-la no Brasil[1], a renda é conhecida desde as priscas eras da humanidade.

Introdução e desenvolvimento no Brasil

As mulheres portuguesas aqui chegadas no tempo do Brasil Colônia legaram o artesanato cuja expansão se deve ao tempo de introdução. Daí a existência de rendeiras em várias regiões do Brasil: no Nordeste, no Sul, no Leste. Maior concentração delas é encontrada onde estiveram os açoreanos, como aconteceu no Ceará e Santa Catarina. É, pois, herança portuguesa[2] o

---
1 Artur Ramos, *A renda de bilros e sua aculturação no Brasil*, em colaboração com Luísa de Araújo Ramos, Publ. Sociedade Brasileira de Antropologia e Etnologia, Rio de Janeiro, 1948, n.º 4.
2 Alceu Maynard Araújo, "Populações ribeirinhas do baixo São Francisco", *Documentário da Vida Rural*, n.º 17, S. I. A., Ministério da Agricultura, Rio de Janeiro, 1961, p. 96.

artesanato doméstico das rendas de bilro, lavor exclusivamente feminino da manufatura de *rendas* e *bicos*.

No Ceará, a renda de almofada é encontrada não apenas no litoral mas também no interior[3], o que nos poderia levar a afirmar que o provérbio português "Onde há rede de pescar, há renda" não é válido na terra de Juvenal Galeno. Entretanto, é bem verdade que a sua maior incidência é realmente na faixa litorânea, onde a maioria do mocambos abriga rendeiras, havendo naquelas comunidades mais isoladas a presença do "almofadão".

Aspectos sociológicos

Provavelmente o meio geográfico, o isolamento cultural, ou a ausência de outro lavor para preencher as horas com alguma ocupação, surge uma que, embora pouco rendosa como o fazer a renda, enreda nesse afã as mulheres mais pobres das comunidades, geralmente as esposas de pescadores, de jangadeiros, ou trabalhadores braçais. Embora afirmem que Aracati, Aquirás ou Mecejana sejam grandes centros da rendaria cearense, não é na cidade que esta se localiza, mas nas praias, nos mocambos. Entretanto, em São Gonçalo do Amarante (Anacetuba), não são só as pessoas mais pobres da população que se dedicam às rendas de almofada; há pessoas de melhor *status* social e econômico batendo bilros. Assinale-se que o lavor dessas rendeiras é mais apresentável, pois executam desenhos mais graciosos porque usam linhas melhores, tiveram maiores contatos e oportunidade de ver outros e variados modelos de gosto mais apurado.

É bem verdade que "mente desocupada é tenda de satanás"; onde está presente o trabalho da renda rara é a mulher que se prostitui. É a higiene do trabalho: rendeira não tem hora para trabalhar. A jornada de trabalho não é marcada pelo rigor dos ponteiros do relógio, mas pelos reclamos do estômago ou pelo peso das pálpebras, quando a luz natural já vai fugindo, ou a panela, que está no poial, já cozinhou a ceia. Então, a rendeira deixa a *música dos bilros*, guarda a renda já feita na dobra (ou bolsa, ou vissaca) da própria almofada para não apanhar pó e amarelar, colocando-a "pra dentro" (no quarto de dormir). Sim, para dentro porque, para aproveitar melhor a luz natural, é na porta da casa que ela trabalha, quer na que dá para a rua, quer na da cozinha. Geralmente, a mulher casada, que tem deveres do lar, traba-

---

3 Saul Alves Martins, "Artes e ofícios caseiros" (em Minas Gerais), Separata da *Revista do Arquivo*, v. CLXIV, São Paulo, 1959.

lha aqui para "vigiar o fogo", cuidar da panela. As meninas e moças solteiras, ou as solteironas, preferem ficar na frente da casa. O folclorista montanhês Saul Martins afirma: "Em princípio, as rendeiras são pessoas desembaraçadas de encargos familiares, moças do *barricão* (solteironas), ou viúvas sem filhos, e que da arte se servem para viver."

A maior ocorrência do trabalho das rendeiras se dá onde não há indústrias ou ocupação na lavoura, como sói acontecer no litoral, onde a mulher, terminados os poucos trabalhos domésticos, tem horas inteiras desocupadas. Voltam-se então para a confecção das rendas, para *o bater dos bilros na almofada*.

As cidades, ou melhor, as pequenas vilas e povoados da orla litorânea do Ceará, um litoral sem reentrâncias, sem baías ou ancoradouros para navios de grande calado, contribuiu para o insulamento dessas comunidades. Era de esperar que o litoral tivesse maior oportunidade de contato, o que via de regra não ocorre. São praias e praias abrigadoras de centenas e centenas de jangadas que buscam no mar o sustento, ultimamente agitadas pela pesca da lagosta, que transformou os jangadeiros em simples assalariados ou dependentes de companhias estrangeiras exploradoras desse crustáceo macruro para a exportação, abandonando a "matança de peixe". Os caminhões que vêm buscar as lagostas voltam rapidamente, não demoram, precisam chegar depressa ao entreposto a fim de o produto seguir de avião para os Estados Unidos. As praias, com seus jangadeiros, continuam distantes, desassistidas do amparo oficial. As esposas ajudam na economia doméstica, batendo bilros.

Técnica e processos

Quanto mais isoladas as comunidades, os trabalhos de rendas são mais delicados do que feitos nos bairros e arredores de Fortaleza. Há também maior número de *receitas*, de modelos. Certamente, o isolamento das rendeiras das praias distantes conservou um maior número de tipos de renda. O lavor dessas rendeiras pobres das praias rivalizava em arte e não em material empregado com o das rendeiras abastadas de São Gonçalo do Amarante.

Poucas são as rendeiras encontradas fora da orla marítima, nos recônditos do sertão; são encontradas apenas no oásis de Cariris Novos.

Em Aquirás, que fora outrora capital cearense, as rendeiras fazem trabalhos mais complicados, desenhos mais atraentes do que os das outras cidades. A linha empregada, contudo, é de segunda categoria. Ocorre o mesmo com as labirinteiras, que realizam trabalhos maravilhosos em fazenda de segunda ordem. O ideal seria executá-los em linho, não provocando desperdício de trabalho e arte em fazenda inferior, sem o encanto dos fios daquele pano, nem sua durabilidade. Material de melhor gabarito redundaria em maior aceitação no sul, portanto, maior mercado aquisitivo. Em Paracuru, Caucaia ou Aracati, pode ser encontrado o mesmo processo.

A rendeira trabalha em sua própria casa, daí ser independente, não assalariada ou sujeita a certas firmas de Fortaleza, como no caso das bordadeiras, exploradas por trustes. A rendeira, quando muito, executa encomendas, aceitando o fio, combinando um preço para a execução do pedido feito e um prazo mais ou menos lasso para a entrega, que ela prima por cumprir. E nem sempre quem combina lhe paga com a devida pontualidade. Algumas freguesas, porém, acreditam que devem pagar imediatamente a renda comprada, porque têm medo de que, não o fazendo, e a rendeira venha a morrer, e vir, à noite, nas horas perdidas da madrugada, bater seus bilros na beira da cama da devedora.

Há rendeiras associadas, graças ao uso do implemento indispensável para elas – o *almofadão*, constituído de um rolo, de mais ou menos três metros de comprimento, apoiado em quatro pés. É uma espécie de cavalete, ficando o rolo mais ou menos a quarenta centímetros do solo. Trabalham as rendeiras sentadas, uma ao lado da outra, quatro ou mais artesãs, dependendo do tamanho do almofadão. O comum é o utilizado por quatro rendeiras.

O almofadão permite o trabalho associado com a vizinha ou parente, ou de mãe e filhas. Onde há várias filhas, estas e a mãe trabalham num almofadão; quando tal não acontece, associam-se, sendo, por isso, o resultado dividido ao meio ou ao quarto ou ao terço, dependendo, é óbvio, do número de rendeiras que trabalhem. Além de associarem-se, há obediência a uma das rendeiras. Quando há mãe e filhas, aquela é a que determina e vigila; quando não, é a dona da almofada quem dirige; há também o caso da pessoa mais idosa, mais experimentada, designada e aceita pelas demais como orientadora, predominando a gerontocracia. As mães preferem a companhia das filhas, porque é uma forma de manter a moça em casa, sob os olhos vigilantes, e no dizer de uma rendeira de Aquirás: "enquanto a gente ouve a música dos bilros, não fica pensando em coisas tolas, não dá tempo para o Cão desviar o pensamento".

Floresceu mais no litoral o artesanato da renda de bilro do que noutras regiões cearenses certamente porque a mulher que vive na praia, não se ocupando da lavoura, tem mais horas disponíveis do que aquela do sertão, dos locais onde a agricultura clama também pelos braços femininos. Sem dúvida é essa uma das razões de ser encontrado no litoral o *almofadão* que permite o trabalho conjunto e, noutras regiões, tão-somente a almofada individual.

A matéria-prima empregada é o fio de linha. Variam os números e as marcas das linhas empregadas. Antigamente, fiavam seu próprio fio, mas desde o épico trabalho de Delmiro Gouveia nas Pedras, na primeira década deste século, passaram as rendeiras nordestinas a empregar a linha de carretel ou *carro*, abandonando o fuso. Hoje só usam linha comprada na "rua" (cidade), "linha da praça". A cor preferida é a branca, e de acordo com as encomendas, rosa, azul etc.

A renda é executada sobre uma almofada, feita de um pano resistente, sendo mais empregado o de saco de "farinha do reino" (de trigo), que é de algodão resistente. Costuram-no à mão, fazendo um rolo de mais ou menos sessenta a oitenta centímetros de diâmetro, por outro tanto de comprimento, franzidas as duas extremidades que fecham o rolo. O interior da almofada é recheado de capim, palha ou folhas secas, sendo preferida a de bananeira. Em alguns coloca-se algodão. Nas partes laterais, onde a fazenda foi franzida, formando uma espécie de "o", guardam-se bilros, espinhos de facheiro, furador, tesoura, carretel de linha etc. Algumas rendeiras deixam, no lugar da emenda do pano, quando preparam a almofada, uma pequena abertura, onde guardam a parte da renda já feita da peça em execução. A essa pequena bolsa dão o nome de *vissaca* ou *bissaco*. Sobre a almofada colocam um cartão furado com o desenho da renda a ser executada, chamado de *modelo*, *pique*, *molde*, *mostra*, todo furado por cravador: nele está a receita da renda.

Os cartões são guardados cuidadosamente em caixas. Quando é grande a solidariedade e amizade entre as rendeiras, elas permitem a cópia de seus cartões, havendo uma permuta de modelos. Conservados através de gerações de rendeiras, as antigas receitas, os modelos executados há centenas de anos, são herança que se perpetua graças à fragilidade de simples papelões guardados carinhosamente pelas rendeiras. Ao copiar transmitem de uma geração à outra, portanto persistência da cultura espontânea do povo. Talvez por esse motivo as denominações regionais das rendas perduram também. São nomes dados às rendas e bicos que envolvem motivos locais: ora é *olho de palmeira*, *palma ou palha de coqueiro*, ora é *bico-de-pato*, *pé-de-pinto*, ou asa de ave ali conhecida, enfim, motivos do mundo em derredor que se transladam batizando as variadas formas do lavor da rendaria.

O cartão é fixado sobre a almofada por grampos e nos furos vão sendo colocados os alfinetes ou espinhos de facheiro, cardeiro ou mandacaru.

A rendeira enrola o fio fino nos bilros e a extremidade livre é presa aos alfinetes. Vai ter início o trabalho. Cada modelo exige um determinado número de bilros que podem ir do mais simples, de doze, até aos mais complicados, de cento e quarenta e quatro, como o de uma velha e hábil rendeira de Pacajus.

A função do bilro é a de tramar, amarrar o fio, *desenhar a renda*. De simples peso onde se enleava o fio, evoluiu para um pequeno objeto que, segundo as rendeiras, tem cabeça, corpo e pé. A antropomorfização funciona, assim, nos mais simples instrumentos de trabalho. É o que se dá com o bilro, pequeno objeto de madeira que se compõe de duas partes distintas: *bastãozinho*, tendo numa das extremidades uma bolota. Pode ser inteiriço, feito de uma só madeira, ou de uma vareta introduzida num fruto de macaúba, buriti ou ouricuri, tendo na extremidade livre uma pequena escavação onde se prende a linha que vem da renda. É nesse bastonete que se enrola a linha. Cada vez que ele *seca*, isto é, que acaba o fio, emenda-se e enrola-se nova porção para continuar o trabalho.

O tamanho do bilro medeia entre dez a quinze centímetros, variando também o peso, e de lugar para lugar a nomenclatura dada às partes: *cabeça*, *coquinho* ou *bolota*; *corpo*, *canela*, *cambito* ou *bobina*; *pescoço*, *ponta*, *cabo* ou *cintura*. Em alguns lugares a *cabeça* é onde enroscam a linha, noutros é o nome da *bolota* (ver Ilustração XXXIII, n.os 4 a 8).

Além dos espinhos, que vão sendo a seu tempo colocados nos furos dos moldes de papelão, há dois maiores que são pregados lateralmente – os *espeques* –, onde descansam os bilros logo após tramados. Nem todos os modelos requerem tais espeques para descanso dos bilros, caso em que os bilros vão sendo colocados pendentes lateralmente sobre a almofada; ocorre nos modelos de vinte a trinta e poucos, ou menos. Além desses implementos, há a tesoura e pequena caixa onde guardam alfinetes (espinhos), linha etc. Quando a rendeira tem os dentes, em geral ela corta com eles as pontas dos nós; quando não, usa tesoura ou pequena faca bem amolada.

A almofada não é colocada diretamente sobre o chão, que costumam forrar com uma esteira ou pedaço de pano. A rendeira senta-se no chão, cruzando ou não as pernas. Rendeiras há que usam colocar a almofada sobre uma cadeira, banco ou descanso preparado para tal. Neste caso elas sentam-se também em cadeira ou banco, trabalhando quer na porta da casa ou sob a sombra dos cajueiros de seu quintal.

Pelo fato de permanecerem muitas horas sentadas em frente à almofada, quando idosas, há um ancilosamento da coluna vertebral, as rendeiras acabam arcadas. A ancilose das "cadeiras" é doença profissional das rendeiras de bilro, bem como o é o enfraquecimento da vista, com o lidar com os "desenhos das rendas e bicos". É bem sabido que os pontos e tramas de suas rendas complicadas são menos intricados do que a dificuldade econômica pela qual atravessam vida a fora. Trabalham horas e horas nessa posição incômoda, entra ano e sai ano. A vista vai ficando fraca. Quando moças fazem modelos cheios de cordões e palmas, losangos; basta envelhecerem, com a vista curta, poucas são as variedades de renda que produzem.

As rendeiras trabalham a semana toda, só não o fazem nos domingos e dias santos. "Trabalho de domingo só dá para trás." "Quem trabalha domingo atrasa a vida."

É comum dizer que as rendeiras são mulheres idosas, o que, todavia, não corresponde à verdade. No litoral cearense, grande é o número de meninotas e moçoilas que trabalham com almofadas fazendo renda, pois aprendem na infância. Já na capital, em Fortaleza, as moçoilas dão preferência a outros trabalhos. No Bairro do Farol, Catarina da Silva Tourinho, escura, cabelo liso, casada, de mais ou menos 40 anos de idade disse que há mais de trinta anos aprendeu com sua mãe a trabalhar com renda. Sua almofada estava com trinta e dois bilros, e produzia uma renda cujo modelo chamou de *requerequara*, fazendo cerca de um metro de renda por dia. Ao seu lado, menina da vizinha aprendia a bater os bilros. O descontentamento da mulher era grande "porque suas filhas não querem saber disso, já têm outro emprego na cidade, e uma delas, a mais velha, abandonou-a para ser fuampa" (prostituta).

A transmissão das técnicas dá-se na meninice, começando-se a tramar com doze bilros. Varia muito o período do aprendizado. Algumas meninas, em dois ou três meses, trabalhando diariamente, já passaram a "lidar com mais bilros". Vão gradativamente aprendendo. Há também velhas rendeiras que sabem *desenhar* uns poucos bicos e rendas, dois ou três motivos, e se lhes derem algum cartão mais complicado, não são capazes de executar o trabalho.

Outras fazem somente a *renda* propriamente dita, também conhecida por *entremeio*, pelo fato de ter dois bordos retos ou ourelas; não fazem *bico*, aquele que tem uma só ourela reta e outra recurvada, sinuosa; também não fazem *galão* que, não tendo ourelas ou bordos, possui no centro cordão mais reforçado. Porém, são capazes de fazer o *trutu*, que nada mais é do que a renda muito estreita. Renda, bico, trutu e *matame* (que pode ser renda ou bico todo sinuoso) são os termos correntios no universo de discurso de centenas de rendeiras cearenses, denominações que vão passando de geração a geração. Das muitas mulheres entrevistadas ouvia-se esta resposta: "Minha mãe, minha avó, que eram rendeiras, ensinaram-me."

Afirmam as que são mestras no ofício que, quanto mais jovem a aprendiz, melhor o resultado e mais rapidamente alcança o alvo colimado; já as pessoas adultas, que por alguma "apertura de vida" se dispõem a aprender, "embora manifestem muita vontade, demoram mais, não conseguindo em vários meses de aprendizado passar de papelão", isto é, executar novo ponto de renda.

De região para região variam os nomes dos pontos de renda. No Ceará, em documentado estudo, Maria Luísa Pinto de Mendonça[4] afirma: "os pontos de renda são os seguintes: a *trança*, a *traça* ou *barata*, o *tijolinho*, o *pano*, o *ponto solto*, o *cordão*, o *filó*, o *coentro* (malha hexagonal), a *grade*".

Os pontos formam os desenhos dos padrões cujos nomes são tirados, como já apontamos, das coisas e seres que rodeiam a artesã cearense. Alguns nomes foram recolhidos em pesquisa direta nos vários municípios do Ceará, onde ainda se encontram rendeiras, porque é muito comum afirmarem: "aqui existiam umas velhas que faziam renda, as moças agora não fazem mais". As denominações dos pontos foram recoltadas em Paracuru, São Gonçalo do Amarante, Caucaia, Messejana, Aquirás, Cascavel, Beberibe, Pacajus, Aracati,

---

4 Maria Luísa Pinto de Mendonça, "Considerações sobre rendas e rendeiras", *Boletim de Antropologia*, v. 3, n.º 1, Imprensa Universitária do Ceará, Instituto de Antropologia, Fortaleza, 1959.

Taiçaba, arredores de Fortaleza, para citar apenas os municípios que estão mais próximos do litoral, ou que têm distritos e povoados na orla marítima: *palma, siri, aranha, margarida, margaridão, palha de coqueiro, coração, relógio, carocinho de arroz, meia-lua, lua cheia, miolo, requerequara, bico-de-pato, muçu, grega, dente de cão, peixinho, quadrão no meio, flor de goiaba, coroa de rainha, riso da Cecília, aliancinha, chenhinhinho, caracol, leque, flor de boa-noite, brinco de Susana, escudo real, flor no meio, corrente cheia, estrada de ferro, flor no quadro, paninho no meio, dois paninhos e caracol bico de pato.*

Conclusão

O gosto das mulheres desta segunda metade de século XX modificou-se muito; contudo, continuam a ser as maiores interessadas pelas rendas, porque "a moda vai e volta". Também os padres se interessam por tais artefatos, pois continuam usando enfeites de rendas na alvatraje talar destinados às cerimônias da missa. Apesar de tudo, a rendaria é artesanato em franca decadência. Por quê? Certamente por ganharem as rendeiras uma verdadeira ninharia. O lucro fica com os revendedores, que elevam demasiadamente o preço de um lavor tão mal remunerado.

A renda é mais barata do que bico. Em 1962, uma rendeira cearense gastava mais ou menos cem a cento e vinte cruzeiros para fazer uma peça de dez metros, pela qual pagavam apenas cento e cinqüenta cruzeiros. O atravessador, que já tem freguesia certa (p. ex., no mercado municipal de Fortaleza), vende-a por quatrocentos cruzeiros. A rendeira ganhará apenas trinta cruzeiros (ou pouco mais) por peça na qual levou vários dias trabalhando. É a exploração do trabalho humano que precisa desaparecer, pois não é condizente com os princípios de uma sociedade que se rotula de cristã e faz alarde disso.

Além da competição que lhe oferece a renda feita à máquina, justificável, há esta injusta do intermediário, desse parasita – um dos maiores, senão o maior culpado pelo processo de desaparecimento ou desacoroçoamento do artesanato da renda de bilro, que incita a rendeira a encostar a almofada, não permitindo que se ouça mais a "música dos bilros". Muitas, já desanimadas, não fazem renda nem para seu próprio uso ou para o enxoval das filhas, presente que nunca faltou, porque, antigamente, praiana que sabia fazer renda, embora com tenra idade, já estava apta para se casar. No momento mais feliz para a mulher, na grinalda e no véu de noiva, está presente a renda. Renda de Milão ou de Bruges no véu da moça rica, e no da praiana, da filha de pescador, renda de almofada, muitas vezes por ela trabalhada, sonhando com a felicidade.

Labirinto

A introdução do *labirinto* ou *crivo* no Brasil só se pode atribuir ao povoador português. As mulheres portuguesas, tanto insulanas como peninsulares, conheciam tal lavor de agulha e linha, há muito realizado na Europa, tendo-o recebido talvez dos gregos ou dos etruscos, labirinto histórico no qual no momento não nos interessa entrar para saber detalhadamente a origem do artesanato do "lavirinto", como é popularmente pronunciado no Ceará. As dificuldades da execução justificam esse nome porque o artesanato em tela consiste em desfiar primeiramente a fazenda, para depois realizar o paciente e acurado trabalho de compor flores, frutos, animais, aves, letras e até paisagens adrede desenhados naquele incontável número de fios. Dá, mesmo, a idéia de um labirinto, pois só a habilidade – qual fio de Ariadne – permite à labirinteira completar o lavor, sair daquele dédalo depois de ter feito a bainha, engomado e passado a bela peça executada.

Parece-nos, porém, que *crivo*, nome com o qual também é conhecido o labirinto, explique melhor as coisas. Crivo vem do latim *cribrum*, que quer dizer peneira. Na realidade, para dar início ao trabalho, a artesã precisa desfiar a fazenda básica, tornando-a semelhante a uma fina peneira de fios tênues. A primeira explicação da denominação dada o filiará à Grécia e esta à Etrúria. Na Itália, herdeira de muitos traços culturais etruscos, o crivo ligou-se à renda de bilros, vestiu e ornou nobres e sacerdotes durante milênios; permanecem até hoje, internacionalmente, certos vocábulos italianos como o ponto geométrico *reticello*, padrão de muitos dos atuais, o *punto tagliato a fogliani*, a *relievo*, o *guipure* milanês, enfim, muitas denominações e particularidades da *tela sfilata*, que se perderam no processo de transmissão através das gerações até chegar às labirinteiras cearenses, onde recebem nomes regionais de *paleitão*, *caseio*, *enchimento*, *bainha* e *desfio*. Não padece dúvida que da Itália passou primeiramente por Portugal, de onde o recebemos. Há os que levantam a hipótese de ter sido introduzido pelas holandesas, isto porém não pode explicar a presença do labirinto em várias partes do Brasil, o que só poderia se dar graças ao povoador luso.

Dos trabalhos femininos é o labirinto ou crivo o que requer maior habilidade manual e mais perfeita acuidade visual, sendo essa uma das causas precípuas da limitação da idade laboriosa das labirinteiras. Quando a vista começa a fraquejar, obnubilada já, não conseguindo mais introduzir os alfinetes e a agulha no emaranhado dos fios restantes da parte desfiada, é o momento difícil, inapelável para muitas labirinteiras, que marca o abandono da grade.

Há recurso dos óculos, mas quais as labirinteiras que poderão tê-los no grau apropriado? Então, muito mais cedo do que as rendeiras, a labirinteira terá que deixar o trabalho e dedicar-se a outro.

O aprendizado se realiza bem cedo, geralmente imposição da mãe fazendo a filha ajudá-la no *puxar* os fios, no *encher* e *torcer*. Já casear o arremate é um quase diploma de habilitação da labirinteira.

Tal qual a renda de bilros ou almofada, o artesanato do labirinto é encontrado nas praias cearenses, praticado pelas mulheres mais pobres da população, geralmente brancas ou caboclas, mestiças de índio com branco, não havendo uma preta sequer ou mesmo mulata nesse mister. Muitas mulheres brancas empunham a agulha ágil no vaivém do fio de linha entre os fios da parte desfiada da peça grande de bramante (hoje raramente de linho) onde está o risco a ser trabalhado, pregado na grade retangular. *Grade*, *bastidor* ou *quadro* é o nome do retângulo de madeira no qual é presa a fazenda depois de *riscada*, isto é, de ter sido feito o desenho a ser executado.

A área de presença desse artesanato, pelo menos no Ceará, se circunscreve ao litoral. "Em cada mocambo um jangadeiro tendo como esposa uma labirinteira ou rendeira" é conceito que não se deve generalizar porque em Majorlândia, Aracati, Paracuru, São Gonçalo do Amarante, Caucaia, Cascavel, Beberibe, Fortaleza, várias labirinteiras não eram esposas de jangadeiros, pois seus maridos trabalhavam no "roçado de legume". Uma coisa porém é certa: encontramos as labirinteiras na zona litorânea.

Às vezes, dá para se crer que labirinteiras só vivam no litoral: além de Cascavel, no seu antigo distrito, hoje município, cerca de quatro léguas, fica Beberibe, cidade que dorme sobre as areias brancas donde se divisa, não muito distantes, imensas dunas alvadias. Na orla marítima, pouco mais de meia légua da cidade, os pescadores com suas jangadas e em cada casa pobre ora uma labirinteira, ora uma rendeira.

Já na cidade pachorrenta que obedece fielmente e se entrega à instituição de dormir à sesta, há quarenta bordadeiras, todas trabalhando com máquina para firmas da capital.

Nos bairros de Beberibe – em Flexeiras, Morro Branco, Sucatinga – uma grande colônia de jangadeiros –, Uruaú, Barrinha, Pirangi, há velhas rendeiras arcadas sobre almofadas e labirinteiras de meia-idade trabalhando com mocinhas e meninas, certamente suas filhas. O trabalho destas já se encontra em sujeição às firmas que exploram também o trabalho das bordadeiras.

O pesquisador quis adquirir uma blusa de labirinto feito por Ivana Almino, moradora na cidade: "Não vendo, eu trabalho para firma... há dezoito anos.

Nunca vendi uma peça e não posso vender. Ela é que fornece pano. Caso eu faça isso ela não comprará mais de mim e o que ganho não dá para empatar comprando uma fazenda e fazer para vender separado. Mesmo que desse, não faço porque eles lá controlam até o tempo que levamos para fazer as peças. Caso demore um pouco, desconfiam que estou trabalhando por fora e daí não comprarão mais meus trabalhos." É a imposição vergonhosa a que estão sujeitas as centenas e centenas de labirinteiras cearenses, sem nos referirmos aos vinte e tantos milhares de bordadeiras monopolizadas pelas firmas e trustes.

Como conseguem as labirinteiras fugir dessa trama negregada que floresce sob a complacência de uma administração que não fiscaliza, que só vive à espera de benesses do governo central, que não assiste sua população mais pobre?

Somente o conseguem aquelas que têm um *status* econômico melhor do que as labirinteiras que vivem em mocambos. Anotamos poucas assim. Eis um exemplo: Isaura Albino Rodrigues, branca, casada, 45 anos de idade, filha de Aracati, proprietária, morando atualmente em Paracuru que, ao fazer uma colcha de casal de mais ou menos dois metros e meio de comprimento, leva cerca de um ano. Compra a fazenda em Fortaleza (linho, cambraia de linho ou bramante), manda riscar, trabalho pelo qual paga vinte cruzeiros. Trabalha raramente executando encomendas, porém "o melhor é ir até Fortaleza para vender a bordo onde alcança bom preço, que compensa o trabalho". Assim pode uma labirinteira fugir do monopólio do artesanato cearense que certas firmas exercem.

Quantas poderão assim fazer? O que acontece é a labirinteira tornar-se servil instrumento de trabalho mal pago pelas firmas que escravizam bordadeiras, labirinteiras e rendeiras.

A colcha que Isaura estava fazendo, para casal, pediu-nos oito mil cruzeiros. Caso quiséssemos comprar uma idêntica em Fortaleza, depois de atravessar a "cortina de pano" dos trustes, teríamos que pagar no mínimo quarenta mil cruzeiros, preço vigente no primeiro semestre de 1962.

Processo

O trabalho das labirinteiras se desenvolve em casa, ou sob alguma árvore umbrosa de seu quintal.

Depois de terem riscado o pano e feito nele o desenho, colocam-no na grade, de tamanhos variados, generalizando-se o de três metros por um. A grade é apoiada em pequenos bancos ou mesmo cepo de madeira, ficando com a fazenda paralela ao solo, mais ou menos a dois palmos.

O primeiro trabalho é o de cortar; a seguir puxam-se os fios cuidadosamente. Depois enche-se, torce-se e finalmente caseia-se. O enchimento, no centro do trabalho, é moroso, requer muito tempo. Depois vem a bainha. É a mãe quem determina "a jornada de trabalho", segundo a capacidade de cada filha. O aprendizado é também uma oportunidade para que se realize maior aproximação entre mestra e aprendizes, pois nas muitas horas juntas, a conversa é o grande entretimento. Ali, a mãe transmite, oralmente, não apenas o ensinamento técnico, mas as lições de moral... e os comentários da vida alheia, dos fatos corriqueiros do dia-a-dia dessas comunidades que vivem sob o clima equatorial.

Algumas labirinteiras tiram o trabalho antes de casear, outras só após terem caseado. Depois da grade, é lavado e passado para entregar.

Hoje para passar inventou-se o processo de colocar goma na fazenda e estirá-la ao sol. Uma vez seca, está melhor do que se a houvesse passado a ferro.

Os labirintos que levam o paleitão são mais caros, porque requerem uma linha mais grossa, responsável pelo relevo. Para o paleitão, usa-se a linha número 5, e para o enchimento, a 20; já para torcer, a linha mais fina, número 50.

Os modelos e desenhos, quando não copiados das colegas, podem ser inventados. Geralmente os fregueses que encomendam já mandam a fazenda com o risco desenhado.

A labirinteira usa agulhas, de acordo com a grossura da linha empregada, e tesoura.

Talvez seja Aracati o grande centro de difusão na atualidade do trabalho de labirinto, porque várias labirinteiras entrevistadas quer em Fortaleza, Paracuru e Caucáia eram oriundas dessa antiga capital do Ceará.

Fiandeira

No Brasil ainda encontramos duas maneiras tradicionais de fiar: com roca e fuso, ou mais rudimentarmente, como fazem os índios, colocando o algodão (ou outra fibra, p. ex. o tucum) num varão perpendicular encostado numa parede e ali a mecha de fibra presa para ser fiada.

Neste tipo de fiar, a fiandeira vai pegando as fibras finas, juntando-as, e com uma primeira torcida do polegar e indicador vai fazendo "crescer" o fio. À medida que este vai crescendo, é enrolado num fuso, girado rapidamente pela fiandeira que, usando polegar, indicador e médio aplicados na ponta superior (do fuso), imprime-lhe rotação da esquerda para a direita, rodando-o como um pião preso ao fio que vai torcendo, cochando e no corpo (haste do fuso) vai enrolando (o fio pronto), formando a maçaroca (ver Ilustração XXXI, n.º 1).

Da maçaroca o fio é tirado e enrolado em novelo, pronto assim para o trabalho a ser feito.

Esta maneira de fiar, sem roca, ainda é encontrada nas regiões mais desassistidas do país, onde impera a miséria ou o estado de primitivismo a que foram relegadas essas populações[5].

No Ceará a roca há muito foi relegada e constitui uma raridade encontrá-la funcionando. Mas ainda existe, bem como aquela mais primitiva acima descrita, a qual, pode-se afirmar, seja herança que o índio deixou.

A outra maneira de fiar o algodão ou a lã com a roca (ver Ilustração XXXI, n.ºs 2 e 3), enrolando o fio no fuso, formando a maçaroca, é técnica que o povoador luso ensinou. A existência das máquinas de fiar e tecer vem encostando a roca, em alguns estados brasileiros mais depressa, noutros não, como acontece no de Minas Gerais e da Bahia. No Ceará é raridade a roca, mesmo nas regiões onde foi acentuada a presença do povoador luso. Foram os portugueses que trouxeram a roca, a maçaroca.

Numa casa paupérrima da rua Coronel João Viana, em Itapiuna, Ceará, na sala da frente onde apenas se via um pote desbeiçado cheio d'água, num banco rústico estava sentada Ceci, tendo ao lado um pequeno samburá cheio de algodão e segurando na mão direita uma maçaroca.

"Que é mãezinha? Já vou, estou acabando de fiar a última cesta de algodão."

Lá do quarto pobre, deitada numa rede surrada, uma cega chamava por sua filha Ceci.

A fiandeira, depois de enovelar o algodão da maçaroca, fiado naquele dia, foi atender sua mãe. Ela estava com fome. Da farinha, da rapadura já escassa, pouco sobrou na cuia. O fogo há dias que não é aceso naquela casa. E Ceci precisava providenciar algo para a mãe cega se alimentar.

"Mãezinha, já vou."

"Tenho fome, filha."

Ambas tinham fome. A fiandeira acabou o serviço.

Felizmente nesse ínterim entra casa a dentro, como que enviada pela Providência Divina, uma vizinha com um prato ostensivamente cheiroso.

A fiandeira, que vira na hora do almoço a cuia quase vazia, suspirou feliz. A mãezinha poderia se alimentar, sustentar aquele corpo frágil, surrado pela

---

5 Alceu Maynard Araújo, "Populações ribeirinhas do Baixo São Francisco", Edição do S. I. A. do Ministério da Agricultura, Rio de Janeiro, 1961 (ver cap. VI – Divisão de Trabalho, foto "Fiando o fio fino do tucum", pp. 64-5).

adversidade. Há quanto tempo a vida não lhe vinha negando a alegria, a felicidade, alimento e até a luz de seus olhos? Um dia já distante, o marido, agricultor abastado, morador naquele município cearense, por causa de séria moléstia, perdeu tudo em busca da saúde. Andou de médico para médico. Morreu. A viuvez e a orfandade foram duras. Os filhos varões migraram para o Sul e deles há muito que não tem notícia. Mãe e filha se puseram a fazer crochê e com a ponta da agulha procuraram ganhar a vida, repetindo os modelos de trabalhos aprendidos com a avó, os quais primeiramente faziam apenas para preencher as horas vagas, *agora tornou-se uma técnica de subsistência*.

Um dia a viúva fica cega e todo o trabalho de sustento recaiu na fragilidade de Ceci, moça bela, clara, bons dentes, sorriso meigo, olhos garços, mas que nem dinheiro tem para adquirir a linha para fazer o seu crochê, daí comprar por pouco preço os capulhos de algodão. Descaroça-os, faz as pastas e depois fia, enrolando no fuso rudimentar o fio fino fiado, fazendo a maçaroca.

Faz redes de dormir de crochê, toalhas e outras peças. Cada ponto de seu trabalho representa um anseio, uma expectativa de poder sustentar a mãe cega. Vende seus trabalhos por um preço ínfimo que mal dá para comprar a farinha, a rapadura de Cariri. A caridade de corações bem formados tem ajudado.

Mesmo nessa infelicidade, nessa luta ingrata, a beleza de sua face, o sorriso sempre tristonho, jamais foram conspurcados pelos maus pensamentos que nessas horas de desamparo têm transviado tantas e tantas jovens. Há uma aura de beleza que vem d'alma a emoldurar o seu rosto. Ela vive para sua mãe cega com uma dedicação ímpar. E quanta alegria não há nisso, alegria que lhe dá mais forças para ficar até altas horas da noite naquele trabalho tão mal remunerado, alegria que faz mais expressivo e cândido o olhar da fiandeira de olhos garços.

REDE DE DORMIR

A indústria de tecelagem cearense tem permitido a permanência e difusão maior desse traço cultural ameríndio – a rede de dormir.

As redes de dormir no Ceará são feitas exclusivamente em teares manuais (ver Ilustração XXX, n.os 2 e 8). Tentou-se a mecanização desses teares, porém os resultados foram desfavoráveis. Pela primeira vez a máquina moderna é posta de lado pela maquinaria de antanho, toda feita de madeira por simples carapinas e curiosos. Os teares são feitos para produzir os panos de rede: uns de um pano, outros de dois, e outros de três. No interior há maior número de teares pequenos, isto é, estreitos. A lançadeira de "chicote", usada quase sempre manualmente, está de acordo com o tamanho do tear. "Chicote" é o conjunto de puxar a corda para tecer.

Num tear são encontradas as seguintes peças: rodo ou bobina, pente, lançadeira (dentro da escápula), caixa da lançadeira, liços de abrir o fio, pedal ou pisadeira. O fio, antes de entrar no tear, passa pela urdideira, cuja quantidade determinará o tamanho da rede, o comprimento. Além do pano, é necessário fazer as outras partes, que nem sempre é o tecelão que as executa, e sim uma outra pessoa: punhos, manocabo ou mamucaba, varanda, cachorro de rede, trança, caréu e trancelim. Da confecção dessas partes da rede origina-se a divisão de trabalho: homens fazem a tecelagem, e mulheres, o acabamento. Homens fazem o pano da rede, e as mulheres, o manocabo, punho, varanda, cordões. Esta divisão de trabalho certamente contribui para que haja especialização; assim é que é fácil encontrar homens dedicados exclusivamente ao trabalho de tecer e mulheres especializadas em fazer os acabamentos.

Desta especialização se valem principalmente as firmas que se denominam "fábricas de redes", mantendo dez ou mais teares onde trabalham somente homens, e entregam as redes para que se processe o acabamento nas casas, por mulheres.

A matéria-prima empregada é o algodão, o fio. Quando este já não é comprado de cor, adquirem tintas para tingir.

As redes finas são adquiridas por compradores do sul, já as mais grosseiras são compradas no próprio Ceará ou Nordeste e supre toda a Amazônia, maior mercado consumidor deste tipo de rede de "combate".

CESTARIA

A arte de trançar é encontrada entre os povos pré-letrados. Vários tipos de cestas os ameríndios faziam, sendo o trançado conhecido por várias tribos brasileiras. Certamente os cesteiros atuais herdaram as técnicas dos autóctones e receberam as influências de outros povos formadores de nossa nação.

Possivelmente as variações e tipos da cestaria se dêem graças às influências geográficas, tipo de material disponível e principalmente de acordo com o que vai ser transportado. O espaçamento maior ou menor do teçume está relacionado com o que será o conteúdo da cesta a se fazer. Assim, para o transporte de grãos, o trançado será muito justo; já para o transporte de mandioca em rama, poderá haver maior espaçamento. A função estará de acordo com o maior ou menor espaço entre as talas do trançado.

A cesta, o balaio, o jacá, o samburá, a peneira, têm um largo emprego desde as capitais ao interior do país. São objetos indispensáveis para o transporte de pequenos pacotes, auxiliar inestimável da dona de casa para trazer as compras do consumo doméstico, para o agricultor, para o comerciante (ver Ilustração XXXVII, n.ᵒˢ 1, 2, 3, 5).

A cestaria é um dos artesanatos mais difundidos e praticados no Brasil graças à abundância dessa gramínea, o bambu, que, de acordo com a sua grossura, é chamado taquaruçu, taquara, taquara-poca, taquari, taboca. Cada uma dessas taquaras se destina a um determinado tipo de peça a ser feito. Assim, o taquaruçu, ou simplesmente bambu, é utilizado para fazer bicas e calhas para escorrer água, a taquara para fazer cestos, esteiras, esteiras para forrar casa ou usar nos carros de bois, taquari para fazer gaiolas, taboca para foguete, para ripar casa e para apanhar olho de carnaúba, para fazer pífanos. A taboca é leve, resistente e de grande comprimento.

Em Baturité entrevistamos um dos cesteiros mais conhecidos da região graças ao trabalho bem-feito por ele executado, Adão Ferreira da Silva, preto, casado, 63 anos de idade, analfabeto. Desde a idade de 13 anos faz cestas de taquara, profissão que "aprendeu com uns velhos do tempo antigo, mas que tem procurado melhorar e já ensinou a vários moços a trabalhar nesse ofício".

"Cesteiro que faz um cesto, faz um cento... tendo cipó e tempo", disse Adão. Por causa das exigências locais teve que modificar o tipo de cestas. "Para se fazer uma cesta bem-feita, leva-se mais tempo. A procura é pequena, então é preciso fazer mais grosseira para vender, é a que tem saída." Executa os seguintes tipos: balaio, cesta malota, cesta redonda, com ou sem tampo, cesta para frutas, jacazinho para plantar mudas de plantas, balaio para café.

A taquara empregada é a lisa, sem espinhos, tirada na mata. Vai buscá-la a quinze ou dezoito quilômetros de distância nas matas da serra. Traz na cabeça um feixe de mais ou menos quinze taquaras, pelo fato de não poder pagar o transporte em animal. Enfrenta o perigo terrível que lá existe do ofidismo, uma cobra venenosa que chega a atingir quatro metros de comprimento, chamada "malha-de-fogo". Embora vá buscar na mata, paga ao dono trinta cruzeiros o feixe de trinta taquaras. Com um feixe destes faz mais ou menos de quinze a vinte cestas, levando para tal dois dias, contando meio dia que perde na busca da taquara no mato. Estando com o material em casa faz cinco cestas-malotas por dia.

No sul usam estes jacás; no Nordeste, os caçuás. Aqueles de taquara, estes de cipó.

Cambitos para o animal transportar cana, lenha. Barbalha (CE).

Ao lado das carnaubeiras das margens do rio Cocó, Fortaleza, vivem as louceiras de barro.

Da carnaubeira se faz tudo, a começar pela casa.

Quando corta as taquaras, corta também o cipó que é de graça, tem ordem dos donos das matas de pegar o quanto queira. É material indispensável na confecção das cestas. Há muitas variedades de cipó e qualquer um destes serve: imbé, de leite-da-mata, de leite preto, lagartixa, branco, canela-de-veado, canela-de-jacu, cipó-de-fogo, cipó-de-canga-de-boi, esporão-de-galo, cururu, tatu, vermelhinho, orelha-de-onça, jetirana branca, de figo, unha-de-lagartixa.

Processo

Depois que traz a taquara do mato, corta primeiramente a "perna" para fazer o fundo, tirando da parte melhor da taquara, do meio para a cabeça. Corta, abre, tira os nós, fazendo as "pernas". Estas são as talas mestras, básicas, por onde o cipó será trançado. Coloca as oito "pernas" verdadeiras no chão, cruzando-as quatro a quatro e a seguir uma perna falsa. Esta é para a cesta ficar redonda e acertar, sendo colocada só depois de já se ter trançado o cipó cerca de quatro dedos nas "pernas" verdadeiras. Continua a trançar, agora então abrindo as "pernas", colocando-as a uma distância igual uma da outra. Pronto o fundo do jacá ou cesta, começa a levantar a peça. Levanta até o ponto de "dobrar as pernas". Estas são dobradas, todas num sentido só, para um só lado, e são trançadas, arrematando. Pronta esta operação, colocam-se os "arcos", isto é, as alças que servem para segurar.

A cesta tem mais ou menos palmo e meio de altura. Já o balaio é maior, mais alto. A cesta pequena é vendida a dezoito cruzeiros, e a cesta malota, de quarenta a sessenta cruzeiros (1962).

No mato usa foice para cortar a taquara e, em casa, tão-somente a faca para todas as operações: de abrir, tirar caroços, limpar, raspar, cortar.

Trabalha desde manhã cedinho e, às vezes, vai noite adentro trançando cestas, sob a luz do "candinheiro", porque ali no beco do Cacete, onde mora, não há luz elétrica... e se houvesse não poderia pagá-la. Trabalha ano, sai ano e entra ano, descansa aos domingos e feriados. É um dos poucos entrevistados que se sente realmente feliz com o seu trabalho.

Um dos discípulos de Adão é Aluísio Silva Louro, mulato, casado, 25 anos de idade, faz cestas para *roupas servidas* e para *papéis*.

Antigamente fazia cestas grosseiras, tais quais a de seu mestre Adão, e as vendia por preço muito baixo. Um dia viu uma dessas cestas "para roupas servidas", procurou fazer uma igual. "Quebrei a cabeça vários dias, até que acertei e consegui fazer a primeira. Depois de ter acertado a primeira, foi fácil fazer as outras."

O artesão faz primeiramente o arcabouço da cesta, usando para os quatro cantos varas roliças de mutamba (*Guazuma ulmifolia*, Lam), madeira branca muito resistente; o fundo é de tábua de caixão de pinho, comprada nas mercearias da cidade, com grande dificuldade, pelos mais variados preços, precisando-se até implorar para que a vendam.

Na cesta grande o cesteiro coloca, em três lados, nove pernas e, num lado, dez para poder arrematar. A técnica de trançar é a mesma das cestas rudimentares, precisa haver uma "perna" a mais num lado para que dê um arremate satisfatório, bem feito, para encobrir as pontas.

É o único cesteiro em Baturité a fabricar tal tipo de cesta. Dois já aprenderam com ele a arte, sendo que um continua como seu auxiliar, recebendo cento e cinqüenta cruzeiros diários e mais as refeições.

O artesão Aluísio está sempre desejoso de melhorar. Certa vez, uma senhora vinda de São Paulo trouxe uma cesta de recém-nascido; vendo o modelo, ele fez uma igualzinha. Viu uma cesta para flores, copiou-a. Fabrica malotas (maletas) de taquara com fechos de metal.

Preparo

É obrigado a comprar a taquara, colocada em sua porta a quatrocentos cruzeiros o feixe de trinta porque não lhe sobra tempo para ir tirá-la no mato. Quando chega a encomenda, corta a taquara em três pedaços. Paga para uma senhora raspar, à razão de dois cruzeiros o pedaço. Depois de raspada, pinta a óleo, usando várias cores, preferivelmente a azul, vermelha e verde forte. Para cada cesta grande é preciso uma taquara grande, cortada em três pedaços.

O trabalho deste artesão é muito mal remunerado. O comprador adquire sua produção por um preço ínfimo. Embora saiba fazer outros trabalhos mais finos com taquara, é obrigado a fazer este porque tem maior saída. Por causa das aperturas tem que vender sua produção artesanal pelo preço que o comprador impõe. Esta imposição acerbando-se poderá ditar a não sobrevivência do artesanato da cestaria de Baturité.

Em Pacoti a cestaria não é trabalho permanente; lá pelos sítios os homens que mourejam na lavoura fazem cestas de julho a dezembro, portanto no verão. É um trabalho suplementar o de fazer o grajau de taboca, de taquara as esteiras para forro, cestas e bolsas, e de cipó o balaio para colheita de café. Os que não estão ocupados com a moagem da cana, preparando rapaduras ou na colheita do café, trabalham na cestaria.

URUPEMBARIA

Urupemba ou urupema é o vocábulo tupi que persiste no linguajar atual dos brasileiros, notadamente dos nordestinos e nortistas, para designar esse objeto valioso para joirar, cirandar, presente em todas as casas, prestando valiosos serviços – a peneira (ver Ilustração XXXVII, n° 6).

Útil na cozinha, na roça para a colheita e separação de sementes da casca, para pedreiros, para o minerador e outras aplicações.

Desde a mais remota antiguidade o *cribrum* dos romanos ou urupema dos bugres tem prestado inenarráveis serviços ao homem. Dois são os tipos principais de peneiras: o redondo e o quadrado. O primeiro mais difícil de se fazer, porém mais disseminado do que o segundo, muito mais fácil e atualmente quase que só em voga entre índios ou populações que pouca influência externa têm recebido, como algumas do Amazonas, Pará, que continuam a adotar tal tipo. No Ceará a peneira redonda é de uso correntio.

Quem demanda Baturité pelo bairro do Sanharão, nos confins do Putiú tem a atenção voltada para uma casa berrantemente pintada de cor-de-rosa e com enormes letras azuis: "ARUPEMBARIA".

Ali é a residência de Geraldo Ferreira Butéia, hábil fabricante de urupemba, que há trinta anos naquele local as fabrica de vários tipos e tamanhos, um artesão das peneiras. Trabalho cuidadoso, bem acabado, verdadeira obra de artífice são suas urupemas. Vive exclusivamente de fabricar peneiras, profissão que aprendeu com seu pai de criação. Chega a fazer cinco peneiras por dia, porém a média é de três ou quatro, dependendo do tamanho e da qualidade. As peneiras de primeira são realmente verdadeiras obras de artesanato.

A categoria das peneiras, de primeira ou de segunda, depende da tala empregada.

Adquire a taquara que vem da serra, posta em sua porta, à razão de dez cruzeiros a vara de trinta ou quarenta palmos de comprimento. Uma vara dá para fazer uma peneira, dependendo da grossura, qualidade e tamanho.

O cipó que usa vem também da serra, porém é de graça, o próprio vendedor de taquara lhe traz. Compra fio de algodão para costurar o bordo da peneira, pagando à razão de cinqüenta cruzeiros o novelo. Adquire cera de abelha para passar no fio de algodão a fim de dar-lhe mais resistência, pagando duzentos cruzeiros o quilo.

Uma vez prontas as peneiras, vende-as a oitenta ou oitenta e cinco cruzeiros as de primeira e cinqüenta ou cinqüenta e cinco cruzeiros as de segunda (1962).

Pelo fato de ser o mais cuidadoso dos fabricantes de peneira, tem uma grande freguesia. Primeiramente precisava levar seu produto à feira ou ao mercado; hoje, os compradores vêm buscá-lo na porta de sua casa. Disse que o "aperfeiçoamento evitou a caminhada até à feira ou mercado onde perdia um dia de serviço".

Para preparar as talas de taquara ou "palhas", como ele as chama, usa uma faca bem afiada. Além da faca usa uma agulha para costurar o arremate. Para evitar que se estrague sua calça, usa um pano para forrar o regaço, porque o artesão trabalha sentado em uma cadeira, fazendo o trabalho todo apoiando a urupemba sobre as pernas para trançar e entre as pernas para costurar o arremate.

Conforme nos informou vive exclusivamente desse artesanato há mais de um quarto de século. Verificamos que sua casa é relativamente confortável, limpa, toda cercada, havendo uma pequena horta (o que é raro) bem cuidada. Ele, embora tipo magérrimo, não tinha aquela fisionomia de miséria, sua esposa, nédia, com bom vestido, e um dos filhos que o estava ajudando tinha aspecto saudável de criança bem nutrida. Trabalha diariamente desde cedo até ao anoitecer, descansa aos domingos e dias santos. Sua esposa ajuda-o no raspar as taquaras e no encerar os fios para o arremate.

O pesquisador teve sua atenção voltada para um fato que ainda não havia constatado entre outros artesãos: o urupembeiro, enquanto trabalhava, cantava. Pena que a nóssa aproximação fê-lo calar, pois seria uma oportunidade para verificar se seu cantar dava-lhe ritmo para o trabalho ou era apenas simples canto lúdico, recreativo.

Caçuá

Foi proverbial a introdução do jumento nas áreas nordestinas, na região de vegetação pobre, caatinga raquítica onde abundam cactáceas, solos rasos e secos que retêm pouca água, vastas extensões arenosas ou de planura imensa pintalgada por morros quebradores da monotonia do horizontal. Essas montanhas – ilhas – testemunham o trabalho erosivo sob o clima árido. A esse meio ambiente de secura, de alimentação parca e de madrasta condição mesológica o jumento se adaptou. A seleção natural aumentou-lhe a resistência. Nesse processo diminuiu o seu tamanho, pois o seu ascendente ibérico é maior, passando a ser também chamado por jegue ou jerico.

O condicionamento geográfico, o prevalecimento das áreas arenosas, dificultando o transporte usando a roda, ou mesmo o terreno pedregoso onde este meio também sofre o molestamento dos pedrouços, encontrou em parte na utilização do jumento a solução do problema do transporte, mormente onde as vias são naturais e ainda onde a administração pública não se fez presente; porque ele é pouco exigente quanto à alimentação, passando vários dias sem beber água, inárdego, mais ou menos dócil, e até meninos o dirigem, tangendo-o.

O jumento proporciona ao nordestino e destacadamente ao cearense o mais barato e melhor meio de transporte para a região, porque no *caçuá* – cesto feito de cipó (ou talo de carnaúba) –, que aos pares é colocado sobre a cangalha no lombo desse pequeno asinino, vence as distâncias, atravessa o pede-plano, serpeia pelas chapadas, transpõe Araripe, Apodi, Borborema, Ibiapaba, vence o areal litorâneo com as mais variadas cargas.

O jegue, que o povoador trouxe e a capacidade inventiva do brasileiro colocou sobre ele o caçuá, tornou-se característico na paisagem nordestina, mesmo nas grandes capitais, como Salvador, Recife, Fortaleza e Natal. Sobre a cangalha do jegue vão todos os demais implementos usados para transportar: ora é cambito, ora é caçamba, ora é caixão, ora são ancoretas d'água, e, as mais das vezes, o caçuá (ver Ilustração XV, nº 7, e Ilustração XLIII, nº 11).

A existência do artesanato do caçuá está ligado à solução melhor que ele veio dar ao transporte, criando o binômio *jumento-caçuá* presente não só no Nordeste, bem como no meio Norte e grande região Centro Leste, no polígono das secas. O cipó, mais barato do que o couro, veio substituir a bruaca, a mala de couro e o surrão de palha de carnaúba por ser mais resistente.

O caçuá tem mil e uma utilidades. Quando se vai para a feira, está o caçuá cheio do que o cercado produziu, quando se volta para o local de origem, vem sobre o jumento o dono e nos caçuás as crianças que porventura tenham ido até "à rua" (cidade).

Domingo de crisma, vêm caçuás cheios de crianças endomingadas para a confirmação, e as meninas, com a cabeça ostentando fitas geralmente brancas, parecem margaridas agitadas numa tão rústica *corbeille* de cipó.

O caçuá presta os mais valiosos serviços de transporte na região citada porque o jumento palmilha os mais ínvios e ásperos caminhos, sempre firme, raríssimamente tomba, não causando portanto prejuízo à carga. Necessário é apenas que o comboieiro não se descuide, principalmente quando nas estradas transitam automóveis, porque o jumento no caminho não "arreda pé", não sai dele, e, em conseqüência, há possibilidade de desastres. É impressionante o número de jumentos atropelados e mortos nas rodovias nordestinas.

Dadas as devidas proporções, sem dúvida o binômio jumento-caçuá permanecerá por largos anos prestando seu real, valioso e barato serviço no transporte na região nordestina.

Sendo o caçuá uma necessidade, na região em que não há caatinga e sim mata, onde se pode encontrar cipó, há os fazedores desse artefato. Onde abunda a carnaúba e inexiste o cipó, fazem-no de talos, porém é mais frágil. Caçuá resistente, durável, é o de cipó, razão de ser preferido. Nas matas, embora distantes da cidade de Cascavel, há cipós, daí encontrarmos vários fazedores de caçuá nessa importante cidade cearense, ponto de convergência para comércio dos moradores de cidades circunvizinhas.

Embora tenham que ir tirar na mata o cipó, saindo de casa às cinco horas da manhã, caminhando duas léguas e meia até chegar, para depois andar outro tanto em busca do cipó-de-fogo (*Cissus erosa,* Rich), o apropriado para caçuá, devido a sua resistência, voltando ao entardecer, continuam os fazedores de caçuá nesse mister porque o mercado reclama.

Em Cascavel entrevistamos, fotografamos e cinegrafamos a atividade e trabalho de José Cassiano Vidal, de 60 anos de idade, casado, caboclo, que aprendeu a fazer caçuá com seu pai. Seu avô era mestre nessa arte. Era caboclo legítimo, entendemos ser índio, pois, conforme o linguajar local, "caboclo legítimo" é índio. Aliás, a tez e fisionomia de Vidal denunciam sua ascendência ameríndia. Um de seus filhos é seu companheiro, possuindo mesmo um tear ao lado do seu. Ambos trabalham na arte. Já houve portanto transmissão dessa técnica de subsistência ao seu filho, que é quem perpetuará a bagagem de experiências que vem de várias gerações.

Na organização de seu artesanato trabalham duas pessoas: Vidal e seu filho. Nenhum introduziu algo de novo nas técnicas aprendidas com seus ancestrais; às vezes, têm apenas que substituir as madeiras ideais para as cambotas, isso por causa de sua escassez, o que não implica a modificação na arte de fazer, apenas na durabilidade do trabalho executado, porque algumas madeiras resistem mais no sertão e menos na região litorânea, e vice-versa.

O filho aprendeu tal qual ele aprendeu com seu pai, isto é, começou por auxiliá-lo, vendo, depois trançando primeiramente o "pano" e, posteriormente, as "cabeceiras". Executa três tipos diferentes (em tamanho) de caçuás: o grande, o médio e o pequeno. O que tem maior saída é o *médio*. O maior é de três palmos a cambota, e o menor é de dois, portanto o médio é de dois palmos e meio.

O material empregado é o seguinte: *a)* cipó, *b)* cambota, *c)* guarda.

O cipó-de-fogo é dificilmente tirado na mata porque já está se tornando escasso devido ao grande consumo. O tirador tem que penetrar cada vez mais distante e fundo na mata para encontrá-lo, trazendo um feixe, com o qual dá para fazer um par de caçuá. Tira o cipó num dia e no outro trança-o. Vai ao mato às segundas e quartas, para trabalhar às terças e quintas e arrematar na sexta. Sendo o sábado dia de feira, tem apenas dois dias para tirar cipó, trabalho realmente difícil, não podendo trazer mais matéria-prima além da capacidade que tem para transportar, pois o faz nos ombros ou na cabeça. Feixe maior que as suas forças já não pode carregar. Há portanto uma limitação pessoal e outra imposta pela própria mata, pois quanto maior o feixe, mais dificulta a saída. À vista dessas dificuldades, só pode produzir dois pares de caçuá por semana. Não trabalha aos sábados porque é dia de feira, aos domingos e nos dias santos também não.

"Quem trabalha no domingo faz progresso de caranguejo, as coisas só dão para trás. Além disso, noutra vez que vai buscá-lo na mata, se perde, não acha mais a saída", numa conversa ouvimos as peripécias de um trançador de caçuá que trabalhou no domingo e na segunda-feira perdeu-se na mata.

Para *cambota*, isto é, duas madeiras roliças colocadas ao extenso da boca do caçuá, emprega a mangabinha, manipuçá ou angélica, dando preferência à primeira. É pela cambota que se dá a medida ao caçuá.

O caçuá é colocado no lombo do asno enganchado na cangalha e para que aquele não se estrague em contato com esta, desgastando-se, colocam uma trave que é a *guarda*. Qualquer madeira serve para isso, quase sempre empregam a acácia.

Processo de fabricação

O ideal para trançar é o cipó "dormido", isto é, aquele que, apanhado num dia, deixa-se passar a noite em lugar fresco. Trançar logo porque, ao murchar e depois secar, diminuindo um pouco, ajunta mais, "fecha o ponto".

No chão fincam quatro tacos de madeira, ficando fora da terra mais ou menos um palmo – são os "tocos do tear". Ali é trançado o "pano" do caçuá. Pano é o corpo do caçuá.

No teçume do pano entram as *pernas* e *costelas*: os cipós colocados dois a dois são as *costelas* e um a um são as *pernas*. Para tecer o pano há um total de dezesseis fios de cipó. Ficam cinco pares de costelas de cada lado e, ao centro, seis pernas. É com estas pontas que sobram da largura do pano, em geral de dois e meio palmos de comprimento (no caçuá de tamanho médio) que se tecem as duas cabeceiras, parte arredondada, mais resistente porque o cipó que as tece é mais grosso, mais forte.

Nas duas extremidades do "pano" são colocadas as cambotas. A madeira de cambota é desbastada no centro, ficando a casca apenas no lugar da empunhadura. Isto é assim feito para segurar melhor o trançado do "pano", não fugindo pelas pontas, o que implica a escolha da madeira de uma grossura ideal, mais ou menos quinze centímetros de diâmetro, que permita o descascamento, a escavação e continue de boa consistência e resistência, porque é pelas pontas que o comboieiro e o ajudante transportam o caçuá ao tirá-lo das cangalhas.

Uma vez concluído o "pano", feito no "tear" no chão, tem início o trabalho das cabeceiras. Ao fazê-la, coloca o arco, geralmente cinco cipós trançados separadamente, que se põem na juntura do pano e das cabeceiras, portanto dois arcos em cada caçuá.

Ao fazer as cabeceiras, coloca-se o caçuá na medida, e a boca do caçuá terá dois palmos. Coloca-se então à *medida* um dos implementos indispensáveis, espécie de padrão que os caçuazeiros não descuidam de ter em lugar seguro, bem guardada para que não se extravie.

Ao trançar o cipó são usados os seguintes instrumentos, todos de madeira: o espeto, o chegador e o "marretim" (pau com o qual o artesão bate o espeto ou chegador, funciona como marreta). De madeira não é apenas a faca para cortar o cipó. O caçuazeiro com o instrumental de seu artesanato tipifica bem o ambiente pobre e primitivo em que vive, onde a madeira continua a ser "pau pra toda obra".

Nas guardas há o lugar onde se coloca a "zeia", isto é, a corda com a qual o caçuá é preso à cangalha. São duas "zeias" em cada caçuá.

Vidal faz dois pares de caçuás por semana. Seu filho também, dois pares. Outros caçuazeiros inquiridos confirmaram a ordem de produção. Vivem exclusivamente disto, afirmou Vidal. O par grande é vendido a quinhentos e cinqüenta cruzeiros, o médio a quinhentos e o pequeno a quatrocentos (em 1962). Pai e filho não vencem as encomendas, vem gente de fora, de outras cidades para adquirir caçuás. O mesmo acontece com os outros caçuazeiros, donde se concluirá que, embora o Brasil já produza automóveis e caminhões, tal artesanato continua em pleno vigor no Ceará, reafirmando a grande capacidade que o cearense tem de vencer o meio ambiente hostil, perpetuando esse traço folclórico do transporte – o *caçuá*.

Jacá e balaio

A origem do jacá bem como do balaio provavelmente é ameríndia. Embora em outras terras existam implementos usados para transporte, África, Ásia e outras, o jacá e o balaio parecem ser tipicamente sul-americanos.

O jacá geralmente é feito de taquara. A sua forma típica é a predominância do comprimento em relação à boca, isto é, boca pequena e corpo comprido, diferindo portanto do balaio, que é de corpo curto e boca larga. É usual esta linguagem popular, pois na verdade, balaio e jacá têm boca, corpo, assento ou fundo.

Há do ponto de vista técnico outras coisas que podem ser apontadas, por exemplo: quanto ao trançado das taquaras, no jacá há espaçamento, no balaio, não. No balaio é sempre muito fechado o seu trançado, justamente para carregar as coisas miúdas como sementes de milho, feijão etc.

Mas isso não é assim tão definido; basta saber a sua destinação: balaio para carregar raízes de mandioca, mais espaçado; para carregar ostras ou mariscos, também. No primeiro caso para vazar a terra, e no segundo para vazar a água. E o próprio material empregado pode diferir: em vez de taquara e cipó, no caso do balaio de carregar mariscos.

No Nordeste há o caçuá, que é o jacá para carregar coco, abóbora e, na volta, as crianças que foram à feira. É de cipó e espaçado. Para carregar terra, o caçuá é feito de taquara, e o trançado é tão justo que mais se parece com um balaio. Ligado à função está também o material empregado.

Os jacás de carregar frango são compridos, parecendo-se com um canudo, um tubo de trançados espaçados para a respiração das "penosas". Há o jacá que os mineiros usam para carregar queijo: é de trançado mais estreito, melhor trabalhado, bem maneiro. São amarrados dois ou três, lado a lado na cangalha dos burros que despencam dos muitos sítios mineiros, da serra do Quebracangalha, da Mantiqueira, da Canastra. O jacá é feito na medida para caber as "mãos de milho".

Os balaios têm corpo curto e grosso e boca larga. O balaio às vezes é "mudo", tapam-lhe a boca com uma peneira. Há balaio de todos os tamanhos. Os grandes, em geral, usados no meio rural, desempenham as mais variadas funções. O pequenino, companheiro inseparável das costureiras, são enfeitados na tampa com figuras as mais diversas: sendo da moça solteira, é uma estampa de Santo Antônio, que lhe pode arranjar um marido.

Havia balaios tão grandes no tempo do Império, nas casas-grandes, que muita mulher infiel fazia o amante se esconder dentro deles. Um dos crimes mais comentados numa fazenda de café no vale do Paraíba do Sul foi o de um fazendeiro viúvo que se casou com uma mocinha. Um belo dia ele descarregou o bacamarte num balaio e, para sua "surpresa", dentro dele estava um jovem escondido. Dizem os "filhos da Candinha" que nessa época o balaio tinha também essa "nobre" função.

No Nordeste dizem que moça que fica solteira está no balaio. No Sul, quando alguém quer falar com desprezo de alguma coisa inútil, de pequeno valor, isso não vale nada, tenho um balaio disso.

Ouvimos também uma referência ao balaio relacionado com o casamento: essa moça precisa pegar um balaio para ver se caça um marido.

Na música popular, há várias referências ao balaio. No Rio Grande do Sul há uma dança do fandango chamada balaio.

O jacá de trançado espaçado e de porte pequeno está no coração da terra paulista, dando riqueza ao nosso país – a muda de café é preparada em pequenos jacás; são estes pequenos, de trançado largo, por onde passarão as raízes que penetrarão a terra e sorrirão em ouro verde pelos grotões e serras, farfalhando o rubro das cerejas do café – oferta desta terra prometida que é minha Paulistânia.

E por falar em café, lembramo-nos da peneira que tapa a boca de muito balaio, mas que tem outras funções, uma delas grande na colheita do nosso principal produto:

> Eu queria ser peneira
> na colheita do café,
> para andar dependurado
> na cintura das muié.

A CARNAÚBA

Trançados de palha

Dádiva divina é a carnaúba, palmácea que dá ao homem as mais variadas oportunidades de utilização: ora é a madeira, ora é a cera, ora é a palha com suas multifárias aplicações. Dela o homem nordestino tem se valido largamente.

Extração da cera

A cera que há muito vem sendo utilizada há pouco viu sua aplicação multiplicada, aumentando sua procura, intensificando a extração. Métodos modernos são agora aplicados para se extrair o máximo, porém aqui nos interessa descrever o primitivo, o rotineiro, porque a palha depois de batida pelas máquinas modernas não será mais utilizada nem para os mais grosseiros trançados, só serve para adubo. E é o que vem acontecendo em vários municípios produtores de cera de carnaúba. Em Aquirás, p. ex., depois que a maquinaria moderna passou a extrair cera, findou-se ali o artesanato dos trançados. Em outros municípios outrora produtores de trançados o mesmo está acontecendo, porque a extração mecânica da cera liquida com o artesanato do trançado. Coexistem porém artesanato e extração onde os processos rotineiros permanecem.

O afogamento do artesanato tira das mãos de uma considerável parte da população nordestina uma técnica de subsistência, ao passo que a extração mecânica proporciona aos proprietários dos carnaubais maiores lucros, agravando-se o problema social. A incrementação do artesanato não será a solução porque a extração mecânica redundará em mais abundantes divisas, pois a cera de carnaúba é exportável. Certamente alguns homens raciocinam assim: "o país precisa de divisas e o artesão, ora, o artesão de palha de carnaúba que se arrume..."

O processo rotineiro, folclórico ante as técnicas modernas, fomos encontrá-lo nas proximidades de Fortaleza, em Caucaia, município cearense de maior produção cerífera, conforme as estatísticas oficiais. Ali entrevistamos Napoleão Bonaparte Viana, branco, casado, de 72 anos de idade, proprietário de carnaubais e experimentado no afã da extração da cera da carnaúba.

"Corta-se a folha da carnaúba", disse o informante, "a *palha* é aquela que ainda está apontando para o alto. As que abaixam do horizontal para baixo, são consideradas *palha brava*, sem serventia."

"A palha dá a *cera gorda*, às vezes a *arenosa*. Quando ela é ainda *olho fechado*, isto é, não começou a abrir o leque, dará a melhor cera, a branca, considerada de primeira qualidade."

"Cortado o olho, põe-se a palha ao sol durante cinco dias mais ou menos, após ter sido apanhada. Uma vez seca leva-se para o depósito onde se faz o riscamento. Risca-se, isto é, abre-se a palha com faca ou na trincha, derrubando-se o pó e batendo-se também."

O depósito é um quarto sem janelas, com uma única porta, que permanece fechada quando do trabalho de riscar e bater a palha; local abrigado, livre de corrente aérea para que o pó não se perca cirandado pelo vento.

Para bater a palha usa-se um cavalete e um cacete (ver Ilustração XLIII, n.ºs 9 e 10). Risca-se a faca e já estão usando a *trincha*, um retângulo de madeira resistente, firmemente pregado numa "perna" de madeira, enterrada no solo. Numa das extremidades do retângulo há várias facas fixas e duas "talas" de proteção que servem para dar a orientação da palha. O operário trinchador vai passando ali a palha, desfiando-a, enquanto isso o pó vai caindo. Feita essa operação, passa a palha para outro operário que está no cavalete para a malhação. O cavalete é de quatro pernas resistentes, sendo que o "corpo" é um tronco da própria carnaúba, de mais ou menos um metro de comprimento e meio de circunferência. Com um cacete, bate a palha para cair o pó que ainda ficou. Embora esses processos rudimentares sejam utilizados para extrair o pó, a palha é ainda aproveitada para trançado.

A pessoa que trabalha quer na trincha, quer no cavalete, executa o seu serviço em pé, não sentado. Não usa máscaras, raro é o que coloca um lenço amarrado pouco abaixo dos olhos. Afirmam que, trabalhando-se em pé, evita-se aspirar o pó, no entanto amarram lenço ou colocam chapéu para que o pó não os empaste e, ao sair do depósito, espanam as vestes ou simplesmente batem com as mãos, tirando o pó que se assentou nelas.

Extraído o pó, é ele levado ao fogo numa lata, sendo que para o pó do olho precisa-se de bastante água. Dele se extrai a cera de primeira e, às vezes, a mediana, bem como a *mediana roxa*.

O mesmo processo de extração será usado com a palha aberta, da qual se extrairá o pó que, cozinhado com água, dará a cera arenosa. Sendo este mesmo pó da "palha aberta" cozinhado quase sem água, com a suficiente para não queimar, dará a *cera gorda*.

Depois de cozinhada, passa-se na prensa de compressão manual (de mais ou menos vinte cavalos-de-força). Há ainda os que passam a cera no pano, torcendo com cambão. É o mais rudimentar dos processos. A seguir coloca-se a cera para solidificar em bacias ou pequenas formas de flandres para fazer os "queijinhos".

Observamos que em várias casas onde se extrai a cera da carnaúba este trabalho está associado ao preparo da farinha de mandioca. Aproveita-se a prensa para prensar a borra da cera e para espremer a mandioca ralada para tirar-lhe o líquido venenoso, antes de torrar a farinha.

Adapta-se a prensa de farinha para a cera, colocando-se um caixão onde irá a borra da cera quente depois de ser comprimida. É mais uma utilização e mesmo adaptação do velho lagar português: primeiramente na casa da farinha, agora na extração da cera de carnaúba. No primeiro caso promovem o abandono da arataca ensinada pelo índio, agora substituem o pano torcido a cambão, isto é, dois pequenos paus em que são amarradas as extremidades do saco onde está a borra quente. Um trabalhador torce para sua direita e outro faz o mesmo, porque estando um diante do outro, tal movimento produzirá o torcimento apertando cada vez mais a borra. Vence a maquinaria de antanho com suas adaptações, o cambão foi substituído pela prensa que ainda é a experiência que o português nos legou (ver Ilustração XXIX, n? 3).

Rica é a forma de adaptação, pobre porém é a nomenclatura das peças. Na casa de farinha ainda se sente presentes substantivos de origem tupi: *tipiti, urupema* ou *urupemba, catitu* etc. A casa da farinha é sem dúvida a presença, em pleno século XX, do moinho senhorial, já a casa da cera é apenas aproveitada por um dono só, ao passo que na outra há a "farinhada" – ajuda vicinal que revive o mutirão.

Depois de tirado o pó pelo sistema rotineiro, ainda é vendida a borra ou morrão para quem tem maquinaria suficiente, juntando solventes para extrair toda a cera existente. Quando a borra não tem mais cera, ainda serve para adubo.

A palha, depois de extraído o pó, ainda serve para adubo ou mesmo para ração de gado, dada de mistura com a torta de algodão, havendo quem a dê até pura. Também se pode aproveitar para trançados, como adiante veremos.

A palha é cortada por milheiro. No limpo, um cortador pode cortar até dez milheiros por dia, e no sujo, mais ou menos três milheiros e meio. O cortador corta para o ponto de animal pegar e levar para o caminhão.

Derrubar a palha é um dos serviços mais difíceis e mais pesados. É com uma vara que, às vezes, chega a ter quarenta palmos de comprimento. Usam a taboca (bambu) por ser mais leve e atingir grande comprimento. Este varia de acordo com a altura do carnaubal.

Cortam-se as palhas que prestam e o olho, deixando-se o pendão, que é regionalmente chamado de *vela*. *Vela* são as palhas recém-nascidas que ficam para não prejudicar o carnaubal. Cerca de um mês depois do primeiro corte, poder-se-á fazer o segundo. Daí então só no outro ano, isto é, noutra safra. Esta começa em julho e termina em janeiro. O período intenso se dá em agosto.

Primeiramente a palha era colocada no chão para secar, hoje estão dependurando molhos de vinte e cinco palhas em estaleiros. Pode chover que não as prejudica; quando no chão, a ameaça de chuva faz todo mundo correr para recolhê-las.

No terreno "arisco", isto é, arenoso, a palha é menor, e a carnaúba produz menos. Já nos terrenos de baixio, beira de rio, coroa de rio, o carnaubal dá mais palha, tanto maior como melhor, produzindo mais cera. Às vezes, três milheiros de palha dão uma arroba de cera, e de outras terras, de seis a sete milheiros.

Os preços da cera são bastante atraentes para que as companhias se lancem na sua exploração, *tirando tudo da palha, não a deixando para que se aproveite nos trançados de chapéu, surrão, esteiras, cestas etc.*

Trançados

Em Caucaia, onde ainda colhemos os dados sobre a extração da cera de carnaúba pelos processos rotineiros, já estão os trançadores sofrendo as conseqüências da mecanização e maior procura da palha. Os trançadores de chapéu, por causa do alto preço da carnaúba, bem como por não poderem mais colher as palhas porque os carnaubais foram cercados e há vigias armados que não permitem que se colha o "olho", parte com a qual fazem o chapéu, vários artesãos entrevistados foram forçados a abandonar o trabalho. E quem abandona uma técnica de subsistência no Ceará tem apenas um desejo – ir para o sul. É um a mais a acreditar e iludir-se supondo que só o êxodo remediará sua situação.

Em Paracuru ainda aproveitam a palha da carnaúba em trançados. Ali fazem esteiras, surrões, cestas, bolsas e chapéu. Os chapéus pela maneira mais rudimentar: primeiramente braças e braças de fita trançada para depois costurá-la numa carapuça, isto é, num molde da cabeça.

Apanhados o olho e a palha, tirado o pó, raspam-se para que se possa preparar as outras utilidades. Põe-se para secar de dois a cinco dias. A *palha* com dois dias e o "*olho branco*" só depois de cinco dias estarão no ponto de serem trabalhados. Tira-se com uma faca a *costa* e a *barriga*, deixando-se apenas o centro da palha. Vai-se lascando a palha na medida que se quer: para bolsa, mais grossa; para chapéu, bem fininha. Depois disso, inicia-se o trançado, que é feito com treze *pernas*. Colocam-se as treze palhas, "pernas" uma ao lado da outra e depois com a que fica na extremidade, vai-se trançando até encontrar a "perna" que vem do lado oposto, passando de duas em duas pernas até chegar ao centro. Logo a seguir pega-se a outra extremidade e faz-se o mesmo até chegar à ourela. Depois de pronto o trançado, limpam-se as pontas, puxando bruscamente, é a *limpeza*.

Quando a fita está pronta, sendo para chapéu, costura-se na carapuça. Sendo porém para bolsa, é apenas o trabalho de executar na medida que se quer: para bolsa quadrada, sete braças e meia; a bolsa redonda leva quatro braças e um pedaço para as alças. Estas são feitas de trança dobrada e costurada, dando-lhe portanto maior resistência.

Para trançar empregam os seguintes instrumentos: agulha, faca e pedra. Esta para alisar e ajustar melhor. Para fazer o chapéu requer-se um molde de madeira, mais ou menos do tamanho da cabeça humana, chamado "carapuça".

Outra maneira de fazer o chapéu não requer a carapuça, é como trabalham as muitas e muitas chapeleiras de Sobral. Mulheres e meninas são as artesãs, as mais hábeis aprontam dez ou doze chapéus por semana. Começam pela copa, trançando até à aba. Neste tipo de chapéu não há costuras, é mais apresentável. Quando ainda "cru", isto é, sem mesmo tirar as rebarbas, vendem para um comprador que os beneficia, engomando e dando o acabamento final. As chapeleiras que recebem encomendas de entregar o chapéu cru chegam a fazer até dois por dia. Além de beneficiarem este chapéu cru em Sobral, é vendido para ser também beneficiado em São Paulo e Rio de Janeiro.

As chapeleiras do bairro da Expectativa, em Sobral, trançam os seguintes tipos: "Brasil", "Campina", "Fluminense", "Caravana" e o "Fustão". O chapéu mais fino é feito com palha cristal. Deste só fazem três por semana e poucas pessoas sabem executar tal tipo.

Sobral é o maior centro chapeleiro do Ceará. Compra a produção das cidades e vilarejos circunvizinhos, embalando e mandando para São Paulo, Goiás, Minas Gerais, Paraná, Santa Catarina, Rio Grande do Sul, Rio de Janeiro, os mais variados tamanhos e tipos de chapéu para esses mercados, todos dos quais a artesania chapeleira cearense é a única fornecedora.

Em São Gonçalo do Amarante há mulheres que se dedicam ao trançado com palha de carnaúba fazendo cestas, urus, bolsas, chapéus, surrões. Usam o "olho" para fazer trabalhos mais finos, chapéus, certos tipos de bolsas, urus, e a palha grosseira para o surrão, que substituiu com vantagem os sacos de juta, de aniagem.

Nos baixios próximos de Aracati, onde há povoados, sem medo de errar, também há cesteiras: quase todas as mulheres estão ocupadas nesse artesanato. Palhano é a cidade da palha. Em Taiçaba a população quase toda é artesã de trançado de palha de carnaúba. Aí os chapéus são feitos de tiras costuradas, não como os de Sobral. Fazem umas cestas redondas chamadas *uru*, usando palhas coloridas, tingidas, tornando-as verdadeiramente atraentes, muito procuradas por turistas. Inteligentemente essas comunidades passaram a fabricar vários tipos de bolsas e cestas dos mais variados tamanhos e tipos. Algumas trazem aplicações de flores coloridas, de palha. Em Aracati o entreposto dessas cestas é o "Bar da Sogra", de Chico Zaranza, onde há cestas de todos os tamanhos e tipos. Recebe ainda encomendas e sugere aos artesãos novos modelos, incentivando portanto o artesanato.

Graças às novas estradas, intensificação do transporte rodoviário entre o Nordeste e o sul, os caminhões, ao voltar de Fortaleza, ficam procurando carga e alguns motoristas já estão comprando grande número dessas cestas que no sul têm larga aceitação.

Incipiente, não resta dúvida, porém já se esboça um novo mercado consumidor do produto artístico do artesanato da palha de carnaúba do Ceará.

Em Pacajus, durante o inverno, as mulheres ajudam os maridos nos afazeres agrícolas; porém, em novembro e dezembro, dedicam-se ao artesanato de chapéu de palha e bolsas. É um artesanato estacional. Aquelas artesãs que por qualquer motivo não puderam armazenar palha para o trabalho continuado, contribuirão para que seu artesanato seja estacional. Não resta dúvida que a previdência é que terá que entrar em jogo, porque o ciclo agrícola da carnaúba só dá a boa palha de julho a janeiro, sendo que a melhor palha é a de agosto.

CERÂMICA E MODELAGEM

Geografia

Embora em quase todo o Brasil se encontrem oleiros fazendo peças de cerâmica utilitária e figureira, ela é mais expressiva em alguns pontos do Nordeste, Centro e Sul. Do Norte apontamos, embora pouco representativa, a de Belém do Pará, vendida no Ver-o-peso e, anote-se, somente a utilitária.

Na cerâmica *figureira* do Nordeste pode-se notar a cor terrosa das peças feitas na Paraíba e Pernambuco; mais desbotadas são as do Rio Grande do Norte; as de Aimoré, podemos dizer que são brancas, vendidas no mercado do Alecrim de Natal; as do Ceará são de um vermelho quente.

Na região do vaqueiro dominam os trabalhos do saudoso mestre Vitalino, seu filho Manuel e Zé Caboco da "escola de Caruaru". Severino de Tracunhaém, com sua cerâmica vidrada e repleta de motivos religiosos. Já os artesãos de Goiana se dedicam a moldar tipos populares.

Não se deve olvidar a fabulosa cerâmica de carrapicho, nas margens do rio São Francisco, em Sergipe. Traipu, cidade alagoana fronteiriça deste último povoado beiradeiro, é também grande produtora de cerâmica utilitária. Esta recebeu larga influência dos índios cariri ali aldeados; são mais paneleiros do que figureiros.

Merece destaque a cerâmica de carrapicho porque tanto a utilitária como a figureira ocupam as mãos de quase todos os moradores daquele povoado ribeirinho.

Na cerâmica *utilitária* do Centro a de Maragogipinho, no Recôncavo baiano, coloca-se no mesmo plano artístico da cearense, porém em quantidade muito maior. A "miuçalha" figureira e os caxixis, miniaturas da louça utilitária baiana, não são expressivos; são de artesanato em plena decadência. Destacam-se os trabalhos de Cândido com seus exus. Além de outros fatores, na Bahia a cerâmica utilitária é largamente produzida por causa do culto afro-brasílico-católico do candomblé.

Na cerâmica do sul, além da paulista (os moradores de Queluz eram conhecidos por paneleiros), aponta-se a catarinense, em vias de desaparecimento. As poucas peças de figuras antropomórficas e zoomórficas dos *barristas* vêm de São José, município próximo de Florianópolis. A cerâmica utilitária que os açoritas implantaram foi sufocada, como nos demais lugares que o progresso bafejou, pelos utensílios de alumínio.

LOUÇA DE BARRO

No Ceará, os oleiros, ceramistas, barristas, enfim, os artesãos que se utilizam do barro plástico para o preparo da cerâmica utilitária[6] denominam-se *louceiros*, e às várias peças por eles feitas chamam-nas de *louça de barro*.

Histórico

Perde-se na noite dos tempos a época em que o homem começou a utilizar-se do barro endurecido pelo fogo. Entretanto os estudiosos afirmam ser a cerâmica a mais antiga de todas as indústrias.

Quando na indústria o endurecimento do material empregado em seus utensílios foi casualmente realizado pelo fogo, multiplicou-se a sua utilização. No que se refere a utensílios domésticos, a cerâmica passou a substituir a pedra trabalhada, a madeira, e mesmo as vasilhas feitas de frutos, como as de coco ou de cascas de certas cucurbitáceas (porungas, cabaças, catutos), conhecidas e ainda largamente utilizadas pela nossa gente.

A cerâmica esteve presente em todos os momentos da vida do homem, quer no abrigo (casa), quer nos utensílios. Através dela o espírito humano tentou exprimir-se nas artes, como a escultura religiosa, pela confecção de seus deuses antropomórficos. A imagem, a manufatura de reprodução de partes do corpo humano utilizados como ex-votos, vêm de prístinas eras.

Não foi o tempo que determinou o progresso da cerâmica, mas o intercâmbio entre os homens. Manifestou-se desde a simples olaria de cordel, nos

---

6 Em 1948 o autor, em documentado estudo sobre a cerâmica paulista, propôs a seguinte classificação: *cerâmica utilitária* ou permanente (potes, alguidares, moringas etc.), *cerâmica religiosa* ou periódica (figuras de presépio, ex-votos). Classificação de ordem didática para cerâmica popular paulista que foi adotada por outros estudiosos do folclore.

Cerâmica figureira de Carrapicho, na feira de Propriá (SE).

vasos caliciformes sem asa, depois com asas na Idade de Bronze, e mais tarde no barro vidrado, a louça que evoluiu com o esmalte metálico até à porcelana, que dizem ser originária da China.

A cerâmica da era pré-histórica pode ser dividida em três classes distintas: a primeira, de vasos sem asa que tinham a cor de argila natural ou enegrecida por óxidos de ferro. Peças semelhantes às deste primeiro tipo encontramos nos museus Nacional, do Ipiranga, Instituto de Antropologia do Ceará, Instituto de Antropologia de Natal, pois nossos índios foram pouco além desse estágio, tendo permanecido nele algumas tribos.

A segunda classe é a cerâmica torneada e com asa (Idade do Bronze), que tinha quase sempre formas antropomórficas. Algumas de nossas tribos atingiram tal estágio. A terceira é aquela na qual um verniz lustroso cobre as vasilhas.

Atingiu um desenvolvimento apreciável na Assíria, Babilônia e no Egito e, graças aos desenhos encontrados em sua cerâmica, foi possível aquilatar o desenvolvimento artístico desse povo. Os hebreus nada nos legaram em

"Casa de Farinha". Uma peça de Vitalino – o mais famoso barrista nacional. Iconoteca do autor.

A artista e sua obra. Carrapicho (SE).

matéria de cerâmica, quem sabe por causa da proibição inequívoca de fazerem imagens e lhes prestar culto, conforme o segundo mandamento mosaico. Os fenícios, comerciantes da Antiguidade, espalharam muitos de seus deuses de barro.

Passemos para os continentes novos. A cerâmica pré-colombiana compreende duas grandes divisões: a *peruana*, que abrange a região oeste do Brasil, Argentina e Bolívia; e a amazônica-mexicana, compreendendo o vale Amazônico, México e Antilhas.

Na *peruana* há duas fases: a mais antiga, cuja decoração é inspirada nos elementos dos tecidos, indústria aliás bem desenvolvida entre os incas, e a mais recente, que parece de estilo geométrico grego. Na cerâmica peruana há um elemento símil à proto-cerâmica grega, a micênica – os desenhos curvilíneos. Aliás, na China, estes elementos também foram encontrados.

Na cerâmica amazônica-mexicana, bem desenvolvida, temos na ilha de Marajó exemplares valiosos.

Até que ponto teria a cerâmica atual do Ceará recebido a influência da cerâmica indígena, branca ou mesmo africana? Ela tem algo da cerâmica de cordel do nosso índio e da mais rudimentar forma de levantamento (rolos ou biscoito), pouco ou nada evoluiu. Em alguns lugares há tornos rudimentares (Moita Redonda), rodeiras para facilitar o trabalho; em outros, porém, vê-se a técnica primitiva do levantamento e o predomínio de vasilhas sem asa. Será que no torno rudimentar está manifesta a influência européia, vinda através dos portugueses e espanhóis, e no segundo (nos rolos) a indígena? Difícil, contudo, seria delimitar até que ponto a influência geográfica e cultural, expressas pela difusão de traços de cultura indígena, européia e talvez africana, penetrou na cerâmica atual cearense. O que é importante, antes de tudo, é conhecer e explicar as condições sociais e econômicas da louceira de barro, do meio, a sensibilidade artística da criação e mesmo a técnica empregada, do que o conhecimento das outras cerâmicas de outras partes do universo.

Fabricação

Numa região onde a água é parca e muitas vezes de difícil obtenção, a necessidade de armazenamento é muito maior do que em qualquer outra parte do Brasil, razão pela qual os vasos (potes, jarros, porrões, quartinhas) são largamente usados desde quando aí o homem branco procurou se fixar, aliás já encontrando entre os autóctones o uso da cerâmica, não para guardar água, mas para outras finalidades, como a igaçaba – urna funerária dos indígenas etc.

Razão tem o etnólogo Florival Seraine[7] ao afirmar: "se os artefatos oleiros de Moita Redonda são ainda fabricados com material idêntico ao que usariam os nossos aborígenes, e segundo técnica deles recebida e conservada em seus traços fundamentais, diferenciam-se. Contudo, da louça indígena, quanto a certos tipos e padrões usualmente fabricados, pois essas quartinhas, moringas, determinados potes, mealheiros etc. não constam do patrimônio cultural aborígene, só podendo ter sido copiados de modelos chegados da tradição ibérica; ou inventados já posteriormente no meio brasileiro, como talvez, cuscuzeiras, vasos para coar café, certos comedouros de aves e outros".

Historicamente só se poderá afirmar que a atual cerâmica cearense surgiu com a presença do homem povoador, no entanto o que não padece de dúvida é afirmar que o meio ambiente determinou a direção do trabalho oleiro no sentido de fabricar aqueles vasos requeridos na região – grandes recipientes para depositar água.

É muito comum ao viajor, pelo interior do Ceará, deparar com enormes potes na frente das casas sob a biqueira, tendo uma taquaruçu à guisa de calha para recolher a água da chuva, quando parcimoniosamente cai. E como dizem os cearenses: "a gente só deixa a casa e mete o pé na estrada quando o pote está seco e nem limo tem".

Uma determinante geográfica impedirá ainda por muito tempo a substituição desta vasilha ideal para guardar a água, como seja o pote de barro, porque, além de dar água mais fresca, não há o perigo da ferrugem das latas de gás (querosene), usadas no transporte do que para o armazenamento. Quem sabe será esta uma das mais fortes razões para a permanência do artesanato da "louça de barro", porque mesmo a açudagem não dá água encanada ao povo, e por muito tempo será no pote que o rurícola cearense guardará a água potável, adquirido ainda como ele é por preço não mui elevado para suas bolsas.

Se no transporte da água usam a cabaça (para levá-la ao roçado) ou a "borracha"[8] (na garupa do vaqueiro), em casa a água é guardada no pote.

Poder-se-ia pensar que nas poucas cidades grandes do Ceará, onde há água encanada para suprimento público, mesmo na capital, deixassem de lado o

---

7 Florival Seraine, Cândida Maria S. Galeno e Francisco Alves de Andrade, "A cerâmica utilitária de Cascavel (Ceará)", *Boletim de Antropologia*, ano I, n.º 1, Instituto de Antropologia da Universidade do Ceará, Fortaleza.

8 A *borracha* é um recipiente feito de couro para carregar água, cuja capacidade varia entre dois e cinco litros. O vaqueiro usa a borracha na garupa de seu animal. Hoje os motoristas de caminhão estão empregando largamente a "borracha" para transportar a "água de beber na viagem". Graças aos caminhões "pau-de-arara" difundiu-se no sul do país entre os cinesíforos o emprego da útil borracha "da civilização do couro", à qual adaptaram uma torneirinha de metal.

pote. Tal não se dá. Nas mais ricas mansões, nas casas onde há refrigeradores e caixa d'água, ainda há potes de barro. E não há casa de pobre sem pote.

Sendo tão grande a solicitação, é permanente o seu fabrico. A cerâmica utilitária no Ceará terá dois focos importantes de produção, os quais não obnubilam os pequenos centros louceiros e a "fabricação para nosso uso", encontrados em vários povoados e cidades distantes de Cascavel e Ipu, porque os que ficam nas proximidades destes dois importantes centros aí se abastecem. Usamos a expressão ouvida "fabricação para nosso uso" e não escrevemos *produção doméstica* porque em todo o Ceará o artesanato da louça de barro é puramente doméstico.

Fortaleza, embora consuma a quase totalidade da produção de Cascavel e mesmo de Xoró, tem nos seus arredores expressivos centros louceiros, como os que se localizam nos bairros do Alto da Balança, Dias Macedo, cujos fabricantes preferem não vendê-los para o Mercado Municipal São Sebastião e sim vender a produção pelas ruas da capital, daí ver-se, quando se vai para Messejana, vendedores de louça de barro, arcados sob o peso dos potes e vasilhas pendurados num varão de inharé, dando passos troteados com aquele "galeio de corpo", assemelhando-os a chineses a transportar pesadas cargas numa vara, o "galão".

A importância da louça de barro na vida cearense se pode também aquilatar notando-se que o Mercado Municipal São Sebastião, na capital, é um dos mais notáveis centros distribuidores da cerâmica utilitária, tal qual a feira de Água de Meninos, em Salvador, na Bahia, ou o Alecrim, em Natal, Rio Grande do Norte, ou Caruaru, em Pernambuco.

Em vários mercados municipais ou feiras das cidades interioranas do Ceará são encontradas louça de barro a venda. Como já apontamos, as mais próximas de Cascavel e Ipu aí se abastecem. Outras, porém, vendem as fabricadas por louceiras locais. Em Pacatuba, além de reconhecermos algumas peças da louçaria de Cascavel, depois confirmada pelo vendedor, tomamos conhecimento da louça de três produtoras locais.

Tira-se o barro, de graça, ao pé do morro, perto do rio. Difícil é a obtenção da lenha que vem de uma légua de distância e está muito cara. Na época da chuva não se pode trabalhar porque só se pode "queimar a louça" quando há sol. Com uma lata de gás (gasolina) cheia de barro, fazem-se quinze panelas pequenas ou dois potes grandes. A produção semanal é queimada aos sábados, em fornos pequenos, cabendo de uma vez dois potes grandes e cerca de doze a quinze panelas, cobertos com folhas-de-flandres para a operação final do artesanato doméstico – a queima da louça.

Uma das louceiras de Pacatuba há algum tempo fazia pratinhos de barro, galinhas, peças da cerâmica lúdica, comprada pelos meninos, e presentemente faz potes, jarras grandes para água, panelas de duas "orelhas", ou melhor, alças. O trabalho na cerâmica louceira de Baturité, quase periódico, incrementando-se por ocasião do estio, é mesmo o "trabalho que as mulheres têm no verão", porque no inverno estão no trabalho agrícola, nas plantações de "legumes", não se ocupando no artesanato doméstico. As louceiras fazem panelas, potes, quartinhas, jarras, cuscuzeiros, tachos de torrar café, alguidares, pratinhos, chaleiras, "capitão-de-pé-de-cama", isto é, urinol, queimam a louça, uma vez por semana. A produção é toda "riscada", isto é, pintada, usando-se o caulim branco e o roxo terra que dá o encarnado. Pintam o alguidar, a quartinha, a chaleira, o urinol, o jarro com barro branco, o caulim, "riscando" flores e folhas e no "beiço das peças, um *matame*, uns desenhos".

Juazeiro do Norte é outro centro de pequena produção de louça. Encontra-se aí, com uma certa desenvoltura, a cerâmica lúdica, periódica, produzindo peças pequenas para criança brincar e muito mais como *souvenir* que os romeiros levam – uma lembrança da peregrinação ao feudo espiritual do "Padim Ciço", Padre Cícero Romão Batista. Outra peça largamente encontrada é o cachimbo de barro para concorrer ao fabricado em Jequié, Bahia, vendido no mercado municipal.

Entre os pequenos centros, há um médio, que é aquele que se localiza nos arredores da capital dos ripícolas do rio Cocó do bairro Dias Macedo, onde, em casas paupérrimas e toscas, vivem louceiras que ajudam com seu pequeno ganho nas despesas do lar, que o marido, trabalhador braçal, sozinho, não suporta porque os filhos sobem a mais de uma dezena, quando a metade já não morreu na primeira infância.

Rita Gomes, de 27 anos, casada e mãe de cinco filhos, branca de cabelos aloirados, é louceira desde 9 anos de idade, quando aprendeu a trabalhar com sua progenitora, que ainda continua a fazer louça, noutro bairro pouco além. Só faz os modelos que aprendeu com a mãe: pote, panela, alguidar, prato, cuscuzeiro, fogareiro, jarro, "capitão". Afirmou não fazer quartinha e filtro porque não aprendeu. Repete portanto as técnicas, não "inventou", não criou nada de seu. Digno de nota se passa com esta louceira pelo fato de ela trabalhar "ajustada" a um louceiro. Aliás, o louceiro, um negro de 20 anos de idade – Chico –, nunca fez uma peça de barro, ele apenas entra com o capital, contrata a louceira, traz o barro da mina para esta e outras louceiras. É um pequeno "capitalista" da louça de barro. Embora "capitalista", traz na cabeça para suas "ajustada" grandes bolotas de barro com as quais podem fazer dois potes grandes. Ele supre as artesãs com a matéria-prima retirada da barreira marginal do Cocó.

A artesã recebe o barro, amassa-o misturando areia do rio, pisoteando a matéria-prima, deixando-a a um canto em sua sala da frente. Depois de dormir o barro, dá início ao trabalho propriamente dito. Esta louceira adota a técnica mais generalizada, que é a do *levantamento*, partindo da base da vasilha donde vem "afinando o barro", técnica que não se confunde com a de cordel, que é a de ir colocando os rolos ou biscoitos de barro, afiando-os a seguir, cada cordel por sua vez.

O trabalho de Rita Gomes tipifica a técnica do levantamento simples, isto é, aquele em que não é empregado o torno, mesmo o rudimentaríssimo (*rodeira*) usado em Cascavel. Apanha um tanto de barro para fazer um pote, colocando-o sobre uma tábua. Começa amassando, sentindo a plasticidade de matéria. Estira o barro sobre a tábua e a seguir dobra-o, levantando a primeira parte do pote, vai modelando com habilidade que os vários anos de prática lhe deram e levanta-o até a altura de receber o pescoço, isto é, a boca do pote. Esta só é colocada no dia posterior, após o vaso ter sido "sabugado", e principalmente porque o barro, estando mais enxuto, terá consistência suficiente para suportar o peso da boca (ou pescoço).

Feita a primeira parte do vaso, é guardado dentro da própria casa, para enxugar à sombra. Cuidam de não deixar exposto ao sereno para não rachar quando queimar. No dia imediato, processa-se o "sabugamento". Com um sabugo de milho a artesã vai dando os retoques finais no vaso, alisando, tirando alguma imperfeição que nota ter ficado, dando-lhe o retoque embelezador da peça. Após o "sabugar" coloca o pescoço, que é feito na hora, não em peça distinta para ser colocada. Uma vez pronto, é colocado ao sol para enxugar, passando o dia todo exposto. E louça de barro não se faz em dia de chuva, afirmam todas as louceiras entrevistadas.

Rita faz dez potes por dia, isto é, prepara dez na segunda-feira, na terça "trata" raspando, alisando, colocando boca. Na quarta outros dez, na quinta-feira trata, na sexta outros dez, e no sábado "trata". Enforna aos sábados à tarde. Vai o louceiro esquentando o forno aos poucos, quando fica a "quentura" por igual, enche-se de lenha para "caldear", para queimar a louça. Noutro dia desenforna.

A produção semanal é de trinta potes, ganhando do louceiro "ajustador" mais ou menos novecentos cruzeiros, porque há semanas em que só pode entregar vinte e quatro, noutras trinta.

No contrato verbal com o louceiro ela se incumbiu de fazer todo o trabalho. Quando tirado do forno, estando a louça com algum defeito, pequenas bolhas às quais dão o nome de "papouco", coloca cimento para tamponar e, quando rachado, passa breu, depois pinta para cobrir o remendo... e o comprador não perceber. Uma vez pronta a louça é entregue ao louceiro. Os azares, os riscos são deste, caso venha a perder a fornada. Um ou outro vaso ela remenda ou cobre o papouco, como está na combinação. Descansa aos domingos, dias santos feriados e Semana Santa toda. Também não trabalha quando está de resguardo e nos "seus dias", isto é, quando menstruada.

Como apontamos, na técnica empregada, a do levantamento, a louceira usa os seguintes instrumentos: *palheta*, que nada mais é do que um pedaço de cabaça; *ferro* com ponta torcida, um pedaço de arco de barril com a ponta formando um ângulo; com esta faca improvisada desbasta as imperfeições no momento de modelar ou quando do sabugamento, o *sabugo* de milho para raspar e alisar e um pedaço de pano grosso, trapo de rede velha para facilitar o trabalho de dobrar o "beiço da boca do pote". Uma panela com água onde fica mergulhado o pano.

Na entrevista dada por Rita Gomes há laivos do direito consuetudinário protegendo seu trabalho, resguardando-a: "quando eu acabo de fazer os potes entrego-os e coloco-os no lugar combinado; com o que acontecer para a louça dali por diante, eu não tenho nada a ver, por direito ela não me pertence mais, já está entregue ao louceiro que empreita o meu trabalho e vai queimar. Defeito, papouco na louça por causa do meu trabalho, por isso sou responsável".

O "louceiro-capitalista" compra a lenha para queimar a fornada, pouco mais de um metro quadrado de lenha, pagando cinqüenta cruzeiros por vez para usar o forno que pertence a uma senhora que o aluga aos demais louceiros do bairro. A capacidade do forno é de 24 potes grandes, e nos interstícios colocam louça pequena, aproveitando o espaço.

Há os que compram a louça na "boca do forno" pagando pouco menos por peça, tendo porém que transportá-la. Há os vendedores ambulantes que saem com os potes amarrados num "galão", uma vara de inharé, na qual amarram seis potes de cada vez, três na frente e três atrás. A vara vai vergada no ombro do ambulante.

Das crendices observadas por Rita Gomes poucas pudemos recolhar: mau-olhado, inveja, fazem o pote rachar. Não pode cair sal ou farinha perto de quem está fazendo vaso para que não papoque tudo; a Lua racha a louça: lua nova ou quarto crescente não servem para queimar louça.

Além desses centros médios de produção de louça de barro, temos Cascavel, o mais importante, situado na Moita Redonda, um local onde a água é parca e inexiste o barro nas proximidades, vindo para as muitas artesanias de regular distância. Como teria aparecido tão numeroso grupo voltado para esse artesanato num lugar que, não tendo a matéria-prima em maior facilidade, é o mais importante centro louceiro do estado do Ceará? Por que se condensou em um bairro rural considerável número de louceiras que há várias gerações ali produzem a louça mais importante, mais fina, mais bem apresentável feita no Ceará, rivalizando-se com as melhores de outros estados nordestinos ou do centro-norte? Por que, em um mesmo município cearense, dois bairros rurais disputam a preferência pelos seus produtos como Moita Redonda e Xoró?

Em Moita Redonda, distante de Cascavel cerca de dois quilômetros, os moradores masculinos desse núcleo se dedicam à lavoura da mandioca, da cana-de-açúcar, do milho e do feijão. A mulher é geralmente poupada neste lavor. Que fariam então? O trabalho da cerâmica foi uma forma de preenchimento das horas de ócio. Uma distração rendosa. Ninguém foi capaz de indicar desde quando estão voltadas para a cerâmica. As inquiridas respondiam: minha avó já fazia, aprendemos com ela e ela por sua vez tinha também aprendido com a mãe ou a avó. Nenhuma das louceiras entrevistadas foi capaz de indicar, todas porém unanimemente afirmavam que o barro com o qual trabalham "é o melhor do mundo". Embora a matéria-prima utilizada tenha sua mina (olaria) em local distante, na verdade ali está o melhor barro para ser aplicado em tal mister, barro bom e batuta, barro negro e pegajoso, abundante nas margens do riacho Mal Cozinhado, melhor do que o encontrado nas margens do rio Xoró. Pouco além há o tauá branco para os desenhos e o tauá amarelo para pintura externa, que, após a queima, empresta aquela cor vermelha inconfundível, distinguidora da cerâmica de Cascavel, ou melhor, de Moita Redonda.

Embora distante a "olaria", tendo de ser o barro conduzido em cargas nos lombos de jumentos, na Moita Redonda há ainda lenha para a queima da louça. Enquanto os maridos trabalham no roçado, as mulheres à sombra de suas cozinhas trabalham na louça de barro.

Realiza-se em Cascavel hebdomadariamente aos sábados a mais importante feira da região, vindo de longas distâncias em caminhões gente para negociar, comprar e vender. E nem se calcula os que vêm dos lugares mais próximos nos jumentos portadores de caçuás carregados de mercadorias que a terra produziu dadivosamente. A feira facilitou às ceramistas a distribuição regular do produto diretamente aos consumidores. E a própria cerâmica bem trabalhada conquistou o mercado. Primeiro o local, e a sua expansão colocou-se definitivamente no da capital, tendo ali larga colocação para que o homem *rurbano* que não se desprendeu dos hábitos rurais, que não dispensa o uso do pote, da louça de barro, ali venha abastecer-se.

"O que se faz, vende-se", afirmam as louceiras de Cascavel. Além da certeza de venderem o produto, embora por um preço ínfimo, procuram esmerar-se na produção, emuladas pela competição.

Aquelas que adotam o torno rudimentar que é a *rodeira* dão mais simetria às peças. É certamente por essa razão que as louceiras de Xoró que trabalham o barro sobre a tábua fixa não alcançam melhor expressão para sua obra do que as artesãs de Moita Redonda que, além de adotarem a rodeira, transformaram-na em torno rudimentar rodando sobre outra pedra, tendo entre elas areia para facilitar o giro que é imprimido pelos pés alternadamente, enquanto as mãos trabalham, desenvoltas, o barro. É então cerâmica de torno, deixa de ser a de simples levantamento.

Neste torno rudimentaríssimo, sem eixo, peça que foi substituída pelo fundo mais alto da rodeira, porém com a mesma função dele, enquanto o vaso "cresce" nas mãos da louceira o pé imprime o movimento giratório. E é justamente esse movimento que redunda na simetria mais bem alcançada na louça de barro de Moita Redonda. A rodeira permite uma técnica diferente no levantamento, e a própria louceira, por causa da posição que terá que manter para rodar com o pé, passa a ver a peça em execução mais de cima do que as outras, que a vêem mais de lado. A louceira terá então outro ângulo de visão de suas peças.

Moita Redonda mantém hegemonia sobre Xoró graças à adoção de tão simples torno, embora o produto desta (Xoró), depois de queimado, se torne completamente vermelho, e o da outra (Moita Redonda) precise levar uma ou duas pinturas de tauá amarelo para obter aquela cor encarnada que lhe proporcionou a preferência dos consumidores; caso não o façam, é esbranquiçado, ou melhor, fica amarelo desbotado.

As próprias louceiras preparam a rodeira, peça que embora se pareça com um prato fundo no lado das costas, na frente é cheia. Ela é a responsável pela melhor apresentação da louça de barro de Cascavel. A rodeira, repetimos, colocada sobre uma pedra, recebe o impulso giratório dado pelos pés da louceira, ora dum, ora doutro, num sentido e noutro, movimento desembaraçado porque ela está sentada. O grande artelho e o imediato é que imprimem o giro na borda da rodeira.

Os pés, que para nós têm apenas a função no andar, para as louceiras negras de Moita Redonda são quais outras duas mãos a funcionar. O observador participante é levado a pensar, sem querer, em quadrúmanos, tal é a habilidade e desembaraço com que essas louceiras trabalham com os pés, na casa de Maria de Lourdes Silva, negra, mestra-louceira de suas três filhas: Maria, Raimunda e Teresa.

Essas louceiras adquirem as cargas de barro que vêm em caçuás, ao todo quatro latas de querosene cheias de barro, matéria-prima que dá para fazer cinqüenta quartinhas. Uma carga grande, com o caçuá bem cheio, equivalendo pouco mais de seis latas de querosene, dá para fazer setenta quartinhas.

O barro recebido é tratado, isto é, junta-se-lhe um pouco de areia, um *quantum* que só a prática ensinou e é através do tato que as louceiras testam e verificam o ponto exato para ser usado, manipulado. Logo que chega o barro na casa da louceira dona Lourdes, é repartido entre as três filhas, não ficando nada para ela, pois agora dedica-se somente a enfeitar, dar retoques, enfim, trabalhos mais simples. Todas as três filhas fazem a peça, desde a mistura até à peça acabada, pronta para o forno. Maria é a que faz os trabalhos melhores, Teresa pinta melhor, suas decorações são mais artísticas, ela cria novos motivos. Afirmou que gosta de "riscar", desenhar, decorando com gosto e sensibilidade.

Teresa tomou uma porção de barro, amassou-o nas mãos por alguns minutos, misturando, puxando, enrolando, batendo, e depois colocou sobre a rodeira. Com a mão fechada bateu no centro daquela bolota informe, dando início à feitura do utensílio. Modelando a peça, vai esta crescendo em suas mãos moças, enquanto os pés ágeis giram a rodeira. As mãos hábeis e criadoras foram dando forma à massa plástica, surgiu o corpo de uma quartinha. Esta peça, por exemplo, é feita até uma certa altura, sendo a seguir posta a enxugar para depois receber o pescoço. O barro precisa estar mais consistente para que não ceda com o peso do pescoço, que se porá quando aquele estiver enxuto, geralmente no dia imediato, caso a primeira parte tenha sido feita pela manhã.

Uma vez modelada a peça naquele barro negro, depois de algum tempo é pintada com tauá vermelho. Volta novamente para dentro da casa, onde deverá permanecer no mínimo mais uma noite. Ali permanecerão aguardando o dia da queima.

Na confecção das vasilhas usam também um caco de purunga para alisar a peça – a palheta, antes de deitá-la para enxugar à sombra. Já no dia imediato, quando enxuta, alisam-na com sabugo de milho.

A mestra-louceira, ao fazer uns enfeites num filtro, prepara pequenos e finíssimos cordões de barro e os vai colando sobre a peça. Em alguns pontos ajudava a colar melhor com cuspo. Aquele enfeite disse ser um matame de que muita gente gosta. Depois desse retoque de mestre, da chefa daquele artesanato, pintou a peça com tauá vermelho. Uma vez enxuto, riscou com tauá branco. Para desenhar colocou algodão na ponta de uma varinha e "riscou". Ora risca folhas, flores ou apenas linhas e pontilhados.

Para que as peças fiquem brilhantes, o que fazem mais particularmente com os pequenos pratos, bebedor para passarinho, usam, depois de ter passado o tauá e estando este já quase enxuto, esfregar um caroço de mucunã, alisando. Depois desta operação, indo a peça ao fogo, fica brilhante.

Trabalham de manhã à noite e há dias que até às vinte horas, sob a luz de "candinheiro". No dia que ali estivemos, às dezoito horas, Maria tinha feito vinte jarros médios, Teresa quinze quartinhas, e Raimunda outras quinze. Pote grande uma artesã faz dois ou três por dia.

O produto vai sendo acumulado dentro da casa, sendo queimado uma vez por mês. Um dia para queimar a produção de cada pessoa; levam, portanto, três dias a trabalhar no forno, operação feita por um moço que determina a queima da mais velha na terça, da do meio na quarta e da mais moça na quinta-feira. Cada fornada comporta de uma só vez cento e vinte a cento e trinta quartinhas. E para queimar gastam cem cruzeiros de lenha, carga vinda em jumento até à boca do forno.

Uma vez pronta a louça, vendem-na "na porta" para uma compradora certa, à razão de dez cruzeiros cada quartinha. Entregam o produto na porta, onde a compradora a "emala" em caçuás para remeter para Fortaleza.

Fazem as seguintes peças: quartinha, jarra, pote, gamela, prato, filtro, bacia, jarro, mealheiro, capitão-de-pé-de-cama, bebedor para galinha, alguidar, cuscuzeiro, bule e "balaia", que é para menina brincar. Portanto, além da cerâmica utilitária, fazem também a lúdica. Nas proximidades das festas de fim de ano, quando encomendam, fazem algumas figurinhas, alguns bichinhos: jegues, boizinhos etc.

Comércio louceiro

O produto do artesanato da louça de barro do bairro da Moita Redonda de Cascavel, bem como o de Xoró, é quase todo comprado por Antônia Muniz, moradora em Fortaleza à rua Barão de Aracati, verdadeiro entreposto louceiro. De quinze a vinte dias ela vem da capital para uma casa tosca que tem em Moita Redonda, onde passa oito ou mais dias, tempo para comprar a produção, emalar e despachar. Ela impõe o preço. Uma das pessoas, referindo-se a Antônia, disse: "aquilo que é mulé negocista, é uma judia verdadeira, preço que diz, não sobe um vintém, ela dá dez cruzeiros por uma quartinha, pode implorá que não paga onze e nem mesmo dez e quinhentos..."

Não deixa de ser verdade o fato de a compradora impor o preço, ela domina o comércio louceiro. Peças aqui compradas por dez cruzeiros são vendidas em Fortaleza a vinte ou trinta. Adquire pote por cem e os vende a duzentos. No entanto, ela sofre os riscos e os azares do transporte, razão pela qual assiste ao emalamento da cerâmica adquirida e a chegada, em sua casa ou no Mercado de São Sebastião.

O emalamento é feito usando grandes caçuás, onde a cerâmica é colocada, protegida por palha de bananeira ou capim seco. As peças vão sendo postas até atingir a altura de um homem. Cada volume destes é transportado para Fortaleza em caminhão à razão de noventa cruzeiros. Cada carga leva mais ou menos vinte cruzeiros de capim seco ou folha de bananeira e o caminhão transporta vinte a trinta "malas" de cada vez, não se responsabilizando pelas quebras, daí o cuidado que se tem nesta operação.

O emalamento nos caçuás é feito por Raimundo Meneses, negro, que recebe cem cruzeiros por dia para realizar a tarefa cuidadosa de colocar as peças grandes no fundo e as menores em cima, amarrando tudo com cordinha de sisal. É o mesmo que noutros dias se encarrega de queimar a louça. Quem tem forno usa o seu, mas aqueles que não têm, alugam para queimar a sua cerâmica e contratam com o forneiro.

Antônia Muniz, que há vários anos domina a distribuição do que Cascavel produz, disse que a cerâmica é um comércio que dá lucro porque a louça quebra muito. Não é verdade que "tanto vai o pote à fonte que um dia se quebra"? É um ditado mais velho do que minha avó, concluiu.

Cachimbo

De barro também é o cachimbo que foi parar na boca do branco povoador, imitando o índio com quem aprendeu o hábito de fumar.

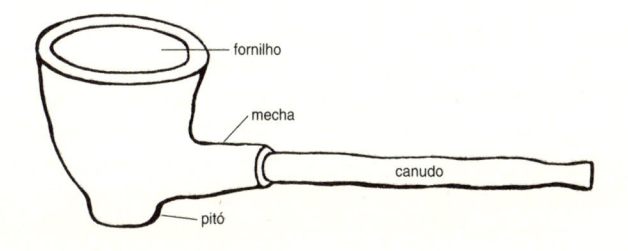

Afirmam que o uso de cachimbo de barro não faz mal, razão possível da existência desse implemento indispensável para os que gostam de pitar. E pito é sinônimo de cachimbo, mais particularmente para cachimbo de barro. Há louceiras que fazem cachimbos de encomenda, outras vezes, os próprios interessados fazem o seu e o queimam.

O homem simples do meio rural, e inclua-se a mulher também, prefere o cachimbo de barro, daí ser fabricado de Norte a Sul, de Leste a Oeste do Brasil esse objeto pequeno que se compõe de duas partes distintas: o fornilho e o conduto da fumaça ou "mecha".

É comum sob o fornilho haver um "pé", apoio que não permite que o cachimbo entorne derramando o fumo, quando o fumante o coloca sobre a mesa ou noutro lugar qualquer, no momento em que não está pitando. No Ceará, esse ponto de apoio é chamado "pitó".

No fornilho é que se processa a queima do fumo e na mecha encaixa-se o canudo do pito. Geralmente no fornilho, na sua face externa, aparecem desenhos ou formas antropomórficas, zoomórficas, as mais variadas. Há enfeites em alto e baixo relevo, enfim, desde o período pré-colombiano tais ornatos, coloridos ou não, desenhos e formas abstratas, aparecem, segundo os encontros casuais ou escavações em cemitérios de índios, nos sambaquis.

Em Juazeiro do Norte a produção de cachimbos de barro é vendida no mercado e nas feiras, variando os preços desde cinco a trinta cruzeiros por unidade.

CERÂMICA POPULAR PAULISTA

O homem tem se servido do barro na construção, na indústria e nas artes desde a mais remota antiguidade.

A cerâmica esteve presente em todos os momentos da vida do homem, quer nos seus utensílios, quer para servir de expressão do espírito humano nas artes, na escultura, na confecção de deuses antropomórficos, nos baalins e astartéias, nos monstrengos comerciados pelos fenícios.

Quer na fabricação, quer na utilização, a cerâmica é profundamente popular; por meio de uma investigação do material empregado, dos desenhos e ornamentos, pode-se determinar a sua procedência e época. Na atualidade, no estado de São Paulo, fácil será distinguir-se um vaso feito por ceramista do vale do Paraíba, de São Luís do Paraitinga, de um feito por ceramista do vale do Ribeira de Iguape. São diferentes na forma, no material empregado e nas decorações. Difícil, porém, seria delimitar até que ponto a influência geográfica e a cultural, expressas pela difusão de traços da cultura indígena, européia e talvez a africana, penetraram em nossa cerâmica popular rústica. A européia certamente é a ibérica. A africana, pouquíssimo nos disse sobre ela Artur Ramos. A indígena, da região paulista e paranaense, foi estudada por Herbert Baldus, eminente etnólogo, e a amazônica já chamou a atenção de notáveis cientistas a partir de Hartt, Ladislau Neto, Heloísa Alberto Torres, Koch-Grünberg, Curt Nimuendaju e Nordenskjold. No terreno da paleoetnologia, este último sábio descortina um novo horizonte, que reclama pesquisadores. Carlos Borges Schmidt realizou um estudo sobre a cerâmica no estado de São Paulo, pesquisa rigorosamente documentada da cerâmica utilitária.

Dividiríamos, para facilitar nosso estudo, a cerâmica popular paulista em duas categorias: a *permanente* ou *utilitária* e a *periódica* ou *religiosa*.

A cerâmica popular utilitária ou permanente é aquela em que estão algumas pessoas, uma família, dedicando-se regularmente a ela, tirando ou quase tirando o seu sustento do comércio de seu artesanato doméstico.

Antigamente, antes da entrada da lata de gasolina ou querosene, grande número de utensílios domésticos eram de barro, madeira, purunga, cabaça de sembô ou catuto. Na cozinha de nosso caipira podemos constatar de sobejo a utilização de vasilhame de barro. Muitos lugares do estado bandeirante tornaram-se célebres através de seus "paneleiros". A cidade de Queluz teve no passado grande fama e chegaram mesmo a apelidar seus filhos de "paneleiros", quando nos dias do Império viviam em pendência com os "minhoqueiros", habitantes de Areias – "Subúrbio da Corte".

No litoral paulista, célebre pela cerâmica é Iguape, e os romeiros que vão cumprir promessas ao Bom Jesus de Iguape não deixam de trazer na matalotagem um bom número de panelas de barro do Peropava ou do Jairê. Assim procedem os devotos há mais de 200 anos. Acreditamos que os únicos romeiros que se não abastecem desses utensílios são os moradores de Paranaguá, pois é bem conhecida a cerâmica dessa cidade portuária, cujo mercado bem merece um estudo sociológico, não só pela tradição do seu "cafezinho" como também pelas barquinhas de promessa, que estão muito ligadas ao folclore religioso.

No vale do Paraíba, parece-nos que a única cerâmica popular caipira sobrevivente é a de São Luís do Paraitinga, no bairro da Água Santa, pouco além do bairro dos Alvarenga, nas divisas de Cunha e São Luís.

A cerâmica utilitária popular lutou com fortes competidores: as panelas de ferro, as latas de querosene, mais tarde os utensílios de alumínio e a própria cerâmica industrializada e estandardizada. Quando parecia extinta, eis que toma novos influxos de vida e a cerâmica popular utilitária parece reanimar-se, graças às suas competidoras. Uma panela de ferro ou alumínio, o caipira já não pensa mais em comprá-la; uma lata de gasolina, muito menos, e na sua expressão pitoresca justifica satisfatoriamente: "custa o zóio da cara".

A lata enferruja-se facilmente, larga gosto de ferrugem, fura logo e atualmente há grande dificuldade de ser encontrada à venda; daí voltarem novamente a utilizar-se do vasilhame de barro que, com certo cuidado, é de longa duração, não larga mau gosto e conserva a água fresca. Pelo preço pode competir com a cerâmica industrializada, porque os maiores utensílios da cerâmica caipira são relativamente baratos, e os pequenos, feitos propositadamente para as crianças brincarem, custam uma ninharia.

A cerâmica popular religiosa ou periódica é aquela que aparece somente por ocasião das festas de Natal: um grande número de indivíduos, homens e mulheres, dedicam-se a ela durante vinte dias no máximo. É mais um *hobby* o trabalho desses artistas populares. A partir de 1º. de dezembro, e nunca além do sábado que antecede o dia de Natal, essas pessoas dedicam-se a esse afã artístico-religioso. Embora comerciando com suas "figuras"[9], não tiram seu sustento, é óbvio, desse comércio. Essas pessoas não são santeiros profissionais, pois estes, como sói acontecer, recebem muitas encomendas de figuras para os presépios. Os santeiros profissionais preparam para as festas de Natividade e Reis grande número de "figuras" em barro cru.

Em maio de 1947, tivemos oportunidade de ver em atividade o mais afamado santeiro do vale do Paraíba do Sul, Pedro Pereira Rio Branco, Mestre Pedro, como era mais conhecido. Pouco antes de falecer, estava preparando "figuras" para o Natal de 1947. Os santos que fazia, alguns de gesso, eram feitos em fôrma de sua manufatura. Não há casa de são-luisense que não tenha oratório e não há oratório, que não tenha algumas imagens feitas por Mestre Pedro.

Hoje os pouquíssimos santeiros que restam, apenas dois ou três, têm que competir com a industrialização de "figuras", havendo em Guaratinguetá uma fábrica de imagens, situada na rua Verde, e acresce que os padres recomendam aos fiéis que as "troquem" nas casas especializadas de Aparecida do Norte. Pelas roças ainda há alguns santeiros artistas, como Amaro de Oliveira Monteiro do bairro da Cachoeirinha, cantoneiro da estrada de rodagem São Luís–Ubatuba.

A cerâmica religiosa ou periódica aparece somente por ocasião das festas do fim de ano. Antigamente, rara era a casa que por ocasião de Natividade e Reis não tivesse um presépio armado, em cumprimento de promessa. "Quem armar presépio um ano, terá que armá-lo sete anos seguidos; se interromper,

---

9 Figuras – O piraquara, morador do vale do Paraíba do Sul, não chama de santos e sim de figuras os personagens que aparecem no presépio, excetuando-se o Deus-Menino, que denominam de "santinho" e generalizam, chamando também de figuras os animais.

acontece algo de funesto para a família. O marido arma sete anos e depois a mulher nos outros sete vindouros."

Com o presépio há as alegrias festivas que trazem os foliões de reis e as pastorinhas. Há respeito e grande religiosidade quando cantam ao chegar à noite, silenciosos, nas casas, onde todos seus moradores já dormem. As pastorinhas cantam na frente da lapinha, onde está o Deus-Menino deitado, no centro do presépio.

A cena bucólica da manjedoura de Belém da Judéia é representada no presépio, e para tal fazem as *figuras* todas de barro cru.

Aos personagens e animais que o caipira faz e com eles arma o presépio dão o nome de "figuras". Enumeremo-las: o Deus-Menino (que é o santinho), deitado num cocho. (*Ali permanece deitadinho até dia 6 de janeiro, dia da Adoração dos Reis Magos, quando retiram o cocho e colocam a imagem do Deus-Menino em pé, tendo na mão direita uma esfera, que simboliza o mundo.*); José e Maria em atitude de adoração, três Reis Magos a cavalo, um caçador com sua espingarda e um cão ao seu pé; três pastores, uma camponesa ou pastorinha, Anjo da Guarda, Anjo Glória e os seguintes animais: um jumento, uma vaca, um gambá, um carneirinho, um galo, uma mula e um cabrito. Os dois últimos animais enumerados são amaldiçoados, segundo a lenda, ao passo que os demais são abençoados.

O carneirinho é de barro, perninhas de taquara ou madeira. O barro, depois de seco, é untado com cola ou goma. Desmancham flocos de algodão, pregando-os sobre o corpo; depois, cruzam duas fitinhas vermelhas sobre as costas do ovino, porque este é o símbolo de São João Batista. "O carneiro é da criação de São João, por isso ele tem as fitinhas vermelhas cruzadas nas costas."

As figuras do presépio são todas feitas de barro cru, pintadas e vendidas no mercado de São Luís do Paraitinga, Taubaté, Cunha, Lagoinha, Paraibuna etc.

A cerâmica permanente é mais complexa e exige maiores cuidados; o que lhe dá um característico distintivo da periódica é que nela todos os elementos manufaturados passam pelo fogo e, nesta, as figuras caracterizam-se pelo fato de serem de barro cru, apenas enxutas à sombra para não racharem facilmente, pintadas a óleo ou a tinta de pedreiro compradas nos armazéns. Mesmo o santeiro profissional não faz "figuras" de barro cozido, se bem que durante o ano possa fazer santos de barro e cozidos em forno.

Na cerâmica permanente há divisão de trabalho; o homem somente faz duas coisas: vai à mina buscar barro em jacás e, à noite, faz o fogo para assar os utensílios; à mulher compete todos os demais serviços desse artesanato doméstico: limpar o barro etc., até pintar. Essa divisão de trabalho provém do fato de dizerem que o homem que trabalha e vive da cerâmica é vagabundo, sem coragem para sustentar a família. É o folclore participando dessa divisão de trabalho. Afirmam também que esse preconceito de não trabalhar o homem na cerâmica é oriundo da inveja, porque a cerâmica é rendosa. Na cerâmica periódico-religiosa não há divisão de trabalho, homens e mulheres e até crianças (vimos em Cunha um menino de 12 anos, artista prodigioso na modelagem de santos) se tornam "santeiros" fazendo as figuras para o presépio.

Há algumas crendices com relação à cerâmica. Tentemos uma ligeira classificação do pequeno material recolhido entre os piraquaras:

Relativa a pessoas e sentimentos

"Quando se compra uma vasilha deve ser usada a primeira vez por um homem, pois custará a quebrar-se; vasilha de barro que mulher estrear quebra-se logo."

Relativa ao tempo

"O barro só deve ser tirado da mina e também cozido na lua minguante; fora dessa época vira beiju ou racha e perde-se a fornada."

Relativa aos meios de sucesso

"Santo de barro quebrado atrai espíritos sofredores, e é por isso que os santos quebrados são postos aos pés das cruzes de beira de estrada, ou santos cruzeiros, geralmente chantados pelos padres missionários."

"As sobras de um presépio são lançadas ao rio, e não devem ser pisadas, porque aquilo é santo, e quem pisar atrai má sorte."

Relativas ao uso e à forma

"Vasilha desbeiçada é que nem moça banguela, é sempre rejeitada."
"Flor para enfeitar defunto não se coloca em vasilha de barro."
"Quem vai com muita sede ao pote, cuidado para não se afogar."
"O ingrato escarra na vasilha que comeu."
"Moça que perde a virgindade é que nem pote de barro, uma vez quebrado não há água que pare dentro, porque remendo não gruda em barro usado, e quando gruda é sempre lembrado."

"O uso de pito de barro é que faz a boca torta."
"O rico fuma charuto, o almofadinha usa piteira, o preto-velho, cachimbo de barro, todos tossem igual, porque no peito há muito sarro."

Imaginários

Ao se estudar a geografia religiosa do Ceará, podem-se traçar num mapa as estradas romeiras que conduzem devotos às duas "mecas" do catolicismo romano: Juazeiro do Norte e Canindé.

Juazeiro do Norte é popularmente chamada "Juazeiro de Meu Padim Ciço" e está situada no oásis do Araripe, nos Cariris Novos, ao sul do Ceará, ponto imantador das populações pobres cearenses e dos estados circunvizinhos que visitam através de romarias o túmulo e igreja do Padre Cícero Romão Batista, sacerdote, político, taumaturgo, que a crença de milhares de nordestinos reverencia como santo, prestando comovida e sincera homenagem duas vezes por ano a esse Dom Bosco caboclo – fautor do artesanato juazeirense. Canindé, situada nas bordas do sertão, próximo da capital, hoje servida por boas estradas de rodagem, é o centro para onde convergem vários caminhos romeiros dos devotos de São Francisco de Assis, santuário preferido pelos abastados do Ceará. E isto não exclui a presença dos mais pobres, dos desvalidos da fortuna, que enxameiam tanto Juazeiro como Canindé, onde está a suntuosa basílica tropical da América, estendendo as mãos súplices recorrendo à caridade pública.

Os romeiros mais ricos, para não se misturarem com os mais pobres, geralmente visitam o santuário do Poverello durante o ano, havendo portanto presença constante de peregrinos. Porém o povo procura entre os dias 25 de setembro e 4 de outubro, sendo neste o clímax das celebrações. Peregrinação realizada em pleno verão, sob o calor escaldante, quando a seca assola a região e a dependência do açude da Pedra Branca cada dia é maior.

A cidade que cresceu por causa do templo fica regurgitante. Armam, para dormir, barracas até no Canindé, rio temporário, agora seco, cujo leito serve de cama para os que nem de rede dispõem, apenas a esteira de carnaúba. O etnógrafo cearense Florival Seraine, escrevendo sobre os "Aspectos da festa de São Francisco de Canindé, no Ceará", afirma: "Para os que não desejam os contatos sociais da gente proletaróide, indivíduos ou famílias não raro vindos da capital, sempre há alguma residência particular, de pessoa amiga, parenta, ou a que venham recomendados, onde podem passar a época mais freqüentada da comemoração religiosa."

Avulta então nessa época a comercialização: a feira tem de tudo, desde refeição a jóias, desde barbeiro a roupa feita, desde abanos de trançado de carnaúba a imagens, desde espingardas a rosários... é sem conta o que há num local de romaria nos dias festivos. O movimento que o comércio faz é para valer para o ano todo, porque em santuário o que dá dinheiro é o povo miúdo.

Fora deste período de romaria os moradores das "mecas" religiosas passam se preparando para ele. Dentre os muitos artesãos que passam o ano todo trabalhando para a época das festas dos peregrinos, se encontram os *imaginários*, como popularmente são chamados os fazedores de imagens de santos, extensivo também aos que esculpem ex-votos.

Em Canindé, quem deixou nome e fama e depois seus filhos o sucederam, foi Manuel Soares Dinis, nascido em Jardim do Seridó, no estado do Rio Grande do Norte, trazendo para a "meca" cearense seus filhos ainda pequenos. Era um fino escultor em madeira. Vivia de esculpir imagens e preparar ex-votos. Seus filhos aprenderam com ele a arte. Um dia o mestre foi passear na Paraíba e lá morreu, seus filhos foram os continuadores da obra: José Soares Dinis (hoje com 52 anos de idade), Antônio (37 anos) e Cassiano (33 anos).

José, o mais velho disse: "no começo de nossa vida aqui no Canindé, até fome passamos, mas depois as coisas foram endireitando e hoje dá para se viver, embora os lojistas explorem o nosso trabalho, principalmente no inverno, quando a gente chega até a entregar por um nadica. Leva-se para os lojistas, estes não querem comprar porque sabem que estamos necessitando de dinheiro. Se oferecemos por cinqüenta cruzeiros, esperam porque sabem que temos que entregar por dez. Isso nos desanima, não temos a menor proteção. E nós sabemos que os lojistas vendem para os romeiros por três a seis vezes mais que o preço que nos pagam. O governo não olha para nada disso".

O mais habilidoso dos irmãos é o mais velho, que, além de ter dotes artísticos, esteve mais tempo ao lado do pai, com quem privou por maior número de anos aprendendo, sendo corrigido e incentivado. A ele cabe fazer os modelos – os positivos – esculpindo primeiramente em madeira.

Os outros irmãos também começaram fazendo ex-votos de emburana de espinho, depois passaram a fazer imagens. A de madeira, embora seja mais durável, os romeiros não se interessam por ela, não querem pagar o preço que vale, querem é de gesso, artigo de carregação, coisa mais barata.

Para romeiro, afirmou um lojista, "a imagem não é apenas para fim religioso, é uma lembrança da romaria porque, quando repetem a visita ao santuário, trocam outra (isto é, adquirem outra), e querem levar uma qualquer

Uma louceira do bairro do Alto da Balança. Fortaleza (CE).

A louceira em pouco tempo tem os porrões prontos.

Cerâmica de torno. Carrapicho (SE).

Forno para queimar a louça de barro. Alto da Balança – Fortaleza (CE).

Vendedor de louça de barro pelas ruas de Fortaleza.

que seja mais barata. Ficam pechinchando até que se abaixe o preço, por isso a gente coloca um preço bem alto para poder abaixar, e então levam. A imagem, qualquer que seja, estando bem bonita, bem pintada, essa eles trocam; a da primeira romaria que fazem é infalivelmente de São Francisco das Chagas, depois noutras levam qualquer, depende também do santo estar na moda. Houve um tempo aqui que Nossa Senhora de Fátima não deu para encomenda, agora estou com armário cheio delas e não têm tido saída. Troco algumas porque ofereço por preço baixo demais".

Essas razões explicam a falta de recompensa do artesão que faz imagens de madeira, razão pela qual os artesãos de Canindé já não as fazem e hoje só o modelo positivo é esculpido por José, depois, tudo mais é em gesso. Vendem o produto tanto em Canindé como têm freguesia em Fortaleza.

Para fazer em madeira, serra-a no tamanho que se deseja e depois com a faca vai esculpindo. Raramente usa formão, prefere a faca. Quando acaba de esculpir a madeira, lixa-a. No caso de encomenda, pinta-a, porém, sendo para positivo, somente recebe o lixamento, desta é que se vão tirar as fôrmas para se fazer as de gesso.

Cassiano, o mais jovem dos artesãos, porém o mais afável, disse: "há um grande número de santos comuns e conhecidos, desses todos temos fôrma de madeira, acontece que de quando em vez aparece um santo novo que pega muita influência e começa a ter muita procura, então José faz o positivo em madeira e depois tiramos as centenas em gesso. Assim é que temos feito. Há dez anos passados aqui ninguém falava nem conhecia Nossa Senhora de Fátima, ela ganhou uma influência danada, a imagem foi feita em madeira, depois fizemos os moldes e vendeu-se a não poder mais. Hoje já ficou de lado; a fôrma de borracha, a 'cascata', até já não prestam mais por falta de uso. Há uns santos que não saem da moda, esses é que nos dão o sustento. Outros são de pequena duração. Aparecem, tudo que é criança que nasce toma seu nome, depois se esquecem deles. As meninas que têm nome de Fátima aqui são aquelas que estão agora na escola aprendendo a ler. Santos que não perdem o cartaz aqui são: São José, São Francisco e São Raimundo".

Nesse artesanato de Canindé os irmãos Dinis produzem as seguintes imagens: São Francisco das Chagas, Onofre, Raimundo, Luís, Expedito, Ana, Sebastião, João Batista, Inácio, Gonçalo do Amarante (sem viola na mão), Lourdes, Conceição, Rosário, Auxiliadora, Coração de Maria, Carmo, Luzia, Inês, Rita dos Impossíveis, Bom Pastor, Estevão, Jorge, Teresinha, Socorro, Fátima, João, Pedro, José, Anjo da Guarda, Menino Jesus, Coração de Jesus e o Crucifixo.

Processo

Uma vez esculpida a peça em madeira, dá-se um banho de látex até tomar todo o positivo. Depois da borracha encapada no positivo, tira-se uma sobrecapa de gesso, aqui chamada de "cascata". A cascata, sendo de gesso, evita que se deforme o molde de borracha ao ser enchido com gesso, ao soldar as novas peças. A cascata é dividida em duas partes e a fôrma de borracha é aberta de alto a baixo, nas costas da imagem.

Para fundir coloca-se a forma de borracha dentro da cascata e vai-se colocando o gesso adrede preparado, ajeitando a fôrma com pequenas batidas para evitar bolhas e o gesso tomá-la toda. Uma vez seco o gesso, tira-se a cascata, abre-se o látex, tirando-se a imagem. Lixa-se, retoca-se e a seguir pinta-se. A pintura é feita pelas esposas dos imaginários. As três trabalham.

As únicas auxiliares nesse artesanato são as esposas dos artesãos, que alternam os trabalhos domésticos com o de pintar as imagens. Dona Raimunda, esposa de Cassiano, é entre as três a que melhor pinta, combina com muita delicadeza e gosto as tonalidades. Dona Estelita, esposa de Antônio, tem grande senso de equilíbrio em sua pintura, porém verificamos que geralmente seus santos são estrábicos. Aliás, ela também é vesga, quem sabe projeta na pintura o seu desvio visual.

Os três filhos de Manuel Soares Dinis aprenderam com o falecido pai e já estão transmitindo a arte a seus filhos.

Já está havendo uma certa divisão de trabalho naquele artesanato: as mulheres pintam e os homens esculpem ou fundem as peças, lixando e retocando. Os homens só pintam quando suas esposas não o podem fazer, quando vão ter mais um filho. Um deles já tem dez filhos, "ficando de castigo no pincel dez vezes", concluiu Cassiano.

Cuidam de ensinar apenas os seus, porque a preparação dos moldes em borracha e a invenção da cascata é um segredo que eles guardam zelosamente e temem que, ensinando-o, venham a ter concorrentes.

* * *

Em Juazeiro há também imaginários que trabalham fazendo imagens em gesso. Trabalho porém inferior ao de Canindé. As formas negativas são em gesso e não há o processo da borracha e cascata. Artisticamente o trabalho é inferior, pesadão, desproporcional.

Entretanto, em Juazeiro do Norte há um notável escultor em madeira, Mestre Noza, cuja especialização é esculpir o Padre Cícero. Em sua oficina, que mais se parece uma "loja" medieval, no meio de uma banca de carpinteiro, máquinas, rede de dormir, cadeira preguiçosa, Mestre Noza faz desde cabos de revólver até imagens. Quando encomendam faz tipos populares, como jegue com caçuá, bandoleiros a cavalo, vaqueiros, aguadeiros etc.

Já em idade avançada, cego, surdo, inválido, há outro escultor em madeira. Fez imagens valiosas que figuram até em altar de muita igreja cearense, hoje completamente esquecido, vivendo da caridade pública, do que os que passam colocam nas mãos estendidamente súplices. Hoje é imagem de suas imagens.

XILOLOGIA E ARTESANATO

Um torno primitivo

Histórico

Em São Luís do Curu, um menino viu um torno para madeira de um cearense que retornou da Amazônia e o usava para fazer pilõezinhos e outros objetos torneados. Esse homem não queria ensinar o segredo de seu torno. O menino ia algumas vezes à sua casa, depois tentou mais tarde reproduzir o torno que vira (ver Ilustração XXXIII, n? 3).

Com a nova ida daquele cearense para o Amazonas, em São Luís do Curu não se fizeram mais pilõezinhos de madeira e outros objetos torneados, os quais tinham grande aceitação, tão grande que aquele artesão amealhou o suficiente para a nova viagem.

Torno e instrumentos

Raimundo Barros da Silva, hoje com 23 anos de idade, reside na rua Liberdade, 737, onde tentou fazer um torno igual àquele. Conseguiu e hoje vive exclusivamente desse artesanato. Na cozinha de sua casa, amarrou no topo de uma das madeiras que fazem a separação entre esta e o quarto um arco de madeira flexível (igual ao usado pelos índios). À corda do arco, prende uma cordinha passante na peça a ser torneada e a outra ponta é presa a um pedal rudimentar – um pau roliço, preso em um gancho invertido, com as duas pontas enterradas no solo.

A banca consiste numa pequena mesa, cujas pernas estão enterradas no chão. Sobre ela, na ponta direita, duas madeiras que se aproximam ou se afastam, na medida do tamanho da peça a ser feita. Ele chama estas duas peças de "mancais".

Para trabalhar, a cada pedalada, puxa a corda do arco que por sua vez estica e depois procura voltar ao normal, nisso a cordinha rolará sobre a peça, imprimindo-lhe movimento giratório, o qual é aproveitado pelo artesão para usar ora a raspadeira, ora a goiva, o "diamante de desempenar" ou o "diamante de furar". Diamante, porque essa ferramenta é feita de um aço muito duro, pedaços de lima ou mola de automóvel com as quais faz uma espécie de lanceta. A uma destas peças, pelo próprio artesão feita, chamou-a de plainadeira. Além das ferramentas de sua própria invenção e construção, usa uma serra de fita manual e um martelo.

Ao tornear, de quando em vez, molha a cordinha para que esta não patine na peça.

As madeiras empregadas são: piquiá, pereiro e violeta. Procura usá-las quando verdes, que possibilitam melhor o trabalho, porque, quando secas, não há ferramenta que resista. Paga por elas à razão de cinco cruzeiros o palmo, postas na porta de sua casa.

Produção

Nesse torno rudimentar faz as seguintes peças: garrafas, açucareiros, porta-jóias, púcaros. Além dessas pequenas peças faz balaústres de madeira. Aliás, é moda no Ceará balaústres de madeira nas portas e janelas. São funcionais, permitem melhor ventilação e segurança. Deixamos para mencionar por último os pilõezinhos feitos por Raimundo. São realmente artísticos, mormente quando emprega a madeira violeta. Ainda no próprio torno, pinta e encera as peças dando-lhes um brilho que chama a atenção. Os pilõezinhos, além de serem usados como enfeite, são também utilizados para pilar pimenta-do-reino, sal, macerar alho, temperos culinários. Largamente adquiridos como *souvenir* nos pontos de ônibus da linha Fortaleza–Norte Ceará. Os passageiros que param em Croatá ou outras imediações de São Luís do Curu compram-nos.

Raimundo leva cerca de vinte minutos para fazer um pilãozinho e sua respectiva mão. Por tal peça cobra cinqüenta cruzeiros. As peças maiores, mais trabalhosas e mais trabalhadas, variam de preço (1962).

JANGADINHAS

Desde que data os "curiosos" começaram a fazer jangadinhas de madeira para vender como "lembrança do Ceará", ninguém foi capaz de precisar.

A pessoa que não é artista profissional mas que tem certos dons artísticos, capacidade de criar, manualidade, é chamado popularmente de *curioso*. Foram os curiosos os iniciadores desse artesanato popular em Fortaleza, no qual hoje várias pessoas trabalham, tirando seu sustento ou, com o seu resultado, "ajudam nas despesas da casa".

A feitura de jangadinhas de madeira para serem vendidas como *souvenir* tomou verdadeiro incremento por ocasião da guerra mundial, quando os americanos do norte compravam tudo o que aparecia. Davam a "nota" e não pediam "troco" para a de qualquer tamanho.

O movimento turístico que ano após ano vem crescendo em Fortaleza é também motivo que anima esse artesanato, concorrendo também para o seu aperfeiçoamento. Hoje podem-se encontrar jangadinhas que são um mimo de perfeição: têm todas as peças da verdadeira, em miniatura. Geralmente a armação das madeiras de flutuação e a vela são proporcionais na miniatura às demais peças fixas da jangada, porém os implementos são desproporcionais. O samburá, a pinambaba, a cuia de vela são desmesuradamente grandes para a jangadinha que equipam.

Matéria-prima

Primeiramente estes artesãos usavam o próprio pau de jangada, quando velho e deixado na praia por imprestável, recolhiam, limpando-o da salsugem. Mas a procura excedeu e então tiveram que optar pela raiz de ariticum, mais leve, mais fácil de ser trabalhada e abundante nos rios e beiradas de mangues. É nas margens do rio Cocó que vão buscar. Alguns artesãos vão buscar as raízes, outros pagam para uma pessoa que vai cortá-las, colocando-as na porta da casa. Além dessa madeira com a qual fazem principalmente o fundo da jangada (dois paus do meio, dois bordos e duas mimburas), empregam também a hortênsia (pau de paineira) e o marmeleiro.

Processo

O artesão inicia preparando os paus da jangada, cortando-os de acordo com o tamanho escolhido. As jangadinhas de quinze centímetros são as preferidas pelos compradores, daí fazerem mais destas do que dos outros tamanhos. Prepara os paus e com um cravador fura e intromete uma trave – a cavilha – para segurar os paus do meio e os dois bordos; outra cavilha maior atravessando de mimbura do sul a mimbura do norte. Coloca os bancos de governo, banco de vela, salgadeira, espeque, carninga, bolina, calçadores e virgens.

Prepara o mastro, a tranca, corta a vela e a costura com agulha e linha. Depois prepara os implementos móveis da jangada: quimanga, pinambaba, cuia de vela, cozinhador, panela, samburá, remo de governo, e assim ficará completa quando colocar a vela apoiando o mastro nos furos da carninga. Não se esquecem da toaçu, do atapu (búzio minúsculo, mas verdadeiro) e da cordoaria.

Artesãos

Antônio Reinaldo da Silva, vulgo Jamu, morador na rua Altamira, 97, na praia de Iracema, é o que faz as melhores jangadinhas de Fortaleza. Leva uma grande vantagem sobre os demais porque foi jangadeiro muitos anos, "criou-se e criou os filhos em cima da jangada", viveu em cima da jangada, construiu as verdadeiras, hoje só as miniaturas, nas quais não olvida os mínimos detalhes.

Seu filho José, de 20 anos de idade, aleijado de uma das pernas e sem uma vista, é seu companheiro de banca artesanal. Aprendeu a trabalhar com o pai e hoje freqüenta o segundo ano científico de um colégio, trabalha para poder pagar seus estudos porque deseja um dia ser engenheiro. José pode ser considerado um artista. Seu trabalho de miniaturista é esplêndido, é aprimorado, no entanto está sempre preocupado com o seu aperfeiçoamento, procurando fazer as pequeninas peças com um capricho incomum. É um dos poucos que procura dar proporção aos implementos da jangada de acordo com o tamanho das peças de flutuação, pois é destas que vêm as medidas de uma jangada real.

A esposa de Jamu ajuda lixando as peças todas.

Empregam os seguintes instrumentos: três facas, furador, torquês e macetinho (martelo). A faquinha de lâmina mais fina, o velho jangadeiro a chama de "língua de peba". É que Jamu impregna da vivência do mar até os próprios instrumentos do trabalho artesanal que o cercam, a faca é tão fina que se assemelha à língua de um peixe peba.

Sobre a mesa de trabalho estão: lixa, cola, cera, pedra de amolar, barbante, agulha e linha, tesoura e pedaços de morim para as velas.

Cada artesão, pai ou filho, faz quatro jangadinhas de quinze centímetros por dia, e a grande, de sessenta centímetros, leva dois dias para fazê-la. Nesta até "abre letras", isto é, coloca um nome na vela. Para Jamu todas as jangadas tem um nome: Estrela Dalva, assim se chamava a sua primeira jangada verdadeira, aquela que está presente em todas as aventuras que viveu no mar. Hoje na vela da jangadinha desenha uma estrela e em letras maiúsculas escreve DALVA – resto da esperança e da felicidade que viveram com ele, cavalgando o colo das ondas montado numa jangada, hoje simbolizadas numa estrela e naquelas letras que desenha ou copia, porque é analfabeto.

O produto diário desse artesanato doméstico é vendido à noite por um moço nas portas dos hotéis e restaurantes e na "rua", isto é, na cidade. Entregam as jangadinhas de quinze centímetros por quarenta cruzeiros e a grande por trezentos e cinqüenta para que um moço as venda por um preço maior, "tirando o que é seu", no que alcançar além disto.

José trabalha aos sábados e domingos, dias em que não tem aula, porém seu pai, o velho lobo-do-mar Jamu, jangadeiro famanaz companheiro que foi de Jerônimo, descansa aos domingos e trabalha diariamente fazendo jangadinhas. De sua banca de quando em vez levanta os olhos e avista lá distante os "verdes mares bravios de minha terra natal", mar que conhece tão bem, por ter navegado numa embarcação tão frágil, frágil como a pequena miniatura que faz, depois levada pelos que passam por Fortaleza, portadora de uma mensagem simples de artesãos anônimos que espalham pelos quatro ventos cardeais uma *Lembrança do Ceará*, escrita numa mimbura ou apenas o nome da estrela que é a alegria dos jangadeiros – a *Dalva*.

JABUTIS

Geraldo Pereira Machado, branco, 38 anos, notável artista da xilologia, contou ao pesquisador: "foi a necessidade, o desemprego e a fome rondando a minha casa e meus filhos que me levaram a fazer tartarugas de madeira, jabutis. Peguei uma viva, estudei-a, depois comecei a fazê-las em timbaúba, madeira mole. Agora vivo disso, vendo todas que faço. É uma novidade e não sei de ninguém mais fazendo. Não faltará quem imite este meu trabalho, aqui em Fortaleza basta uma pessoa começar, inventar uma coisa, que logo pega influência, não falta quem comece a fazer para também ganhar dinheiro".

A madeira empregada é a timbaúba, que a vai buscar no mato e a compra à razão de mil e quinhentos cruzeiros cinco paus de um metro e oitenta mais ou menos de comprimento e um diâmetro de vinte centímetros na ponta mais grossa. Com essa madeira dá para fazer três dúzias de tartarugas pequenas.

Os jabutis deste artesão medem mais ou menos um palmo, e as tartarugas, meio palmo. Ambos têm pescoço e cauda móveis. Uma pequena aragem basta para que se movam, emprestando graça ao enfeite. Um dos motivos de atração para os compradores é sem dúvida essa mobilidade; acrescente-se também o fato de ser um trabalho escultural muito bom, grande semelhança com o modelo animal. O artesão trabalha apenas com uma peixeira e uma lixa. Faz por dia duas ou duas e meia tartarugas. Pelo fato de o jabuti ser maior, leva um dia. Observa-se também o cuidado que o artesão tem ao fazer os olhos da tartaruga, embutindo as sementes vermelhas de uma frutinha chamada piriquiti.

Os preços variam de acordo com o freguês e a maneira pela qual manifesta seu interesse pela tartaruga ou jabuti. Aquelas a partir de cem cruzeiros para mais e os jabutis a partir de duzentos e cinqüenta cruzeiros, para cima.

Esse artesão com melhores instrumentos poderia duplicar a produção. Nem serrote possui para cortar a timbaúba nos tamanhos de seus jabutis e tartarugas. Tudo é feito com a peixeira, e a lixa ainda é folha de cajueiro bravo.

Chifre

Não é de se estranhar que o artesanato tenha reencontrado nas franjas da região que Capistrano de Abreu chamou da "civilização do couro" a matéria-prima para o artesão nela se exprimir, transmitindo no chifre a sua sensibilidade artística, ou sua habilidade de trabalhador manual, fazendo um objeto que a ele é muito querido e simboliza o seu torrão natal – a jangada do Ceará.

Quantas utilidades tem o chifre? Ora é a guampa para beber água desde o Chuí ao Amapá; ora é o berrante ou buzina; ora é o corimboque para guardar torrado (rapé); ora o recipiente que contém o óleo de mamona que fará cantar sonoro o carro de bois quando o seu eixo foi devidamente untado com ele ou o polvorinho do caçador.

O chifre não é apenas usado para a fabricação do pente indispensável que alterna o pentear do cabelo com o cafuné embalador: é agora empregado para fazer jangadinhas e aviões dos quais excelentes miniaturas são levadas por turistas como *souvenirs*, lembranças que emprestam bom nome ao artesanato brasileiro.

Foi a II Guerra que valorizou este artesanato, e os artesãos afirmaram: "os americanos compravam por boa nota o que a gente fazia, nunca pediam o troco".

A incrementação do turismo vem suscitando e animando o artesanato em Fortaleza. Nele se enquadra e se destaca o do chifre, que tem grande aceitação, e a sua venda, uma vez ou outra, é importunada pela polícia que lhes toma o produto pelo fato de não terem licença para vender. E é fácil saber onde os artesãos estão: à noite, nas portas de hotéis, de restaurantes, onde há gente de fora. Durante o dia trabalham e à noite procuram vender o produto.

Em Fortaleza cerca de dez pessoas têm "banca" para trabalhar o chifre e todos aprenderam com o velho Cícero Ângelo Ferreira, negro de sessenta e poucos anos de idade que abandonou o trabalho braçal para só fazer jangadinhas, criou mesmo no seu bairro um núcleo de artesãos. Aprenderam e acabaram instalando as suas bancas.

Num bairro pobre de Fortaleza, Bela Vista, numa casa paupérrima, no fundo desta, sob uma goiabeira e um cajueiro, funciona a oficina de artesanato de chifre, a banca do Mestre Cícero. Banca nada mais do que uma tábua no chão onde o artesão trabalha o chifre. Cícero e seu filho Jenarino trabalham ali. Este aprendeu com seu pai, e um neto do mestre, único alfabetizado, já está bastante seguro nas técnicas. Cada qual está procurando se especializar num determinado objeto: Cícero em aviões e iates, Jenarino em jangadas e Francisco de Assis em pássaros, já se iniciando também nas jangadas.

Cícero, o primeiro a fazer as jangadas, contou que iniciou fazendo pentes, aprendeu a desdobrar e retificar o chifre, transformando em placas por meio do fogo e de uma prensa rudimentar feita com duas tábuas. Estas são apertadas como a *arataca*, prensa que os índios utilizavam nos tipitis do preparo da farinha de mandioca. Um varão do qual apóiam num furo no pé do cajueiro, depois apóia sobre as duas tábuas justapostas, tendo no meio o chifre. O artesão senta-se no varão até que o chifre esfrie, o qual, não retomando a forma primitiva, ficará uma placa.

Quando frio, o artesão toma a placa e com enxó desbasta-a, tirando principalmente a parte queimada, sendo a seguir raspada com uma peixeira (faca). Corta-se a placa com serrote e o trabalho final é feito à lima. O serrote tem papel importante. Raspa-se novamente com a faca e depois esfrega-se folha de cajueiro bravo molhada e a seguir folha seca. Entretanto, o polimento final à peça é dado com cinza de fogão caseiro, esfregada diretamente pela mão do artesão.

Usam os seguintes instrumentos: enxó, serrote, lima, riscador (como se fosse goiva), faca, lima, broca para furar e ferro quente para fazer aberturas maiores como as que existem nas janelinhas dos aviões. Indispensáveis são a folha do cajueiro bravo e a cinza para o polimento.

Trabalham todos os dias da semana. Aos domingos só quando há encomendas. "Nós trabalhamos a jangada hoje para comer amanhã", isto é, o que ganham hoje é para pagar o sustento do dia vindouro. Jenarino faz uma jangada por dia. Avião em cinco dias. Cícero faz um, e iate leva oito. Para fazer uma jangada são necessários três chifres; para um avião, oito; e para um iate, dez.

Primeiramente quando começaram a fazer jangadas obtinham de graça no matadouro o chifre que geralmente não era utilizado para nada. Depois que "viram a grande saída das jangadas", começaram a cobrar e, atualmente, pagam a dez cruzeiros o quilo. O avião e o iate são vendidos desde oitocentos até dois mil e quinhentos cruzeiros; as jangadas, de quinhentos a mil cruzeiros.

Destes três artesãos, o único alfabetizado é Francisco de Assis, de 21 anos de idade. A ele compete "abrir as letras" nas jangadas – *Lembrança de Fortaleza*. Outras vezes escreve a cravador o nome: samburá, remo de governo, quimanga, cuia de vela etc. nas pequenas peças, que não são tão pequenas o quanto se desejaria, pois constituem mesmo uma certa desproporção, aliás reconhecida pelos artesãos que não conseguem fazê-las menores por falta de instrumental apropriado. Afirmou Jenarino que perdem muito tempo para executar as miniaturas, não tendo aparelhos para segurar a peça.

A jangadinha de chifre é um objeto duradouro, bem feito, serve de enfeite e é um dos mais procurados *souvenirs* de Fortaleza. No entanto os seus artesãos nunca tiveram a menor assistência, mesmo assim estão sempre procurando melhorar. Agora acabam de introduzir o fio de náilon, substituindo a linha de algodão que até há pouco usavam. Na realidade encareceu mais, porém melhorou a apresentação da jangadinha, digna de tipificar os objetos que fazem lembrar o Brasil, muito mais do que os balangandãs e figas. A jangadinha faz lembrar o Ceará, e o Ceará é Brasil.

* * *

Além da capital, no interior, são encontrados artesãos que trabalham o chifre fazendo pentes e cornimboques. Pelo fato de ser muito disseminado o uso do rapé, forma de tabagismo que consiste em aspirar o pó de fumo torrado, hábito hoje mais circunscrito às comunidades rurais, usam então o cornimboque, onde levam a dose suficiente para o dia. Abastecem-se hebdomadariamente nas feiras. Geralmente os raizeiros são os especialistas no preparo do rapé, guardam-no em casa e diariamente "carregam o cornimboque" até à tampa.

O oferecer o torrado (ou rapé) constitui um gesto de cortesia, é uma amabilidade, por isso mesmo procuram apresentar cornimboques bem trabalhados, para que recebam em retribuição, além do elogio ao rapé, uma palavra de admiração: "que cornimboque arretado..." Este é um dos *folkways* presentes nas comunidades interioranas cearenses.

Além das antigas e finas caixinhas de prata, de tampa trabalhada para guardar rapé, chamadas bocetas, usadas pelos potentados da terra, os pobres fazem o pequeno vaso de cabaça. Já a classe intermediária usa agora o cornimboque. Raro é o morador de cidade interiorana que não tenha o seu cornimboque sortido de bom rapé.

Ouvimos algumas variantes da pronúncia de cornimboque: corrimboque, corimboque, carimboque e taroque. Optamos por cornimboque, que tem a mesma raiz de cornucópia. É feito de corno de boi e as mais das vezes de cabra. E neste particular coincide com elemento folclórico aí presente: muitos homens afirmaram que o cornimboque é "muito bom para afastar males, proteger contra inveja", uma espécie de amuleto que se enquadra no ritual protetivo. Aliás, nisso o cornimboque cearense se confunde com o simbolismo da abundância da cornucópia dos chifres da cabra Amaltéia que criara Júpiter, porque, sendo elemento material de um ritual protetivo, é propiciador de abundância.

Dupla finalidade tem o pequeno cornimboque: a de amuleto e a de manifestar amabilidade. "Conselho e rapé só se dá a quem qué", diz o provérbio popular.

Em Cascavel, no bairro do Tijucuçu, uma família se dedica ao mister de fazer cornimboques e pentes de chifre de boi, vendidos a dez cruzeiros cada (1962).

O processo é o mesmo de fazer jangadinhas: o lixamento é com folhas de cajueiro bravo e cinza na palma da mão. Os pentes são bem grosseiros, porém os cornimboques, embora simples, são bem acabados. Um chifre médio dá para fazer um cornimboque e dois ou três pentes.

TARTARUGA

Em Fortaleza o artesanato de objetos feitos com a carapaça da tartaruga, graças ao processo de lavor acurado e mesmo por causa das incrustações, muito se assemelha à ourivesaria. É um artesanato de categoria fina, e as próprias peças feitas denunciam um alto grau de especialização e arte: broches, berloques, anéis, pulseiras para relógios, pulseiras (escravas), fivelas, cigarreiras, brincos, facas para abrir papel, pentes, piteiras etc.

A matéria-prima é procedente do litoral norte e nordeste, principalmente onde há locais de desova das tartarugas: Maranhão e Rio Grande do Norte. Os artesãos refugam comprar a tartaruga de canal porque esta fica de casco escuro. Pagam à razão de dois mil cruzeiros o quilo de lâminas de tartaruga. Além da tartaruga, trabalham com dentes de jacarés, búzios pequenos, fazendo neles encastoamento a ouro.

Às oficinas dão o nome de *banca*, nelas trabalhando várias pessoas. Quando é um só que trabalha, dão-lhes o nome de *viração*. Tanto uma como outra funcionam no fundo das casas de residência, nenhuma é registrada, todas fogem da fiscalização e são, portanto, clandestinas. É a clandestinidade de quase todo o trabalho artesanal do Ceará. Clandestinidade motivada por uma administração pública que não assiste o artesão, não lhe propicia meios para melhorar, não lhe concede o menor amparo, apenas taxando, agravando com impostos, quando pode.

As bancas – e são poucas, quem sabe ao todo umas três e outras tantas virações – possuem certos segredos para trabalhar a tartaruga e os guardam cuidadosamente para que outros não os descubram. Entre eles, por exemplo, a receita de colar uma lâmina de tartaruga ou uma peça noutra. Quando indagados, respondem: "isso colamos com cuspo de pato". Já aconteceu de certas pessoas interessarem-se por tal segredo, tendo enviado filho para, como aprendiz, um dia inteirar-se do segredo; entretanto retira-se sem tomar conhecimento. Este pertence ao artesão que o passa a seus filhos.

Uma das bancas visitadas é de João Evangelista de Sousa, que iniciou fazendo pentes na "pregadeira", isto é, duas tábuas justapostas e amarradas por um elástico forte. Fez muitos pentes, teve porém de largar de fazê-los porque é correntia a crendice de que "pente de tartaruga traz azar para quem o usa". Por outro lado há pessoas que procuram pente de chifre, o qual também pertence a um vivente – o boi – porque dizem que pente de metal ou de matéria plástica faz mal para a raiz do cabelo. "Quem sabe o preço do pente de tartaruga é que levou a inventarem esse negócio de dar azar", concluiu Zinho.

Recebendo as lâminas de tartaruga, nelas riscam os modelos a serem feitos. Os moldes são em lâminas metálicas, havendo um verdadeiro zoológico, como afirmou o artesão: cavalo, cachorro, gato, borboleta, aves, leão, urso, camelo etc. Tiram seus modelos de livros e mesmo de revistas que são recortados no metal. Uma vez riscado o molde, serram. O pó é também aproveitado; gavetinhas sob o local onde estão serrando para recolhê-lo. Depois fundem o pó e fazem nas matrizes aqueles modelos que têm mais saída, como o elefante, pois todo mundo acredita que ele traga sorte. Outra peça que tem larga saída, também por causa da crença de que livra de mau-olhado, protege, é a figa, mas a da mão esquerda. Nesta fazem delicadas incrustações de ouro, imitando as unhas.

A incrustação de ouro que fazem nas mais variadas peças é um verdadeiro trabalho de ourives. É pena usarem ouro baixo, aliás, compram ouro velho e depois preparam as lâminas e fios, para as aplicações nas peças de tartaruga.

Os instrumentos de trabalho são: martelo de ourives, buris feitos de pedaços de limas velhas (aço importado), lima, grosa, drilho (perfuratriz de arco), alicates, torquês, fole a gasolina, balancim para estampar, torno de mão, torno fixo ou de bancada, serra tipo "tico-tico", fieira. Muitas peças são fabricadas pelo artesão: de uma velha mola de automóvel fez ele uma *fieira* para fazer fio de ouro; o raspador é pedaço de lima velha que foi aproveitada.

Para fazer uma pulseira de relógio, para homem, o artesão leva um dia. Numa hora faz um par de brincos. Um berloque, como o de elefante, encastoado a ouro. Primeiramente ele fazia piteiras; deixou, porém, porque têm pequena saída.

Esta banca é constituída por um grupo verdadeiramente fechado. Ali trabalham pai e quatro filhos. São moços que trabalham e estudam. Um deles está fazendo os preparatórios para engenharia. Dentre os quatro artesãos filhos de Zinho, se destaca um que sofreu um desastre ao soltar uma bomba em festa de São João, quando perdeu o polegar. Mesmo assim é o que executa os trabalhos mais finos e artísticos. Ele tem uma certa liderança profissional sobre os demais, embora seja o pai quem ocupe o posto mais alto naquela hierarquia. Pai e irmãos reconhecem o valor e se orgulham dos trabalhos que esse artista faz. São, como disseram, "o cartão de visita de nossa banca". Além da apreciação favorável e admiradora dos demais, o seu trabalho constitui motivo de emulação.

Outra oficina visitada foi a de Roque Simeão de Castro e Silva, também grupo fechado. Com ele trabalham quatro sobrinhos, um cunhado e nora. Nesta oficina há máquinas melhores: politriz e laminadora de ouro. O trabalho é intenso, as sete pessoas trabalham animadamente: só de anéis, produzem cinqüenta por dia.

Visitamos também a viração do Silva. Seu pai, hoje inválido, foi o mestre dele e dos outros dois artesãos citados. O velho mestre transmitiu ao filho e seus sobrinhos os segredos que aprendeu com seu falecido pai, que há mais de oitenta anos trabalhava a tartaruga e que se gabava de ter feito finas piteiras para uso de "gente boa, de políticos e padres do Ceará".

OURIVESARIA

Acreditamos seja este artesanato do Juazeiro do Norte aquele que estende os limites sociológicos desta comunidade cearense aos mais distantes rincões do país, ao sul, ao Amazonas, atingindo mesmo o estrangeiro, Peru, Bolívia, Uruguai, Paraguai, através de seus *ambulantes*, aqueles que vão com sua "mostra", pequena caixa forrada de veludo, onde expõem anéis, alianças, correntes, pulseiras, brincos, crucifixos, medalhinhas de santos, berloques, enfim, tudo feito com ouro baixo, ouro de quatorze quilates, mas que no anverso das medalhas apresenta 18k a significar "dezoito quilates".

Não pagando tributo ao fisco, pulula centena e meia de ourivesarias na cidade de Juazeiro do Norte, trabalhando intensamente para suprir o mercado, ora esperando os romeiros que duas vezes por ano procuram a cidade do "Meu Padim Ciço", no dia 15 de setembro e no dia 2 de novembro para visitação ao túmulo na igreja e monumento, ocasião que aproveitam para deixar seus ex-votos na casa fronteira, guardada zelosamente pelas beatas tão sujas nos seus trajes negros que mais parecem criaturas que nunca tomaram um banho e nem jamais mudaram de trajes.

É um artesanato que floresceu graças ao terreno fértil da fé, da crença no poder daquelas medalhinhas bentas pelo "padrinho", verdadeiro impulsionador do artesanato juazeirense, hoje com mais de centena e meia de ourivesarias, trabalhando nelas quase oito centenas de pessoas entre artesãos, oficiais, aprendizes e meninos polidores.

Empregam como matéria-prima o ouro, a prata, o cobre e o níquel, pedras semipreciosas e "vidrinhos", porque na verdade os que mais adquirem os produtos desse artesanato são os membros da classe mais pobre, e é por isso que o ouro empregado é de quilate abaixo de 14, artigo de baixo padrão que está contribuindo para o descrédito da ourivesaria juazeirense.

Notamos em todos os artesãos o desejo de progredir, de melhorar os padrões de trabalho e de peças produzidas, a vontade de adquirir maquinaria apropriada para assim suprir com mais vantagens e facilidades os mercados de Pernambuco e mesmo o sul, graças à mão-de-obra baratíssima que possuem, ao baixo preço de aluguel das oficinas e à quase inexistente ordem fiscal.

BONECAS DE PANO

Quem visita as feiras nordestinas ou os mercados das cidades interioranas do Brasil poderá encontrar bonecas de pano de vários tamanhos, desde as miniaturas até às bruxas, para serem vendidas nas bancas. Verdade que nem sempre estão nas bancas, mas é uma senhora que oferece ao freguês que passa. O seu trabalho artístico de confecção de bonecas de pano lhe dará uns cobrinhos a mais para enfrentar as despesas. Fazer miniaturas de roupas, só para bonecas.

Uma das formas recreativas ora em decadência é a de vestir animais pequenos e até insetos. Cães, macacos vestidos ora com saias, ora com calças, faziam a alegria de crianças e de adultos.

Antigamente era comum a brincadeira de apanhar um urubu e vestir-lhe uma jaqueta de baeta vermelha... e isso não faz muito tempo, porque em nossa infância muitas vezes vestimos urubus com pedaços de cobertores vermelhos.

A içá não era apenas o prato apetitoso que o índio nos ensinou a comer. Em Taubaté ainda se encontra à venda içá bem torradinha e com sal. Ela sofria nas mãos das crianças de antanho: puxava pequenos carros de bois e o maior requinte era vesti-la de saia ou fraque, bonecas minúsculas que se moviam, alegrando os "alfaiates" e "costureiros"...

Voltemos às bonecas de pano com as quais a lúdica infantil se enriquece, feitas por artesãs anônimas, em todo o Brasil, principalmente onde os governos não puderam e não oferecem recreação dirigida para a infância.

As bonecas de pano têm compradoras certas – as meninas. Em alguns lugares fazem também bonequinhos com trajes de casamento: o homem de preto e a mulher toda de branco e de véu, grinalda e flores...

Em Cascavel, no bairro de São José, Francisca dos Reis Araújo, mulata, faz bonecas para vender na feira. Usa uma espécie de algodão para o enchimento de suas bonecas, fibra produzida pela árvore pacotê. Feito o corpo da boneca, veste-o com duas peças: saia e blusa. Nunca se esquece de amarrar um pano na cabeça da boneca porque assim evitará de imitar os cabelos. Por outro lado, é muito comum a mulher usar um pano na cabeça para proteger-se da inclemência do sol. Aliás, a maneira de colocarem este pano faz-nos lembrar a usança moura do turbante. É mesmo bem provável seja um traço árabe que tenha permanecido em nossa cultura.

Confecciona as bonecas com retalhos de pano, ora adquiridos nas lojas, ora dados pelas costureiras locais. É um passatempo rendoso, afirmou a informante, conseguindo fazer cerca de dez bonecas por dia.

As bonecas feitas por Francisca são de três tamanhos: pequeno, médio e grande. A grande tem um palmo de altura, vendida na feira a vinte cruzeiros. A média é vendida a quinze, e a pequena, de menos de meio palmo de altura, é vendida a dez cruzeiros. Tem grande saída a produção de suas bonecas: a produção da semana é toda vendida na feira.

Foi a viuvez e as aperturas da vida que a levaram a fazer as bonequinhas de pano. Como se agradaram, tem procurado aperfeiçoar-se na confecção e isso tem-na ajudado não só a vender toda a produção, mas a dar sustento aos seus filhos ainda pequenos.

Seleiro

Na região da "civilização do couro", é muito largo o emprego deste, e tal acontece no Ceará, onde o homem é coberto por ele da cabeça aos pés: chapéu, gibão, peitoral, luvas, perneiras e sapato "carnal".

Além do emprego do couro no traje do vaqueiro, usam-no na confecção do arreiame tanto para animal de sela como para o de tiro.

Além destas duas formas nas quais o artesão é o seleiro, é empregado largamente na confecção de sapatos para mulher, e neste caso o artesão é o sapateiro. Sim, artesão, porque este requer manufatura e não máquina, como sói acontecer com aqueles feitos para os homens. Por isso mesmo o Ceará adquire em São Paulo e Rio de Janeiro os sapatos para homem e vende para o Sul sapatos para senhoras, feitos à mão. A mão-de-obra no Ceará é muito barata, o artesão recebe pelo trabalho uma verdadeira ninharia. Sapato ideal para o homem é o *curulepe*. Este é feito no Ceará, ou outros vêm de fora.

O trabalho do seleiro constitui outro *artesanato do couro* no Ceará, inferior porém em quantidade ao de fabricação de sapatos femininos. A selaria, em vários municípios cearenses, desenvolveu-se principalmente onde há animais de sela e tiro que constituem o meio de trabalho pastoril ou de transporte mais utilizados. Assim é em Aracoiaba, onde há três seleiros na pequena cidade, sem se falar de dois especialistas na fabricação de roupa de couro que vivem no criatório ou na roça.

Dos seleiros urbanos de Aracoiaba entrevistamos Francisco Ivo de Lima, branco, 25 anos de idade, casado, que, por grande precisão, passou a fazer trabalhos de selaria. Foi tirocinante de si mesmo. Começou a lidar com os arreiames para sela e tiro. "Foi a necessidade", disse o entrevistado, "que me ensinou, eu precisava fazer alguma coisa para poder comer. O meio era inventar o que fazer. Eu recebi um arreio para consertar. Nunca tinha visto como devia fazer. Lidei, quebrei a cabeça e fiz. A seguir fui pegando outras coisas para fazer. Um dia veio uma peia. Fiz, melhorei a maneira dela, reforçando-a. Hoje vem gente de longe para comprar as peias que faço."

Graças às nossas pesquisas, em Itapiúna, vimos confirmadas as informações deste seleiro cujo tirocínio é bem típico em vários artesanatos cearenses por nós estudados – a necessidade é que aponta o caminho, de improvisação em improvisação, acabam se tornando artesãos.

Confirma ainda nossas observações anteriores referentes à passagem rápida de um artesanato para outro: "num tempo que me vi fraco de serviço, fiz brinquedos para crianças: automoveizinhos, caminhões, camas para boneca. Tinham muita saída, mas ganhava-se pouco".

Esta instabilidade num artesanato é oriunda da falta de amparo econômico. O artesão vive geralmente naquele tipo de economia que costumamos denominar "da mão para a boca" ou como os próprios artesãos a ela se referem: "o que nós fazemos hoje é para comer amanhã".

Partes da sela

No Ceará, os seleiros recebem encomendas para fazer os seguintes tipos de sela: *ginete* (para trabalho de campo), *selote* (para passeio) e *mista* (a gualdrapa é quadrada e tem alforje).

A sela compõe-se das seguintes partes: o *arção*, composto de quatro peças de madeira de lei, sendo a da frente a *lua-da-sela* e a detrás a *meia-lua*, ligadas por duas traves, as *espendas*, segundo uns seleiros, ou *alpendras*, segundo outros. O arção é recoberto por couro cru de boi; é o *enervamento*. Na face de cima deste pregam as *gualdrapas* e na de baixo o par de *suadores*.

Sobre o arção vêm os revestimentos de sola – os *coxins*, que, em sendo trabalhados, é o *caronado*, e simples, apenas é *sobrecapa*. Esta tem por baixo o *empanamento* feito de algodãozinho cru. Cobrindo tudo vem a *borraima* ou burranha. Na sobrecapa o couro usado é o de caititu; na falta deste, o de bode.

Completa-se a sela colocando-se: estribos e seus loros, duas cilhas e rabicho.

Acessórios da sela

Para dirigir: *brida, bridão* e *cabresto*. Na brida estão o par de rédeas (canas da rédea) e cabeçadas. As rédeas se prendem à brida e ao bridão: daí rédea da brida e rédea do bridão. Na cabeçada estão testeira, faceira, buçal, cerigola ou cisgola, travessão e focinheira. O cabresto é uma cabeçada sem freio.

Para fustigar: rebenque, chibata, chicote que no Sul é o relho, uma trança de couro pregada num cabo de madeira.

Para trabalhos de campo, ou melhor, ajoujo: *peias, laço* ou corda de laçar. Peia simples (peia de mãos) e dupla (peia de pé-a-mão).

Para embelezamento: *carona, cincha, peitoral* e *rabichola*. Em Morada Nova, em dia de vaquejada, alguns vaqueiros usam outros enfeites na cabeçada. Antigamente a prataria luzia em várias partes da sela e bridão.

INDUMENTÁRIA

A roupa que nós brasileiros vestimos segue o figurino tradicional herdado do português. Para o homem: calças, paletó, o já raríssimo colete, camisa e cueca ou ceroula. Ainda há quem se adorne com a dispensável gravata. A mulher, o vestido inteiro ou saia e blusa e mais as roupas de baixo.

Há trajes típicos como o da baiana. Roupas de trabalho como a do jangadeiro, do tropeiro, do boiadeiro, do gaúcho com sua bombacha ou chiripá, do vaqueiro nordestino, do lameiro e beiradeiro são-franciscanos e outros. Os

Cerâmica numa feira nordestina.

Artesão tecendo um caçuá de cipó. Cascavel (CE).

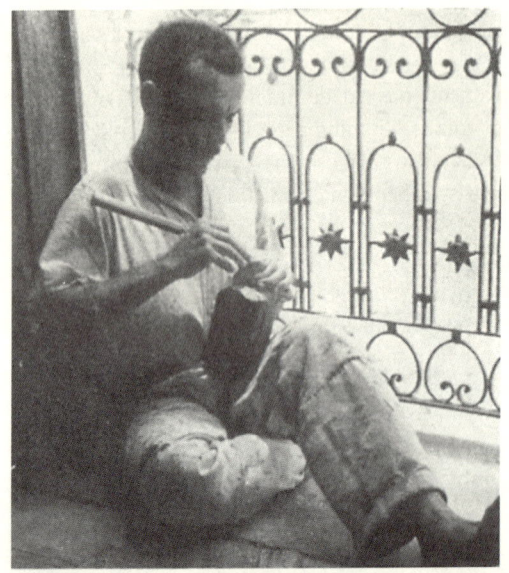

"Imaginário" esculpindo imagem de santo em madeira. Piaçabuçu (AL).

"Imaginário" e sua obra. Povoado do Papel (SE).

trajes especiais para festas, bailados e recreação, já nos referimos a eles ao tratarmos dessas atividades.

Em todo o Brasil, principalmente nas cidades interioranas, distinguem-se dois tipos de traje: o de todo o dia e o domingueiro. Este é também chamado "roupa de ver Deus", de ir ao ofício religioso aos domingos, porque para muitos brasileiros religião consiste apenas na obrigação de ir à igreja aos domingos. Mas a "roupa de ver Deus", com o uso, deixa de ser domingueira e passa a ser o traje de todo dia.

Das roupas de trabalho usadas no Nordeste, há duas típicas: a do jangadeiro e a do vaqueiro. Esta consiste das seguintes peças feitas de couro para poder enfrentar a vegetação agressiva do agreste: gibão, guarda-peito, jaleco, perneiras, sapatos, luvas, chapéu. Completam os "apetrechos" a chibata, a corda de couro cru, a faca-de-mato, as peias, a "careta" e as correias dos chocalhos.

O gibão é uma espécie de paletó, sem gola. Há os fartamente enfeitados, trabalhados com fitilhos de couro de outra cor, à guisa de bordados, de alamares.

O guarda-peito é uma espécie de colete, sem costas, usado sob o jaleco.

O jaleco é geralmente de couro de carneiro, aberto na frente, com bolsilhos em cada lado, como se fora colete. Usado sempre aberto, raro é o jaleco que não seja cuidadosamente trabalhado, enfeitado. Empregam couro de carneiro, do qual não tiram a lã. Peça de uso largamente difundido no Nordeste e com recente adoção pelos sulistas.

As perneiras são longas, vêm justas desde os tornozelos até às virilhas, sendo amarradas à correia (cinta) na cintura do vaqueiro.

Sapatos são as sandálias-de-rabicho, feitas com couro macio, ou sapato "carnal", que se assemelha à camurça, ficando para o lado de fora esta parte acamurçada. As luvas cobrem as costas das mãos, ficando livres os dedos para todos os movimentos. É uma pequena peça de couro presa ao polegar e vazada para os demais dedos.

O chapéu preferido é o feito com couro de veado, copa arredondada e abas macias para serem dobradas à vontade do vaqueiro. A aba do chapéu cearense é um meio-termo entre as do chapéu pernambucano, paraibano, potiguar, de abas estreitas, e a do baiano, de aba bem larga. O chapéu compõe-se de aba e copa, barbicacho, congoteira ou rabicho. Os enfeites postos na congoteira são os cachos. No barbicacho colocam uma ponta desfiada, de couro, geralmente colorida. Duas são as maneiras de o vaqueiro usar o chapéu: com o bico para frente, para andar na estrada, e quebrado na frente com o barbicacho no queixo, para no mato pegar ou tanger o gado.

A chibata ou taca é o chicote, todo de couro; a corda é feita de couro cru trançado, ou melhor, cochado, não tem a beleza do laço gaúcho ou paranaense. É grosso e abrutalhado, muito mais curto do que aqueles sulistas. Vaqueiro não laça, mucica o touro na carreira, derrubando-o, fazendo virar os mocotós para o ar, pula e o escorneia no chão.

A faca-de-mato está sempre metida em bainha de couro, não raro bem trabalhada, enfiada na cintura, presa à correia (cinta).

Vaqueiro que lida com gado bravio carrega a "careta", peça de couro, espécie de tapa-olho. E para animal fugidio, correia com chocalho, onde não se esquecem de pirogravar a "marca da ribeira", tal qual a que o gado leva em seu couro.

Procuramos descrever a indumentária do vaqueiro e como complemento diremos que ele não dispensa a boa sela com a manta, que é o enfeite do arreio. As demais peças deste são: loro, rabicho, rabichola, cilha. Para dirigir o animal, as rédeas, que podem ser de sedenho ou couro. Completam: a maca (onde carregam em viagem a rede e a roupa), o alforje (onde vai a comida) e alguns carregam a "borracha", recipiente de couro com a água para beber.

Em geral os próprios vaqueiros preparam suas vestes. É bem verdade que alguns se esmeram e se tornam os seleiros especializados na confecção dessa indumentária toda de couro.

Roupa de vaqueiro pode também ser endomingada. E tal se dá em festa de apartação, em vaquejada. A vaquejada é como o domingo no calendário de trabalho do vaqueiro. Participante ou não, para a vaquejada que reunirá vaqueiro de todas as ribeiras, mandam fazer uma roupa nova, de couro apenas curtido, conservando sua cor natural. E para usá-la com garbo não omitem sequer um "mandamento" do "estatuto da ribeira" – norma folclórica, aceita pelo consenso geral do grupo a que pertencem, que lhes determina desde o comportamento até o sistema de bem envergar o traje, a posição do chapéu e o número de cachos.

Fogos de artifício

Para o homem do meio rural e mesmo para o citadino, festa só é festa quando há fogos de artifício, quando estouram bombas e espocam rojões e foguetes. O clímax de muitas festas, depois da procissão, na praça fronteira à matriz, é a queima de fogos. Cada comunidade procura esmerar-se o mais possível na apresentação dos quadros pirotécnicos, chegando mesmo a mandar vir dos principais centros os melhores "fogueteiros", se bem que rara é a cidade brasileira que não tenha o seu fogueteiro.

Em Piaçabuçu, estado de Alagoas, afirmam que "festa sem fogos, não é festa". Ali, até para cumprir promessa soltam fogos. Há um fogueteiro que prepara os foguetes (no sul do país chamam de rojão), as bombas e os quadros pirotécnicos. Desde o corte da taboca (taquara), o tamponamento com barro, tudo é feito pelo Miguel Fogueteiro, que declarou: "o foguetão de três descargas é o mais procurado. O canudo é a taboca toda enrolada de corda, barreia-se para fazer a boca mais apertada e enche-se de pólvora. Furando dentro, em quatro partes, enche-se com a pólvora fraca, enchendo depois com pólvora forte. As bombas são colocadas num pacote na cabeça. No pacote há vinte e sete bombas, sendo três grandes e vinte e quatro pequenas". Divide-os em grupos de estampidos de forma que "rebentem oito bombas pequenas para uma grande". Em cada foguete, "falam oito pequenas e responde uma grande, são portanto três respostas". "Para uma dúzia de foguetões, gasta-se: um quilo de salitre, 250 gramas de enxofre e 400 gramas de carvão 'maneiro', isto é, leve. Prepara-se o carvão maneiro queimando-se o carrapateiro ou imbaúba. Isso tudo bem misturado é a pólvora. Para o arranco do foguete, 200 gramas de carvão, 125 gramas de enxofre e 1.000 gramas de salitre. Para a bomba usa-se 1 quilo de clorato, 1 libra de antimônio, meia libra de enxofre e 100 gramas de alumínio."

Em Piaçabuçu e em outras comunidades nordestinas aos fogos de artifício dão o nome de *fogos de vista*, que parece ter sido o nome primitivo que os próprios chineses deram à pirotecnia.

UMA CASA DE FARINHA EM ALAGOAS

O saudoso João Gama, filho de Piaçabuçu, quando, em nossa companhia, visitava uma casa de farinha, disse: "A vida do nordestino seria impossível sem a farinha de mandioca."

Realizava-se uma "farinhada" da qual participavam quatro famílias. Conforme a velha usança, o dono da casa de farinha, um fazendeiro, recebeu dos que ocuparam o seu "moinho senhorial" o pagamento combinado: de cada selamim alagoano que se produzisse de farinha, receberia um litro. A medida é bem cheia, transbordando. Ao excesso dão o nome de "calculo" (palavra paroxítona).

A mandioca, quer a *Manihot utilissima* – espécie venenosa –, ou a *Manihot aipi* – espécie não venenosa ou mansa –, pode ser considerada o pão do pobre. A sua utilização foi aprendida com o índio. A casa de farinha ou "aviamento" é uma verdadeira instituição brasileira. Nela se reúnem, após a colheita das raízes da mandioca, para o preparo da farinha. No Nordeste, a reunião para o fabrico da farinha é chamada "farinhada". Para a farinhada há uma espécie de mutirão, uma ajuda vicinal, da qual participam, em geral, pessoas da mesma família; compadres, vizinhos, no máximo três ou quatro famílias. Como não possuem casa de farinha, alugam-na, pagando o dízimo sobre a produção. Em geral, o fazendeiro é o dono da casa de farinha. Este processo nos faz lembrar o tipo medieval do *moinho senhorial*. O fazendeiro recebe o pagamento do que foi produzido.

A raiz da mandioca brava é arrancada, levada da roça até à casa de farinha, em samburás, ali depositadas em "rumas". Começa aqui o trabalho feminino de descascar a mandioca, ou melhor, raspar aquela película cor de terra. Enquanto raspam, conversam animadamente, outras vezes cantam, repetem cantos de roda-pagode muito comuns entre os adultos:

> Quando a lua sai
> que quilareá,
> vô pegá treis tatu, treis tamanduá.
> Que quilareá, que quilareá. (Solo)

E o trabalho prossegue. Depois de raspada, a mandioca é entregue à raladeira, que é a mulher que a introduz no ralador. Isto requer muita habilidade, porque senão... pobres dedos, serão ralados no "catitu". Catitu ou rodete é a peça de ferro que rala a mandioca. É movido pela força humana (ver Ilustração XXVIII, n.os 1 e 2). Dois homens na manivela – "veio" – fazem rodar a "roda de puxar farinha", que, por meio de uma corda, faz girar o rodete, peça de metal onde está o ralador. A mandioca ralada vai caindo num cocho grande, de onde é retirada e acondicionada em sacos de palha ou esteiras chamadas tipiti – vocábulo indígena que ficou até hoje. Outro nome comum dado ao tipiti é masseira ou paneiro. O tipiti é levado à prensa (ver Ilustração XXIX, n.º 3), para se retirar da massa um líquido venenoso – a "manipueira". Decanta-se também este líquido, tirando-se a goma de polvilho.

 A prensa é rudimentar, acionada por um sistema de parafuso sem fim. Ficando no solo, um grosso pau, denominado "virgem", onde há uma escavação em que é encaixada a trave ou "varão". O varão é perfurado na extremidade livre. Ali atravessa o "parafuso", cuja parte inferior está presa ao "banco" ou "mesa". Na parte inferior, no "pé" do parafuso, há quatro pequenos orifícios por onde passa o "arroxador". Um homem aciona o arroxador, gira o parafuso, o varão desce, apertando a masseira. É comum entre a masseira e o varão colocar-se um "bilro", isto é, um bastão de madeira que poupará o trabalho de mais alguns giros do parafuso (ver Ilustração XXVII, nº 4).

Outro tipo de prensa é a de cilindro, que gira preso entre quatro espeques. O tipiti fica no centro, sobre um banco ou mesa, e o arroxo se dá pelo enrolamento de uma corda no cilindro, acionado pelo arroxador. Este tipo é menos comum, é mesmo chamado de "prensa pernambucana".

Parte do paneiro ou tipiti fica dentro do cocho da prensa, onde na face inferior há sulcos em forma de cruz para o escoamento da manipueira (ver Ilustração XXVII, nº 3).

Retirados da prensa, os blocos de massa são desfeitos e passados numa peneira – a urupema para "sessar", isto é, peneirar. A parte mais grossa que fica na urupema é a "cruera". Esta serve para limpar o forno antes de se torrar a farinha ou é alimento para os porcos.

Uma vez peneirada, a massa está pronta para ir ao forno. Alguns deixam a "massa dormir", isto é, ficar de um dia para outro, o que lhe empresta sabor e cheiro mais ativos. Outros torram-na no mesmo dia.

No forno de taipa há uma chapa de ferro que recebe o fogo por baixo e a boca fica para o lado de fora da casa de farinha – é o "suspiro".

* * *

Observamos que em vários lugares do Ceará onde há carnaubal, a casa de farinha exerce dupla função: fabricar farinha de mandioca e cera de carnaúba. A prensa ora funciona espremendo num tipiti a massa de mandioca ralada, ora espremendo a palha e cera, para se obter esta, e deixar de lado a borra.

Como nos demais lugares do Brasil, a casa de farinha conserva não apenas o traço cultural indígena do aproveitamento da mandioca na alimentação como alguns nomes: tipiti, catitu, samburá, manipueira e além de tudo isso o *beiju*, que recebe um grande número de adjetivos também tupi-guaranis: açu, cica ou xica, curuba, guaçu, membeca, moqueca ou puqueca e teíca, para designar as mais variadas formas de bolos feitos com a farinha ou goma da mandioca. Os bolos nos quais, como no curuba, se juntam castanhas de caju (Maranhão), o delicioso beiju-curuba, feito com goma seca e bem peneirada e mais castanhas. Do beiju-açu, grande bolo, do qual, por fermentação, se extrai a aguardente da mandioca, conhecida por tiquira ou a catimpuera, quando se lhe ajunta mel de abelha.

ENGENHO DE RAPADURA

No Ceará a maior concentração dos engenhos de rapadura de cana-de-açúcar é encontrada no oásis dos Cariris Novos, e não resta dúvida que "Barbalha é a capital da rapadura". Isto no entanto não exclui a existência de pequenos bangüês onde se produz, em pequena escala, a rapadura tão necessária e partícipe presente ao cardápio do cearense destituído de bens econômicos. É o seu alimento de poupança.

Ao lado destes engenhos (ver Ilustrações XX, XXI) estão outras figuras que a paisagem canavieira nordestina não dispensa: agregado, mestre da rapadura, metedor de cana, tirador de bagaço, metedor de fogo, comboieiros e cambiteiros. Dois são os cambiteiros: um é o "cambiteiro de cana", o que traz a cana para as moendas, outro é o "cambiteiro de olhos", transportador no seu jumentinho das pontas de cana para a alimentação do gado, dos animais.

Do animal que o cambiteiro tange com os grandes molhos de cana pouco se vê, é um tufo verde movediço que um rapazola dirige.

Os cambiteiros alegram com seus cantos de trabalho os "pés de serra" do Araripe, cantos que brotam daquelas almas simples, como as águas cristalinas e perenes da serra, uma das responsáveis pela fertilidade da região. Comboieiros e cambiteiros na sua grande totalidade são descendentes de antigos escravos cuja etnia e cor da pele já se diluíram na da população, formando esse tipo tão distinto de nordestino que é o cearense. Cearense que sabe bem o sabor inconfundível da garapa, do rolete de cana, da garapa azeda, do alfenim, da rapadura quente, do mel de engenho, da batida ou raspa de gamela, que em qualquer parte que se encontre do Brasil, ao provar outra, nada se compara em sabor com estas delícias que a terra de Alencar se ufana em dar, quando no verão, época da moagem, principiando em maio indo até dezembro, desde a botada ao fogo morto. Período de alegria, intensificada aos sábados, depois da "paga", quando recebem os salários e então as libações alcoólicas aumentam a alegria e não raro desmancham o prazer daqueles que estão ferrados num samba ou outras brincadeiras e danças, como o maneiro-pau, o alegre milindô, tal qual os presenciamos no Crato, esta e aquela em Juazeiro.

Em pleno mês de junho de 1962 era intenso o trabalho num engenho de rapadura em Barbalha. Os "cambiteiros de cana" traziam-na para ser moída nas moendas, hoje todas de bom aço. O caldo cai e vai diretamente ao *parol*, tanque receptor da garapa. Do parol desce para o *primeiro* tacho. Ao ferver, vai-se limpando o sujo da garapa até ficar alva. Passa-se então para o *segundo* tacho, onde se coloca um pouco de cal para cortar o resto do sujo que haja e começar a engrossar para virar *mel*. Passa-se a seguir para o *terceiro* tacho. Vai-se então fervendo e engrossando até chegar ao tacho da trempe. Depois do tacho da trempe que é o *oitavo*, coloca-se nas gamelas, mexe-se até endurecer para depois "caixear", isto é, colocar em caixas. Depois de caixeada, coloca-se para esfriar e finalmente "bater", isto é, retirar das caixas aqueles "tijolos" de rapadura já prontos para seguirem para o consumo ou para o "armazenista".

A partir do *quarto* tacho a garapa começa a ser o *mel*, que, uma vez seco, dará a rapadura.

A caixa é escavada numa tábua de mais ou menos um metro e vinte de comprimento e cerca de vinte de largura. São dez escavações onde o mel é colocado, dando-lhe, quando seco, a rapadura em forma de tijolo.

Depois de batidas as caixas, a rapadura é empilhada, aguardando o transporte que em geral é feito em caixões presos aos pares nas cangalhas dos jumentinhos.

No Engenho São Paulo, em Barbalha, estavam queimando o bagaço de cana por falta de lenha. O bagaço é posto a secar ao sol numa área próxima do engenho e depois, à medida que a fornalha requer, um menino o conduz num "couro de bagaço" ou "bagaceiro", um couro de boi onde é colocado o bagaço e vem arrastado por um jumentinho.

A rapadura é largamente consumida no Nordeste brasileiro. É alimento, é sobremesa, é aperitivo, é guloseima, enfim, entra em várias receitas da culinária cearense, ou melhor, nordestina.

O sertanejo cearense não dispensa a rapadura. A *batida* de engenho é feita quando o mel, já no tacho da trempe, adiciona-se-lhe cravo, canela, erva-doce. Antes do mel coagular, mete-se dentro uma laranja que lhe empresta aquele sabor cítrico tão disputado. E o alfenim, puxa-puxa, tirado da gamela, esticado várias vezes até clarificar, é guloseima das melhores, tão disputada como o pé-de-moleque.

O mel de engenho, o delicioso melado com queijo do sertão, é sobremesa das melhores, com farinha ou macaxeira é prato que não se despreza. Mel que se adiciona ao delicioso chouriço de sangue de porco que com outros condimentos, bem frito, é pitéu que não se rejeita.

O consumo do açúcar, a indispensabilidade da rapadura na alimentação do nordestino, emprestam aos engenhos de rapadura uma perenidade dessa forma folclórica que é o *bangüê* na industrialização da cana-de-açúcar.

Tanoeiro e carapina

"A cultura canavieira na região de Cariris Novos cresceu e prosperou à sombra dos engenhos de rapadura", como afirma José de Figueiredo Filho, em *Engenhos de rapadura do Cariri*.

Em Barbalha, "capital da rapadura", desenvolveu-se um artesanato ligado à maquinaria e demais implementos usados nos engenhos de moagem de cana: ora moendas de cana a serem construídas, os rolos denteados, a almanjarra, bica, montagens, gamelas, pipas e os tonéis. Tudo de madeira na então nascente indústria caririense para, já nos albores deste século, irem sendo substituídos pelo ferro, como aconteceu com a maioria das moendas. Os tonéis, porém, continuam de madeira e certamente não serão substituídos porque a técnica milenar de fermentação aconselha o emprego da madeira.

A cachaça produzida pelos alambiques caririenses reclama tonel de madeira para guardar o produto de seus engenhos.

No município de Barbalha, em 1962, havia setenta e seis engenhos de rapadura e somente um artesão para fazer tonéis – José Marcelino dos Santos, branco, de 55 anos de idade, casado, que além de construir engenhos de madeira para pequenos produtores, usando a madeira de jatobá da serra para as moendas e assentar os de ferro para grandes produtores, fabrica os tonéis, empregando o pau-d'arco da serra. A madeira é adquirida na serraria, vindo já preparada, isto é, serrada mais ou menos na medida.

Faz tonéis com a capacidade de cento e cinqüenta canadas. A canada, medida antiga vigente no Cariri, é igual a oito garrafas. Os aros de ferro também são preparados pelo tanoeiro, que leva cerca de seis ou sete dias para fazer um tonel, cuja altura é de mais ou menos dois metros e meio. No seu trabalho usa enxó, serrote, escopo, que é batido pelo macete, compasso, martelo e cipiú (plaina).

Além dos tonéis faz pipas com a capacidade para mil canadas de cachaça. Desde 1928 trabalha nesse mister, que aprendeu com seu pai, que era o carapina mais afamado de Barbalha. Seu filho João já está aprendendo o ofício, fazendo carrinhos, ancoretas e uma das coisas que mais gosta de fazer são os pequenos teares para rede que as crianças da região compram para brincar.

José Marcelino, que também é carapina, fabrica teares grandes e os pequenos que as crianças barbalhenses brincam. O tanoeiro e carapina, ao fazer os pequenos teares para distração das crianças, está concorrendo para a perpetuação do artesanato das redes de dormir, porque o brinquedo é uma forma de preparação. É um jogo, jogo que não é tão-somente uma livre prossecução de fins fictícios, mas uma verdadeira preparação de futuros tecelões de redes de Barbalha – terra da melhor rapadura do oásis do Cariri e onde viceja também o artesanato popular das redes de dormir.

Tudo nos leva a crer que a tradição de tanoeiros permanecerá naquela família barbalhense, o avô de José Marcelino dos Santos, que era *marinheiro* (alcunha que recebem os portugueses), tanoeiro, deixou uma herança artesanal, pois seu bisneto João Marcelino será o continuador, perpetuará as técnicas que em três gerações seguidas vêm fazendo as pipas e tonéis dos engenhos de rapadura de Barbalha.

Uma pessoa que presenciou nossa entrevista com o tanoeiro José Marcelino posteriormente disse: "Sou velho aqui em Barbalha, e sei que tonel que ele faz não vasa nem um pingo, nem uma gota. E isso ele aprendeu com o avô, que apostava com os donos de engenhos que, caso vazasse, ele se comprometia a beber o tonel de uma vez só. Na verdade, ele nunca fez isso porque trabalho seu era justo e perfeito, por esses engenhos ainda é capaz que exista algum tonel feito pelo avô. Já o filho, pai de José Marcelino, era também um artista, dava a mesma garantia para seus trabalhos, mas buraco ele fazia é na boca das garrafas de cachaça..."

Açudes e artesanatos

Pouco depois de se deixar ao norte a região litorânea, seguindo-se para o sul, penetra-se no sertão cearense, uma vez transpostas as serras. Outra vez não há serras demarcatórias, o sertão inicia-se poucas léguas aquém da beirada da praia. Mal se acaba de ouvir o marulhar dos "verdes mares bravios", penetra-se no silêncio que a aridez, a secura, a ausência d'água produzem. Nem vento ou aragem gemem ao passar pelo acúleo dos espinhos dos mandacarus e facheiros do sertão.

Saindo-se de Fortaleza, com destino ao norte, pouco antes de São Luís do Curu, fletindo-se para o sul, para a esquerda, chega-se a Pentecoste, às margens do rio Curu, onde hoje se encontra um grande açude, obra do DNOCS.

Na área do rio Curu, medindo-se mais ou menos cem metros de cada lado, a terra já não presta para a agricultura, são solos fracos e a declividade permite que a água das chuvas lavem e levem a capa orgânica, aumentando a erosão. O cristalino está a doze centímetros, em média, abaixo dessa camada de solo arável. E cristalino não dá nada. Que significa esse trato agrícola proporcionalmente à população?

As águas dos açudes invadem essas áreas, outras precisam ser então preparadas, amanhadas para a agricultura de provisão alimentar.

Além deste problema surge o do aproveitamento da água, que no Ceará precisa ser resolvido. O governo, ao fazer os açudes, não desapropriou os terrenos. Agora, os proprietários das terras circunvicinais usam a água da maneira que querem e dela se sentem donos porque está nas suas propriedades. Os mais poderosos prejudicam os demais, mormente quando a cota d'água é abaixo do estipulado.

Não há legislação a respeito dos terrenos marginais dos açudes e há sérios prejuízos para os beneficiados, motivados pela falta de desapropriação que devia ser adrede executada.

Embora existam problemas de ordem administrativa que ainda a incúria do governo não resolveu, a verdade é que o açude mudou a fácies da região.

Em Pentecoste, de apenas um aglomerado de casas de antanho à beira de um rio temporário, depois que surgiu o açude, criou-se uma cidade. Além do acampamento onde moram os "cassacos", isto é, trabalhadores braçais do DNOCS, há outras casas, e a cidade se estendeu tentando grimpar uma ribanceira.

Da parede do açude ao sangradouro percorrem-se mais de dois quilômetros em linha reta, e a estrada aí aberta está sendo pontilhada de casas de lado a lado, povoamento naquela forma bem nordestina – povoado em linha reta, "povoamento linear".

Além da fixação do cearense, o açude propiciou a piscicultura, e esta modificou o regime alimentar do povo, sendo introduzido no cardápio do sertanejo o peixe. Há pescaria abundante e dentre os peixes se destaca a pescada "sovaco preto".

A pesca suscitou dois novos artesanatos: o da construção de barcos e o de tecer redes de pescar. Fazem as redes chamadas "galão", nome regional das redes de espera, utilizando mais o fio de náilon do que o de algodão, pelo fato de ser transparente: o peixe, não o vendo, enrosca-se nas suas malhas. Fazem também tarrafas de náilon. Tarrafeador entra com a água até bater-lhe pela cintura ou peito, levando consigo um pequeno cesto amarrado à cintura – o uru, feito de palha de carnaúba, onde vai guardando o resultado das tarrafadas. Por ocasião da sangria do açude, fazem o landoá, rede para pescar traíras.

Construção de barcos

Com o açude, a criação do peixe alcançou pleno êxito, havendo em alguns deles superado a exigência e capacidade de consumo local. Além da pescaria feita com redes, há a feita com barcos.

Nas proximidades do açude, instalou-se um pequeno estaleiro para a construção de barcos: canoa de pescaria medindo vinte e dois palmos e canoa de carga. Aquela de fundo trinchado e esta de fundo chato.

Além da piscicultura que provocou a existência dos artesanatos acima descritos, o aproveitamento da água do açude para irrigação redundará no nascimento de uma nova agricultura até então desconhecida na região. Em Pentecoste plantou-se laranja, banana, cana. Teve início a apicultura, já com resultados promissores.

Por ocasião do inverno, quando há abundância de pasto, os fazendeiros da região fazem queijo de coalho para a venda. É uma pequena indústria caseira.

Aguadeiro-mirim

Além da figura tipicamente nordestina do aguadeiro tangendo o jumentinho com a carga d'água, ao se passar pela região dos açudes, nessa paisagem seca, se destacam agora os meninos de 7 a 12 anos que, brincando, carregam água em pequenos carros (ver Ilustração XLIII, nº 6).

É invenção recente que transformou o trabalho árduo de transportar água em uma forma de brincadeira condizente com a época, dando-lhes oportunidade para imitar os automóveis, pelo menos o ronco...

Os pais, ou raramente o carapina do lugar, fabrica o carrinho com o qual, brincando, suprem as necessidades domésticas com água apanhada no açude. O "carrinho" é muito simples: um par de rodas de madeira presas num eixo (fixo ou não) cerca de dois palmos de distância uma da outra. No centro do eixo, por meio de um prego ou parafuso, colocam a ponta do "cabo" de mais ou menos dois metros de comprimento, madeira roliça. A extremidade livre deste "cabo" é mais ou menos recurvada e repousa no ombro do menino.

No cabo pregam uma pequena trave – a "direção" –, de mais ou menos cinqüenta centímetros de comprimento. Nas suas extremidades amarram cordinhas que vão daí até ao eixo, servem para guiar as rodas, movendo-as na direção que se deseje. Pouco abaixo da "direção", colocam dois pinos de madeira ou mesmo pregos, distantes um do outro cerca de palmo e meio. Aí prendem as alças das latas d'água.

Neste brinquedo os meninos conduzem água para suas casas. Há os pequenos que carregam apenas uma lata de cada vez, porém os mais velhos e já taludinhos, duas. Estes carrinhos simples se tornam engenhosos instrumentos de trabalho para esses aguadeiros-mirins.

Alguns meninos, quando carregam a água, imitam o ronco do motor de automóvel, forma de emulação nesse trabalho-jogo que suaviza em parte a árdua tarefa das mães nordestinas, aquelas que mais freqüentam a barranca do açude onde apanham a água para o gasto doméstico.

Em Inhuporanga, bandos de meninos com estes carrinhos fazem longas caminhadas para buscar o precioso líquido no açude.

Ancoreta

O Nordeste é uma região que em eras transatas viveu sob o mar, posteriormente, com o levantamento continental, essas áreas ficaram emersas. Assinala-se a sedimentação marinha. Após o levantamento continental houve erosão, provocada principalmente pelas águas fluviais, sob um clima muito mais úmido do que o atual. A erosão destruiu aquelas camadas restando as chapadas como testemunhos, como prova da existência de um grande manto de sedimentação. O Araripe, Apodi, Ibiapaba são regiões sedimentares onde há fontes porque aí os terrenos são permeáveis, dando nascimento a mananciais, a rios. Há umidade e cobertura de matas.

No complexo cristalino que ocupa a maior área do Nordeste oriental, onde está situado o Ceará, os rios são temporários e de caráter torrencial. Inundações ou secas assolam a região. Uma das formas de guardar água, bem como tentar corrigir essa antinomia, é a açudagem.

Por causa da escassez d'água a coleta em rios, açudes, cacimbas ou brejos criou um tipo humano característico – o aguadeiro.

Nas primeiras horas da manhã até ao entardecer o aguadeiro percorre a cidade com as latas d'água, ancoretas ou o jegue com a "carga d'água" para suprir os fregueses. Alegre, quase sempre cantando ou assobiando, calças arregaçadas até ao joelho, ordenando sua alimária com "buah... buah..." dando-lhe a direção a seguir.

Para o transporte d'água pelo aguadeiro o recipiente mais usado é sem dúvida a ancoreta, porque o pote é a medida maior que uma mulher pode carregar na cabeça, equilibrando. Exercício cotidiano que, sem ela o saber, dá-lhe esbelteza às formas feminis.

Quando a captação d'água é no rio ou açude, o aguadeiro mergulha a ancoreta até que encha; quando, porém, é na cacimba, no brejo, usam apanhar a água com uma cuia ou coco até enchê-la.

Em algumas cidades a água é transportada em grandes pipas numa carroça, há os que carregam em duas latas nas pontas de um pau de inharé, porém o comum, fazendo parte da paisagem nordestina, é encontrarmos o aguadeiro tangendo um jegue com a "carga d'água" em quatro ancoretas conduzidas nas duas caçambas, ou duas ancoretas presas apenas por "zeias" na cangalha.

Quer no "sertão seco", quer no mar, transportando a água doce – provisão de jangadeiro – tem largo emprego a ancoreta, barril de forma achatada.

A meio caminho de Fortaleza e da zona do "sertão seco", onde há açudes e o suprimento d'água é difícil, está Pacajus, município onde há maior possibilidade de obtenção de madeira apropriada para a fabricação de ancoretas, aí localizou-se um tanoeiro que tanto as fornece para o sertão como supre o mercado da capital, onde os jangadeiros a compram. Localizado em ponto excelente, razão pela qual não vence as encomendas que recebe quer do sertão, quer do litoral.

Há mais de dez anos Antônio Alves da Costa localizou ali sua tanoaria, e como havia aprendido a arte com seu finado pai, em Acarape, passou a fabricar ancoretas, no que foi muito bem-sucedido. Primeiramente, um pouco difícil a venda, os revendedores escravizavam-no muito. Tinha que vender pelo preço que impusessem. Um dia resolveu não fornecer mais aos revendedores e sim diretamente para quem quisesse. Só assim libertou-se e então começou a ganhar dinheiro. "Hoje sou eu quem impõe o preço e quem quer vem comprar aqui na minha porta."

Na verdade, o trabalho bem feito, bem acabado, conseguiu impor-se e conquistar definitivamente o mercado. Recebe encomendas do sertão, e o mercado da capital é Antônio Maleiro quem supre com exclusividade. A veracidade de sua informação foi por nós confirmada no mercado de São Sebastião, onde os jangadeiros adquirem os barris para água doce.

Antônio, Mestre Antônio como gosta que o chame, ensinou seu filho Luís Gonzaga, hoje oficial em tanoaria. Além deste ajudante na oficina há um aprendiz, aparentado. O que se pode depreender é que nos artesanatos cearenses os aprendizes são sempre aparentados do mestre, do dono da oficina, portanto o aprendizado se realiza dentro do círculo familiar e aquele que não tem filhos, porém afilhados, estes é que se beneficiam. Aliás no Nordeste o compadrio é uma instituição que tem liames tão fortes quais os do parentesco pelo sangue. O artesanato então, via de regra, se desenvolve, caminha através das gerações, dentro de um grupo familiar.

Matéria-prima

A madeira usada para a fabricação das ancoretas é o pau-branco, comprado na serraria: a ripa, a seis cruzeiros o metro linear, e a tábua, a dez cruzeiros. O arco de ferro é adquirido nas casas de tecido da capital, nas lojas, é o que vem nas embalagens dos caixotes. É também na capital que adquire o rebite de metal.

Oficina

Na sala da frente de sua casa é o depósito das ancoretas já prontas. Contígua a esta há outra sala onde está a oficina; num canto, sob uma janela, há um banco de carpinteiro onde prepara as tábuas; um cepo onde faz a perfuração do arco com o pontão.

Processo

A madeira já vem em ripas. Cortam-na primeiramente do tamanho que deverá ter, cinqüenta centímetros mais ou menos. Depois de preparada a madeira, pronto o arco, vem o trabalho de colocação, que é feito no chão, geralmente fora da oficina, na sombra que esta projeta. Colocados os arcos, chanfra-se com enxó para se colocar o testo, isto é, as duas tampas. A seguir, uma vez colocados os testos, furam-se a boca e o suspiro, nos lugares que devem ser, conforme o tipo feito.

Uma pessoa faz quatro ancoretas por dia, das pequenas; as de capacidade para seis latas de querosene d'água, que são as maiores ancoretas por ele fabricadas, não se podem fazer quatro. Aliás, estas têm menor saída porque geralmente são usadas pelos que fazem tijolos.

Tipos

De acordo com as encomendas, quer do sertão, quer do litoral, passou a produzir três tipos distintos de ancoretas:

a) para jangada;

b) para carga d'água em jumentinho, presa diretamente à cangalha (é de forma alongada, o jegue carrega geralmente duas);

c) "caneco" – para cargas d'água em burrinhos postas em caçambas, duas de cada lado. A caçamba é uma espécie de meio caixão de querosene, presos de cada lado na cangalha do jerico.

Cada ancoreta tem uma determinada capacidade. A destinada à jangada é de mais ou menos quinze litros. As para "carga d'água" comum, são de mais ou menos quarenta litros. Portanto um jumentinho carrega oitenta litros cada vez. A tipo "caneco" tem mesmo uma alça lateral de metal, dando a idéia de uma caneca, sua capacidade é de mais ou menos vinte litros. Vão dois "canecos" em cada caçamba, totalizando quatro para uma "carga d'água".

Outra distinção que deve ser feita, além do tipo e da destinação, é a que se refere à colocação da *boca* e do suspiro. No "caneco" a boca e suspiro ficam no testo, isto é, na parte superior. Na ancoreta para se carregar em jegue, o suspiro é no testo e a boca é no lado. Na ancoreta de jangadeiro, tipo barrilzinho, a boca é no lado. Os jangadeiros não querem que coloque suspiro, é mais funcional na jangada o beber sem suspiro, não há perigo de se perder o precioso líquido.

Comércio

Além das ancoretas, faz também tinas para o gado beber água, para colocar ração ou forragem. A tina tem saída para o sertão bem como para os estábulos da cidade. No entanto, a ancoreta de jangadeiro e principalmente os "canecos" são os mais vendáveis, não "há mão a medir, o que faço sai", informou o tanoeiro.

O caneco de quarenta centímetros de altura é vendido a duzentos e cinqüenta cruzeiros, o de quarenta e cinco centímetros, a trezentos, o jogo de ancoreta (duas) para carga d'água, a seiscentos cruzeiros, e a ancoreta para jangada, a trezentos cruzeiros (1962).

As ancoretas para jangadas são enviadas diretamente para a capital. De Morada Nova, Quixadá, Cristais, Russas, Aracoiaba, Quixerê, Mossoró (Rio Grande do Norte), vêm diretamente compradores na porta, já "não preciso levar no mercado e nem na feira, e ficar à espera de freguês".

O artesão tem um incentivo para fazer melhor o seu trabalho – a compensação de não precisar deslocar-se para vender. O "vender na minha porta" é um título de orgulho. Felicidade porém o artesão encontra quando pode eliminar o "atravessador", o "revendedor", e impor o preço, auferir a justa retribuição.

Jangada cearense

A introdução da jangada e seu uso em águas brasileiras deve-se ao povoador português (ver Ilustração XL). O índio usava a igarapeba, um ajoujo de madeiras leves, para travessia de rios, e também a ubá. Esta até nossos dias ainda é usada por pescadores, principalmente na região Sul do Brasil. Na ubá os índios navegavam quer n'água doce, quer no mar. Nela até de guerra participavam. Traço indígena que até hoje se conserva é a maneira de os caiçaras remarem na canoa, fazem-no como os índios – em pé.

As condições eólicas, plataforma marítima e outras peculiaridades do Nordeste brasileiro possibilitaram aí, e não no sul, a adoção e uso da jangada, oriunda da Ásia, utilizada exclusivamente na haliêutica, razão pela qual o jangadeiro sempre se diz *pescador*. Nós outros é que o chamamos de jangadeiro.

Localização geográfica

Se assinalarmos em um mapa os agrupamentos humanos desses brasileiros desassistidos de todos os governos – os jangadeiros –, teremos um pontilhado em toda a costa cearense. São os *portos de jangada* onde vivem jangadeiros dos quais só se ouvem e escrevem loas ao seu heroísmo e onde se tiram as fotografias das jangadas que enfeitam com o triângulo de suas velas a planura branca das areias das praias.

Jangadeiro vive da pesca. Esta é um gênero de vida não urbano, de base urbana; é uma atividade de grupo e não individual. Os *portos de jangada* simbolizam grupos humanos, fixados nas praias cearenses.

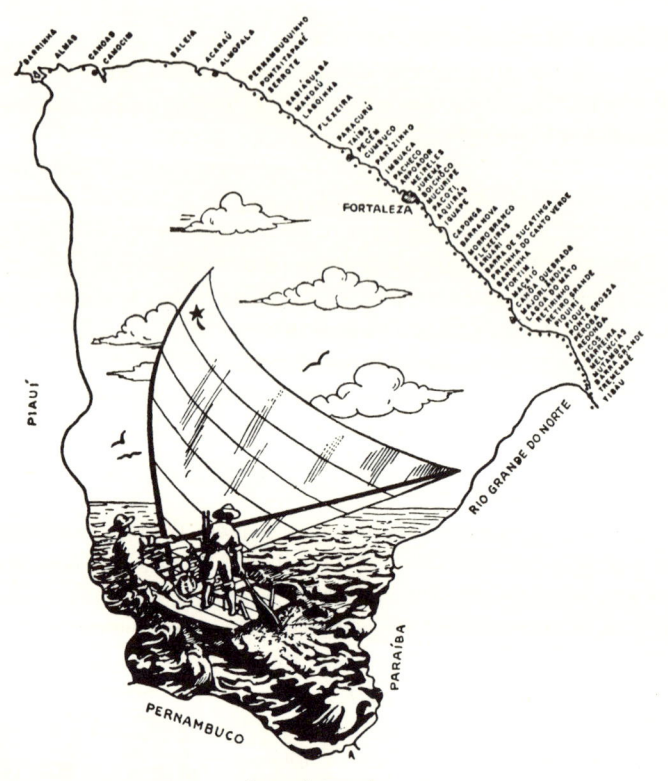

Portos de jangada.

De Fortaleza para o sul, a partir do Meireles: Jurema, Boi-Choco, Mucuripe, Pacoti, Aquiraz, Iguape, Capunga, Barra Nova, Morro Branco, Flecheira, Aruaú, Barra da Sucatinga, Prainha de Canto Verde, Barrinha, Maçaió, Canoa Quebrada, Majorlândia, Lagoa do Mato, Retirinho, Pequiri, Prainha, Fortim, Retiro Grande, Pique, Ponta Grossa, Peroba, Redonda, Picos, Ponta das Barreiras, Mutamba, Barra Grande, Tremembé que é vizinho de Tibau, este já no Rio Grande do Norte.

Para o norte os seguintes portos de jangada: Arpoador, Imbuaca, Pacheco, Parazinho, Pará, Cumbuca, Pecém, Taíba, Piriquara, Paracuru, Lagoinha, Flecheira, Mandaú, Almofala, Acaraú, Aranaú, Sabiaguaba, Pernambuquinho, Serrote, Canoa, Camocim, As Almas, depois já é o estado do Piauí.

Nos portos de jangadas mais próximos da capital está se processando neste último lustro a pesca da lagosta. Neste tipo de pescaria da lagosta, estão apanhando peixes com a *caçueira*, rede de espera de mais ou menos quatorze braças de comprimento que deixam fundeada com toaçu de ferro; e as "bolandeiras" ou "vigias" são bóias feitas de pau timbaúba. Vão buscar o resultado nos paquetinhos.

Construção

Tanto para a pesca da lagosta como para as pescarias em alto-mar, nos próprios portos de jangadas há construção delas para as finalidades exigidas. Em Paracuru, há mais de uma centena de jangadas no seu porto e três estaleiros instalados sob galpões cobertos de palha. Em Majorlândia é a própria vela que serve de abrigo contra o sol, para que ali se construam jangadas. Na praia do Meireles, na capital, o estaleiro está sob uma árvore umbrosa.

O tamanho das jangadas varia de 12 a 31 palmos. De há muito não constroem as maiores de 39 palmos de comprimento.

Na praia do Meireles, Luís da Silva, 72 anos de idade, ex-jangadeiro, empreita para fazer jangadas a quarenta mil cruzeiros a pequena. Tem um ajudante. Só em mão-de-obra, vai pouco mais da metade, vinte e quatro mil cruzeiros. Informaram que uma jangada de vinte e três palmos, que leva quarenta e cinco metros de algodãozinho para sua vela, está sendo vendida por cento e vinte mil cruzeiros. Aliás este preço é exorbitante, porque em Paracuru, uma jangadinha de 12 palmos de comprimento custa seis mil cruzeiros, e uma de 31 palmos, de trinta e cinco a quarenta mil cruzeiros. Estes preços são mais ou menos os mesmos que recolhemos na praia, em Aquiraz.

Entre 1924 e 1955, eram muito comuns as jangadas de 37 a 41 palmos, chamadas *jangadas de conta d'água*. A vela de três peças e meia de algodãozinho cru, mais ou menos setenta metros quadrados de pano. O mastro de mais de três braças de comprimento e mais a emenda, que é de duas braças e meia. A função da emenda no mastro é muito importante porque é para brandear o balanço, no tombo da jangada, para evitar que com facilidade emborque.

Para o pau do mastro usam as seguintes madeiras: pau-branco, frejoz, matamatá, e a emenda de pitiá, pereiro, feijão-bravo, cipaúba, angélica ou jenipapo. É preciso que seja bem flexível para agüentar o tombo. A flexibilidade da emenda resulta na estabilidade. Dão mesmo preferência ao matamatá que é o melhor, pode ser também pau-branco do mangue. O matamatá tem grande durabilidade. O pé do mastro é enrolado por uma folha de cobre, pregada com brochas do mesmo metal.

Para a tranca usam a praíba, madeira amarela de grande resistência. É mais comprida do que o mastro, mede sete braças. Para quebrar uma tranca de praíba, só um pampeiro muito forte ou um mestre que não saiba fugir de um aguaceiro.

Comumente ouve-se entre os jangadeiros as denominações paquete e paquetinho. Paquete é jangada de 31 palmos, e paquetinho, de 19 para baixo. Uma jangada média de 25 palmos leva peça e meia de algodãozinho em sua vela.

A madeira para a jangada é a piúba, que vem do Pará. Ao dar início ao trabalho, coloca os paus sobre outros dois, chamados "maiá". Um maiá é mais baixo do que o outro justamente para que a proa fique mais alta e a popa mais baixa. Outra observação importante: a proa é colocada para o lado do leste quando se vai fazer, "porque é a direção dada pelo sol".

Ao construir a jangada, os seus paus precisam ter grossura diferente, para diferenciar da balsa, pois esta é por igual. Numa jangada de 39 palmos, os paus do meio terão que ter seis palmos de circunferência, os bordos, oito, e as mimburas, sete. A jangada assim feita terá maior velocidade.

A jangada fica ronceira, pesadona, quando a grossura dos paus é mais ou menos a mesma, não terá portanto velocidade. "Feita na ciência, até para remar é mais fácil..."

"Jangada boa de remo" é quando os bordos são mais baixos e os meios mais altos. Entre os dois bordos que ficam mais afundados e os meios pouco

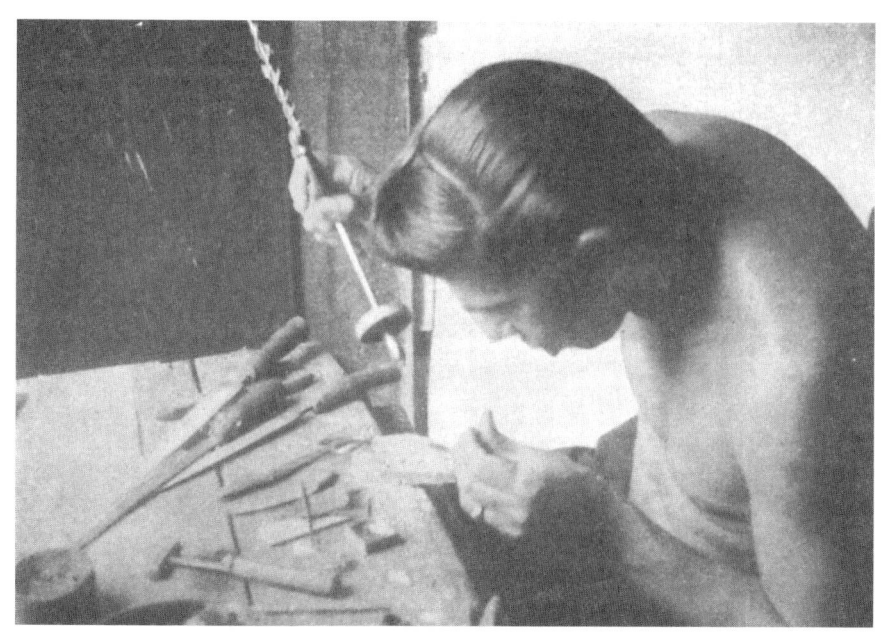

Banca de "viração" de um artesão de berloques de casca de tartaruga. Fortaleza (CE).

Com malho, bigorna e fole o ferreiro prepara a foice. Aracoiaba (CE).

Jangadinha – lembrança de Fortaleza (CE).

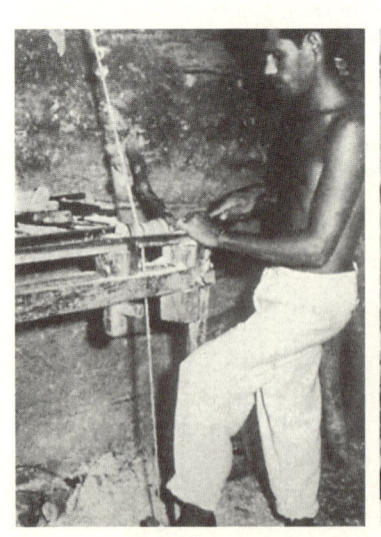

*Curioso torno para madeira.
São Luís do Curu (CE).*

*Fazendo jangadinhas de madeira.
Fortaleza (CE).*

mais altos, a água passa com grande facilidade – "tem mais lazeira" – isto é, ajuda a velocidade.

A jangada construída com uma certa convexidade, ficando mais alta na proa, portanto mais baixa na popa, é *selada*, é a ideal, então costumam dizer que é um "paquete lazarino".

Fazer uma jangada com o "governo em cima da mimbura" é o que um mestre mais deseja e só um bom carpinteiro é que sabe fazer uma assim: fica maneira, fácil de ser governada.

Ao construir, coloca-se a *forra* debaixo dos bordos para que o rolo, ao tirar e retirar d'água, não coma os bordos, principalmente quando a madeira é mole, porém de boa flutuação. A madeira da *forra* é em geral o cajueiro (raiz de cajueiro), hoje já substituída por causa da dificuldade de consegui-la.

Uma jangada bem cuidada dura cerca de cinco anos. Quando ela fica velha, vende-se para o sertão para se fazer balsa. Na balsa os paus são todos iguais.

Uma jangada de trinta e nove palmos suporta com grande facilidade o peso de dois mil quilos.

As peças do casco da jangada são as seguintes: dois paus do *meio*, dois *bordos* e *mimbura do sul* e *mimbura do norte*; três cavilhas: na popa, na proa e no meio; tamancas de calço, também chamadas fêmeas; tamancas de popa, do bordo sul e do bordo norte; calçadores; carninga; tatu (é uma tamanquinha onde se cola o pé da pinambaba); dois calços de bolina; banco de governo; espeque; tamanca de espeque; banco de vela; tolete; toletinho; forras de banda, de baixo; tabicas; salgadeira; mastro e tranca.

Estas são as peças usadas quando se vai para o mar: rolos, samburá, remo de governo, remo de voga, remo de mão, cuia de vela, quimanga, barrica, marmita, cuia e colher de pau para o pirão, toaçu, pinambaba, bicheiro, atapu, cozinhador e lenha.

Na jangada há também o cordoames, arrocho de popa, vai-e-vem, cabos no espeque; cordas de vela, punho, guinda, mura, ligeira, escota, palomba, envergue.

Solidariedade

Entre os jangadeiros, além da disciplina, há grande solidariedade. A hierarquia é a seguinte: o *mestre* é quem manda na jangada; depois, o *proeiro*; a seguir, *bico-de-proa*; e finalmente *rebique*. Este em geral é um meninote ou mesmo um velho por ser trabalho mais leve, mais suave.

Nem sempre o jangadeiro é o dono da jangada. Ele é empregado e o dono fica então com a metade do resultado da pescaria. O resto é para os demais.

O dono fica com quatro partes e os demais com uma parte cada. Assim, quatro oitavos do produto para o dono e um oitavo para cada jangadeiro.

Alimentação

O jangadeiro que vive exclusivamente da pesca no mar completa a sua alimentação com os produtos da terra, principalmente com o caju. Este é como todos os jangadeiros afirmam: "Deus mandou o caju para que os pescadores não passem fome como os matutos do sertão."

Em torno do caju há uma verdadeira arte culinária: pancão, canjirão, mel de caju, mocororó e as várias maneiras de aproveitar a farinha da castanha dessa árvore típica das praias.

Bom passadio de jangadeiro é o *pancão*. Tira-se o caju e espreme-se para fazer a garapa do caju. Leva-se ao fogo. Apura-se até fazer o mel. Assa-se a castanha, pila-se, mistura-se com o mel, coloca-se numa prensa e faz-se uma fôrma como se fosse um tijolo, é o pancão.

Comendo-se cedo o pancão, passa-se o dia todo sem comer mais nada. A pessoa fica alimentada, pode-se ir para o mar ou para o roçado e trabalhar o dia todo.

Tambança – é o vinho do caju com a farinha da castanha. O vinho de caju assim se prepara: espreme-se o caju, depois coloca-se a farinha de castanha assada e pilada dentro; é a tambança. Alimento forte.

Canjirão – assa-se a castanha, pila-se e mistura-se com farinha de mandioca, colocando-se mel de caju.

Mel de caju – espreme-se o caju numa gamela, depois coloca-se num caldeirão e leva-se ao fogo. Vai fervendo e vai-se tirando as espumas, lançando-as fora. Apura-se até ficar mel grosso.

Mocororó (bebida de origem indígena) – espreme-se o caju, quando se tira o vinho (o suco) todo, coa-se e engarrafa-se. Deixa-se azedar. É necessário amarrar fortemente a rolha que tampa a garrafa, porque, fermentando, pode estourar e perder-se. O melhor mocororó é feito com o caju azedo.

Farinha de castanha – torra-se a castanha do caju e pila-se para a farinha de castanha. Escala-se o peixe, isto é, corta-se pela costa, abrindo-se da cabeça à cauda dois lanhos onde se coloca o sal. Esta operação é feita depois de se ter consertado o peixe, isto é, tiradas as vísceras. Peixe seco com farinha de castanha é um prato forte.

"O peixe seco com farinha de castanha é uma comida forte, tem vitamina: não vê que pescador é forte e tem bastante filho. Isso dá muita sustância para o homem (potência), disse um informante."

Na arte culinária jangadeira encontramos além do caju o aproveitamento da melancia, do murici, do maxixe.

Angu de castanha – apanha-se o caju, tira-se a castanha, assa-se, depois quebra-se e pisa-se bem no pilão. Quando está bem fininha, leva-se ao fogo numa panela com pouca água. Põe-se um pouco de sal, uma pitadinha apenas. Depois de pronta coloca-se nos pratos. Esse angu fica como uma canjica. Come-se com colher de pau que é a que se usa na casa de pescador. Com esse "angu dá para a gente escapá". "Escapar" é comer. "Quando eu era menino", afirmou velho jangadeiro, "eu acabava de comer esse angu, estava sustentado, ia brincar, nadar".

O mesmo jangadeiro informou: "as colheres de pau são feitas pelos jangadeiros para seus filhos, de peroba ou manicoba. A colher é pequena, pois nunca há muito para se comer" (ver Ilustração XII, n.ºs 1 a 8).

A farinha da castanha misturada com farinha de mandioca para comer com peixe seco: agulha, espada, moréia. Esses peixes sobram do consumo, então salga-se e guarda-se. Escala-se o peixe. É claro que primeiramente tiram-se as tripas.

"Outra comida que dá muita sustância é a castanha assada para se comer com rapadura. Quando se assa a castanha é necessário que se tire muito bem aquela pele de cima, porque ela tem muito azeite que, comendo-se, dá muito papouco na pele (furunculose)."

A melancia é plantada em terrenos de vazante, terreno mais baixo, para que dê o ano todo. Aliás, o mesmo fazem com o maxixe.

Canjica de maxixe – põe-se para cozinhar. Quando está bem mole, põe-se num alguidar. Uma vez fria, mexe-se bem, passa-se numa peneira, tira-se toda a semente. Depois raspa-se o coco, põe-se junto com aquela massa para se fazer a canjica.

Farofa de melancia – toma-se a melancia, parte-se, raspa-se o miolo, depois esprema-se. Fica aquela água onde se coloca a farinha de mandioca. Come-se com peixe seco assado.

Esta farofa de melancia o pescador a leva na quimanga, constitui um passadio bom para se comer no mar.

O café da manhã em casa de pescador é peixe seco com farinha. O peixe que jangadeiro come em casa pela manhã é geralmente o coró, quer do branco, quer do amarelo.

Pescador gosta de levar coró na quimanga. Assa-se na brasa o coró com escama e tudo, tirando-se apenas as tripas e guelras, é o *coró marinheiro*. Há pescadores que passam a vida toda sem comer carne de gado, de vaca; só comem carne de peixe e quando não morrem no mar, morrem de velho e não de fome.

Quando chega o *balanço do mar*, isto é, a água doce desce dos rios, das barras, misturando-se com a salgada, afugenta os peixes, estes somem. Jangadeiro vai com a jangada, dorme no mar e nada traz, então, não se tendo o que comer, come-se jerimum com leite de cabra. Põe-se o jerimum (abóbora) no fogo, depois de cozido, machuca-se e come-se com leite. O jerimum preferido é o "de leite" e não o cheio de água. Para se comer este "jerimum de leite" com leite de cabra não é preciso açúcar, põe-se uma pitada de sal.

Jamu, antigo jangadeiro, disse: "quando eu era menino, ganhava os morros para apanhar murici. Outras vezes íamos pegar siri porque muitas vezes meu pai voltava do mar sem ter o que comer. Nós, as crianças, com os muricis e os siris, lhes dávamos também alguma coisa para comer. Cresci assim. Essa é a vida de jangadeiro. Apanhava o murici mole, botava na farinha de mandioca, pisava a rapadura e misturava-se tudo na mão, fazia a *tambica*, comida que alimenta muito. Quem come tambica de manhã cedo fica sustentado para almoçar lá pela tarde".

Outra comida de emergência do pescador é o *chibé*. Raspa-se a rapadura, põe-se dentro de uma vasilha com água. Derrete-se a rapadura com um pouco d'água, colocando-se ali a farinha de mandioca e deixa-se inchar. Quando a farinha está inchada, o chibé está pronto para ser comido. Come-se o chibé quando não se tem mesmo outra coisa para se comer.

Há um ditado que marca bem as aperturas de um pescador: "Ele nem chibé tem mais para se escapar (comer)".

Uma das primeiras comidas que filho de pescador come na vida é o caldo de peixe, logo após o desmame. Às vezes, ainda está sendo amamentado, já toma caldo de peixe. Vai-se misturando engrossantes, isto é, farinhas de mandioca ou de caju. A farinha bem pilada, bem fina, de castanha de caju é um dos mais usados engrossantes que os filhos de pescadores aprendem a tomar.

"Filho de pescador vem ao mundo e logo aprende que peixe e caju cria gente forte, dura, no serviço do mar. Não tem importância que os governos se esqueçam da gente. Deus não, nunca esquece e nos dá força e inteligência, filho de pescador nasce com o caju na mão para fazer mocororó, que é a bebida da nossa alegria", concluiu Antônio Reinaldo da Silva.

Novos rumos

A vida de jangadeiro se torna infeliz quando existem os *marchantes*, aqueles atravessadores que compram todo o produto da pesca dos jangadeiros para depois vendê-lo na cidade.

O atravessador começa por comprar o produto, depois vai fazendo os pequenos empréstimos, adquire a jangada e o jangadeiro acaba se tornando seu mero empregado, recebendo os quatro componentes de uma jangada quatro oitavos do produto.

Na verdade a pesca com a jangada cada dia se torna mais obsoleta, antieconômica. Os novos processos advindos da modernização da pesca, adoção de redes de espera, embarcações motorizadas, possibilitarão o pescado por preços mais baixos por causa da maior quantidade "matada" e então suscitarão seu aproveitamento industrial bem como se poderá fazer maior abastecimento do interior nordestino, principalmente onde não há açudes. Já afirmamos que a pesca de açude, em alguns pontos do Ceará, está vencendo aquela feita pelos jangadeiros.

A pesca empírica de atuns, peixes-voadores, lagosta deverá ser substituída, modernizada, então ela dará maior produtividade, beneficiando os ex-jangadeiros, agora apenas o que sempre se intitulam – pescadores. Pescadores que terão ampliadas suas rendas mediante cuidadosa orientação técnica e financiamento de embarcações motorizadas. Mas isto tudo precisará ter uma base em terra, isto é, a industrialização do produto, a salga, enlatamento, prensamento etc. E a distribuição deve, com toda justiça, encaminhar-se primeiramente para aquelas regiões onde há escassez de alimento, fome, medida que estancará com outras a migração, medida que matará sem dúvida o "pau-de-arara", caminhões que deixarão de existir levando as cargas humanas mais sofridas para o sul.

A pesca nas costas nordestinas, uma vez modernizada e bem orientada, poderá contribuir decisivamente para a fixação do homem no Polígono das Secas.

E a jangada? Ora a jangada, a jangada será apenas o que ela é: o enfeite movediço das praias nordestinas, símbolo da miséria de milhares de pescadores que com suas famílias constituem as centenas e centenas de pequenos povoados que pintam com a cor plúmbea dos telhados de palha de suas choças a extensão alvadia da orla marítima nordestina. Ali vivem nossos irmãos brasileiros que têm amor pela vida e desmentem sempre a canção popular: "como é doce morrer no mar". Querem viver. Deve, portanto, o governo transformar a pesca em empreendimento racional e não rotineiro, como tem sido desde que o português trouxe lá da Índia a jangada.

Manzuá

Vocábulo até há pouco desconhecido é o *manzuá*, armadilha para pesca, espécie de covo, um quadrado de madeira e cipós, tendo num dos lados uma entrada falsa por onde o peixe (agora lagosta) entra, não conseguindo depois sair. Dentro dessa armadilha subaquática é colocada a isca para atrair o que se deseja apanhar. No caso da lagosta é a carne de panelada, isto é, cozida.

Além desse manzuá, há outro artifício de pesca – o *landoá*, espécie de jereré ou puçá sem cabo de madeira. No aro de madeira de mais ou menos uma braça de diâmetro é costurada a rede que toma a forma afunilada; no fundo, colocam uma pequena pedra para submergir. No aro prendem quatro cordinhas a igual distância, depois suas pontas são amarradas numa corda longa de várias braças de comprimento; lançada no mar por jangada sem vela, o pescador retira o landoá, puxando-a. Pesca feita exclusivamente à noite.

Com a incrementação da pesca da lagosta nas águas cálidas do litoral nordestino, notadamente no Ceará, há pouco mais de cinco anos, criou-se a fabricação intensiva de manzuás. Companhias estrangeiras estão interessadas nessa atividade, na qual primeiramente fazia-se a pesca da lagosta com manzuá de cipó, depois com um arcabouço de madeira recoberto por tela de arame. A durabilidade destes manzuás não era lá muito grande. Começaram a preparar a armação de ferro, recoberta com tela de arame especial, cuja duração é de mais ou menos seis meses. O arame se enferruja, porém o arcabouço é novamente aproveitado. Passou-se a fazer os manzuás na praia. Atividade nova, há uma pequena máquina para tecer as telas de arame já no tamanho próprio de se colocar no manzuá, uma caixa medindo mais ou menos 1,20 m por 0,60 m e 0,60 m de altura, tendo uma entrada afunilada por onde a lagosta entra e não consegue sair pela porta que, empurrada por fora, abre-se; por dentro não. Sendo o manzuá de armação de ferro, não é preciso colocar pedra dentro para afundar, no entanto é necessário colocar flutuadores nos cabos, as bóias.

Para manter o manzuá numa determinada profundidade e também para se ter um marco onde foi lançado no mar, fazem as bóias de madeira "piúba", a mesma usada para as jangadas. São cortados os toletes em serra elétrica em pedaços de mais ou menos sessenta centímetros. Desponta-se uma das extremidades, faz-se um furo com trado manual e nesse orifício mete-se uma braça de corda que é desfiada nas duas pontas, depois amarradas, ou melhor, trançadas. Essa corda é chamada o *chicote* da bóia. Neste amarra-se outra corda de mais ou menos trinta e cinco braças de comprimento chamada *ponta*. A bóia flutua indicando o local e em cada vinte e quatro horas é puxado o manzuá para fora para se verificar o que há dentro. Às vezes nada; outras, até setenta lagostas, ou, como pronunciam, lagustas.

Nos meses em que a pesca é proibida, de fevereiro a abril, época da desova das lagostas, cai a intensidade deste trabalho de fabricação de manzuás.

Para o lançamento dos manzuás usam barco motor. Para lançamento do landoá, artifício venatório mais simples, em Paracuru e mesmo noutros portos cearenses, usam jangadinhas pequenas, sem velas. O manzuá é utilizado largamente pelas companhias que hoje estão explorando a pesca da lagosta; o landoá, são os pescadores, um ou outro jangadeiro que o fazem e dele se utilizam, principalmente quando é maior a presença de lagostas na costa cearense.

O manzuá já está industrializado; o landoá ainda é artesanato doméstico. Pescadores tecem a rede de cordinha resistente e agora já de fio de náilon, preparam o aro de madeira. O manzuá é manejado pelo assalariado, o landoá pelo pescador, que venderá o produto de sua pesca; não é assalariado.

Jangada alagoana

O uso da jangada vem de prístinas eras da humanidade. Na Grécia antiga existiam as *schedia*. Entre os romanos era a *ratiaria*. Etnógrafos assinalaram a sua presença entre os germanos, ingleses, gauleses e holandeses.

A jangada nos veio por mão dos portugueses da Ásia, donde provém também seu nome *janga* ou *xanga*, de origem hindustâni.

São estes apontamentos sobre a jangada alagoana colhidos no município de Piaçabuçu, na face que dá para o mar, no povoado de pescadores Pontal do Peba, onde em 1952 permanecemos uma semana convivendo com os jangadeiros.

Pela primeira vez em nossa vida entramos mar adentro numa jangada, dirigida por Manuel Inocêncio de Barros, vulgo Maninho – o jangadeiro, único armador de jangadas de Pontal do Peba. Nesse local paradisíaco, sob coqueirais, moram pescadores que na aventura cotidiana entram mar adentro nas dezoito jangadas que à tardinha enxugam as velas ao vento sussurrante da praia, de onde vem o peixe seco para ser vendido na feira hebdomadária de Piaçabuçu ou de Penedo. Pontal do Peba fica ao norte da foz do rio São Francisco pouco mais de duas léguas, e dista o dobro da cidade de Coruripe, portanto fica nas imediações dos baixios de Dão Rodrigo, onde o bispo d. Pero Fernandes Sardinha, em 1556, foi morto e devorado pelos caetés, nos alvores da história do povoamento de nossas plagas.

A frágil embarcação usada para o duro mister é feita de madeira leve, chamada "pau-de-jangada" (*Aipeba tibourbou* Aubl), proveniente das matas do município de São Miguel dos Campos, lá "em riba, distante do mar vinte léguas". Por ali passa um rio que vem desaguar no oceano: a madeira é cortada, juntam-se os toros, fazendo-os descer rio abaixo. Ao chegar ao mar, colocam uma vela improvisada que ajuda trazer a madeira até o Pontal do Peba, para ser trabalhada, onde há apenas um armador – Maninho é seu apelido. O estaleiro desse armador – que foi o nosso informante – está à sombra de uma grande árvore na praia – um cajueiro. Ali inicia o preparo da jangada, desde o descascar a madeira até o momento de entrar no mar. A casca não é lançada fora: suas fibras são aproveitadas para trançar cordas, como veremos mais adiante.

Para a construção da jangada usa as seguintes ferramentas: machado, serrote, desbastador, trado (para furar), goiva e compasso. Na jangada não vai um prego sequer. Tudo é feito por encaixe e os pinos de madeira são pregados dando maior solidez.

A madeira empregada para a flutuação é chamada "pau de jangada", porém as demais peças da jangada são de outra madeira: o banco da vela é de sucupira (*Bowdichia nitida* Spr.), a carninga é de cajueiro (*Anacardium occidentalis* Lin), o banco de governo é de sucupira, às vezes de pinho, e suas pernas são de mangue (*Rhizophora mangle* L.), a bolina é de sucupira, o calço da bolina é de araticum (*Anona cananga* Aubl). No encaixe do remo na popa da jangada, há um revestimento de madeira macia que é o araticum.

Tipos e medidas

As jangadas variam de tamanho: as de *alto-mar* são as jangadas de 35 palmos de comprimento e 14 ou 15 palmos de largura e cuja vela de algodãozinho cru requer 40 metros de pano; há outro tipo, pouco menor – o *paquete* –, medindo 32 a 33 palmos de comprimento e 8 ou 10 de largura e a vela requer 20 a 25 metros de "panejamento". Um terceiro tipo é a jangada de 25 palmos a 27, conhecida por *paquetinho de cação*, leva 20 a 25 metros de pano. Há um quarto tipo que é a jangadinha de 18 palmos, conhecida por *jangada de chiqueiro*, acionada por remos, não usa vela e é para pescar a uma légua de distância, no máximo, aproveitando a plataforma marítima que nessa região é bastante rasa.

A jangada maior, isto é, aquela cujas madeiras para flutuação medem 35 palmos de comprimento, é também conhecida por *jangada de dormida*, pelo fato de os pescadores passarem mais de um dia em alto-mar pescando.

As histórias encantadoras que ouvimos à sombra dos cajueiros em Pontal do Peba foram narradas pelos jangadeiros que têm dormido na imensidão do mar, olhando as estrelas e ouvindo a música desse mar encantado que lhes dá o peixe e o pábulo para suas lendas, seus "ABC".

Nomes de suas peças

Os principais elementos da jangada são os paus para flutuação de forma roliça, apenas as pontas são afinadas (proa). São seis toros justapostos: os da extremidade têm o nome de *mimbura*; ao lado destes vem os de *bordo*; os dois restantes, que ficam bem ao centro, são os *dois do meio*. São colocados um ao lado do outro por meio de traves – "os tornos" – que atravessam nos furos feitos pelo trado, de um pau a outro. Pregam-se primeiro os quatro "do meio", depois as *mimburas*.

Sobre o piso da jangada são colocados os demais elementos: banco de vela, carninga, salgadeira, banco de governo e calçador.

O banco da vela é uma trave, tendo ao centro um furo, por onde passará o mastro. Ali fica a mura, onde, no dizer dos construtores, "está toda a ciência da jangada". Esta trave é horizontal ao piso da jangada e está mais ou menos a 50 centímetros de altura. Em cada extremidade estão as pernas do banco da vela, encaixados na carninga, que é uma trave presa de *mimbura* a *mimbura*. As pernas do banco da vela são sustentadas por peias que lhes ajudam a dar imobilidade. Na carninga estão os furos onde o pé do mastro da vela é mudado de acordo com o vento. Há onze furos. Perto do banco da vela há um furo no centro da jangada, onde é introduzida a bolina.

Mais ou menos no meio da jangada fica a *salgadeira*, uma espécie de cadeira de braços com espaldar alto. As pernas da salgadeira estão fixadas nos paus dos *bordos*, duas em cada. Na salgadeira põe-se o peixe salgado e é também onde dorme o proeiro em alto-mar, quando estão a mais de dez léguas de distância da costa. As duas pernas da frente da salgadeira têm o nome de pernas, porém as de trás chamam-se *espeques*. Unindo um espeque ao outro, há a *travessa do espeque*, e os braços são os *varões* da salgadeira. Atrás, amarram a *pinambaba* e a *timanga* – esta é uma cuia grande (cabaça) onde estão a farinha e a carne para seu passadio na labuta da haliêutica. Ali também vai o farol – um lampião de querosene, bem na ponta da forquilha –, e a *cuia-de-vela* uma colher de dois palmos de comprimento, feita de cajueiro escavado, que serve para molhar o pano da vela. A jangada só desliza veloz quando ele está molhado. É o proeiro quem molha a vela ao sair para o mar. A pinambaba é uma haste de madeira com quatro ganchos onde estão as linhas de pesca e respectivos anzóis. Jangadeiro pesca com anzol, fisga e bicheiro.

Quando precisam receber mais vento para voltar mais depressa para a terra, é na forquilha que amarram uma corda, e o proeiro ou "bico de proa" ali se dependura com o corpo para fora da jangada, quase horizontal ao nível das águas. Muda-se o encaixe do mastro num dos onze furos da carninga. Vem o vento e a jangada não aderna, desliza rápida, singrando o mar.

O banco de governo na popa da jangada é uma tábua de sucupira sustentada por quatro pernas de pau de mangue, à altura mais ou menos de dois palmos e meio. Há *cabrestos*, cordas amarrando o banco para dar-lhe imobilidade. No *banco de governo* dorme o mestre, quando em alto-mar. Atrás do banco de governo há, de lado a lado, atravessando o calço e firmemente encaixados nos mimburas, dois paus, de diâmetros de mais ou menos cinco centímetros e de três palmos e meio de altura, são os *calçadores*. Neles amarra-se a escota.

Há também, para amarrar a fateixa, um tolete, encaixado na frente da jangada, num dos paus de bordo, geralmente no que fica à direita. O tolete tem mais ou menos dois palmos de altura. No tolete amarra-se a corda da fateixa – uma âncora primitiva – quando se quer que a jangada fique "filada no olho do vento". "Abafada" é sem vela, para pescar no alto-mar, tem que se abafar o pano, recolhê-lo.

Sob a salgadeira está um grande cesto onde colocam os peixes frescos – é o *samburá*.

Há um encaixe para o remo que funciona como leme. O encaixe, que é um "V" feito nos dois *paus do meio*, tem o nome de *fêmea*. O remo está amarrado à escota da vela.

A vela está presa ao mastro pela corda do mastro ou envergue. A sua parte mais alta é a *guinda*. Ela tem a forma triangular – isósceles. No lado ao qual chamaríamos base, porque está no nível do piso da jangada, há uma trave de madeira chamada *tranca*. Junto ao banco da vela está a *amura* ou *mura*. A vela é presa à tranca pelas cordas da tranca. Da ponta do mastro à ponta livre da tranca há uma corda chamada *baluma*. Da ponta livre da tranca, porque a outra está amarrada ao mastro, parte uma pequena corda – é a escota. O mestre, do banco de governo, com a escota e leme, dirige a jangada. O leme é o remo de governo.

Nas velas dos jangadeiros alagoanos de Pontal do Peba não há nada escrito como vimos em Fortaleza, onde além dos dísticos há os números da colônia de pescadores a que pertencem. Aqui, quem sabe, pelo fato da percentagem de analfabetos ser de 99%, deixam de aparecer nas velas quaisquer letras, desenhos, números ou mesmo dísticos como: "Deus te salve", "Deus te guie", "Sem rival".

A bolina está também amarrada, bem como a fateixa. Esta é uma âncora feita de duas tábuas e nas quatro pontas encaixada uma vara. As pontas livres das varas são unidas por corda. No interior colocam uma pedra ao fechar as quatro varas. Está feita a fateixa. A ela amarram cordas que medem 150 braças de comprimento, para pescar em alto-mar, e os que pescam perto levam apenas 70 a 80 braças de corda. Em geral os que pescam à distância de dez léguas da costa levam duas fateixas; e uma pedra de sobremão (reserva) é a *toaçu* ou *touaçu*.

Na carninga estão onze furos para o encaixe do pé do mastro de acordo com o vento. Neles são encaixados o pé do mastro, dando conseqüentemente uma inclinação à vela da jangada. Bem ao centro da carninga estão três furos. O do centro é para quando o vento é brando. À esquerda da carninga há quatro furos que recebem as seguintes denominações: *canto-de-dentro*, *canto-de-fora*, *três do meio*, de *bolina*. Noutro lado, à direita, há também outros quatro furos que recebem denominações idênticas.

Na mimbura, batem a cabeça de algum peixe, o que lhes oferece um bom chamarisco para a pesca de anzol, daí chamar-se aquele pequeno pau encaixado na mimbura de *batedor de engodo*. O engodo é a isca, o cacete com o qual marretam a cabeça do peixe é o *araçanga*. Este vocábulo e muitos outros encontrados na jangada e na própria haliêutica não escondem sua origem tupi-guarani.

Jangadeiros

Na jangada grande saem três pessoas: mestre, proeiro e bico-de-proa; na pequena, apenas duas: mestre e proeiro; e na de chiqueiro, um só, movimentando-a com um varejão ou remo.

A função do mestre é a de dirigir a jangada. Seu posto é o banco de governo, quer para ir mar adentro, quer para regressar ou por ocasião das pescarias. O proeiro permanece sempre perto do lado da salgadeira, recolhe o produto da pesca colocando-o no samburá, molha quando necessário o pano com a cuia-de-vela para que, assim molhada, o impulso do vento seja mais proveitoso no momento em que estão saindo para a pescaria. O bico-de-proa fica, como o próprio nome indica, na frente da jangada. Contrabalança-a, quando precisa, para que ela não aderne muito quando o vento bate em cheio.

Em 1952, em outubro, quando lá estivemos, Maninho, armador de jangadas, afirmou que uma de 35 palmos ficava em mil cruzeiros. Disse-nos também que a casca do pau-de-jangada é aproveitada. Suas fibras são transformadas em cordas. As cascas ficam de molho n'água doce, depois vão tirando as embiras (fios) para torcer. Torcem "corchando" os fios. Para que as cordas e mesmo as linhas de pesca resistam mais tempo à ação danificadora da

Com quantos paus se faz uma jangada? Praia do Meireles – Fortaleza (CE).

Preparo das bóias para o manzuá. Mucuripe (CE).

O landoá é utilizado na pesca da lagosta. Paracuru (CE).

Ao cair da tarde, voltam os jangadeiros.

O samburá nem sempre vem cheio de peixe; porém, cheio de esperanças, o jangadeiro enfrenta diariamente o mar.

água do mar, costumam tingi-las numa tinta preparada de pau de capiúna. É uma casca que, amassada e posta de molho n'água doce, dá uma tinta vermelha. As cordas ali colocadas ficam avermelhadas; basta porém os primeiros contatos com a água salgada para se tornarem completamente negras. Dizem que a tinta protege contra o apodrecimento. O uso dessa tinta se estende também às velas, e mesmo à roupa dos jangadeiros. Nas velas usam também o limbo verde, o que lhes empresta uma durabilidade de dois ou mais anos, resistindo à ação corrosiva da água do mar e dos ventos.

Carro de bois

– Que é que é? São doze irmãos em viagem,
nenhum deles passa na frente do outro?
– O que é que é? Oito batem no chão, quatro
olham para cima, um governa e outro chia?

O primeiro veículo que sulcou a terra virgem do Brasil foi o carro de bois. Trabalhou para a paz e para a guerra. Ele também fez a grandeza do Brasil, e o carreiro é o soldado desconhecido da batalha econômica brasileira.

Quando botavam fogo nos engenhos setecentistas, já madrugava nas estradas o carro com os pacíficos bois carreiros.

Na guerra foi o soldado sem soldo, levando peças pesadas de nossa artilharia. Serviu a Garibaldi, serviu a Henrique Dias, e foi na Retirada da Laguna que ele esteve presente, quando da Guerra do Paraguai.

Muita poesia, muita coisa foi dita sobre o carro de bois. Bernardino José de Sousa escreveu precioso livro, hoje considerado obra clássica sobre o assunto.

Nos contos, nas modas de viola e até nas adivinhas está presente o carro de bois, e nosso caipira se aproveita de seus fueiros, argolões, cruzetas, chumaços para dificultar a pergunta.

Há quase quatro séculos ele trabalha. E trabalha, embora no Brasil o progresso seja tão vertiginoso, que saímos do carro de bois para o avião, encontramo-lo ainda a gemer pelas estradas da vastidão brasileira.

Descreveremos o carro de bois alagoano pois tivemos oportunidade de estudá-lo em 1952, quando permanecemos em Piaçabuçu, cidade alagoana.

O município estudado é de solo arenoso, banhado pelos rios São Francisco e seu afluente, o Marituba, que o separa de Penedo e, noutra face, pelo Oceano Atlântico, formando uma verdadeira mesopotâmia. Em Piaçabuçu pode o estudioso deleitar-se com o espetáculo diário das jangadas no Pontal do Peba, ou deixar que os seus olhos naveguem pelos mil e um barcos que singram o grande rio: taparicas, chatas, canoas de tolda, barcaças, lanchas e de quando em vez um navio costeiro. A canoa é sem dúvida o meio de transporte mais importante e é utilizada tanto pelas mulheres como pelos homens que vivem do plantio do arroz nas lagoas e ilhas fluviais, produto primeiro da balança econômica piaçabuçuense.

Depois da canoa, o carro de bois é o meio de transporte mais utilizado. Teve seus dias de glória quando por estas bandas a cana-de-açúcar constituía a principal fonte de riqueza. Nos dias de festa, por ocasião da missa do galo, vinha o carro de bois para a cidade, enfeitado de flores, coberto de esteiras de piripiri, trazendo os donos da terra – os senhores de engenho. Nos dias da festiva "botada", ao redor dos engenhos onde se reuniam os parentes da cidade, pelo areão afora, gemendo intencionalmente vinha o carro engalanado com as flores silvestres, depois voltava devolvendo os figurões importantes da cidade, empanturrados pelas comidas, pela garapa bebida em excesso.

Depois da safra, descansavam os bois: o carro ficava solitário no terreiro, sob a sombra de um oitizeiro, esperando que as três ou quatro juntas de bois viessem, pacíficas, levá-lo para trabalhar. Assim, o carro cantava agradecido seu monótono "nhenhem" enquanto Rosilho, Barroso, Morcego, Labareda, Sereno e Dengoso puxavam sob a voz de comando do carreiro, êi... êi... ôa boi... ou a voz atenorada do menino guieiro – bamo boi, bamo... Assim era o passado.

No presente o carro de bois em Piaçabuçu só descansa aos domingos. Entra ano, sai ano, ainda é noite, com luar, carreiro e guieiro colocam os bois nos carros para a jornada do dia. Já estão eles carregados de coco, 1.000 a 1.500 quilos, saem logo cedo para que a carga não se estrague e os bois não sofram muito sob a inclemência do sol causticante. Chegam na cidade, no "depósito" ao raiar do dia. Quando o Sol atravessa o zênite, regressam para as fazendas; cumpriram sua missão. O carro de bois é o único meio de transporte a cortar o município de canto a canto, onde as canoas não podem penetrar.

Diariamente pode-se ver na cidade, pouco antes da hora da sesta, uma dúzia ou mais de carros de bois. O trabalho é ininterrupto. Por isso mesmo, os bois de carro precisam ser selecionados de acordo com certos característicos: pescoço grosso e curto para bom apoio da canga, pêlo fino e cauda fina. Alguns fazendeiros, ao constituir as juntas de bois, ou sua boiada de carro, fazem questão de tê-los de uma só cor.

Os carros de bois, segundo os que não vivem a realidade brasileira, estragam a cidade; antigos prefeitos, entretanto, previdentes e compreensivos, fincaram nas esquinas *frades de pedra* para que as rodeiras não destruam as calçadas. Assim é em Piaçabuçu, onde podem esses carros transitar sossegadamente sem causar danos.

O número de juntas varia. Alguns carros são puxados por quatro juntas, outros por duas, e raramente por cinco. Bois desta região nem sempre são grandes como os de Mato Grosso, Goiás ou São Paulo, porém a maneira de colocá-los sob o jugo é praticamente a mesma em todo o Brasil, segundo Bernardino de Sousa, Manuel Rodrigues de Melo ou Mário Ipiranga Monteiro. Em Alagoas, cangas (de madeira sucupira), canzil (de madeira murta) preso um ao outro pela brocha de couro cru e finalmente tamoeiro são as peças implementares do carro de bois. Para tangê-lo, a vara de 10 ou 12 palmos de comprimento, tendo na ponta o ferrão com espiga e ponta. Alguns carreiros usam relho de couro (com 12 ou mais palmos) preso na vara. O guieiro, ao tanger a boiada, faz tilintar as argolinhas presas no ferrão.

O carro de bois é composto de três peças principais: *roda, eixo* e *mesa*. Na rodeira a sucupira é a madeira escolhida; nela temos o meião, peças de ferro e as duas meias-luas, abertas de acordo com o veio da madeira. A rodeira mede em geral sete palmos de altura. No eixo, a madeira empregada também é a sucupira, de três palmos de grossura, nove de comprimento, lavrada a enxó, ficando oitavada. O eixo é encaixado na roda e fixado com grampões de ferro – os "gatos", ou melhor, engates. Há no eixo, no local onde se apoiarão, cocão e chumaceiras, uma pequena escavação para encaixe. A mesa é de sucupira, madeira preferida, nem sempre utilizada pelo seu alto preço, mas o cabeçalho é sempre dela, medindo este de 22 a 25 palmos. As chedas, peças laterais de madeira resistente, são perfuradas para a colocação do cocão e fueiros, onde se fará o envaramento para carregar coco. Na ponta do cabeçalho há chavelha e buraco para o pino ou passagem do couro que ligará o carro à canga, primeira junta de bois ou junta do pé do carro ou de coice. A altura da mesa é de seis palmos.

Nas juntas, um boi é amarrado ao outro pelas pontas dos chifres com um tento de couro; daí furarem-nos e prenderem argolas.

Graças à boa vontade do então prefeito municipal, Antônio Machado Lobo, fizemos um levantamento, através do livro de registro de pagamento de impostos municipais de licença de carro de bois, de 1947 a 1953. Anotamos o local de procedência, isto é, povoado, fazenda ou sítio e o número existente de carros. Com estes elementos, traçamos no mapa as estradas de carro de bois do município de Piaçabuçu, projetando as futuras estradas municipais para automotores, por onde deverão em futuro próximo correr caminhões capazes de dar vazão à crescente produção de cocos do município alagoano.

Em 1961, quando à Piaçabuçu voltamos, viajamos de automóvel nas estradas que uma década atrás havíamos sugerido. Uma vitória da antropologia social, a acolhida que o dinâmico prefeito deu às sugestões do pesquisador social.

Canga

Os bois puxam o carro ajuntados aos pares na canga (ver Ilustração XLII, n° 3).

A invenção da canga perde-se na noite dos tempos.

Desde que o homem começou a aproveitar a força do animal no trabalho, quer no amanho da terra, quer no transporte, para o boi ele inventou a *canga*. A canga é o jugo. Atrelam dois animais no jugo – símbolo do companheirismo – para execução do trabalho. Dois amigos são sempre assim citados: "puxam igual na mesma canga".

É tão velho o uso da canga que o Divino Mestre, em um de seus admiráveis convites dirigidos aos cansados e oprimidos, diz: "Tomai sobre vós o meu jugo, e aprendei de mim que sou manso e humilde de coração; e encontrareis descanso para as vossas almas. Porque o meu jugo é suave e o meu fardo é leve" (S. Mateus 11:29-30). Cristo impregnou suas mensagens de poesia e dos costumes do Oriente. Em nosso folclore temos inúmeros fatos oriundos do Oriente. Eis um deles – a canga.

Canga é o pau lavrado que ajouja dois animais para tração. O animal mais usado é o mais forte deles – o boi. Na canga existem duas curvas, escavadas para apoio melhor sobre o pescoço do boi. Cada uma dessas partes é limitada pelos canzis. Cada animal fica preso por um par de canzil. São ajustados na canga, enfiados em buracos. O canzil tem uma "cabeça" que fica na parte superior (é maior do que o diâmetro dos furos da canga) e na inferior são ligados por um couro cru retorcido que se chama "brocha". Esta fica abaixo da barbela do boi. A brocha fica presa na ponta do canzil interno e se prende num "pique" (pequena escavação) no canzil externo, facilitando assim o atrelar dos animais.

No centro da canga há dois furos maiores onde passa um couro forte que se chama "tamoeiro", preso por um pino à "tiradeira" ou à cruzeta do cabeçalho do carro de bois. A tiradeira é uma vara grossa de madeira que serve de ligação entre as juntas de bois. Uma das extremidades está ligada ao couro do tamoeiro da canga, e outra, onde fica o "rabo", que é um couro que serve para ligar a tiradeira à carga da junta de bois que vem imediatamente atrás.

MAQUINARIA DE ANTANHO

Os sociólogos têm procurado evidenciar a existência de dois Brasis: o Brasil do passado, dos carros de bois, dos monjolos, engenhocas, moendas de cana, e o Brasil do presente, extraindo petróleo, com indústria automobilística. Fazendo parte desse Brasil do passado, encontramos elementos da cultura material – maquinaria de antanho. Ela continua a prestar seu bom serviço ao Brasil do presente.

Essas máquinas estão relacionadas à fixação do homem à terra, prestando-lhe as maiores serventias.

Logo que as arrancadas em busca do ouro foram contidas pela exaustão das minas, as populações começaram a sedentarizar-se, voltando suas vistas para as criações de gado e agricultura.

As plantações seguiram, como até hoje, esse processo primitivo dos nossos tupis, derrubada, fogo e plantio. Depois de algum tempo dão o "pousio" à terra ou a abandonam para se repetir mais adiante a devastação pelo fogo.

Sempre houve uma oposição entre a terra cultivada e a floresta. Esta, quer por influência indígena ou mais pela africana, vivia povoada de duendes, de seres mitológicos. O português colonizador se apropriou destes mitos todos. Mas eles se opunham à religião católica romana que havia sido aprendida na terra d'além mar, uma religião alegre e festiva como era a do século XVI, barroca, onde havia o teatro popular de rua, com as representações de Paixão, com centuriões, Diabo, Caifás etc. em trajes alegóricos, nas procissões da Semana Santa.

Viviam, por força das circunstâncias, os colonizadores afastados dessas solenidades que em última análise eram uma comunhão espiritual dos habitantes de determinada região. Preciso era renovar esses momentos de gozo espiritual que as festas proporcionavam. O transporte do sítio, fazenda, para a freguesia era penoso e nos tardos carros de bois (ver Ilustração XXXVIII, n° 2). A solução era construir na cidadezinha então nascente, que nada mais era do que algumas vendolas e a igreja, à beira da estrada. A igreja foi uma força centrífuga e ao seu derredor nasceram as cidades. As casas que o fazendeiro mandou fazer na vila não eram apenas uma necessidade, mas deviam ter conforto e comodidade, por isso foram feitas com esmero, embora habitadas uma ou duas vezes por ano, por ocasião das grandes festas religiosas. Grandes sobradões de taipa, terra socada pela escravaria que ritmava as batidas no taipal (ver Ilustração III, n° 1) com o canto nostálgico de sua terra distante separada pelos tumbeiros e Atlântico. A madeira de lei, abundante na época, foi o pau para toda obra da casa do senhor fazendeiro situada na praça da nascente cidadinha que tinha sempre o nome de santo do hagiológico católico. Num dos quartos havia o oratório embutido (ver Ilustração XLVI, n° 5), com suas portas pintadas de ouro em pó.

As escadas também eram de madeira de lei, atravessaram séculos (ver Ilustração V, n° 1). Elas conheceram de bem perto a subida e a descida dos homens. Quantos que por elas subiram subiram também na vida, e quantos que por elas desceram rolaram até ao lodaçal do vício que traz a miséria.

"Quem casa, quer casa", diz o provérbio. Para fazer uma casa atualmente são necessários milhares de tijolos. Já se foi o tempo das casas de taipas. Os taipeiros já não existem mais, e o mesmo aconteceu com os tijolos de adobe que são pouco resistentes. Hoje, nos caixotes de cimento armado – os arranha-céus –, estão presentes os tijolos endurecidos pelo fogo, pelo calor. As novas e modernas amassadeiras elétricas estão substituindo as "almanjarras", objetos de museu, máquina de antanho.

A almanjarra tem nome de origem árabe e "trabalha que nem um mouro" para amassar o barro que dará o tijolo, tijolo que dará o abrigo.

A terra vem em carroças para o picador, espécie de tanque onde se deposita o barro que vem da mina. Com pás, enche-se a barrica, dentro dela giram as facas que estão presas no mastro, que fica bem no centro da atafona. O mastro, facas e varredeiras são as únicas peças de ferro.

O barro, depois de amassado, sai empurrado pela varredeira pela boca, que fica na base da barrica, no lado oposto ao picador. Retirado, o barro é colocado em fôrmas. Adquirindo a forma de tijolo, retira-se da fôrma e coloca-se para enxugar num barracão baixo, onde haja muita sombra. O tijolo não é deputado, mas precisa de muita sombra fresca, para não se partir quando levado ao forno para assar.

Numa das extremidades da grande trave da almanjarra, está a balança onde se prende uma parelha de animais que movimentam o dia todo, de sol a sol, essa máquina rudimentar. É trabalho "pra burro" a força empregada para mover a almanjarra.

Há casas que não são feitas de tijolos e sim de madeira, de pau-a-pique, de sopapo ou de tábua (ver Ilustração I, n.ºs 1, 2, 3).

Geralmente a casa do caiçara não possui cerca ao seu redor, ela se destaca na paisagem, dentre a vegetação raquítica e rasteira do beira-mar. É quase sempre de madeira, algumas ainda são cobertas de folha de jissara. A casa do caipira, que vive no serra-acima, no planalto atlântico, depressão ou planalto ocidental, em geral é de pau-a-pique barroteada e coberta de sapé. Lá pelo sul, proximidades do Paraná, as casas do caipira paulista são de madeira, até o telhado é de tabuinhas de pinho.

Na casa do caiçara, que em geral é de duas águas, encontramos a madeira sempre presente: grossos troncos são os esteios principais, traves, cumeeiras, madeiramento do teto, portas, batentes e janelas.

Na casa do caipira o piso é sempre de terra batida, porém na casa do caiçara geralmente há um ou mais cômodos assoalhados. A sala da entrada, larga e espaçosa, tomando toda a extensão da frente da casa, é bem assoalhada para que se possa rufar o fandango com bons tamancos de saranduva ou pau dos Teixeira.

Nas zonas do sertão onde há abundância de madeira e dificuldade de se obter o arame farpado, a cerca de coivara é a preferida não só para as mangueiras (ver Ilustração XI, n.º 1) e chiqueiros como para pequenos pastos, potreiros. É também aconselhável esse tipo de cerca para gado vacum e suíno porque não lhes causa dano algum. Só não é lá muito bom para o animal de coçar... *mas burro velho conhece o pau onde deve se coçar...*

Com a devastação contínua das matas a cerca de coivara vai desaparecendo. Outra conseqüência dessa criminosa atitude contra a floresta pode-se sentir, por exemplo, nas canoas, cochos, gamelões, pois diminuíram de tamanho ou desapareceram.

Antigamente, antes da devastação sistemática das florestas, os cochos eram escavados na madeira, à moda das canoas de índios, feitos a fogo e depois aparelhados com enxó e formão.

As árvores "entroncadas" já rareiam, e a técnica do fogo, por ser mais demorada e primitiva, quem sabe, foi posta de lado.

Serradas as tábuas, são pregadas formando o cocho. Não possui tal cocho a resistência dos antigos, onde no fundo faziam um ou dois furos, tampados depois com sabugo de milho, retirados quando chovia, para que escorresse a água que aí caísse.

Os cochos de três tábuas expostos ao ar livre apodrecem mais rapidamente, porque a madeira é de qualidade inferior. A de "bom cerne" acabou e a atual é mais frágil, menos resistente.

O rurícola procura morar nas proximidades de rio, riacho, lugar onde haja água. Havendo um córrego, mesmo pequeno e estreito, embora seja lava-pé de tão raso, é colocada a pinguela (ver Ilustração XIX, n.ºs 1 e 8). É o traço de união mais desataviado e simples entre duas margens.

A pinguela é feita de um tronco de árvore reto e não muito grosso. Com o machado lavram uma das faces aplainando-a para facilitar a passagem dos caminhantes, porque, um pequeno escorregão, e lá vai "o freguês" pr'água. Quando a gente escorrega e cai no chão seco o caipira logo diz: "pegou um tatu pelo rabo", mas, se cai no rio, resvalando o pé ao passar numa pinguela, o coitado, todo molhado, terá que ouvir: "eta pagão... se batizou-se tarde!"

Em alguns lugares, ao lado da pinguela, nas cabeceiras dela fincam uma estaca e amarram uma trave fina, horizontal à pinguela, que serve para apoiar a mão. A esta vara chamam de "guarda da pinguela".

Morador de margens de riacho, plantador de milho, terá infalivelmente uma das mais prestativas máquinas – o monjolo.

Sua origem, dizem, é chinesa, mas sua presença em terras brasileiras devemo-la aos portugueses. Foi Brás Cubas quem o introduziu no Brasil, em Santos. É comum entre os caipiras a enumeração dos inventos portugueses: monjolo, tamancos, carro de bois de roda quadrada e palito para dentes...

O monjolo "trabalha" no Brasil desde a época da colonização. É uma máquina rudimentar, movida a água, constando de duas peças distintas: pilão e haste.

O pilão é escavado na madeira, e o processo rudimentar de escavação é por meio do fogo, depois aparelhado com formão. A madeira usada é peroba, canela-preta ou limoeiro. No pilão colocam-se o milho, o arroz, o café ou o amendoim para socar.

A haste de madeira forte e resistente (maçaranduba, limoeiro, guatambu, canela-preta ou peroba) compõe-se de três peças distintas: a *haste* propriamente dita; a *mão do pilão*, colocada na extremidade oposta à do cocho, e uma *forqueta* onde se apóia a haste, chamada "virgem".

O cocho é escavado no "rabo" da haste. A água caindo nesse receptáculo pesa, desiquilibra-o e eleva a mão do pilão. O ponto de apoio está na forqueta. A água cai do cocho no "inferno", e a mão bate pesadamente sobre o pilão, socando o que ali esteja. "Inferno" é o poço que fica sob o "rabo" do monjolo.

A água que vem para mover o monjolo é canalizada por meio de bicas, sendo sempre usadas as madeiras do coqueiro, do jerivá.

Vários são os tipos de monjolo: de martelo, de roda, de pé, de rabo, pilão d'água (ver Ilustrações XXIV, XXV, XXVI, n.os 1 e 2). Não resta dúvida que é "o trabalhador sem jornal", como diziam antigamente. Os caipiras falam: "trabalhar de graça... só monjolo..." Para que ele não "trabalhe" coloca-se uma vara à qual dão o nome de "encosto" ou "escorador".

Para livrá-lo da ação do tempo, do sol, da chuva, abrigam-no numa casa de pau-a-pique, coberta de sapé (ver Ilustração XXVII, n° 1). Geralmente nessa casinha estão gamelões, peneiras e forno para o preparo da farinha de milho. Ela é feita de pau-a-pique para que a fumaça saia logo, não prejudicando a "torradeira", geralmente mulher que torra a farinha, fazendo os gostosos beijus ou farinha "poenta".

Em se falando em farinha de milho pode-se pensar na jacuba ou mesmo no café feito com garapa.

O quebra-jejum da manhã de nosso caipira é o cafezinho. Nos mais recônditos rincões de nossa terra, nem sempre chega o açúcar, tal qual nós o temos nas cidades.

O café é preparado com caldo de cana. E fica um cafezinho gostoso...

Para obtenção da garapa ou guarapa, o caiçara passa a cana pelos rolos da engenhoca.

Engenhoca (ver Ilustração XXIX, n° 1) ou "escaroçadô" é o engenho-mirim para moer cana.

São dois toletes de madeira dura, colocados sob duas "virgens" – as forquilhas que ficam ao lado. Cada cilindro tem, numa das extremidades, dois "cambitos" que o atravessam em cruz.

Os cilindros para que fiquem mais ajustados e produzam maior rendimento são apertados por meio de traves. Estas são reguladas por meio de cunhas. Para fechar melhor as forquilhas, apertam as hastes com cipó.

Sob o cilindro inferior, pregam um pedaço de folha de zinco; é a bica, por onde escorre a garapa. Às vezes amarram um pedaço de cabaça, servindo de "escorredô da garapa".

Os operadores movimentam em sentido contrário seus cilindros, guiando-os por meio das cruzetas. Para facilitar o trabalho, às vezes, antes de introduzir a cana entre os cilindros, macetam-lhe os nós.

Finalmente, a mais rudimentar das máquinas é o tear de tipo andino (ver Ilustração XXX, n° 6). Qual será a procedência de nosso tear? Será puramente européia? Cremos que não. Montandon (*Traité d'Enthnologie*), em seu mapa da distribuição dos teares no mundo, assinala a existência de um tipo indígena "andino" em todo o oeste do Novo Continente, a partir do sul dos Estados Unidos até Rio Negro, na Argentina.

É de se crer que o nosso tear seja como o apontado por Montandon, exclusivamente de origem indígena. Pena que não tenha sido estudado, pois se tal acontecesse teríamos que ampliar as marcas de Montandon. As regiões centrais do continente sul-americano teriam que ser incluídas e até nós aqui na faixa atlântica.

É comum no beira-mar e mesmo no serra-acima encontrar o tear do tipo andino.

Em alguns lugares, nas zonas antigas do estado de São Paulo, ainda se podem encontrar teares e rodas de fuso, usados na confecção de baixeiro, mantas e cobertores, feitos de lã. No litoral e mesmo no serra-acima há também o uso do tear para tecer esteiras de tábua e piri.

Duas traves, horizontais, fixadas sobre dois varões verticais, formando o "quadrado". O "teçume" é executado dentro desse "quadrado que em geral é um retângulo" (ver Ilustração XXX, n° 6).

Roca mecânica

Para o preparo do fio usam a roca mecânica (ver Ilustração XXXI, n.ºs 2 e 3), que se compõe de um pedal sob uma banqueta que movimenta uma roda. Nesta passa um fio que faz girar o fuso. O fio fiado vai se enrolando no fuso. Este, uma vez cheio, é a maçaroca. Roca é vocábulo de origem gótica – *rukka* –, e maçaroca é palavra formada por dois vocábulos árabes e um germânico. São mouros o *ma* e *sura*, germânico é o *rocco*, que no gótico era *rukka*.

ALGUNS IMPLEMENTOS DO FOLCLORE PAULISTA

Implemento quer dizer o indispensável para fazer ou executar alguma coisa; é um bem material que pertence a um povo, neste caso, para seus divertimentos tradicionais, cerimônias etc.

Os instrumentos musicais bem como os implementos fazem parte da cultura material.

APITO

Uma classificação justa e perfeita para o apito seria a de um aerofônio. Acontece, porém, que a sua função é de um implemento. No bailado do moçambique o apito é usado para transmitir "vozes de comando". Função idêntica exerce no "Encontro", na festa do Divino de Piracicaba, usado pelo "sargento" dos marinheiros do rio-abaixo.

BAMBU

Festas populares paulistas sem enfeites de bambus verdinhos da silva não acontecem, o bambu está sempre presente, é indispensável.

Bandeira do Divino

É um implemento sagrado. De cor vermelha, tendo ao centro uma pomba branca. Fundamentais são a cor vermelha da bandeira e a pomba. Esta varia de cor: ora é branca, ora é doirada. Há também algumas bandeiras que trazem alguns dizeres, outras o desenho dos raios do sol, em geral neste caso a pomba é cor de ouro e os raios também. No topo do mastro há uma pequena pomba quase sempre de madeira, pintada de acordo com a cor do centro da bandeira: branca ou doirada. Recobrindo a pomba do topo há esferas de enfeites entrelaçadas. Os tamanhos das bandeiras variam, bem como o material da fazenda empregado. Há bandeiras riquíssimas, como há também de uma simplicidade franciscana. Há de simples pintura da pomba a óleo, no centro da bandeira, bem como há de finas e cuidadosas aplicações, bordadas com fios de ouro.

Dissemos que a bandeira é um implemento sagrado porque ela representa o Divino Espírito Santo, e todo o respeito é dispensado ao símbolo material do Paráclito.

É conduzida pelos membros da folia do Divino; especialmente encarregado dela é o alferes da bandeira.

Bandeirola

Dois são os tipos de bandeirola de nossas festas populares e tradicionais: pregado na ponta de uma varinha para enfeitar os carros na procissão das carroças de lenha (festa da Santa Cruz de Tatuí); outro tipo é o de milhares de pequenos retângulos de papel de seda de variadas cores grudados em barbantes. Esticados os barbantes de poste a poste, nas praças, presos nas árvores, dentro das capelas, das casas, é o enfeite mais popular do qual temos conhecimento. Farfalhante à brisa leve, baloiçante sobre a população em festa, empresta beleza e graça, sinfonia de cores e movimento às comemorações religiosas ou profanas.

Bastão do capitão do mastro

Vários sociólogos têm apontado o sincretismo existente entre coisas religiosas e militares. Não é fenômeno apenas encontrado no Brasil, onde tivemos um Santo Antônio que chegou a ganhar o posto de coronel do Exército Nacional e percebeu soldos até nos dias da República! Noutras terras, noutros países há também desses anacronismos ainda em pleno século XX.

Na folia do Divino, o responsável pelo transporte do implemento sagrado – a bandeira do Divino – é o alferes da bandeira. Nas festas de São Benedito de Guaratinguetá, na Coroação do Rei de Congo, pode-se ver o entrosamento de elementos tirados do militarismo e da religião: nas procissões onde estão presentes os implementos sagrados do culto religioso católico romano, imagens, andores, pálio e oficial sagrado – o padre –, há no primeiro dia da festa desfile da Cavalaria de São Benedito e, no segundo dia, da Infantaria. Há capitão do mastro, tenente da coroa, alferes da bandeira e mantena. O vocábulo mantena é corruptela de mantenedor, que no passado era o cavaleiro principal nos torneios, portanto vem da época da Cavalaria.

Na festa de Guaratinguetá, que é o resultado de uma acomodação social, no passado, entre duas culturas, a do branco e a do escravo (e, como diz Wiese, na acomodação eliminam-se as divergências sociais, pois ela visava eliminar conflitos), resta como símbolo de autoridade do capitão do mastro o bastão que é feito de madeira e mede mais ou menos 50 centímetros de comprimento. É pintado de preto.

Boi

O boi é feito de uma armação de madeira, tendo numa das extremidades uma caveira com os respectivos chifres, e, na outra, a cauda. É coberto de fazenda preta ou de outra cor com largas malhas brancas, pintadas. Dentro da armação vão duas pessoas. A que fica atrás (geralmente um menino) segura firmemente na cintura do que fica na frente (um adulto), o que torna possível coordenar melhor os movimentos nas investidas.

Este tipo de boi, companheiro da Miota, sai por ocasião das festas do Divino em São Luís do Paraitinga e Cunha. Conforme a cor com a qual aparece nas festas, chama-se Araçá, Pitanga, Barroso, Espaço etc.

Há outro tipo de boi, ou melhor, vaca, e às vezes touro, que aparece na pantomima da tourada (Itapetininga, Tatuí, Tietê, Porto Feliz, Piracicaba, Botucatu, Avaré, Itatinga) e também por ocasião do Carnaval (Ubatuba, Tatuí). Neste tipo, na armação de madeira, há um furo por onde um homem ajusta-a à altura de sua cintura. Para equilibrar melhor, pois a cabeça do "animal" é mais pesada do que o resto da armação, há rédeas para dirigir as investidas do "bicho brabo", ajudando a manter os chifres à altura desejada.

No caso do boi da tourada a armação é internamente revestida de capim ou palha para abrandar as marradas e chifradas dos garrotes que aparecem na pantomima; e é o palhaço do Circo de Touros o portador de tal implemento. As armações dos bois, vacas, ou touros que aparecem por ocasião do Carnaval são leves, possibilitando ao seu portador dançar e requebrar-se à vontade. Em Tatuí, tal boi (ora chamado vaca, ora touro) faz parte do célebre "Cordão dos Bichos" onde aparecem os seguintes: onça, cavalo, duas burrinhas, dois touros, elefante, macaco, gorila, girafa, camelo, urso, borboleta, sapo, tatu, peixe, cobra, jacaré, papagaio, tartaruga, cabra (ou bode), ganso, rinoceronte, tamanduá, porco, queixada e leão.

CANOA

Na festa do Divino das cidades ribeirinhas como Tietê, Piracicaba, Anhembi, o encontro das bandeiras se dá no rio. Canoas do rio-acima e do rio-abaixo são requeridas para conduzir os "irmãos". Em Piracicaba, há, além das canoas, o batelão, ou melhor, uma balsa com um tablado onde estão festeiro, autoridades religiosa, civil e militar, altar com bandeira e coroa do Divino.

Usada também na marujada de Iguape, Sete Barras e Procissão das Canoas, na festa de São Pedro em Ubatuba (ver Ilustração XLI, n.º 6).

CETRO

Pequeno bastão, encimado por uma pomba que designa a autoridade do imperador do Divino, nas festas do Divino Espírito Santo. Em geral é todo feito de prata, peça de fino lavor. Mede mais ou menos 40 a 50 centímetros de comprimento.

A investidura que recebe o festeiro como imperador do Divino dá-lhe autoridade. Ele já tem prestígio, porque em geral é uma pessoa bem-sucedida economicamente. E, segundo Theodor Geiger, o sucesso é a fonte do prestígio. Autoridade e prestígio interagem. Há então um distanciamento entre o governador temporário da casa da festa – que se torna uma cidade em miniatura –, pois ali ele tudo decide e determina. Ele tem um símbolo que é o cetro do imperador. Para Robert Michels "os símbolos são meios para manter essa distância".

Coroa do imperador do Divino

É símbolo de magna importância na festa do Divino Espírito Santo. É mesmo ponto culminante das comemorações a coroação do imperador, com a tradicional coroa de prata. É de tão grande importância a coroação do imperador, que um historiador afirmou que, por ocasião de nossa Independência política, em 1822, a d. Pedro I foi conferido o título de imperador, pois este era de raízes profundas em nossa cultura. O povo estava acostumado, amava e respeitava a figura do imperador do Divino, anualmente coroado por ocasião das festas do Divino Espírito Santo, nessa época pomposíssimas, por isso mesmo o título de rei foi desprezado e adotado o outro. No Grande Oriente Maçônico do Rio de Janeiro, em 20 de agosto de 1822, ele foi ovacionado pelos seus irmãos maçons como *imperador* e não *rei*. Aí é que nasceu seu título.

A coroa é de prata e, findas as festas, é guardada na igreja. Resquício que perdura: quem confere o poder temporal é a Igreja.

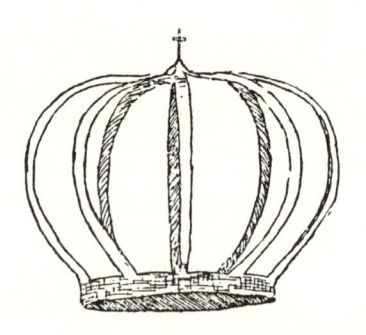

Cruz

Implemento sagrado, diante do qual se realiza a dança da Santa Cruz na aldeia de Carapicuíba, Araçariguama, Itaquaquecetuba. Nas casas onde há uma cruz os devotos dançam (ver Ilustração XLVI, n° 2).

Espada

Em três atividades folclóricas de nosso estado encontramos a presença da espada: na cavalhada, na marujada e na congada. São formas dramáticas onde há representação da luta entre cristãos e mouros. Os cristãos usam espadas retas, e os mouros, curvas.

Hoje raramente são encontradas espadas de bom material nas congadas, marujadas e cavalhadas, chegando mesmo a haver uma substituição total em alguns lugares por espadas de madeira ou de ferro batido. As antigas espadas de aço, de copos trabalhados com as armas do Império em relevo e bainhas afiveladas de metal amarelo ou prata, desapareceram. Colecionadores de raridades compraram muitas delas, outras, a polícia tomou no final das representações folclóricas, onde infelizmente sempre há libações alcoólicas.

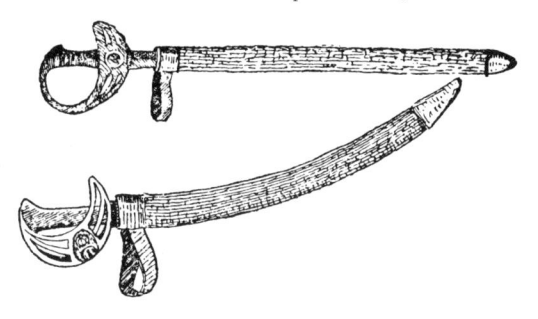

Esporas

A espora é um implemento e um instrumento musical. É um implemento quando usada pelos participantes da cavalhada. Ainda existem alguns exemplares das afamadas "chilenas" de prata.

É um instrumento idiofônio quando usado pelos dançadores de cateretê de certas regiões de nosso estado. O tilintar dos acicates – roseta – no bate-pé do cateretê dá um prestígio grande ao dançador, mormente nas zonas pastoris, onde a espora não é apenas um instrumento de trabalho (para peões e adomadores), mas um adorno, um "enfeite de macho".

Estandarte de São Benedito

Usado pelas companhias de moçambique, "pois os dançadores se dizem irmãos de São Benedito". Nas congadas e no caiapó há também o estandarte.

O estandarte é um símbolo. Vejamos o que dizem Herbert Baldus e Emílio Willems no *Dicionário de etnologia e sociologia*, sobre o símbolo: "O símbolo, como projeção material, representa uma forma de objetivação social (v. i.) com significado específico, dentro de um determinado grupo. Young frisa a função do símbolo como sendo 'sinal, substituto ou representação de algum objeto ou situação'. Quase todas as esferas culturais têm símbolos, mas a religião é sobremaneira produtiva nessa atividade objetivadora." Exemplos de símbolos: ordens, bandeiras, altares, coroas, trajes, anéis (alianças!), cores, armas, escudos, brasões, monumentos, textos, inscrições, ritos, cerimônias etc.

"As influências que os símbolos exercem sobre os homens são, antes de tudo, de natureza afetiva"... "Ao lado dos efeitos afetivos podem partir dessas objetivações poderosas influências sobre a vontade e as idéias do grupo."

O moçambique é considerado pelos seus participantes como uma "dança de religião", razão de adotar tal símbolo.

Fita

Usada para a dança de fitas. São amarradas 8, 12 ou 16 (sempre um múltiplo de 4) no topo do mastro. A fita deve ser mais comprida do que a altura do mastro. Em geral usam apenas duas cores: vermelha e azul (cor do inferno e do céu?). Vimos, porém, numa festa de caráter cívico, as quatro cores da bandeira nacional.

A fita é largamente usada como enfeite, principalmente pelos moçambiqueiros e pelos violeiros, na palheta da viola.

Utilizada como ex-voto. As moças solteiras dão preferência à fita branca.

Fitas com a medida da altura ou de qualquer parte do corpo do santo padroeiro, tirada por ocasião da romaria, ficam possuídas de um poder especial, medicinal. São usadas para amarrar sobre o lugar dolorido, curar dores de cabeça, de dentes, reumática etc. A fita amarrada na cabeça para curar relembra a ínfula, faixa usada pelos sacerdotes na Roma antiga, pelas vestais e mesmo as vítimas do sacrifício.

O contato que a fita teve com o santo emprestou-lhe "mana", um poder sobrenatural. O mesmo acontece com as fitas tiradas da bandeira do Divino – com ela realizam um ritual protetivo muito importante em nossas regiões rurais, completamente desassistidas.

GARROCHA

Na tourada, em certos animais bravios é comum amarrar, nos chifres, capas de couro para abrandar as chifradas, livrando assim o toureiro de guampaços fatais.

GARRUCHA

Usada na cavalhada para dar tiros na "cabeça de turco"; também quando fazem o assalto ao castelo, dão tiros de pólvora seca para dar maior intensidade dramática à representação.

A garrucha é usada para dar salvas quando o visitado pela folia e bandeira do Divino não tem rojão, ronqueira ou morteiro, e para dar a partida na carreira de cavalos (Botucatu, Tatuí, Itapetininga, Itapeva, São Miguel Arcanjo).

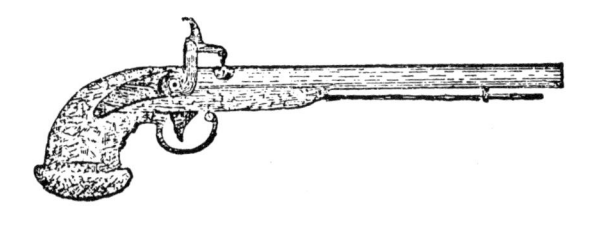

Guarda-chuva

Distintivo de realeza. Na festa de Nossa Senhora do Rosário em Cunha, o rei de Congo tinha o direito de usar dois guarda-chuvas. A rainha também. Os demais membros da corte apenas um.

Vimo-lo também na congada. Em Atibaia, no tempo do rei João Luzia, ele o usava. Encontramos também em São Sebastião e Ilhabela.

Acreditamos que o guarda-chuva seja uma forma mais barata e popular do pálio.

Imagens de São Gonçalo

Dois são os tipos de imagens de São Gonçalo do Amarante que temos encontrado em nossas pesquisas pelo interior do estado: o São Gonçalo padre e o São Gonçalo violeiro. Em Portugal, a iconografia de São Gonçalo do Amarante é diferente da daqui do Brasil (é perigoso generalizar, porque no Piauí, Maranhão, o santo não carrega a viola), onde o taumaturgo tem sempre uma viola, quer esteja com batina, quer com trajes comuns de aldeão. A lenda e a história da vida desse santo dominicano influíram na sua apresentação iconográfica, pelo menos aqui no sul do Brasil. Dizem que se vestia como o comum dos homens quando à noite ia tocar viola para converter as mulheres da vida airada, e tinha nos pés as botas cheias de pregos para cilício, sacrifício voluntário, daí encontrarmos imagens de São Gonçalo com roupa de campônio e capa. Há também o São Gonçalo padre, "porque ele é um padre que se tornou santo". Está com a viola "porque é o instrumento que abençoou", daí ser o padroeiro dos violeiros e folgazões.

Após a aventura sobre as ondas dos verdes mares bravios, voltam os jangadeiros.

As jangadas escrevem o poema do silêncio quando enxugam suas velas nas praias.

Carro de bois. Porto Real do Colégio (AL).

João Paulino e Maria Angu

João Paulino e Maria Angu constituem o casal que aparece por ocasião das festas do Divino Espírito Santo (Cunha, São Luís do Paraitinga, Lagoinha, Natividade da Serra).

Judas

Indispensável para a malhação é o Judas – manipanso de pano, feito com paletó, calças, chapéu e botinas de homem, já velhos.

Lança

Na congada (de Xiririca) a lança é a arma dos "conguinhos". É feita de madeira leve, tem mais ou menos um metro de comprimento.

Na cavalhada, usada após a parte dramática, quando os cavaleiros vão demonstrar as habilidades de perfeitos equitadores, tirando com ela a argolinha. É usada para o "jogo das argolinhas".

Lenço

Seu uso era privilégio de padres e dos cavaleiros que o haviam recebido de suas damas. Depois de 1700, em alguns lugares da Europa, os plebeus começaram a usá-lo. Se por um lado passou a ser vulgaridade usá-lo, a imperatriz Josefina reabilitou-o – seus lenços eram bordados... e muito perfumados. De há muitos séculos vem prestando serviços ao homem. No folclore o lenço é também um implemento.

Largo uso tem o lenço, nas manifestações do populário paulista, quer seja o pequeno, de bolso, para as narinas, quer seja o grande, comumente usado no pescoço pelos homens e na cabeça pelas mulheres.

O pequeno é usado nos fandangos do vilão de lenço e também no samba-lenço, onde é segurado para a execução da coreografia. À noite é usado na cabeça para evitar o sereno (ou o sol pela manhã) nas danças da Santa Cruz (Carapicuíba, Itaquaquecetuba).

Na "casa de festa" ou "império do Divino" é falta de respeito passar com o chapéu na cabeça pela frente do altar onde estão coroa, cetro, bandeira etc. Os homens que estão pagando promessa com o seu trabalho têm necessidade de a todo momento passar pela frente dos símbolos sagrados; ficaria incômodo o uso do chapéu porque teriam que se descobrir ao transitar por ali: o lenço então facilita. Substitui o chapéu e seu portador não comete desrespeito.

Os membros da folia do Divino, nos dias da festa, obrigados a tocar nas alvoradas, procissões, levantamento de mastros etc., usam o lenço na cabeça, resguardando-os do sol ou do sereno, sem desrespeitar a bandeira do Divino. Só nestas circunstâncias o homem usa o lenço grande na cabeça.

É provável que o uso do lenço na cabeça seja um traço árabe que tenha vindo até nós através dos iberos.

Luminária

São grossos gomos de bambu-uçu colocados em cavaletes (ver Ilustração XLIII, n° 13). O número de gomos varia. Neles são feitas pequenas perfurações por onde despejam querosene, tamponando os buracos com a mecha. O pavio é geralmente de algodão, torcida comum usada nas candeias, lamparinas e fifós (ver Ilustração XLIII, n° 12). Pelo bico de metal sai a ponta do pavio, onde é ateado fogo, evitando este comunicar-se ao líquido do interior do gomo. Deste tipo há exemplares na aldeia de Carapicuíba, usados por ocasião da festa da Santa Cruz. Há outro tipo: um gomo espetado numa vara, com um, dois ou mais focos luminosos. Este é muito comum nos bairros rurais paulistas.

Em Ubatuba, na procissão de canoas da festa de São Pedro, além das luminárias que alguns pescadores devotos levam nas canoas, usam uma tocha embebida em alcatrão para não se apagar com o vento.

Máscara (folia de reis)

Em *Folia de Reis de Cunha*, escrevemos: "na roça, aos domingos e feriados, na folia aparecem mais três personagens, fantasiados e com máscaras: Pai João, Catirina e Palhaço. Ambos carregam relhos com os quais ameaçam aqueles que desejam saber a todo custo quem é a pessoa que está sob a máscara. A curiosidade é aguçada, ainda mais porque implica receber uma bênção o fato de os personagens não serem reconhecidos durante os festejos".

Catirina, corruptela de Catarina, traz uma máscara feita de couro de cabrito branco. Procurou-se imitar o rosto de mulher, porém dele o que fizeram bem feito foram os lábios carminados. Traja um vestido bem comprido, de algodãozinho ramado, toalha no pescoço, gorro branco, pés descalços. Procura imitar o andar e a fala femininos.

O "Pai Juão" usa uma máscara feita de couro de quati. Como paletó, um velho dólmã amarelo de soldado de polícia, uma calça branca comum, pés no chão, uma toalha no pescoço e um alforje a tiracolo.

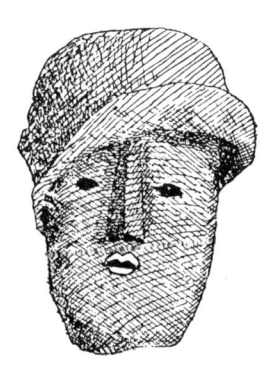

Máscara da Catirina   *Máscara de Pai João*

A máscara do Palhaço é de couro, cobrindo a face, e se prolonga acima da cabeça em forma cônica, com uma pelota na ponta. A máscara toda enfeitada de fitas é de cor parda-escura. Sua roupa é inteiriça, paletó e calça de um pano só, vermelho ramado, calças muito ajustadas, toalha no pescoço.

Máscara do Palhaço    *Máscara de Cavalhada*

Os três exemplares de máscaras da folia de reis de Cunha pertencem hoje à Seção Sertaneja do Museu Paulista do Ipiranga, organizada pelo por Herbert Baldus.

A máscara da cavalhada na atualidade não é primorosamente feita como no passado. Hoje é apenas um cilindro de papelão, tendo uma das extremidades fechadas. Pintam os olhos, o nariz e a boca. Antigamente as máscaras eram chamadas "cabeças de turco", hoje raramente a chamam por esse nome e sim máscara cabeça de papelão.

A "cabeça de turco" era colocada sobre um suporte, e o cavaleiro, numa corrida desenfreada, ao passar tinha que acertar-lhe o tiro. Hoje, colocam no chão cerca de 6 a 10 máscaras e o cavaleiro, galopando em seu cavalo, terá que espetá-las com sua espada.

Na cavalhada há outro tipo de máscara usada pelos espias, hoje meros palhaços.

Além das máscaras de folias de reis e de cavalhadas, em várias cidades tradicionais paulistas há máscaras para o Carnaval feitas por "curiosos", chegando mesmo a constituir um pequeno artesanato doméstico. Em Taubaté, Caraguatatuba, Tatuí, Porto Feliz, há fazedores de máscaras, entretanto em Ubatuba se localiza na atualidade o maior centro artesanal de máscaras de Carnaval.

MASTRO

Dois são os tipos de mastros usados em nossas festas tradicionais paulistas: o para colocar as bandeiras de santo (ver Ilustração XLVI, n° 6) e o da dança de fitas, também chamada dança do mastro, do pau-de-fitas.

Reminiscência da dendrolatria, o mastro nada mais é do que o símbolo da árvore. Antes de sua colocação na praça pública, nas cidades, ou fronteiro às capelas e mesmo casas, no meio rural, o mastro é conduzido procissionalmente. O carregá-lo implica receber bênçãos especiais. Os devotos disputam o trabalho de cavar o buraco onde será colocado. Jamais dizem *fincar* um mastro e sim *levantar*. Fincar é para estacas, mourão de cerca; mastro é coisa sagrada, daí levantar. É um implemento sagrado. Indispensável nas festas religiosas como a de São Benedito, Santa Cruz, do Divino e, nas de cunho semi-religioso ou quase profanas, como as de Santo Antônio, São João e São Pedro.

No mastro são amarradas fitas de promessas, espigas de milho, frutas e flores, cascas de ovo, mechas de cabelo. Em torno deste implemento se desenvolvem variados aspectos de culto de ritual protetivo.

O mastro para a dança de fita revive entre nós uma tradição ariana, milenar – o culto à árvore. É a velha "árvore de maio", que renasce após o inverno. Dança de fitas em São Luís do Paraitinga e Cunha.

Miota

A Miota é representada por uma mulher alta e magra, vestida com fazenda metim. É feita engenhosamente com uma série de carretéis enfiados num cordel, de tal forma que a pessoa que vai dentro da armação, puxando as cordinhas adrede colocadas, faz a Miota ter movimentos de títere, mexendo seus braços esguios e balançando desordenadamente a cabeça de megera.

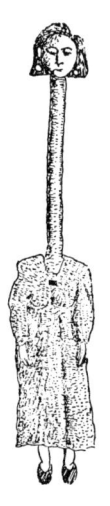

Como as crianças gostam de empurrar e mesmo derrubar a Miota, sai como companheiro o boi.

O boi, que tinha primeiramente apenas a função de defender, porque dava investidas afugentando a criançada que procurava molestar a Miota, passou a ser utilizado para provocar hilaridade. Com suas investidas as pessoas mais afoitas se apressam em desviar-se dele e caem ou correm desengonçadamente, provocando gargalhadas e mofas dos presentes.

A Miota aparece por ocasião da festa do Divino. Em 1945 vimo-la em Cunha e dois anos mais tarde fomos vê-la em São Luís do Paraitinga.

Pau-de-sebo

Nas boas festas de nossas cidades cultuadoras da tradição sempre está presente o pau-de-sebo – um desafio escorregadio aos moços (ver Ilustração XLIV, nº 5).

É um pau roliço de cinco metros para mais de altura, não muito grosso. Tira-se-lhe a casca; depois de seco é alisado, lixado, e no dia da festa derrete-se sebo de boi para besuntá-lo a mais não poder em toda a extensão. Na ponta, antes de fincá-lo, colocam um prêmio, geralmente uma nota (pelega de alguns cruzeiros). (Bons tempos em que as pelegas de 100, 200 e 500 eram colocadas na ponta do pau-de-sebo. Jamais uma "caolha" de 10, 20 ou 50 cruzeiros. "Caolha" por causa de ter um olho só – um zero.) Uma vez fincado na praça pública, espera-se a hora determinada no programa da festa (geralmente do Divino) para que os batutas e cuéras arrisquem a trepar para alcançar o prêmio. Os moços colocam areia nas algibeiras e depois de muitas tentativas no pau-de-sebo conseguem alcançar, lá no topo, a recompensa.

Remo

Duas são as formas de festa do Divino Espírito Santo encontradas no estado paulista: a que se desenvolve em terra e a do rio. O remo é implemento indispensável àquelas onde a cerimônia do "encontro das bandeiras" se dá no rio. Canoas do rio-acima e outras do rio-abaixo são acionadas pelos remos. Os irmãos do Divino, "irmãos da canoa", "marinheiros do Divino", procuram pintar seus remos. Em geral a cor vermelha nunca falta, pois ela é a do fogo, e a festa do Divino é a de Pentecostes: línguas de fogo sobre a cabeça dos apóstolos, é o que nos dizem os textos da Bíblia Sagrada.

Na festa de Nossa Senhora dos Navegantes (Cananéia) também usam remos.

No Museu do Centro de Folclore de Piracicaba, João Chiarini coletou vários exemplares de remos, usados nos "encontros" de Piracicaba, Tietê e Anhembi.

No Museu Paulista do Ipiranga, Seção Sertaneja, há os remos usados na marujada de Sete Barras, por nós recoltados.

Rojão

Para uma festa ser boa é indispensável o foguetório. Quanto maior o foguetório, mais importante a festa. E é por isso que pelo espocar das bombas e pelo número de rojões que sobem para o alto avaliam a festa, considerando-a boa ou má. Aquela que soltou muitos rojões ficará por mais tempo na memória dos moradores do lugar, a fumaça dos anos dificilmente a toldará de olvido. A que poucos fogos queimou, é festinha "chinfrim", "marca barbante", logo esquecida.

O foguete ou rojão serve também para aviso. Perdeu a função que tinha na Idade Média de afugentar o demônio. Hoje sua finalidade precípua é a de avisar que há festa. É por meio de rojões que os moradores de um bairro rural tomam conhecimento das diversas fases do desenrolar da festa. Antes de se iniciar a missa ou reza, soltam um rojão. Na hora da bênção, soltam muitos rojões.

Na cavalhada, quando a "Banda Infernal" toca vaiando um cavaleiro que foi malsucedido nas arremetidas à argolinha ou apanhe das máscaras, soltam rojões de apito para aumentar a assuada.

Além do rojão, nas festas há larga queima de fogos de artifício. O fogueteiro da comunidade tem nessa época oportunidade de mostrar suas habilidades pirotécnicas, realizando verdadeiros prodígios: chuva de ouro, chuva de pérolas, craveiro, espanta coió, pipoca, espiga chinesa, espiral, estalo, bengalinha, bengala com apito, bastão estrelado, morteirinho, morteiro com repuxo, palmeira, pistola de cores e tiros, pluma de pavão, serpente voadora, vulcão maravilhoso, facho de velas azuis, verdes e vermelhas, lágrima, rojão de apito, foguete com bombas e com descarga, busca-pé, cobra-de-fogo, cabeça-de-negro, salta-moleque de dez ou mais bombinhas, a infernal bateria com milhares de explosões, traque, peido-de-velha, rodinha, pistolão, gira-gira, coroa, estrelinhas, bicha e o mais importante deles – o quadro colocado em lugar de destaque, que, uma vez ateado fogo pela pessoa mais importante da cidade, vila ou bairro, no centro da moldura ignescente se desenrola um pano com o retrato do padroeiro, do santo reverenciado, festejado (ver Fogos de artifício, p. 396).

RONQUEIRA

Nos pousos dos foliões e bandeira do Divino na região do médio Tietê, de hora em hora ouve-se através da noite um tiro de morteiro. São as salvas em louvor ao Divino.

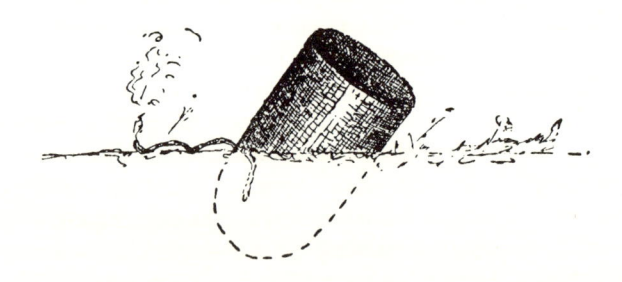

A ronqueira ou morteiro é de metal, geralmente bronze. É um tubo cujo diâmetro varia de 8 a 12 centímetros. Tem mais ou menos 30 centímetros de comprimento. A parte que fica enterrada é fechada, ficando aberta a "boca". Há um pequeno orifício por onde introduzem o pavio. Pela boca despejam a pólvora, depois tamponada pela bucha, socada por uma pequena mão de pilão. Metade da ronqueira fica enterrada para "agüentar o coice" quando a pólvora detona. Vimos também ronqueira sem pavio, há um rastilho de pólvora que se comunica com a carga, através do orifício lateral.

Rosário

Na Marujada (Iguape), implemento distinguidor do cristão do mouro é o rosário. Num determinado momento da representação, o cristão precisa apresentá-lo. É um implemento sagrado usado também para afugentar o demônio; para colocar sobre o ventre da parturiente.

Sorfete

Na tourada, após o espetáculo das pegas e fintas, amarram uma corda passando pelo "sovaco" do touro, tendo ou não "pegadeiras" (lugar para as mãos) para se montar no animal já toureado. Seguro no sorfete, travando as esporas, o cavaleiro poderá agüentar os corcovos e velhacadas do pobre animal.

Tamanco

Seria apenas um implemento nas danças do cateretê e nos fandangos rufados? Não. Acreditamos que sua função seja também a de instrumento idiofônio. Eles são percutidos no assoalho ou no chão socado.

Nas zonas onde usam tamancos para dançar, preferem-nos de madeira dura. Os tamancos comuns para o uso diário são feitos de "caixeta", madeira leve e frágil abundante na faixa litorânea. Para que tenham bom som utilizam a saranduva, raiz de laranjeira, pau dos Teixeira, folha larga. Um bom dançador de fandango chega a partir dois ou três pares de tamancos por noite.

Em nossa coleção particular de peças do folclore nacional temos um par de tamancos feito à mão, adquirido de Artur Auto de Morais, de Xiririca; sua madeira é raiz de laranjeira. Foi o que serviu de modelo para este desenho e por nós usado nas danças de fandango, como pesquisador participante, em Xiririca, Cananéia, Peruíbe, Itanhaém, Ubatuba e Picinguaba.

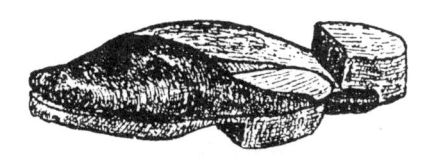

Em Ubatuba encontramos um novo tipo de tamanco, feito por um "curioso" para produzir maior "zoada" nos fandangos. Devido às dificuldades econômicas, os pescadores estão construindo suas casas sem assoalhar a sala da frente como era costume. Ela é agora de terra batida. Para compensar, o novo tipo de tamancos faz a "zoada" requerida. Seu preparo é o seguinte: sob a sola colocam uma "folha" de madeira, cortada de acordo com a medida do tamanco. Esta "folha" é pregada à sola (de madeira) do tamanco por meio de quatro pares de alças de couro. Entre o tamanco e a "folha" fica um pequeno espaço de mais ou menos um centímetro. Diz o curioso que a folha tem de ser de madeira diferente da usada no tamanco para a "batida sair mais declarada".

Ao dançar, percebe-se que as batidas são idênticas às de um dançador "rufando" os pés num assoalho. Entretanto, anotamos que o novo tamanco influi nos movimentos individuais: o dançador, para obter "batidas declaradas", precisa modificar o "jeitão" (estilo) de bater os pés. Outros dançadores nos afiançaram que o novo modelo de tamanco "dá muita canseira na barriga das pernas e não dá para varar a noite folgando no bate-pé".

Trabuco e polvarinho

Na grande festa do encontro na cidade de Tietê, desempenha papel de importância o "salveiro". Este tem um trabuco e o polvarinho a tiracolo. A função do salveiro é dar as salvas, disparos com pólvora seca. O salveiro revive o tipo do monçoeiro.

O trabuco é uma espécie de bacamarte, cano curto e grosso calibre. Polvarinho é um recipiente onde a pólvora é guardada, feito de chifre de bovino. A parte mais grossa é tamponada com madeira; serrando-se a ponta, faz-se um pequeno orifício por onde a pólvora é derramada na boca do trabuco, ou na palma da mão do salveiro para avaliar bem a carga.

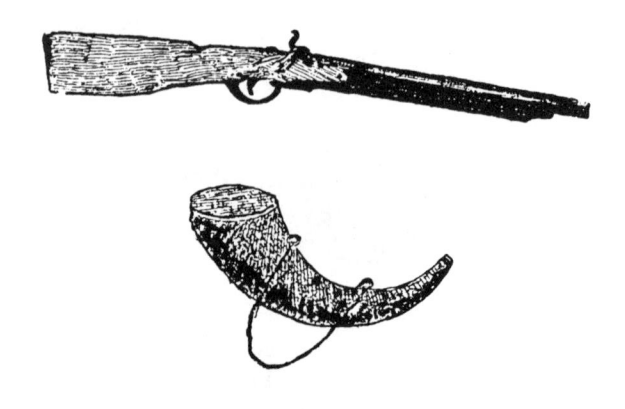

Vara dos juízes da vara e ramalhete

No direito romano a vara era a insígnia de magistrados judiciais. Símbolo que atravessou milênios e ainda está vivo em nosso folclore. Na festa de São Benedito de Guaratinguetá, de Nossa Senhora do Rosário de Cunha, por ocasião da cerimônia da coroação do rei Congo, quatro personagens revivem a figura do magistrado e são portadores do símbolo milenar – a vara. Eis neste desenho a vara dos juiz e juíza da vara e também do juiz e da juíza do ramalhete. A vara dos juízes da vara é maior, e a dos juízes do ramalhete é menor, pelo menos assim o é em Guaratinguetá. As quatro varas recolhidas por nós em 1948 em Guaratinguetá estão na Seção Sertaneja do Museu Paulista do Ipiranga.

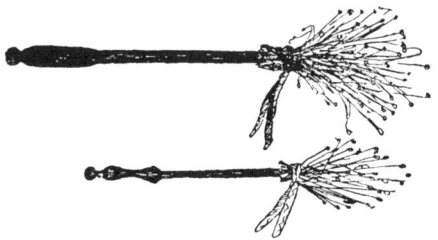

Vela de mordomo

Na festa do Divino há um outro símbolo pouco conhecido – é a vela dos mordomos. Nas procissões muitos fiéis saem com velas acesas. Mas a vela de mordomo é diferente, ela não é conduzida acesa pelo seu portador, e a sua característica diferenciadora é ser enfeitada por uma fitinha vermelha, trançada. Geralmente os portadores da vela são os filhos menores do festeiro que é o imperador do Divino.

A vela comum está presente nas cerimônias religiosas populares de origem católica romana, bem como nos cultos afro-brasileiros – a macumba paulista; são resquícios do culto do fogo perpetuados não só no folclore.

PAU-PARA-TODA-OBRA

Conheço o pau pela casca,
a mulher pela feição,
eu sei, olhando a fumaça,
que pau que deu o tição.

ILUSTRAÇÃO I. 1, *Casa de pau-a-pique, coberta de palha de coqueiro (ou de sapé)*. 2, *Casa de sopapo ou barro batido*. 3, *Casa de tábua da região da ubá*. 4, *Rancho de praia para guardar a ubá, barco de pesca*.

ILUSTRAÇÃO II. 1, *Casa palafítica do Amazonas*. 2, *Carro de bois tipo mineiro* (Zona montanhosa de Minas Gerais). 3, *Vara e aguilhão para tanger boi de carro*.

ILUSTRAÇÃO III. 1, *Taipal para fazer parede de taipa.* 2, *Fôrma para queijo.* 3, *Cortiço de abelhas silvestres.*

ILUSTRAÇÃO IV. 1, *Porta de sobradão antigo da região cafeicultora.* 2, *Frade de madeira para amarrar animal de sela.* 3, *Almofada de porta.* 4, *Cachorro de beiral.* 5, *Detalhe do portal.*

ILUSTRAÇÃO V. 1, *Escada de sobrado antigo da região cafeicultora*. 2, *Detalhe do balaústre*. 3, *Forro, usado nas casas de taipa*.

ILUSTRAÇÃO VI. 1, *Mesa de refeição do ciclo bandeirista. (Casa do Bandeirante).* 2, *Mesa século XVIII (Casa do Bandeirante).* 3, *Mesa século XVIII (Casa do Bandeirante).* 4, *Mesa século XVIII (Casa do Bandeirante).* 5, *Mesa de quarto de doce. Em seus pés colocavam vasilha com água para não permitir que formigas subissem.*

ILUSTRAÇÃO VII. 1, *Cadeira século XVII.* 2, *Relógio de armário.* 3, *Cama de jacarandá entalhado, século XVIII.*

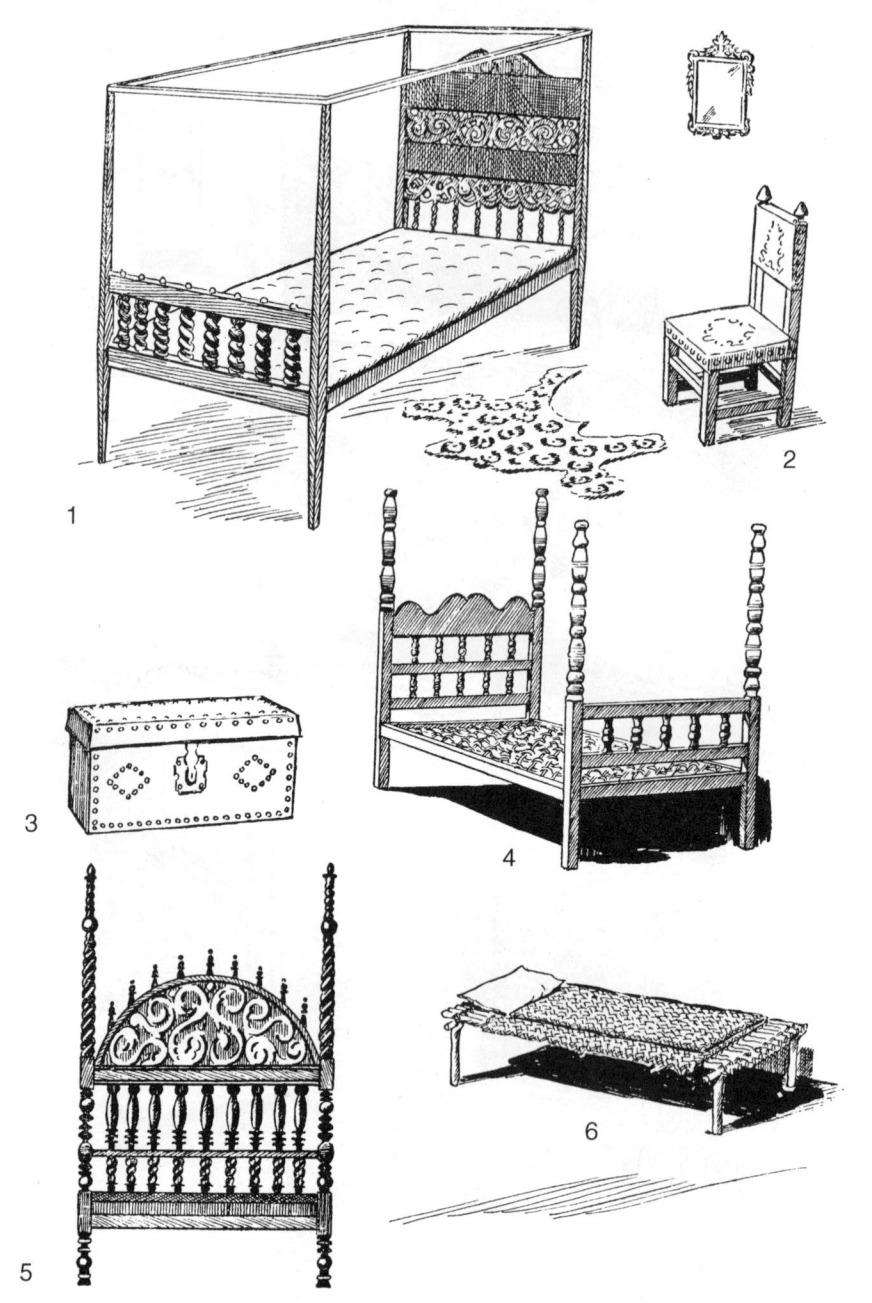

ILUSTRAÇÃO VIII. 1, *Cama com sobrecéu*. 2, *Cadeira com assento de couro*. 3, *Canastra de couro*. 4, *Catre*. 5, *Cabeceira de cama do século XVIII*. 6, *Cama de jirau ou cama de vara ou tarimba*.

ILUSTRAÇÃO IX. 1, *Arca, século XVIII*. 2, *Arca, século XVII*. 3, *Ucha*. 4, *Banqueta para livro sacro*.

ILUSTRAÇÃO X. 1, *Armário*. 2, *Cadeira, século XVII*. 3, *Armário, século XVII*. 4, *Tamborete*. 5, *Armário de ucharia*. 6, *Cadeira, século XVIII*. 7, *Cômoda, século XVIII*. 8, *Escritório*. 9, *Banco (do ciclo bandeirista)*.

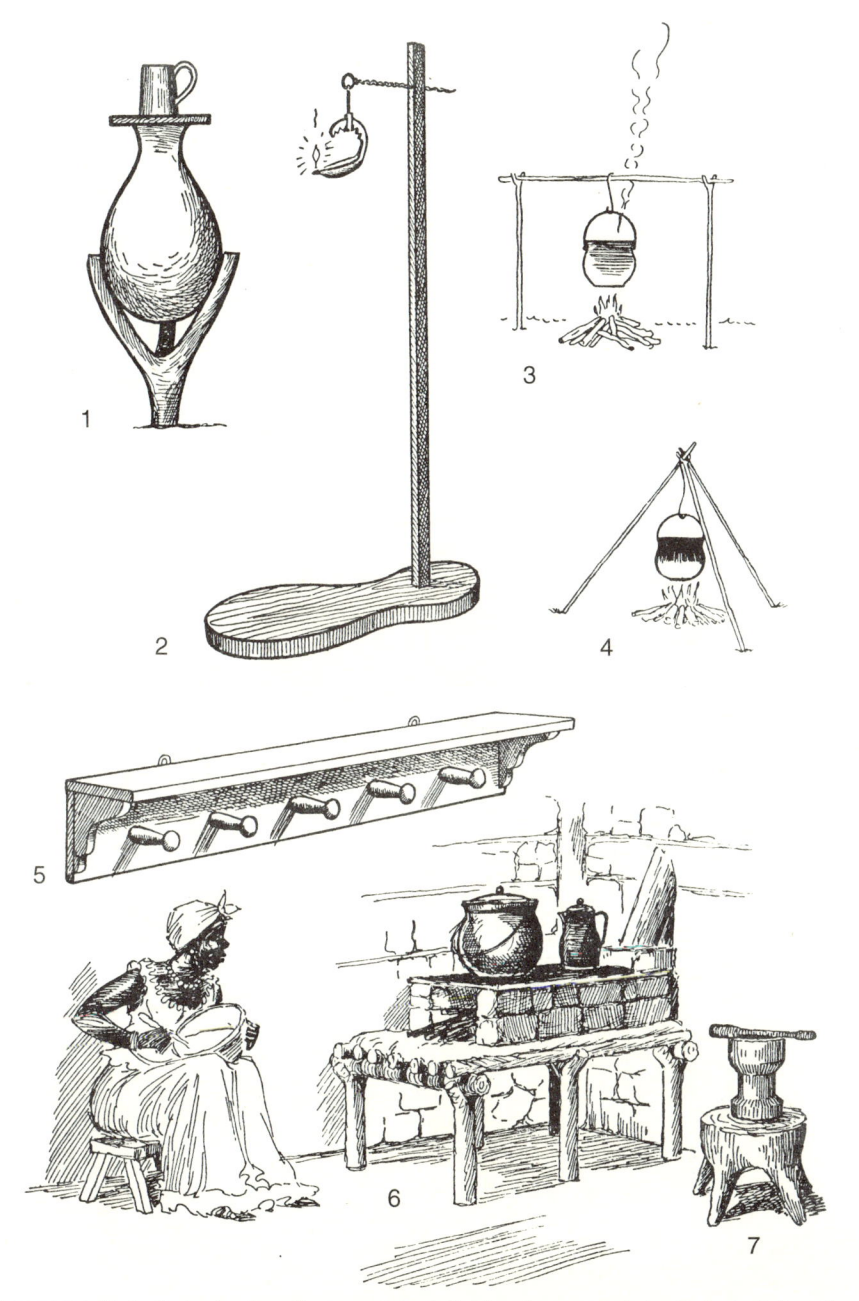

ILUSTRAÇÃO XI. 1, *Cantareira (forquilha para cântaro)*. 2, *Mancebo para candeeiro*. 3, *Fogão de forquilha*. 4, *Fogão de bivaque (ou de tropeiro)*. 5, *Cabide*. 6, *Fogão sobre jirau ou fogão de estandaque*. 7, *Cepo para cortar carne e pilãozinho de triturar sal, alho e pimenta-do-reino*.

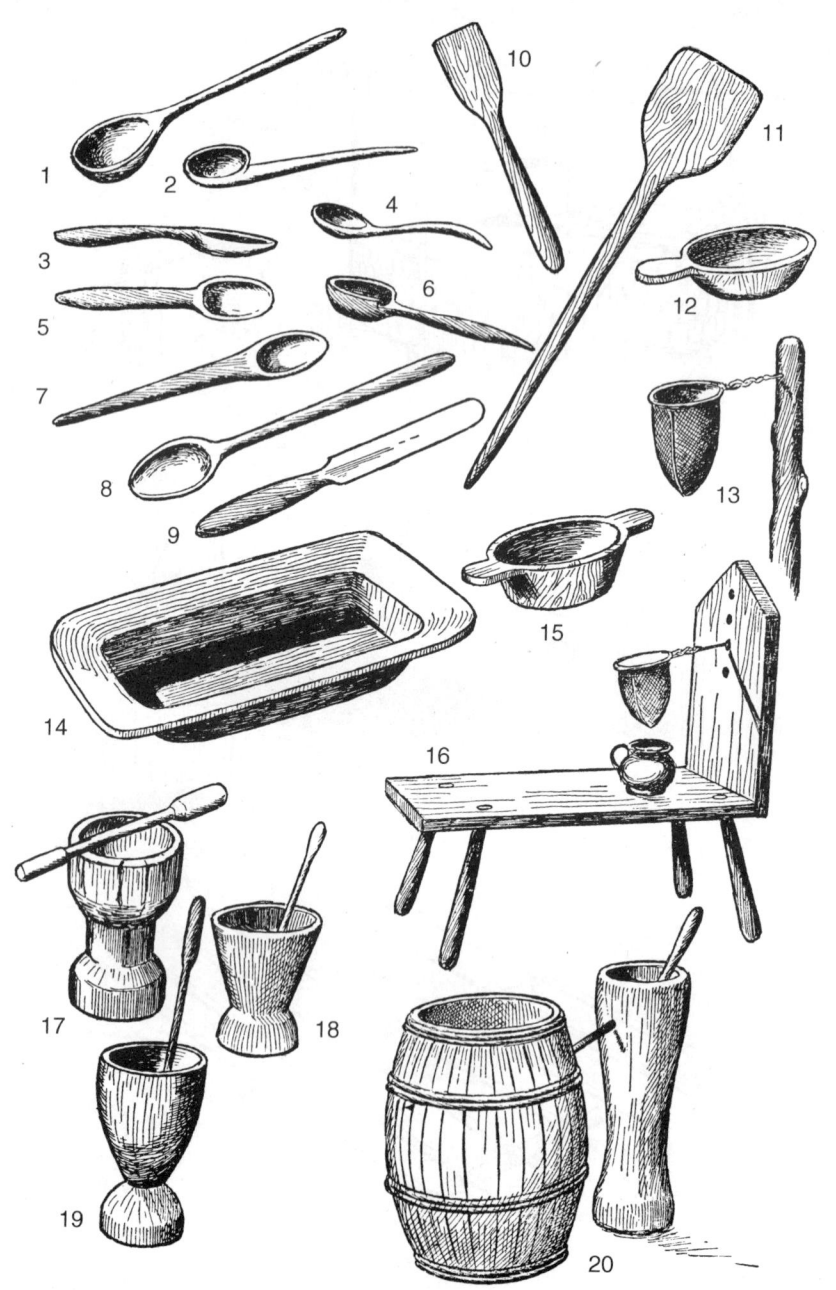

ILUSTRAÇÃO XII. 1 a 8, *Colheres de pau*. 9, *Espátula*. 10, *Pá para manteiga*. 11, *Pá para mexer doce de tachada ou para fazer angu de fubá*. 12 e 15, *Gamelinhas de cabo*. 13, *Suporte para coador de café*. 14, *Gamela*. 16, *Mesa para coar café*. 17 a 19, *Pilões para semente (o nº 17 especialmente usado para fazer paçoca)*. 20, *Pilão para preparar azeite de mamona. O óleo escorre para a barrica.*

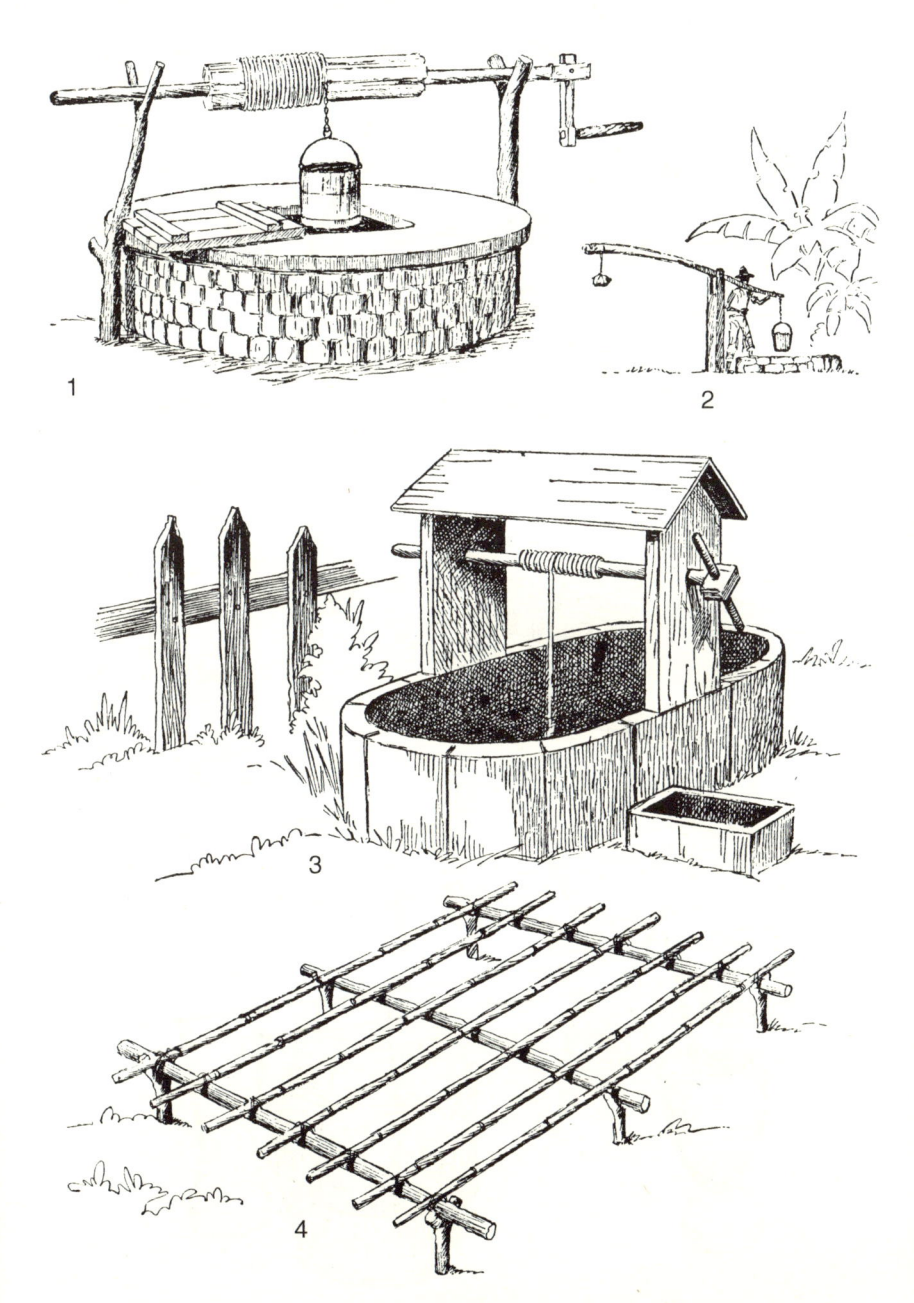

ILUSTRAÇÃO XIII. 1, *Sarilho de poço (de forquilhas)*. 2, *Picota para tirar água de cisterna*. 3, *Sarilho coberto para tirar água de poço*. 4, *Coradouro para estender roupa ensaboada*.

ILUSTRAÇÃO XIV. 1, *Moinho de vento, comum no Ceará*. 2, *Cambau para obstar animal varador de cerca*. 3, *Destiladeira de cinza para preparar a decoada para fazer sabão*.

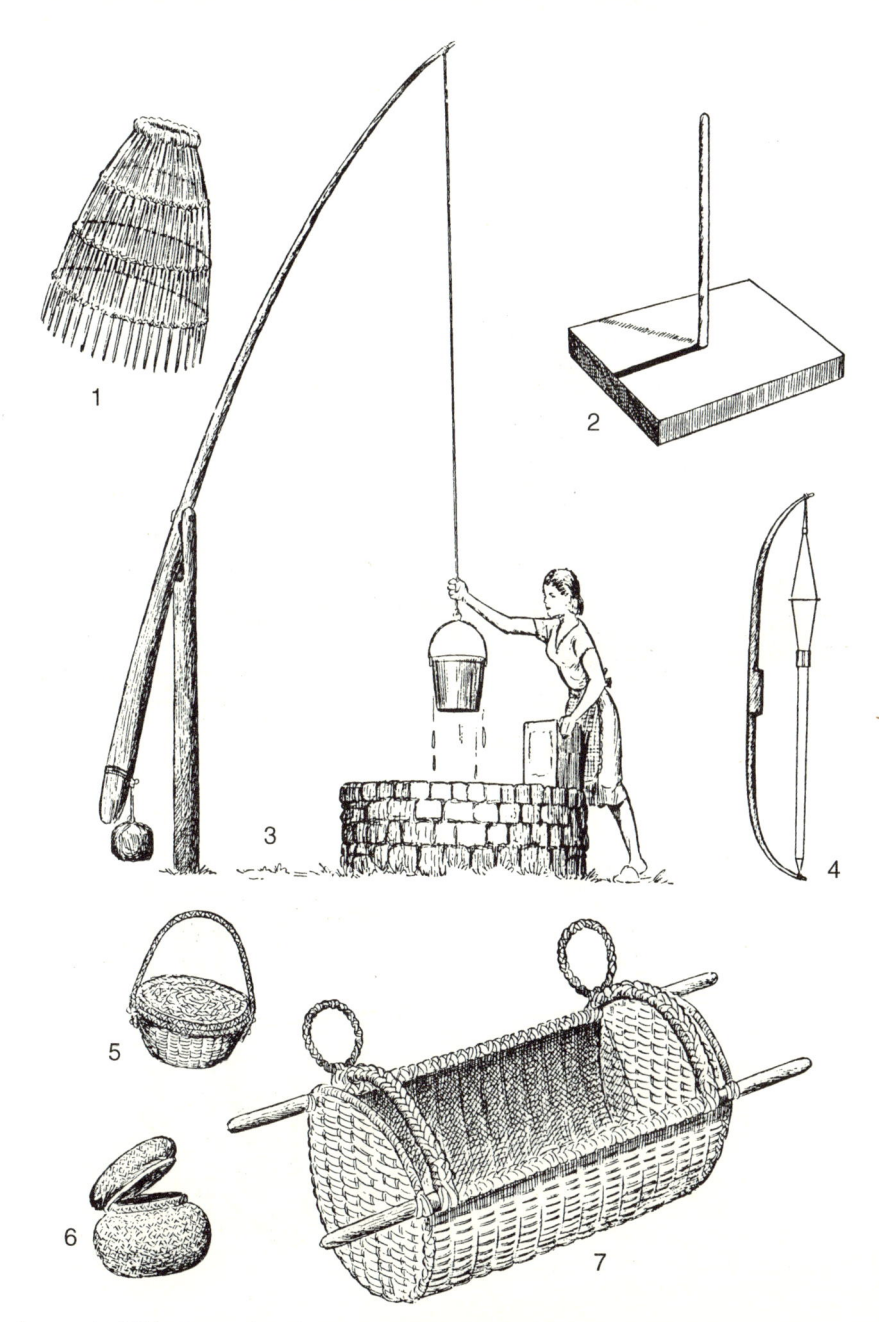

ILUSTRAÇÃO XV. 1, *Covo usado no baixo São Francisco para pesca da vazante das cheias.* 2, *Relógio de sol.* 3, *Cegonha para tirar água de cisterna.* 4, *Bodoque.* 5 e 6, *Cestinhos de taquara.* 7, *Caçuá cearense.*

ILUSTRAÇÃO XVI. 1, *Mangueira para gado leiteiro (Mangueirão de retiro de leite)*. 2, *Estandaque com jacá para preparar a decoada da cinza, da saboaria tradicional*. 3, *Tábua de lavar roupa*. 4, *Chiqueiro para prender bode ou carneiro*. 5, *Macetes para castrar touro*. 6, *Moquém para defumar peixe*. 7, *Balança rústica*. 8, *Fogão sobre estandaque ou jirau*. 9, *Forno caseiro sobre jirau*. 10, *Escada de quintal*. 11, *Sarilho de poceiro, usado ao fazer o poço*.

ILUSTRAÇÃO XVII. 1, *Cocho de tábuas*. 2, *Cocho escavado*. 3 a 5, *Estribos de arreios de montaria*. 6 e 7, *Estribo tipo caçamba*. 8 a 11, *Tabuletas para desmame de bezerros. Barbilho*. 12, *Tronco para tosar, para lides pastoris*. 13, *Cambau*. 14, *Banquinho para ordenhador de vacas leiteiras*. 15, *Furadeira*. 16, *Cabo de relho*. 17, *Canga giratória para amansar boi de carro*. 18, *Pente para crina de animal*.

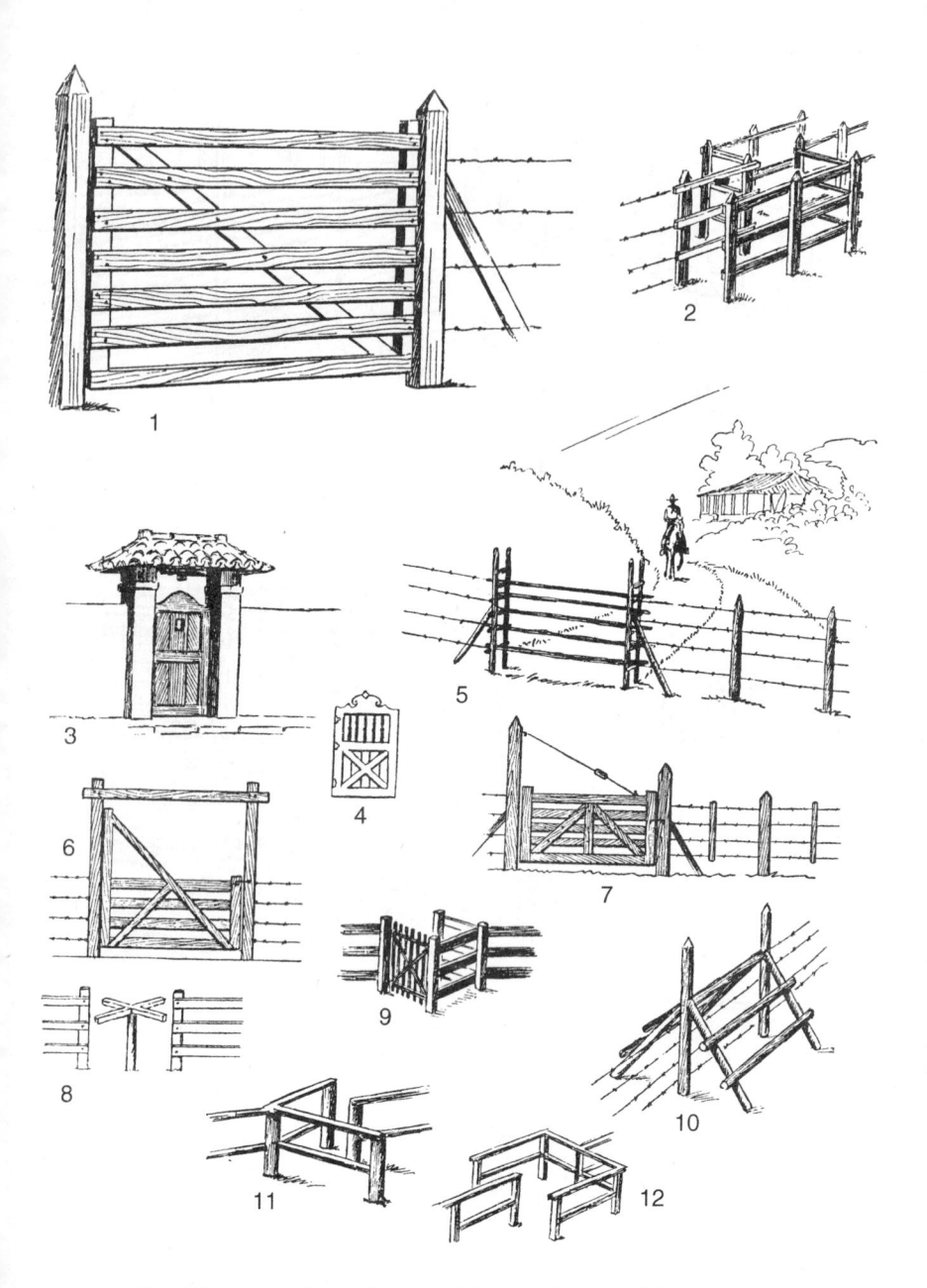

ILUSTRAÇÃO XVIII. 1, *Porteira de tábua*. 2, *Passa-um*. 3, *Portão*. 4, *Portão com balaústres*. 5, *Porteira de vara*. 6, *Porteira de trave, com tirante de madeira*. 7, *Porteira de tábua, com tirante de ferro*. 8, *Borboleta*. 9, *Cancela*. 10, *Pulador*. 11, *Vaivém ou passadiço em V.* 12, *Passadiço em U para pedestres*.

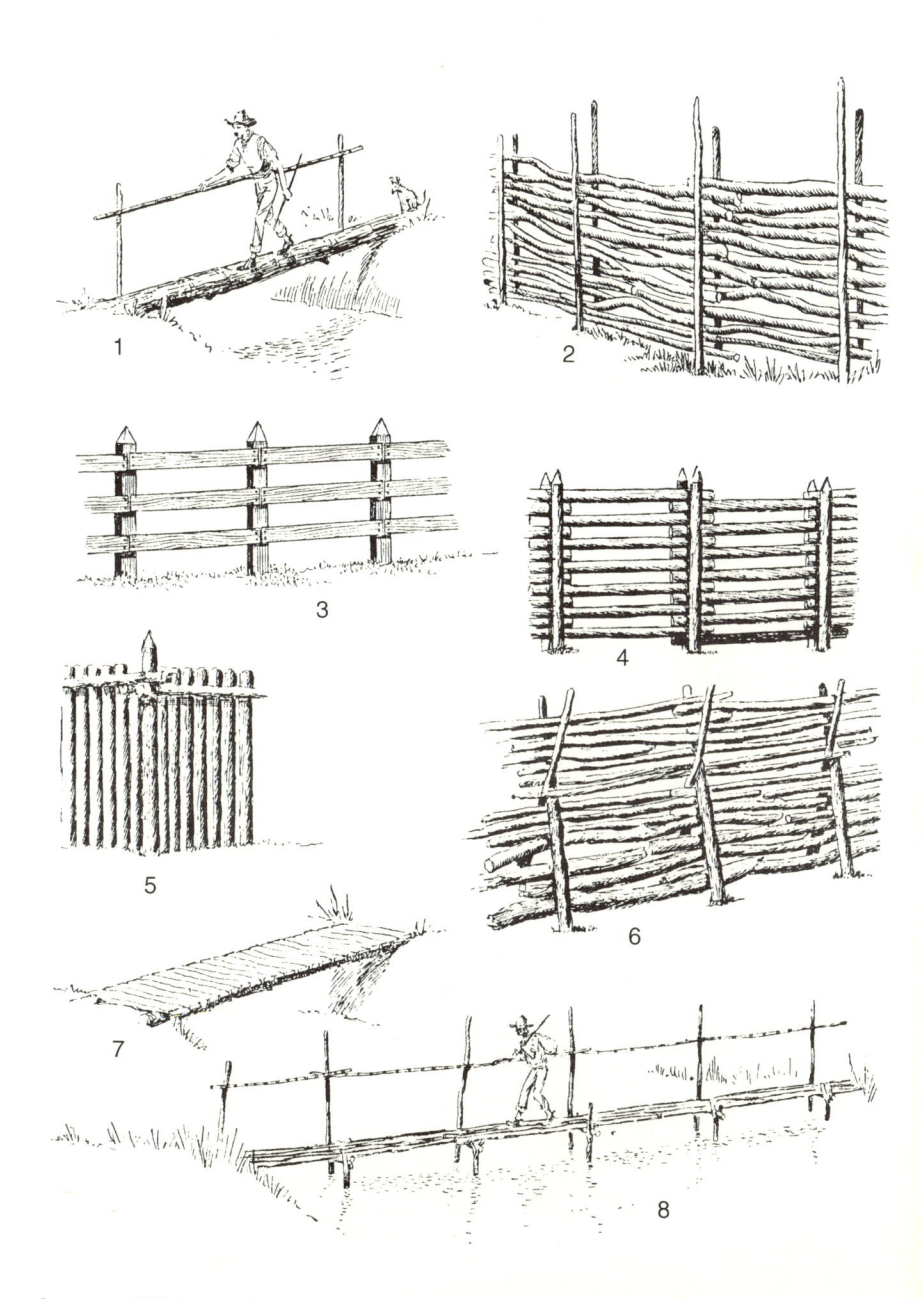

ILUSTRAÇÃO XIX. 1, *Pinguela*. 2, *Cerca de coivara*. 3, *Cerca de tábuas, para fechar curral*. 4, *Cerca de varas deitadas*. 5, *Cerca de pau-a-pique*. 6, *Cerca de tesoura*. 7, *Ponte para carro*. 8, *Pinguela de coivara com guarda ou corrimão*.

ILUSTRAÇÃO XX. 1, *Engenho de torre com bolandeira (volandeira), movido a roda d'água*. 2, *Engenho de almanjarra. Cilindros (moendas) verticais*.

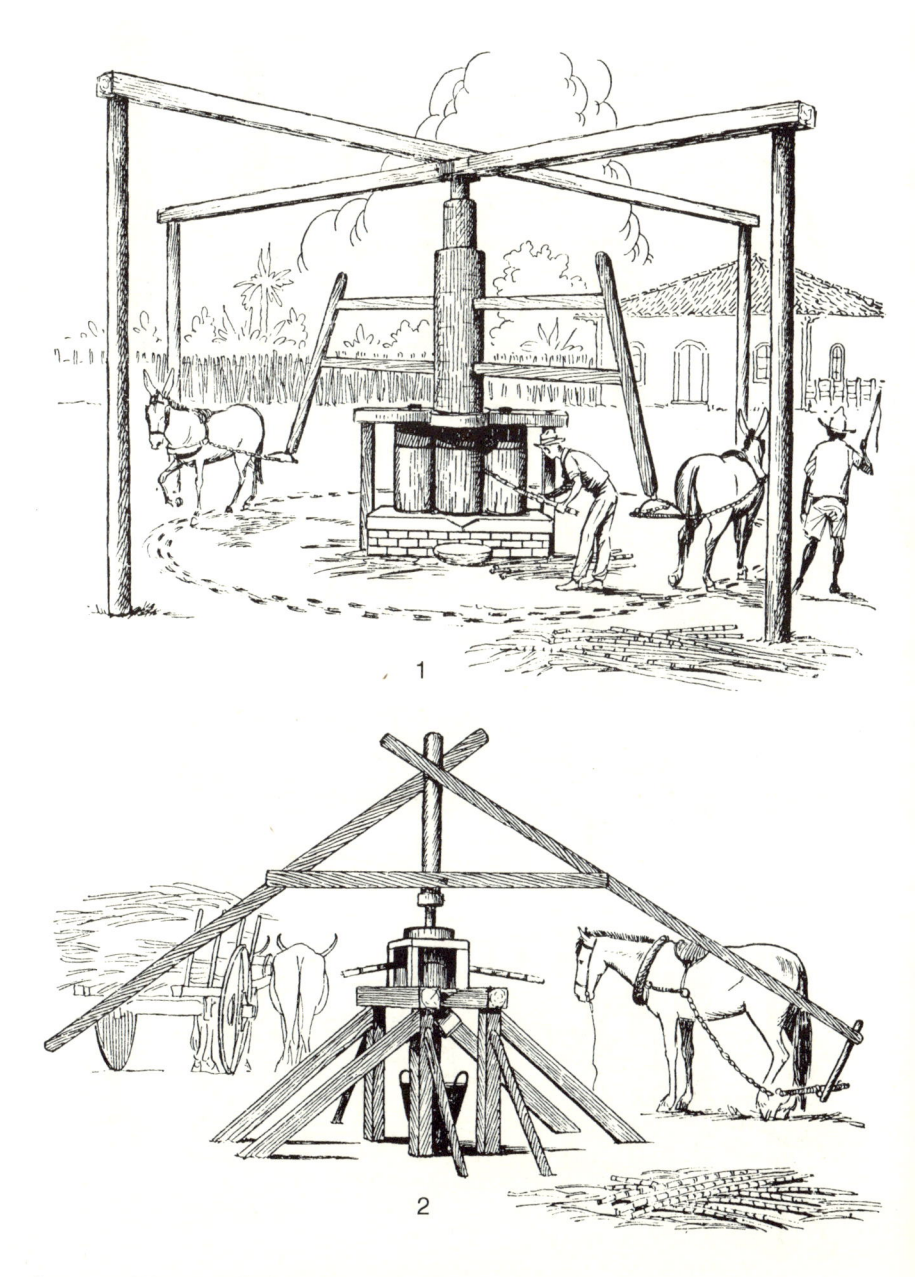

Ilustração XXI. 1, *Engenho de porteira dupla. Moenda de três tambores verticais.* 2, *Moenda de triângulo, a tração animal.*

ILUSTRAÇÃO XXII. 1, *Pari para pesca de cachoeirinha.* 2, *Descalçador de botas.* 3, *Trapiche para as fôrmas do pão-de-açúcar nos engenhos.* 4, *Manjedoura para capim.* 5, *Batedeira para bolos.* 6, *Gancho.*

ILUSTRAÇÃO XXIII. 1, *Carretão para descascar café em coco. Rodeio ou ribas ou ripes.*

ILUSTRAÇÃO XXIV. 1, *Monjolo de martelo, movido a roda d'água*. 2, *Monjolo de rabo.*

Ilustração XXV. 1, *Monjolo de pilão. Pilão d'água (Paraná)*. 2, *Monjolo. Pasmado.*

ILUSTRAÇÃO XXVI. 1, *Monjolo de pé*. 2, *Monjolinho de pé. Batedor de arroz*. 3, *Pilão de cintura*. 4, *Pilão de preguiçoso (pila sentado no próprio pilão)*.

ILUSTRAÇÃO XXVII. 1, *Monjolo coberto*. 2, *Tipiti de palha*. 3, *Tipiti de taquara*. 4, *Prensa para o preparo da farinha de mandioca*. 5, *Pilão para paçoca*. 6, *Suporte para coador de café*.

ILUSTRAÇÃO XXVIII. 1, *Ralador de mandioca da região da ubá. Sob a mesa do ralador, o gamelão onde cai massa (mandioca ralada).* 2, *Roda e catitu para ralar mandioca (Alagoas). Roda de veio.*

ILUSTRAÇÃO XXIX. 1, *Engenhoca, descaroçador, moenda caseira.* 2, *Pilão setecentista.* 3, *Prensa usada na casa de farinha e também no preparo de cera da carnaúba (Ceará). Prensa de fuso.*

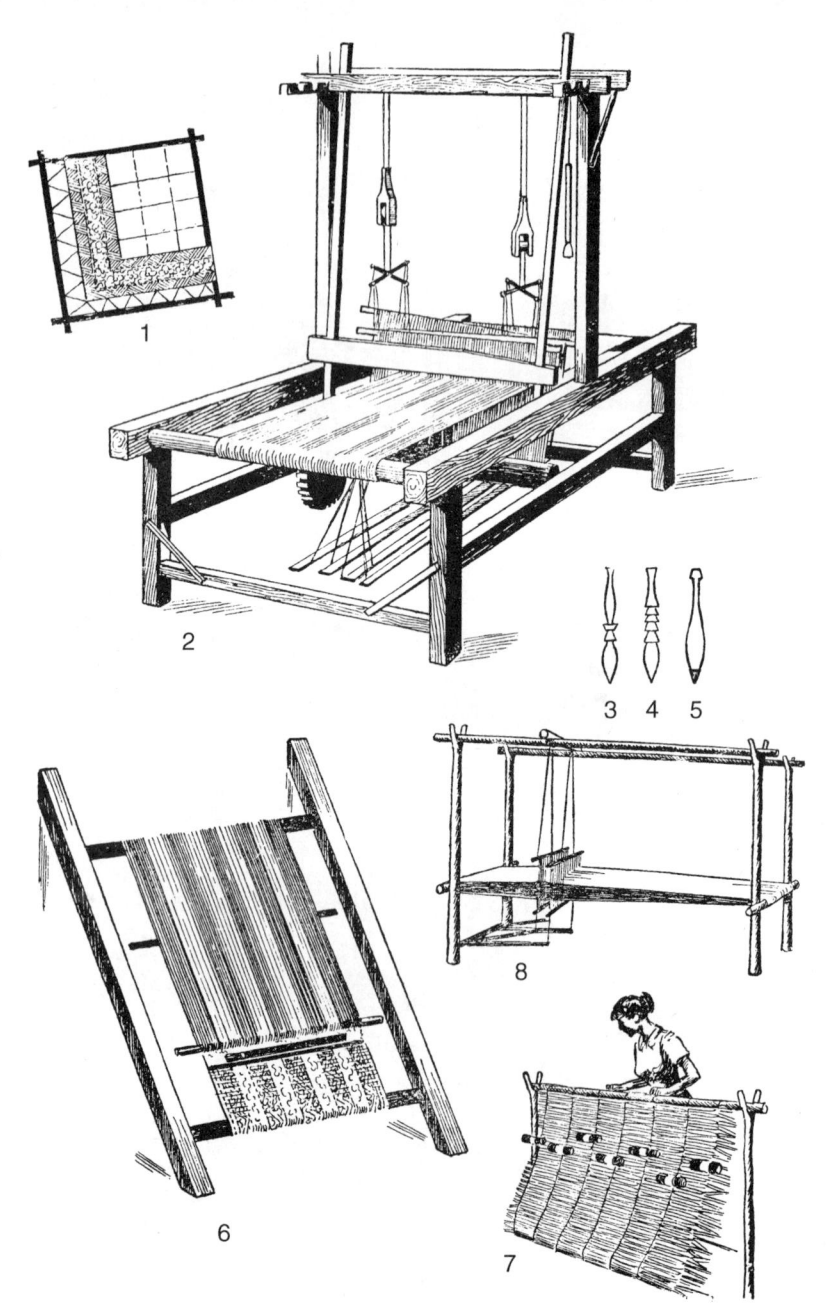

ILUSTRAÇÃO XXX. 1, *Tear ou quadro para crivo ou labirinto*. 2, *Tear para rede. Tear sorocabano.* 3 a 5, *Bilros para renda de almofada.* 6, *Tear andino (Várzea Grande, Cuiabá, Mato Grosso) (redes lavradas).* 7, *Tear para esteiras de taboa ou piripiri do brejo.* 8, *Tear para rede (Ceará, sul de Minas Gerais).*

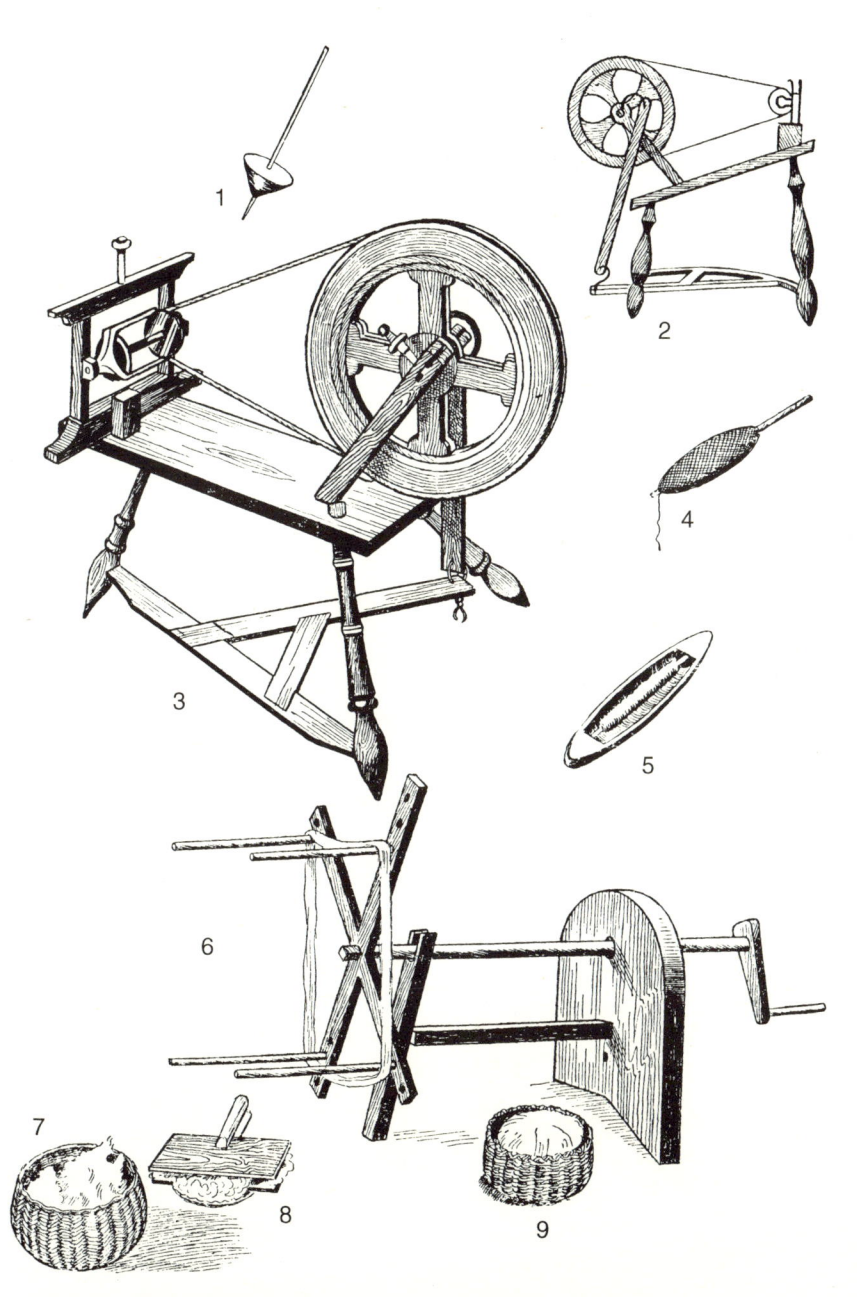

ILUSTRAÇÃO XXXI. 1, Fuso. 2 e 3, Roca mecânica ou fuso de roda ou roda de fiar (Franca, São Paulo). 4, Fuso com fio. 5, Naveta de tear. 6, Dobadoura. 7 e 9, Balainhos para algodão ou lã cardados. 8, Cardadeira.

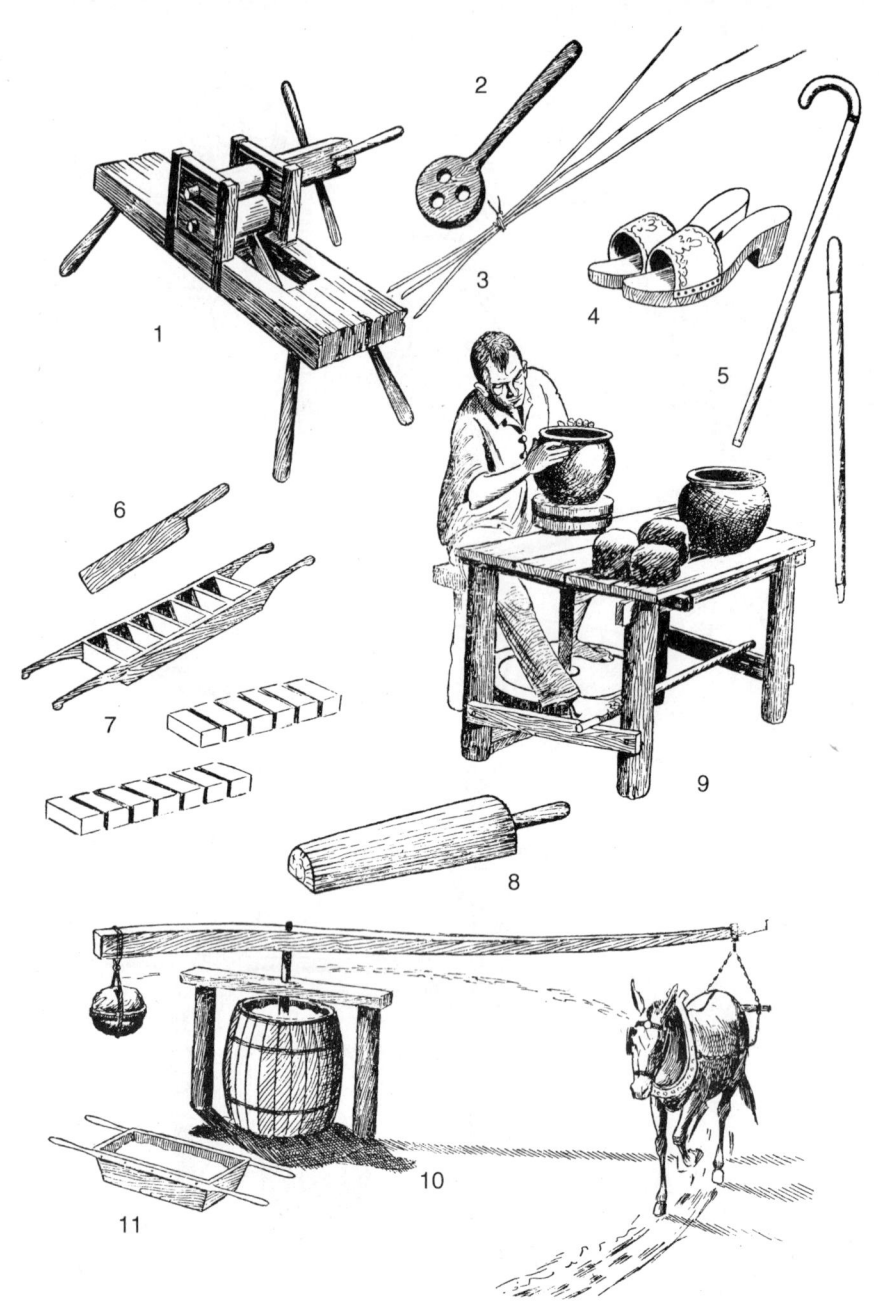

ILUSTRAÇÃO XXXII. 1, *Descaroçador ou engenhoca*. 2, *Palmatória*. 3, *Vara de marmelo ou "disciplina"*. 4, *Tamancos*. 5, *Bengalas*. 6, *Faca de madeira usada pelo oleiro na fabricação de tijolos*. 7, *Fôrma para fazer tijolos*. 8, *Fôrma para telha de canal ou "portuguesa"*. 9, *Torno de pé para cerâmica de "louça de barro". Torno de rodeira (Sergipe)*. 10, *Pipa com almanjarra para amassar barro para fazer tijolo*. 11, *Espécie de bangüê para carregar barro. Usado também nas salinas*.

ILUSTRAÇÃO XXXIII. 1 e 2, *Pios de chama, para chamar aves silvestres.* 3, *Torno de arco, para madeira (Ceará e Amazonas).* 4 a 8, *Tipos de bilro para fazer renda de almofada (Ceará).* 9, *Assentador de fio de navalha.* 10 e 11, *Garrafas de madeira.* 12, *Palitos para dente.* 13, *Caixeta para guardar doces caseiros.* 14, *Desempenadeira (alisadeira de pedreiro).*

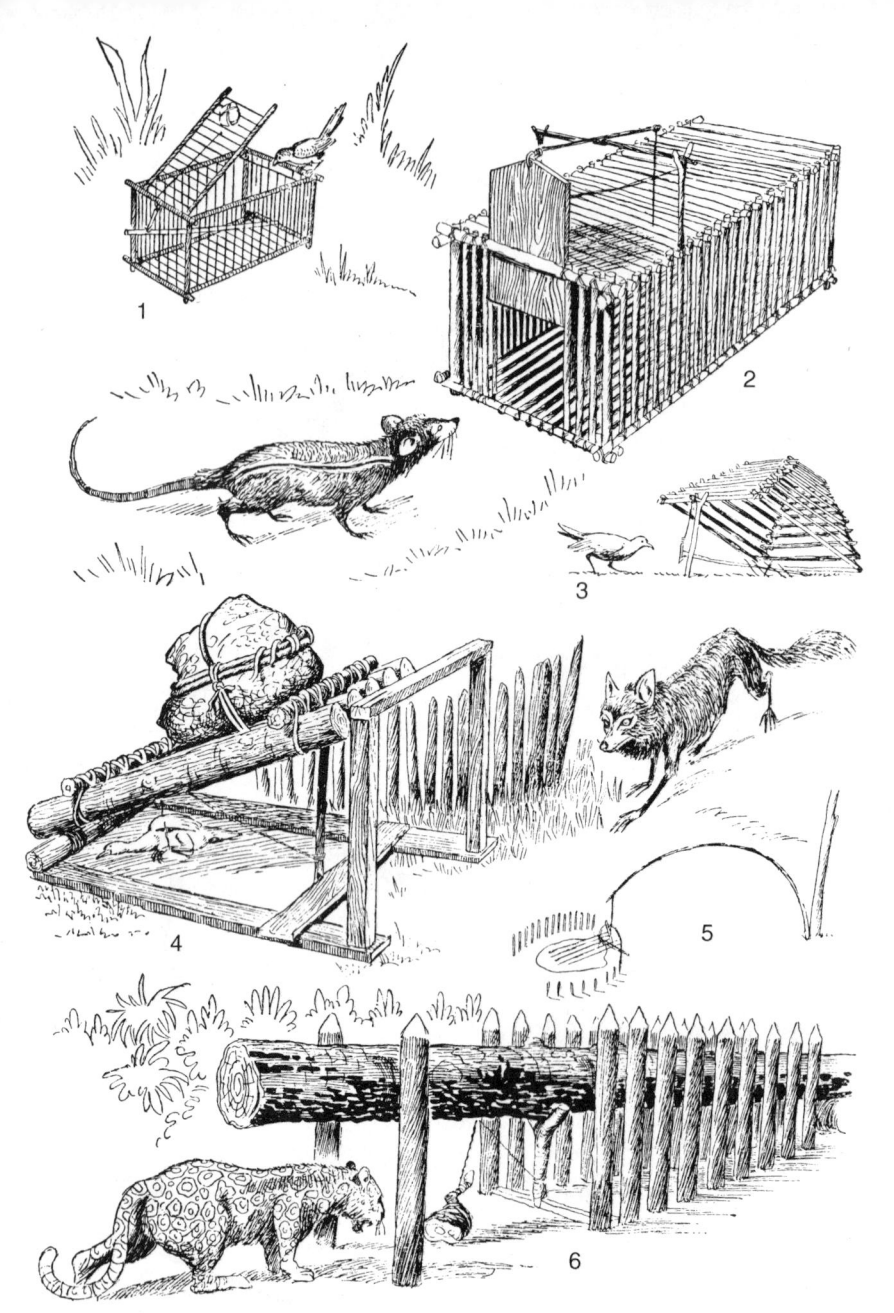

ILUSTRAÇÃO XXXIV. 1, *Alçapão para ave canora*. 2, *Chiqueiro para caçar pequenos animais silvestres*. 3, *Arapuca*. 4, *Mundéu com fojo*. 5, *Esparrela ou laço de vara*. 6, *Mundéu para "caça grossa"*.

ILUSTRAÇÃO XXXV. 1, *Canoa e covos de taquara*. 2, *Agulha (ou navete) para fazer redes de pesca*. 3, *Cesto para peixe*. 4, *Covo de taquara*. 5, *Cerco ou curral para peixe*. 6, *Samburá para peixe*. 7, *Cuia ou meia cabaça*.

ILUSTRAÇÃO XXXVI. 1, *Secador de feijão*. 2, *Varal para bater feijão. Batedor de feijão.* 3, *Bicos de arado de madeira, tipo "Pai Adão"*. 4, *Arrastão ou desterroador para alisar a terra depois de arada*. 5, *Pinguela de coivara*. 6, *Cantareira de roça*. 7, *Gadanho*. 8, *Pá de remover esterco de mangueira de retiro de leite*.

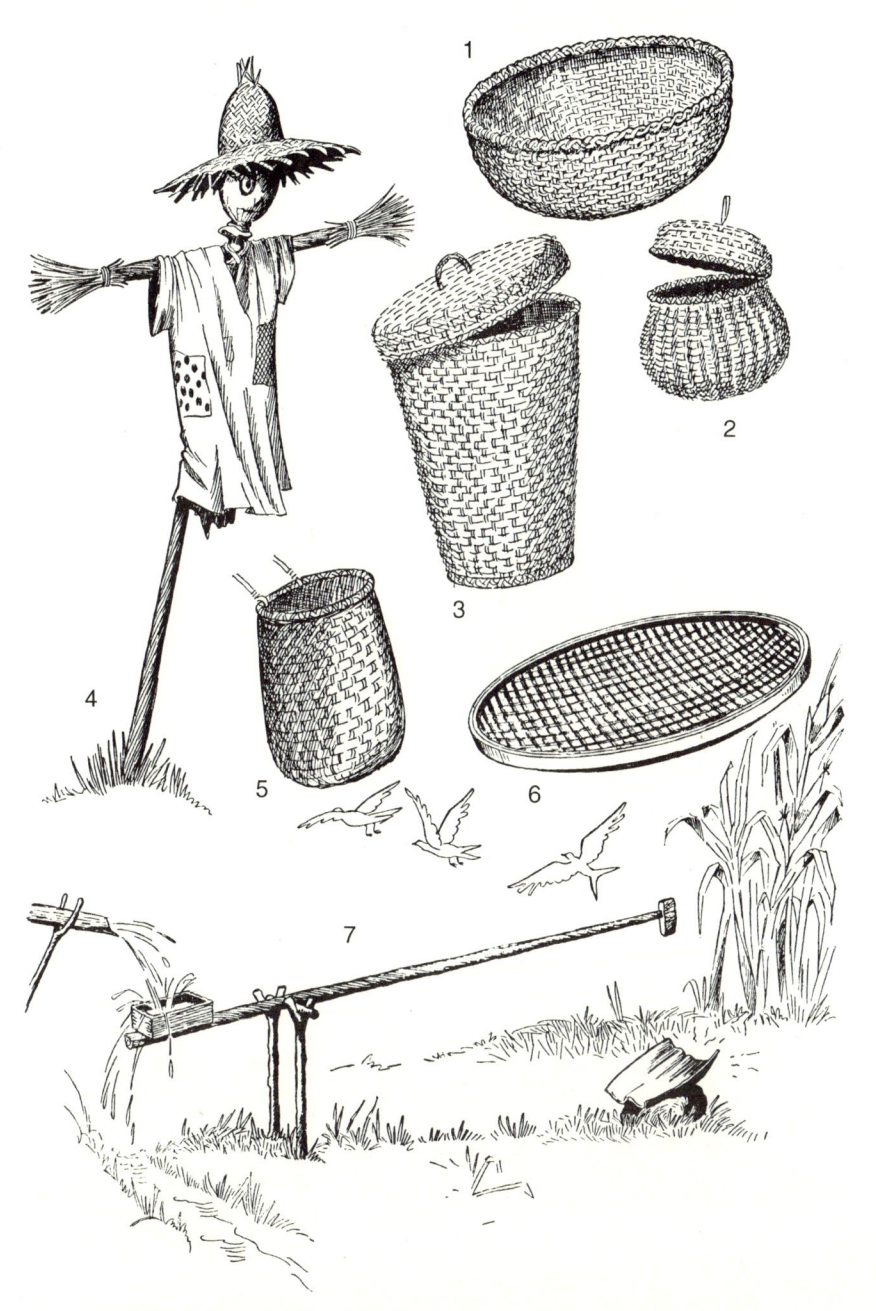

ILUSTRAÇÃO XXXVII. 1, *Balaio*. 2, *Balainho de tampo. Balaio para costura.* 3. *Jacá de tampo.* 4, *Espantalho de roça.* 5, *Jacá.* 6, *Peneira ou urupemba ou urupema.* 7, *Espanta vira-bosta ou chupim do arrozal.*

ILUSTRAÇÃO XXXVIII. 1, *Cadeirinha ou palanquim*. 2, *Carro de bois com esteiras e cobertura para transportar passageiros*.

ILUSTRAÇÃO XXXIX. 1, *Preparando a ubá, canoa monóxila*. 2, *Ubá ou canoa de pesca (taparica do baixo São Francisco)*. 3, *Canoa de casca (mais usada pelo índio)*. 4, *Carranca dos barcos do médio São Francisco*.

ILUSTRAÇÃO XL. 1, *Jangada cearense*. 2, *Rolos*. 3, *Remo de governo*. 4, *Toaçu*. 5, *Samburá*. 6, *Os paus da jangada: dois do meio, dois bordos e duas mimburas*. 7, *Tranca*. 8, *Remos de mão*. 9, *Linha de fundo. Saçanga*. 10, *Bolina*. 11, *Marmita ou caldeirão*. 12, *Samburazinho*. 13, *Banco de vela e mastro (jangada vista de frente)*. 14, *Quimanga ou timanga*. 15, *Colher de pau*. 16, *Bicheiro*. 17, *Cuia de vela*. 18, *Araçanga*. 19, *Ancoreta ou pipa para água doce*. 20, *Corda da fateixa*.

ILUSTRAÇÃO XLI. 1, *Carroção do sul, usado pelos imigrantes (alemães e poloneses)*. 2, *Tipo de roda usado no sul nas carretas de bois para retirar toras*. 3, *Carrinho de mão*. 4, *Serpentina*. 5, *Liteira ou sege*. 6, *Barco com tolda*. 7, *Cadeirinha usada nas fazendas no tempo do Império*. 8, *Barcas da Praia Grande*. 9, *Bóia de cortiça*. 10, *Vagão de madeira construído no Brasil (Sorocabana)*.

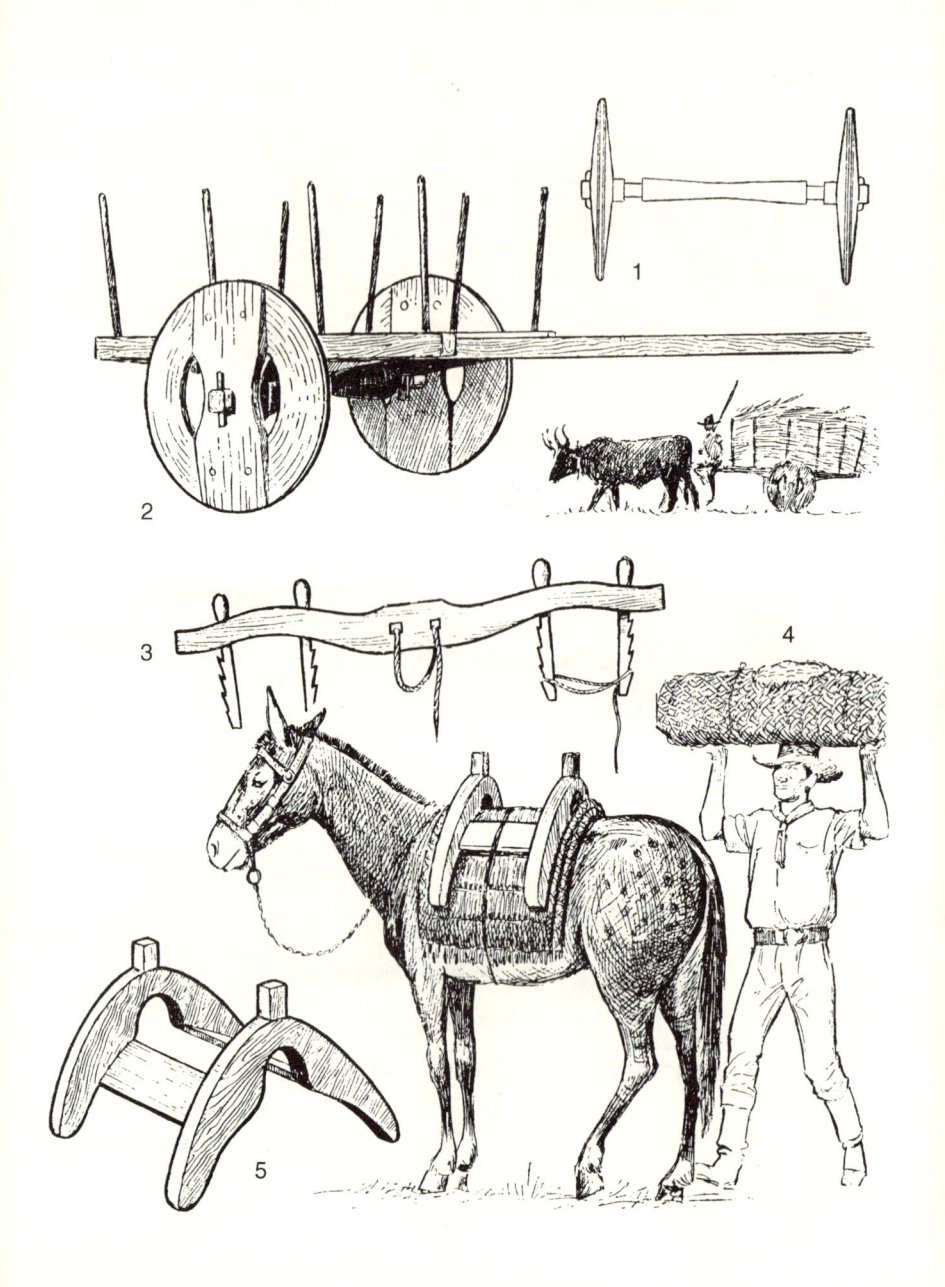

ILUSTRAÇÃO XLII. 1, *Eixo fixo às rodeiras do carro de bois.* 2, *Carro de bois.* 3, *Canga e canzis.* 4, *Surrão de palha de carnaúba.* 5, *Cangalha.*

ILUSTRAÇÃO XLIII. 1, *Tripeça ou banco de cozinha de chão batido*. 2, *Tripé, banco de tripé*. 3, *Banco de cepo ou de tronco*. 4, *Cangalha com ganchos para carregar lenha*. 5, *Bangüê*. 6, *Carrinho para carregar água na região dos açudes do Ceará*. 7, *Xilogravura usada na literatura de cordel*. 8, *Agulha ou "navete" para fazer rede de pesca*. 9, *Cavalete para bater palha de carnaúba, extração da cera*. 10, *Macete ou cacete ou batedor da palha de carnaúba*. 11, *Animal carregando um par de caçuá*. 12, *Fifó para iluminação*. 13, *Luminária (lampião de gomo de bambu)*.

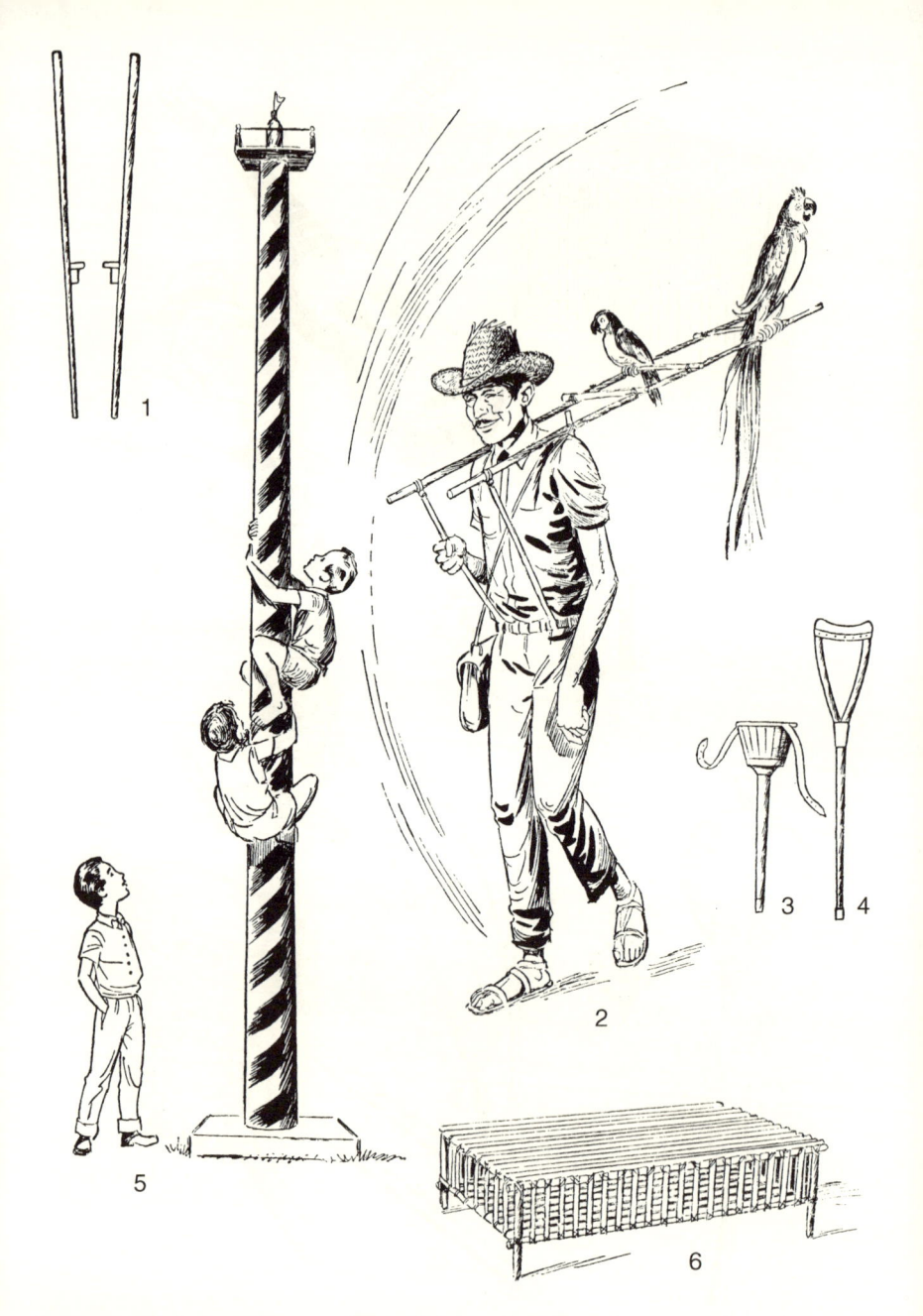

ILUSTRAÇÃO XLIV. 1, *Perna de pau* – *implemento da lúdica infantil*. 2, *Pau-de-arara. Estafeta nordestino ao voltar do sertão trazendo os psítacos para vender.* 3, *Perna de pau*. 4, *Muleta*. 5, *Pau-de-sebo*. 6, *Caranguejeiro*.

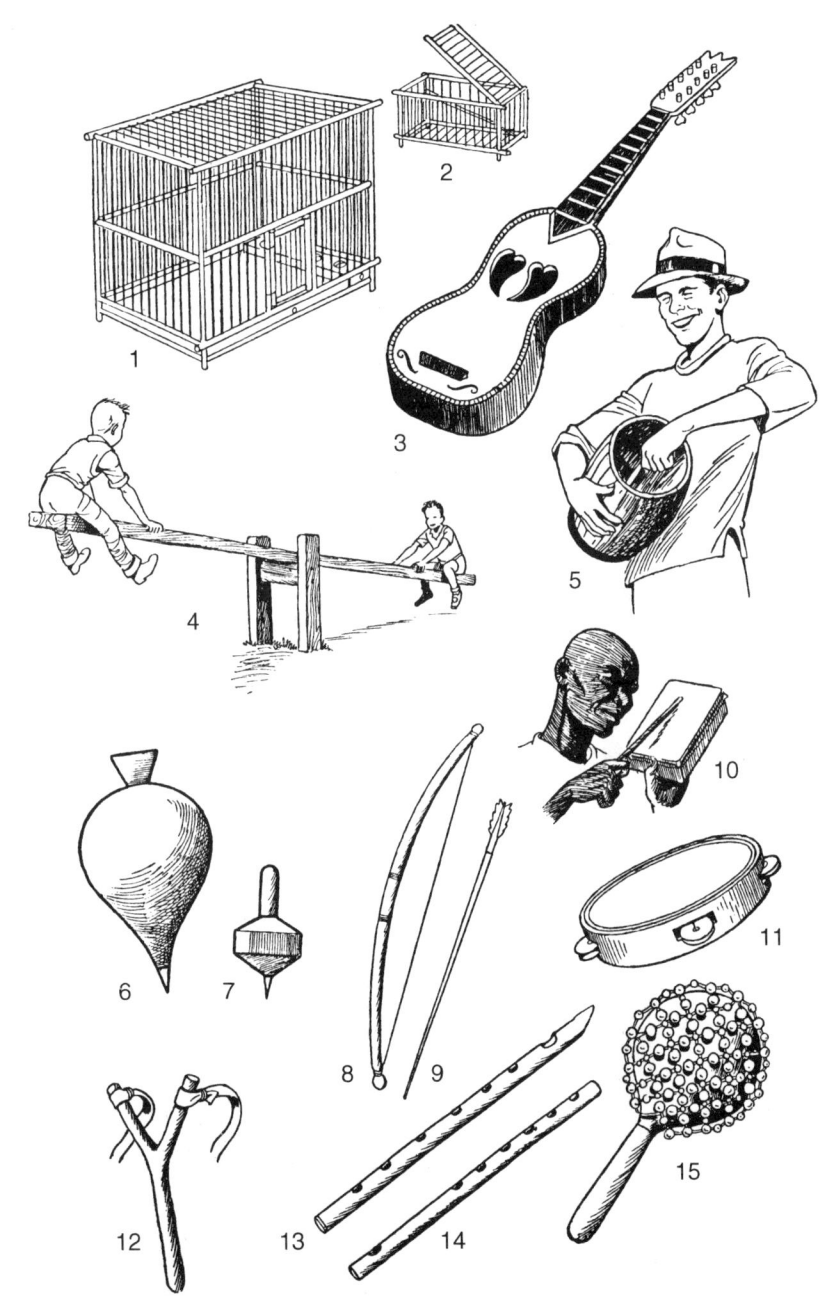

ILUSTRAÇÃO XLV. 1, *Gaiola de taquara*. 2, *Alçapão para ave canora*. 3, *Viola caipira*. 4, *Gangorra*. 5, *Puíta*. 6, *Pião*. 7, *Piorra*. 8, *Arco*. 9, *Flecha*. 10, *Adufe*. 11, *Pandeiro*. 12, *Gancho ou cabo de estilingue ou baladeira*. 13, *Flautim de taquara*. 14, *Pífaro ou pifano ou taboca*. 15, *Afoxê ou piano de cuia*.

ILUSTRAÇÃO XLVI. 1 e 4, *Ex-voto ou promessa ou "milagre"*. 2, *Cruz*. 3, *Banqueta para livro sacro*. 5, *Oratório ou santuário de quarto*. 6, *Mastro de bandeira de santo*. 7, 9 e 10, *Imagens da iconoteca do autor*. 8, *Confessionário*. 11, *Castiçal*.

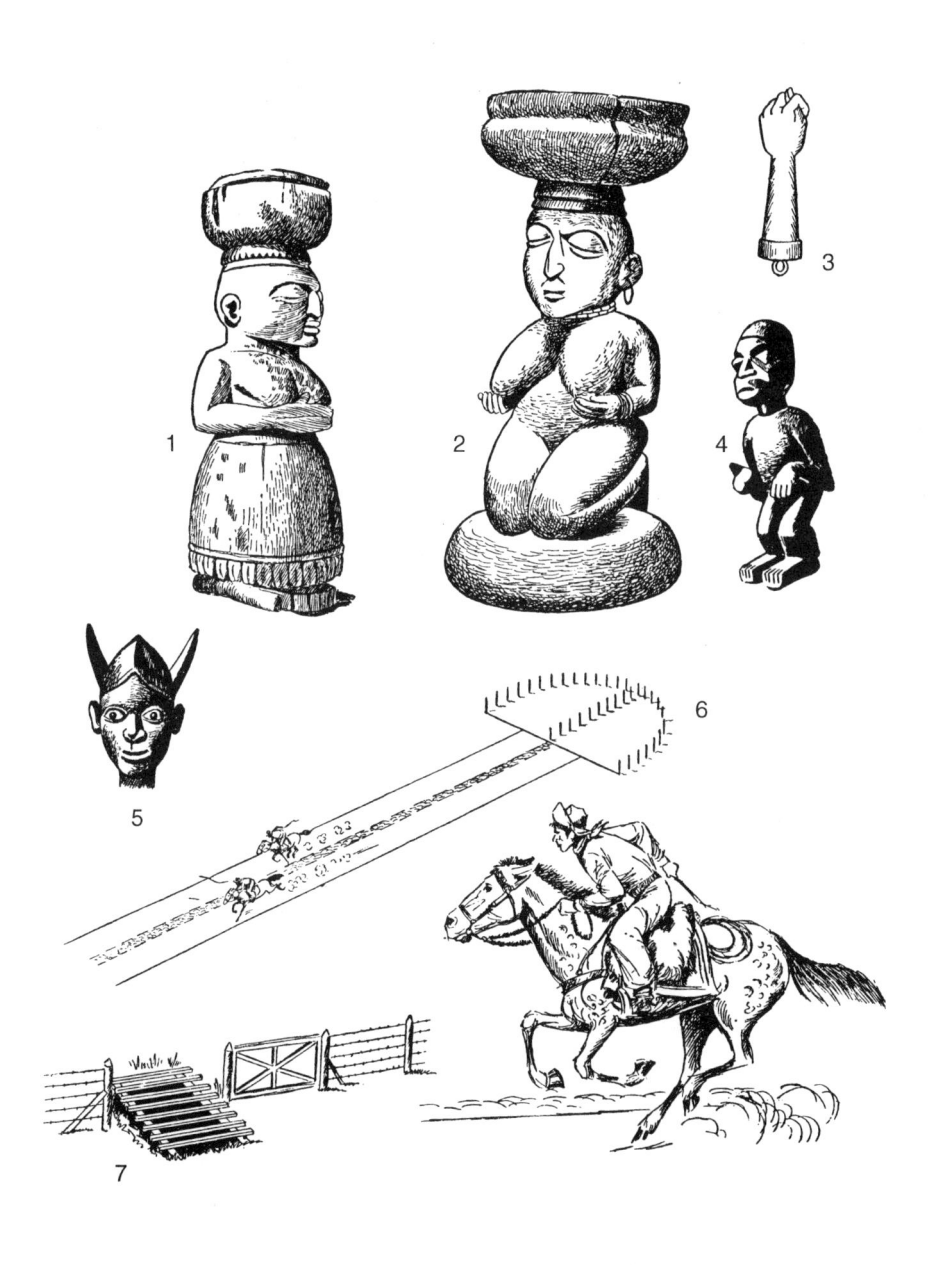

ILUSTRAÇÃO XLVII. 1, 2, 4 e 5, *Esculturas de madeira representando deuses do culto africano.* 3, *Figa de Guiné.* 6, *Xiringa para carreiras de cavalo, carreiras de cancha reta.* 7, *Mata-burro.*

ILUSTRAÇÃO XLVIII. 1, *Pelourinho*. 2, *Forca, patíbulo*. 3, *Tronco, prisão para supliciar escravos*.

POSFÁCIO

Quando o prezado amigo Francisco Marins, das Edições Melhoramentos, nos convidou para escrever um trabalho sobre o folclore nacional, mal supúnhamos que teria este de tresdobrar-se em volumes.

Foi planejado para dez capítulos, juntando-se a ele o "Pau-para-toda-obra", que por si só iria ser um livro sobre o folclore da madeira. Mal havíamos entregue ao editor o plano geral, iniciamos uma longa viagem ao Nordeste brasileiro, quando então percorremos de ponta a ponta alguns estados para estudar as causas das migrações, levantar os caminhos palmilhados pelos retirantes das secas e os percursos que fazem os paus-de-arara, tangidos pelas agruras e atraídos pelas miragens do sul.

Transportando barraca, cama de campanha e apetrechos de cozinha, câmaras fotográficas e cinematográficas, gravadores de som, perlustramos os estados de Minas Gerais, Bahia, Alagoas, Sergipe, Pernambuco, Paraíba, Rio Grande do Norte, Ceará e suas divisas com o Piauí.

De volta dessa rica experiência, permanecemos, em 1962, cerca de um semestre no estado do Ceará, percorrendo seus municípios para estudar o artesanato popular, quando então colhemos novos subsídios para o folclore. Assim a obra foi acrescida de novas observações.

Sendo um trabalho de pesquisa direta do autor, que se utiliza precipuamente da observação participante, é óbvio, não foi possível dar todos os fatos folclóricos correntios no Brasil; também o leitor não encontrará bibliografia; entretanto, quando se fez alguma referência há a devida nota bibliográfica ao pé da página.

Sentindo que a bibliografia nacional se ressente de uma obra que dê uma visão global do folclore brasileiro na atualidade, esforçamo-nos para dar ao leitor estes volumes. Estamos seguros de que são eles uma partícula da cultura brasileira documentada com fidelidade nestes últimos três lustros, em que a todos parece que a transição e a evolução entraram em ritmo acelerado. E pelo fato de o folclore não ser estático, ressente-se ele desses fenômenos, é participe dessa conjuntura. Muitas das festas aqui retratadas, muitos dos fatos folclóricos por nós registrados, documentados, são hoje coisas do passado. A mudança, o sincretismo, a transformação marcham rápidos. As modificações sociais e até a inflação galopante que nos sufoca estão repercutindo nas manifestações tradicionais do nosso povo. Em muitas páginas assinalamos a importância do folclore alimentar contribuindo e permitindo a persistência de certos traços. E quantas festas, onde havia a comezaina com distribuição de alimentos, poderão ainda repetir-se?

Salientamos, também, que se aqui focalizamos mais os fenômenos folclóricos paulistas é porque tivemos maior oportunidade de estar em contato com as fontes bandeirantes.

O nosso país é riquíssimo em folclore. Precisamos saber valorizá-lo e, principalmente, ir ao campo de pesquisa. Urge recoltar. É preciso que aqueles que se dedicam ao seu estudo abram as janelas de seus gabinetes de trabalho e deixem entrar o ar impregnado do perfume agreste das músicas, deixem-se pervadir pela melodia cantante dos folguedos, permitam que o ritmo inebriante das danças se sincronize com o do coração, que a alegria envolvente das gentes em festa invada a alma e tudo isso inspire aos que de fato querem dar uma contribuição positiva aos estudos do folclore. A fonte inexaurível é o povo. Foi ele que nos inspirou para que escrevêssemos FOLCLORE NACIONAL.

ÍNDICE DE FOTOS

Cruz e capela de beira de estrada 9
Capelas de beira de estrada e de roça 10
Capela de roça | Gruta artificial | Cruzeiro 11
Igreja dos jangadeiros do Mucuripe | Cemitério dos pagãos 12
Ex-votos de madeira | Ex-votos de cerâmica 23
Carpindo o torrão | Depositando os torrões | Cresce o monte de torrões | A terra envolta no lenço é remédio 24
Terreiro de candomblé | Pai-de-santo e mãe-de-santo 51
A dona do terreiro 52
Despachando o santo | As filhas-de-santo 59
A chegada de Xapanã | Capela de beira de estrada 60
Sala de milagres | Ex-votos de madeira 85
Bom Jesus dos Navegantes | Ex-voto pintado 86
Romaria a Feliz Deserto | Chegada da romaria a Piaçabuçu 109
Penitente 110
A criançada espera o repique do sino | O Judas | O traidor é o bode expiatório | Daqui a pouco será a malhação | A malhação em São Luís do Paraitinga 133
Pirapora do Bom Jesus | Bom Jesus de Iguape | Igreja de São Francisco das Chagas 134
Procissão de roça | O capelão-caipira | As mulheres cantam 155
Doutor de raízes | O jegue é onipresente 156
Curador de cobras | A caveira 175
Curador de cobras. Óleo de José Gomes 176
Rótulos de cachaça 195

O autor adquirindo literatura de cordel 196
Fumando a maconha | Aspirando o "torrado" 213
O "torrado" na feira | Cuscuz de arroz 214
Fritando filiós | Baganas de feira nordestina 233
Bicos e rendas 234
A rendeira expondo seu lavor | Rendeira de Paracuru 255
Trabalhando no labirinto 256
Rendeiras trabalhando | Espinhos de cardeiro 277
O artesão faz o mamucabo | Rede feita com agulha de crochê 278
O almofadão | Tecendo redes e tarrafas 293
Trançando com palha de ouricuri | Chapeleiras 294
Empacotamento dos chapéus de palha | Cesteiro 313
Peneira de taquara | Tipiti 314
Jacás ou caçuás | Cambitos 333
Carnaubeiras nas margens do rio Cocó | Casa feita de carnaubeira 334
Cerâmica figureira 353
"Casa de Farinha" | A artista e sua obra 354
Uma louceira | Porrões prontos | Cerâmica de torno 373
Forno para queimar a louça | Vendedor de louça de barro 374
Cerâmica nordestina | Tecendo um caçuá 393
Esculpindo | "Imaginário" e sua obra 394
Banca de "viração" | Ferreiro 415
Jangadinha | Torno para madeira | Fazendo jangadinhas de madeira 416
Construção de uma jangada | Bóias para o manzuá | Landoá 431
Volta dos jangadeiros | Samburá 432
Jangada empurrada para a praia 453
Jangadas na praia | Carro de bois 454

ÍNDICE ONOMÁSTICO E DE ASSUNTOS

A
ABC, 178, 197, 198, 224, 226, 229
A. de Almeida Prado, 157
A. Jorge Dias, 157
Ablução, 53, 64, 107, 115
Acalanto, 208, 209, 210, 211
Acróstico, 262
Açudes, 404, 405
Ad Petendam Pluviam, 141, 142
Adivinha, 177, 178, 179, 180, 183, 184, 232, 254
Adivinha (classificação), 179, 180
Agogô, 54
Agronomia popular, 161, 162
Aguadeiro-mirim, 406
Aigizein, 125
Aires da Mata Machado Filho, 237
Ajuda vicinal, 119, 120, 130, 131
Alimentação das almas, 38, 40
Almanaque, 232
Almanjarra, 438, 439
Almofada, 319, 320, 321, 322, 326
Almofadão, 317, 319
Alqueive, 99, 106
Amadeu Amaral, 288
Ambulante, 388
Amuleto medicinal, 105
Ancoreta, 407, 408, 409, 410, 411
André Varagnac, 82
Anedota, 211, 212, 215
Anexim, 201
Anjinho, 76
Antônio Castilho de Lucas, 35
Antropometria religiosa, 107
Apelidos, 240, 241, 242
Apito, 443
Araçanga, 429
Araçariguama, 104
Areias, 8

Arnold van Gennep, 139
Arqueocivilização, 36, 48, 82, 107, 260
Arroz com suã, 284
Arroz-doce, 289, 304
Arte do Diabo, 29
Artesanato, 281, 282, 378, 404, 405
Artesão, 281
Artes populares, 275
Artur Ramos, 316
Aruanda, 55, 69
Atibaia, 103, 104
Atlas lingüístico, 173, 174
Augusto Meyer, 247
Avaré, 98

B
Babalorixá, 57, 58
Babaçuê, 61
Baependi, 113, 114
Balaio, 342, 343, 344
Baluma, 428
Bambu, 443
Banda Infernal, 461
Banda de música, 15
Bandeira do Divino, 444
Bandeirola, 445
Banho de cheiro, 53
Banquete dos maracás, 62, 70
Barbalha, 403, 404
Barganha de Relógios, 135
Barreado, 286
Barristas, 352
Bastão do capitão do mastro, 445
Batida de engenho, 402
Batuque, 49
Baturité, 332
Beatas, 389
Beiju, 400

Beiral de algeroz, 16
Benditos, 40, 41, 75
Bentinho, 230, 231
Berra-boi, 80
Bico-de-proa, 414, 415, 429
Bilhetes, 259
Bilros, 316, 317, 318, 319, 320, 321, 322, 326
Biscoito de polvilho, 288
Biscoito fofão, 295
Bode expiatório, 93
Boi, 446
Bom Jesus da Lapa, 118
Bom Jesus de Tremembé, 22
Bonecas de pano, 389, 390
Bordadeira, 281
Borracha, 356, 396
Botada, 434
Botucatu, 98, 243
Brão, 120, 122
Breve, 230, 231, 232
Brevidade, 287, 288
Buchada, 299
Buré, 285

C
Caaba, 117
Caboclos, 61, 62, 63, 66, 67, 68, 70, 158
Cachimbo, 306
Cachimbo de barro, 365, 366
Caçuá, 282, 338, 339, 340, 341, 342, 343, 344
Caçueira, 413
Cajuína, 306, 307
Calango, 43, 125, 126, 127
Caldeirão, 125
Calendário religioso, 161
Cambiteiro de cana, 401
Cambiteiro de olhos, 401
Cambuquira, 285
Candomblé, 36, 49, 50, 51, 52, 53, 54, 55, 56, 57, 58, 66, 70, 71, 157, 158, 159
Canga, 436, 437
Canindé, 117, 371, 372, 376
Canjica, 301, 302
Canjica de maxixe, 420
Canjirão, 419
Canoa, 447
Canzoal, 53, 54, 55, 58
Capela, 8, 14, 15, 16, 17, 18, 29, 30, 43, 44
Capelão-caipira, 46, 72, 84, 123, 142, 155
Capelão do bairro, 18, 19, 20
Capeta, 8, 190
Careta, 396
Caretas, 88, 89
Carlos Borges Schmidt, 367
Carnaúba, 344
Carninga, 426
Carpição, 42, 43, 44, 45, 46, 48

Carro de bois, 433, 434, 435, 436, 437
Caruru, 299, 300
Casa da Festa, 31
Casa de farinha, 397, 398
Cascata, 375
Catecismo laico, 178
Catimbó, 61
Catitu, 347, 399
Catolicismo de *folk*, 36
Cavaleiros do Bom Jesus, 115, 116
Cemitério dos pagãos, 78
Cera de carnaúba, 344, 345, 346, 347, 348
Cerâmica, 351, 352
Cerâmica religiosa, 352, 353, 367, 368
Cerâmica utilitária, 351, 352, 367
Cestaria, 331, 332
Cetro, 447
Chamada, 62
Chapéu de couro, 395
Chapéu de palha de carnaúba, 350
Chibata, 392
Chicote, 330
Chifre (trabalho em), 383, 384
Chipa, 296
Cícero Romão Batista, Pe., 221, 279, 371
Ciclo agrícola, 161
Cidade-santuário, 108
Cidra, 289
Cipó, 335
Circum-ambulação, 99, 102, 117, 118
Cocho, 439, 440
Comboieiros, 311
Cometas da cultura popular, 215
Comício de misérias, 108, 111
Comunidade urbana, 149
Constelações, 151
Conto, 232
Conto acumulativo, 215
Contos de encantamento, 188
Corações, 260
Cordel (literatura de), 215
Cor dos cavalos, 166
Coreto, 15
Cornélio Pires, 129, 212, 288
Cornimboque, 385, 386
Coroa do imperador do Divino, 448
Correio elegante, 261
Correio sentimental, 261
Cosme e Damião, 56
Couína, 63, 68, 70, 158
Crivo, 325
Cruz, 8, 13, 14, 448
Cuia-de-vela, 427
Cultura espiritual, 275
Cultura material, 275
Cunha, 8, 14, 31, 149, 184, 188, 189, 207, 208, 209, 210

Curar os pastos, 160
Curau, 290
Curioso, 31
Curral dos pobres, 118
Curulepe, 391
Cuscuz de arroz, 302
Cuscuz de milho, 302

D

Defumação, 65, 67, 70, 157, 158
Defunto (falar com o), 72, 73
Desafios, 216, 217, 219
Dias trocados, 119
Disciplina, 38
Disparates, 239
Dísticos, 243
Ditos, 238, 239
Donald Pierson, 39, 53, 104
Dorme-nenê, 208, 209, 210
Doutor de raízes, 160, 215, 216

E

Eclipse, 149, 150
Eduardo Galvão, 61
Encantado, 63, 66, 67
Encanteria, 61
Encomendação dos defuntos, 80
Engenhoca, 441
Engenho de rapadura, 401
Enramado, 68
Ensalmos, 216, 229
Entremeio, 323
Escadas, 438
Escapulário, 216
Espora, 449
Esquistossomose, 111
Estandarte de São Benedito, 449, 450
Estória, 177, 178, 179, 187, 188, 189, 190, 216, 232
Exaltadores, 79
Excelências, 74, 75
Exu, 57
Ex-voto imaterial sacrificial, 36
Ex-voto preventivo, 35, 36
Ex-voto zoomorfo, 29, 30
Ex-votos, 16, 21, 22, 23, 24, 25, 26, 27, 28, 29, 30, 31, 32, 33, 34, 35, 36, 117, 266
Ex-votos protetivos e produtivos, 22
Ewaldo Dantas Ferreira, 108

F

Farinhada, 347, 397
Farofa de melancia, 420
Fato folclórico, 7
Feijão tropeiro, 292
Feijoada, 275
Fernando Altenfelder Silva, 37, 39

Festa do Divino Espírito Santo, 17
Festança, 43
Festeiro, 19, 20, 31, 43, 44
Fiandeira, 328, 329
Figuras de presépio, 369, 370
Filha de Santo, 54, 55
Fita, 450, 451
Fitoterapia, 62
Flagelação, 39
Florestan Fernandes, 211
Florival Seraine, 174, 237, 356, 371
Fogos de artifício, 396, 397
Fogos de vista, 397
Foguete, 461
Fogueteiro, 396, 397
Folclorista, 139
Folhetos, 216, 263
Folia do Divino, 31
Folkway, 212, 259
Fórmulas de escolha, 242
Fortaleza, 276, 277, 278, 279
Frade de pedra, 435
Fraseado de botequim, 245, 246
Frases feitas, 236, 237, 238, 239, 240
Furrundum, 291, 297
Fuso, 328, 329

G

Gaita, 64, 65, 67
Galão, 323
Garrocha, 451
Garrucha, 451
Gata borralheira, 187, 188
Gegê, 55
Geléia de mocotó, 295
Geoponia, 161, 162
Gestas, 207
Gestos, 254, 257
Gibão de couro, 395
Gilberto Freyre, 286
Gonçalves Fernandes, 61
Gioconda Mussolini, 259
Gravadores populares, 266, 267
Guilherme dos Santos Neves, 236

H

Haliêutica, 282, 411
Henrique da Silva Fontes, 260
Herbert Baldus, 7, 154, 367
História de vida, 263

I

Iabá, 56
Içá (comer), 390
Içá vestida, 390
Idiofônio, 80
Iemanjá, 56, 58, 116, 235

Igarapeba, 411
Igreja da Nhá-Chica, 113
Iguape, 99, 100, 101, 102, 367
Imaginário, 33, 371
Imelê, 56
Imperatriz Porcina, 267
Implemento, 443
Indumentária de vaqueiro, 395
Inquice, 55
Itanhaém, 39
Itatinga, 98

J
J. B. de Victor, 58
Jabutis de madeira, 382
Jacá, 342, 343
Jacuba, 291, 441
Jaime Lopes Dias, 157, 174
Jaleco, 395
Janaína, 35, 36, 53, 54, 56, 116
Jangada, 411
Jangada de dormida, 426
Jangadinhas (lembrança do Ceará), 379, 380, 381, 382
Januária, 150
Jegue, 339
Jenipapo, 310, 311
Jijena Sanchez – Rafael, 174
João Chiarini, 139
João Dornas Filho, 53
João Paulino e Maria Angu, 455
Joãozinho e Mariquinhas, 267
Joaquim Batista de Sena, 263, 265
José Bernardo da Silva, 263
José Carlos de Macedo Soares, 106
José Dalmo Belfort de Matos, 243
José Maria de Melo, 182
Juazeiro do Norte, 33, 371, 376, 388, 389
Judas, 455
Judiaria (dia da), 97, 98
Júlio Prestes de Albuquerque, 97
Jumento, 338, 339
Juréia (praia), 32
Jurema, 62, 63, 67
Juremado, 62, 63
Juremeira, 62
Jurubari, 62

L
Labirinteira, 325, 326, 327
Labirinto, 325, 326, 328
Lacopaco, 306
Lambe-lambe, 28
Lamentação, 40
Lampião, 224, 225, 226, 267, 268
Lança, 455
Landoá, 423

Lavagem das contas, 58
Lenço, 456
Lengalenga, 194
Leon Cadogan, 160
Linho, 63, 67, 68
Literatura de cordel, 215, 216, 225, 226, 227, 228, 263, 266
Literatura escrita, 258
Literatura oral, 173, 174, 215, 232, 235, 239, 247
Literatura universal, 228
Loas, 247, 248, 249, 250
Locô, 54
Louça de barro, 352
Louceira, 358
Lucas da feira, 268
Luís da Câmara Cascudo, 61, 174, 211, 215, 246
Luís Salgado Moreira Pequeno, Cel., 243
Luísa e Artur Ramos, 316
Luminárias, 15, 119, 457
Lunário Perpétuo, 232
Lunário Perpétuo Oral, 140

M
Maçaroca, 329, 330
Macazada, 303
Macumba, 49
Maçunim, 297
Magalona, 269
Malasarte, 269
Malhação do Judas, 90, 93
Malunguinho, 66, 67, 69
Malvadeza (dia da), 97, 98
Manipueira, 400
Manuê, 302
Manuel Querino, 58
Manuelito de Ornelas, 247
Manzuá, 422, 423, 424
Maquinaria de antanho, 437
Maracá (dar de comer ao), 158
Maraçapeba, 269
Maranguape, 308, 309
Maria do Couro, 269
Maria Luísa Pinto de Mendonça, 323
Maria Sapeba, 269
Mário de Andrade, 105
Mário da Silva Brito, 243
Maripá, 49
Máscara, 457, 458
Mastro, 458, 459
Matame, 323, 358, 363
Matecai, 63
Matraca, 80
Maturi, 309
Meca, 99
Medicina, 50

Medicina empírica, 157, 159
Medicina mágica, 157, 158, 159
Medicina religiosa, 157, 158, 159
Medicina rústica, 153, 154, 157, 158
Membranofônios, 49, 55, 66, 116
Meteorologia popular, 141, 149
Milagres, 33, 34
Mimbura, 417, 426
Miota, 459
Missal romano, 48
Mitos, 235
Moçambique, 15, 47, 48
Mocororó, 419
Moinho senhorial, 397, 398
Monjolo, 276, 437, 440, 441
Moqueca de galinha, 285
Moqueca de peixe, 300
Moquém, 310
Mortalha, 27, 72, 73
Mulher do piolho, 270
Mundo dos mortos, 82
Mungunzá, 302
Mutirão, 7, 14, 43, 119, 120, 123, 124, 125, 129, 162, 398

N
Nagô, 54, 64
Negro d'água, 35, 36, 58
Nina Rodrigues, 49, 71
Noção de tempo, 150
Nossa Senhora da Aparecida, 106, 108
Novena das almas, 76

O
Ogum, 54, 55
Ogum de ronda, 65
Omofagia, 125
Oneyda Alvarenga, 61
Oração para afastar chuva, 144
Oração para chamar chuva, 143
Orações, 229, 230, 231
Orações e ensalmos, 229
Oratórios, 17
Orixás, 50, 55, 71
Oswaldo Rodrigues Cabral, 260
Oswaldo Storni, 276
Ouricuri (aldeia), 63
Ouricuri (festa), 63
Ourivesaria, 388, 389
Oxóssi, 54, 55
Oxum, 53, 54

P
Paçoca, 295
Padre Cícero, 221, 222, 223, 279
Padim Ciço, 221, 358, 389
Pai-de-santo 53, 54, 58

Pajelança, 61
Paleitão, 325, 328
Pamonha, 290, 302
Pancão, 418
Panelada, 295
Pão-por-Deus, 259, 260, 261
Paremiologias, 203
Parlendas, 190, 191, 192, 193, 194, 195, 196
Parol, 401, 402
Partilha, 167
Pasquim, 258, 259
Patuá, 230, 231
Pau-de-sebo, 460
Paulo Camiller Florençano, 104
Pau-para-toda-obra, 276, 283
Pé, 81
Pé-de-moleque, 291, 303
Pedro Cem ou Pedro Sem, 270
Pedro Cunha, 113
Pedro Malasarte, 189, 269
Peleja, 217, 218, 219, 220
Penitente, 35, 36, 37, 38, 39
Pé-quebrado, 246, 247
Perdões, 99, 100, 103, 104
Piaçabuçu, 33, 35, 36, 50, 149, 154, 187, 190, 204, 207, 215, 229, 230, 240, 247, 433
Piada, 211, 212
Piana, 62, 63, 64, 65, 70
Pilão, 440
Pinambaba, 417, 427
Pindamonhangaba, 16
Pinguela, 440
Pirapora do Bom Jesus, 99, 100, 104, 105, 106, 107, 115
Piraquara, 106
Poeta popular, 91, 105, 151
Polvarinho, 464
Pousio, 161, 437
Populário, 173
Portos de jangada, 411, 412
Pottlatch, 25
Pragas, 239, 240
Pratânia, 98
Prendas, 116
Prequeté, 270
Procissão dos mortos, 82
Profilaxia mágica, 229
Promessa, 28, 33, 34, 35
Provérbio, 201
Psicoterapia, 160
Pulha, 184
Pururuca, 286

Q
Quadrilhas, 131
Quadrinhas, 204, 205, 246, 261

Quebra-queixo, 309
Queijo, 307, 308
Quelê, 54
Quero-quero, 270
Quibebe, 284
Quirera com costeletas, 285

R
Rabicho da Geralda, 270
Rainha do Mar, 116
Rapé, 385
Rebique, 417
Recado ao morto, 78
Receita, 318
Recomenda das almas, 80, 81, 82, 83, 87, 97
Rede de defunto, 74, 75
Rede de dormir, 330
Relique, 231
Remo, 460, 461
Renda, 316, 317, 318
Rendeira, 317, 318
Renê Ribeiro, 58
Repartir reza, 72
Rifões, 201, 202
Rifoneiro da chuva, 146
Rimances, 227
Ripiona, 303
Rito ablucional, 115
Ritos de iniciação, 232
Ritos mágicos, 108
Roberto do Diabo, 270
Roca, 328, 329, 442
Rodada, 248
Rodeira, 359, 362
Rodolfo Coelho Cavalcante, 262, 263
Roger Bastide, 34, 49, 50, 61
Rojão, 19, 461
Rolete de cana, 305
Romances, 207
Romaria de cavaleiros, 115
Rompe-ferro, 271
Ronqueira, 462
Rosário, 463
Rosário-das-alvíssaras, 84
Rurícola, 140

S
Sabença, 139, 140
Sacarraia, 80
Sala de milagres, 21, 22, 28, 29, 31, 32
Salmoreiro, 43
Salmorento, 120, 125
Samba, 105
Samburá, 290, 329, 332, 380, 381, 382, 398, 400, 417, 428, 429, 432
Sandália-de-rabicho, 395
Santa-cruz, 13, 14, 34, 42

Santo Amaro, 115, 116
Santos, especializados em, 22
Santuário, 32, 99, 100
São Francisco do Canindé, 33
São Gonçalo (dança), 15, 25
São José dos Campos, 42, 48
São Luís do Curu, 378
São Luís do Paraitinga, 8, 14, 16, 17, 27, 31, 72, 90, 119, 124, 287
Sapato "carnal", 395
Sarapatel, 300, 301
Saul Alves Martins, 317, 318
Sebastião de Almeida Oliveira, 237
Sebastião de Almeida Pinto, 13
Seleiro, 390, 391
Serão, 119, 124, 247
Sereia, 53, 116
Serrote (invenção do), 189, 190
Sesta, 326
Silvaninha, 271
Simpatias para cura de animais, 167
Simpatias para proteger plantas, 163
Sincretismo toré-candomblé, 70
Sombreada, 68
Sorfete, 463
Surubim, 271
Sururu, 297

T
Taca, 396
Tacuruva, 15
Tainha, 56
Talhada, 289
Talismã, 105
Tamanco, 463, 464
Tambança, 418
Tambor de mina, 49
Tamoeiro, 437
Tanoeiro, 403, 404
Tarefas, 120
Tarrachil, 38
Tartaruga (objetos de), 386, 387
Taubaté, 16, 135
Tear andino, 442
Tecidos, 316
Técnica de subsistência, 330, 345
Técnicas tradicionais, 275
Terreiro (terrera), 53, 54, 63, 71
Testamento do Judas, 90, 91, 94, 95
Theo Brandão, 202
Timanga, 427
Tipiti, 347, 399, 400
Tiradeiras de reza, 42
Toaçu, 417, 429
Toré, 36, 49, 61, 62, 63, 64, 65, 66, 67, 69, 70, 71, 157, 158
Torno para madeira, 378, 379

Torno primitivo, 378
Torrado, 385
Trabalho, 63, 70
Trabuco, 464
Traição, 130, 131, 132
Tramas, 316
Trançados, 348
Trancoso, 187, 188, 204
Trava-língua, 190, 197
Tremembé, 99, 100, 103
Troca de cabeça, 58
Trovador, 228
Trustes dos bordados, 282, 319, 327
Trutru, 323

U

Ubatuba, 27
Uru, 350
Urupemba, 337, 347
Urupembaria, 337
Urupembeiro, 338

V

Vacante, 15
Vacante agrícola, 99, 106
Valdomiro Silveira, 288
Vaquejada, 396
Vara dos juízes, 465
Vatapá, 299
Vela de mordomo, 465

Velha, 271
Velório, 73, 79
Velório de "anjinho", 77
Veríssimo de Melo, 179, 210, 236, 237, 254
Vestir defunto, 72
Vicente Aricó Júnior, 208
Vinho do Ceará, 310
Viração (banca de), 276, 387, 388
Visita-da-cova, 78
Vitalino, 283, 351
Vivório, 122
Vozes dos animais, 252

W

Waldemar Valente, 55
Walter Fernando Piazza, 260
William John Thoms, 139

X

Xangô, 49, 53, 54, 56, 57
Xapanã, 35, 36
Xiba, 43
Xilogravura, 266
Xilologia, 283, 378
Xique-xique, 37, 39

Z

Zelador dos inquices, 54
Zootecnia popular, 166
Zurrador, 80

ÍNDICE DAS ILUSTRAÇÕES POR AUTORES*

OSNY TAVARES DE AZEVEDO
  Volume II: 23, 34, 130, 135, 155, 254, 261, 266, 268, 455, 520, 521, 522, 523, 524, 525, 526, 527, 528, 529, 530, 532, 533, 534, 535, 536, 537, 538, 539, 540, 541, 542, 543, 549, 550 e 563.
  Volume III: 443, 444, 445, 446, 447, 448, 449, 450, 451, 452, 455, 457, 458, 459, 460, 461, 462, 463, 464 e 465.

OSWALDO STORNI
  Volume III: De 469 a 516 (Pau-para-toda-obra).

PERCY LAU
  Volume I: 201.
  Volume II: 24, 349, 353, 458 e 493.
  Volume III: 279, 280, 301, 320, 347, 398 e 408.

PAULO FLORENÇANO
  Volume I: 119, 121 e 129.
  Volume III: 8 e 107.

DUÍLIO
  Volume I: 480 e 514.

DIÓGENES DUARTE PAES
  Volume II: 445.

---

* As demais ilustrações a traço que fazem parte do texto dos três volumes desta obra são de autoria de Alceu Maynard Araújo, salvo algumas exceções, cuja autoria está relacionada na respectiva legenda. (N. da E.)

José Lanzellotti
    Volume I: 539.

Outras fontes
    Volume I: 47, 65, 74, 121, 129, 278.
    Volume II: 298, 337, 357 e 376.
    Volume III: 101, 104, 219, 221, 223, 224, 268, 320 e 412.

OBRAS DO AUTOR

Chuvisco de prata (Versos). Botucatu, Edição de "O Momento", 1931.
Caminho apenas... (Poesias). 1939.
Seis lendas amazônicas (Álbum de fotografias). Gráfica Municipal de São Paulo, 1942.
Clubes de menores operários (Álbum de fotografias). Gráfica Municipal de São Paulo, 1946.
Acampamento ajuricaba (Álbum de fotografias). Gráfica Municipal de São Paulo, 1946.
Danças e ritos populares de Taubaté. Editado pelo IA da FCEA da USP, 1948.
Folias de reis de Cunha. 1949.
Rondas infantis de Cananéia. 1952.
Documentário folclórico paulista. Gráfica Municipal de São Paulo, 1952.
Instrumentos musicais e implementos. Gráfica Municipal de São Paulo, 1954.
Literatura de cordel. 1955.
Canta Brasil! Ricordi, 1957.
Ciclo agrícola, calendário religioso e magias ligadas às plantações (Prêmio "Mário de Andrade" de 1951). Gráfica Municipal de São Paulo, 1957.
Cem melodias folclóricas. Ricordi, 1957.
Poranduba paulista. 1958.
Alguns ritos mágicos (Prêmio "Mário de Andrade" de 1952). Gráfica Municipal de São Paulo, 1958.
A gongada nasceu em Roncesvales (Prêmio Literário "Câmara Municipal de São Paulo"). Gráfica Municipal de São Paulo, 1960.
Medicina rústica (Prêmios "Arnaldo Viera de Carvalho" de 1958, "Brasiliana" de 1959 e Internacional "Giuseppe Pitré" de 1961). Nacional, 1960.

Populações ribeirinhas do Baixo São Francisco. Edição do Ministério da Agricultura, 1961.
Chefes do governo paulista – História administrativa de São Paulo. 1960.
Achegas à galeria dos presidentes de São Paulo. 1961.
Escorço do folclore de uma comunidade (Prêmio "Mário de Andrade" de 1956). Gráfica da Prefeitura Municipal de São Paulo, 1962.
Veja o Brasil – Produção de documentários cinematográficos para a Televisão Tupi – Canal 4.

Colaboração em obras conjuntas:

Brasil – paisagens e costumes. Melhoramentos, 1962 (Orientação de planejamento).
Novo dicionário brasileiro Melhoramentos. Melhoramentos, 1962 (Verbetes de folclore).
Antologia ilustrada do folclore brasileiro. Literart, 1962 (Seleção e notas nas lendas paulistas).

IMPRESSÃO E ACABAMENTO:
YANGRAF Fone/Fax: 6198.1788